MAIO DE 68
e suas repercussões

SERVIÇO SOCIAL DO COMÉRCIO
Administração Regional no Estado de São Paulo

Presidente do Conselho Regional
Abram Szajman
Diretor Regional
Danilo Santos de Miranda

Conselho Editorial
Ivan Giannini
Joel Naimayer Padula
Luiz Deoclécio Massaro Galina
Sérgio José Battistelli

Edições Sesc São Paulo
Gerente Marcos Lepiscopo
Gerente adjunta Isabel M. M. Alexandre
Coordenação editorial Francis Manzoni, Clívia Ramiro, Cristianne Lameirinha
Produção editorial Thiago Lins
Coordenação gráfica Katia Verissimo
Produção gráfica Fabio Pinotti
Coordenação de comunicação Bruna Zarnoviec Daniel

MAIO DE 68
e suas repercussões

KRISTIN ROSS

edições sesc

Título original: May '68 and its Afterlives
© Kristin Ross, 2002 (Licenciado por The University of Chicago Press, Chicago, Illinois, EUA)
© Edições Sesc São Paulo, 2018
Todos os direitos reservados

Tradução José Ignacio Mendes
Preparação Elen Durando
Revisão Ísis De Vitta, Silvana Cobucci
Capa, projeto gráfico e diagramação Tereza Bettinardi

Dados Internacionais de Catalogação (CIP)

M5896 Ross, Kirstin
    Maio de 68 e suas repercussões / Kirstin Ross.
   – São Paulo: Edições Sesc São Paulo, 2018. –
   320 p. il.

   ISBN 978-85-9493-140-5

1. História Social. 2. Maio, 1968. 3. Repercussões de Maio de 1968. I. Subtítulo.

              CDD-321

Edições Sesc São Paulo
Rua Cantagalo, 74 – 13º/14º andar
03319-000 – São Paulo SP Brasil
Tel. 55 11 2227-6500
edicoes@edicoes.sescsp.org.br
sescsp.org.br/edicoes
 /edicoessescsp

Para minha mãe e meu pai

NOTA À EDIÇÃO BRASILEIRA

Maio de 68 e suas repercussões é, antes de tudo, marcado pelo rigor científico e pela inteligência de Kristin Ross na pesquisa sobre a memória em relação aos eventos que se sucederam na França no final dos anos 1960.

Ross percebeu o esvaziamento do viés político dos eventos conhecidos como Maio de 68 e a acumulação de narrativas distintas que, mitificando aqueles acontecimentos, obscureceram as forças que lhes deram corpo. A participação popular e as transformações logradas naqueles anos foram sistematicamente substituídas por experiências pessoais, narrativas em torno dos costumes e poéticas inócuas.

Numa espécie de arqueologia da memória, a autora encontrou algumas das ideias e ações fundamentais nas mobilizações dos anos 1960, de grande valia nas reflexões sobre as configurações do nosso tempo, tais como as condições da democracia em tempos de cultura digital, as tragédias humanitárias e os movimentos migratórios, entre outros temas contemporâneos. O debate desses temas é caro às Edições Sesc, que se orgulham em trazer ao leitor brasileiro o relevante livro de Kristin Ross.

Introdução 11

UM **A concepção policial da história** 35
A sociologia e a polícia 35
Matraquage 45
A Argélia francesa 62

DOIS **Formas e práticas** 95
A crítica da especialização 95
"O Vietnã é nas nossas fábricas" 114
Entrando na toca do tigre 127
As ilusões da representação 158

TRÊS **Outras janelas, mesmos rostos** 191
Represálias e julgamentos 191
Antiterceiro-mundismo e direitos humanos 217
Filósofos na televisão 231

QUATRO **O consenso e seu desmanche** 249

Agradecimentos 293
Siglas 295
Bibliografia 297
Índice remissivo 312

INTRODUÇÃO

*Não conheço nenhum outro período da história da
França que tenha me dado a mesma sensação de
que algo irracional estava acontecendo.*
Raymond Aron, 1968

*O importante é que a ação aconteceu num momento
em que todo mundo a julgava impensável.
Se aconteceu, então pode acontecer de novo [...].*
Jean-Paul Sartre, 1968

Este é um livro sobre as repercussões de Maio: sobre a maneira como Maio de 68 na França, há cinquenta anos, foi sobrepujado por suas representações subsequentes. Também é um livro sobre como o evento perdurou, resistindo à aniquilação, insistindo ou reafirmando sua excepcionalidade contra as formas de amnésia social e instrumentalização que procuraram desmanchá-lo, as sociologias que o explicaram e os ex-líderes estudantis que proclamaram um monopólio sobre sua memória.

Com "repercussão" não pretendo invocar um catálogo dos erros e realizações de Maio ou demonstrar as "lições" que o movimento poderia nos trazer agora. Utilizo o termo para indicar, mais simplesmente, que o que se tornou conhecido como "os eventos de Maio de 68" agora não pode ser considerado à parte da memória e do esquecimento social que o rodeia. Tal memória e esquecimento tomaram formas materiais, formas cuja história eu retraço neste livro. A gestão da memória de Maio – a maneira como as dimensões políticas do evento foram, em sua maioria, dissolvidas ou dissipadas por comentários e interpretações – está agora, cinquenta anos depois, no centro do problema histórico de 1968.

Porém, sequer levantar a questão da memória do passado recente já é confrontar a maneira como todo o nosso entendimento contemporâneo dos processos de memória e esquecimento social derivou de análises relacionadas a outro evento de massa: a Segunda Guerra

Mundial. De fato, a Segunda Guerra "produziu" a indústria da memória nos estudos contemporâneos, na França e em outros lugares, e os parâmetros da devastação – catástrofe, massacre administrativo, atrocidade, colaboração, genocídio – facilitaram o caminho para que certas categorias psicanalíticas patológicas ("trauma", por exemplo, ou "repressão") alcançassem legitimidade como formas cada vez mais generalizáveis de entendimento dos excessos e deficiências da memória coletiva. E creio que essas categorias, por sua vez, nos distanciaram de qualquer entendimento, ou mesmo percepção, de um "evento de massa" que não nos apareça no registro da "catástrofe" ou do "extermínio em massa". "Massas", em outras palavras, passaram a significar massas de cadáveres, não massas de pessoas trabalhando juntas para tomar controle de sua vida coletiva.

Quer ou não a transposição de categorias patológicas para o plano histórico se justifique no caso da Segunda Guerra Mundial – obras recentes de Peter Novick e Norman Finkelstein rejeitam seu uso, ao menos no contexto norte-americano[1] –, me pareceu claro que categorias como "trauma" e "repressão", sejam coletivas ou individuais, não seriam relevantes para a história de 68. No registro afetivo, é óbvio que elas são totalmente inadequadas para traduzir a gama de associações – prazer, poder, empolgação, felicidade, frustração – com que muitas pessoas se recordam dos anos 1960. Imaginei que essas categorias nos diriam pouco ou nada sobre como o passado político recente, seu contexto e suas sociabilidades são lembrados ou esquecidos, como a cultura política *de esquerda*, em particular, vem a ser reformulada, reconfigurada ou obscurecida.

Na história social, é claro, e particularmente entre os historiadores de coletividades de trabalhadores, o modo de tratar essas questões evoluiu. Mas nessa área de estudo o problema da memória quase sempre foi formulado como uma questão de reforço da *identidade*: tecer novamente os fios que foram descosidos entre gerações para reforçar a continuidade deste ou daquele subgrupo ou subcul-

---

[1] Cf. Peter Novick, *The Holocaust in American Life*, Boston: Houghton Mifflin, 1999; e Norman Finkelstein, *The Holocaust Industry*, Londres: Verso, 2000.

tura; fortalecer as disposições, hábitos, modos de vida, práticas corporais recebidas que fomentam determinada identidade social – a identidade dos militantes, por exemplo, ou dos residentes de determinado bairro, dos membros de certo grupo religioso ou das populações tradicionalistas dos rincões rurais. Nessa visão, a memória é vista como propriedade de corpos sociais, algo que se pode possuir ou, se foi retirado, algo que pode ser injetado novamente no grupo para afirmar sua identidade. A memória é mobilizada a serviço de uma conquista ou reconquista da identidade e, em tempos recentes, de uma identidade concebida de modo cada vez mais estreito em termos étnicos ou regionais.

No entanto, Maio de 68 teve pouco a ver com o grupo social – estudantes ou "jovens" – que foi seu instigador. Teve muito mais a ver com a rejeição de determinações sociais e com deslocamentos que tiraram pessoas de seu local na sociedade, ou seja, com uma disjunção entre subjetividade política e grupo social. O que se esquece quando Maio de 68 é esquecido parece ter menos a ver com os hábitos perdidos deste ou daquele grupo social do que com um estilhaçamento da identidade social que permitiu que a política ocupasse seu lugar. As teorias preponderantes da memória e esquecimento social – a escola da catástrofe ou "trauma" e a escola da identidade social – eram de pouca utilidade para lidar com as vicissitudes da memória de um evento político de massa como Maio. Pior ainda, sua dominação do campo intelectual e a ubiquidade de seus tropos – as figuras grandiosas do Gulag ou do Holocausto, de um lado, ou as estabilidades do *habitus*, do outro – poderiam quiçá ser vistas em si mesmas como sintoma, uma relutância generalizada em considerar a própria noção de política ou agência política coletiva no presente.

Como todo movimento ou "evento obscuro" – a expressão é de Sylvain Lazarus – que incomoda, nos últimos cinquenta anos, Maio de 68 foi enterrado, massacrado, trivializado ou representado como uma monstruosidade. Mas, no caso de 68, uma enorme quantidade de labor narrativo – e não um véu de silêncio – facilitou o esquecimento ativo dos eventos na França. Livros de memórias, autocelebrações, retratações, comemorações televisivas, tratados filosóficos abstratos, análises sociológicas – Maio não sofreu de falta de atenção. Poucos dias após os eventos terem amainado, em junho de 1968, uma proliferação assombrosa de verbiagem começou a ser publicada, e essa produção continua até hoje, com altos e baixos discerníveis. Produziu-se discurso, mas seu efeito precípuo foi liquidar – para usar uma velha palavra de 68 –, apagar ou tornar obscura a história de Maio.

Mas isso não é uma verdade uniforme. Se você ler o relato diário da romancista canadense Mavis Gallant de maio e junho em Paris, por exemplo, terá uma sensação vívida da natureza do evento a partir das observações esparsas que ela faz, como o fato de que a venda de livros subiu 40% em Paris nesses meses. Talvez isso não seja tão surpreendente. Numa cidade onde não havia escolas em aula, onde ninguém podia mandar uma carta, achar um jornal, enviar um telegrama ou descontar um cheque, onde ninguém podia andar de ônibus, pegar o metrô, dirigir um carro, encontrar cigarros, comprar açúcar, assistir à TV, ouvir as notícias no rádio ou onde o lixo não era recolhido, onde ninguém podia pegar um trem para fora da cidade, ouvir a previsão do tempo ou dormir à noite nas regiões onde o gás lacrimogêneo enchia os apartamentos até o quinto andar, numa cidade como essa, a leitura *pode* preencher o tempo. Nesses detalhes está submersa uma certa sensação do que acontece com a vida cotidiana quando 9 milhões de pessoas, em todos os setores do emprego público e privado – de atendentes de lojas de departamentos a operários de estaleiros –, simplesmente param de trabalhar. Maio de 68 foi o maior movimento de massa na história da França, a maior greve na história do movimento operário francês, e a única insurreição "geral" que o mundo superdesenvolvido conheceu desde a Segunda Guerra Mundial. Foi a primeira greve geral que se estendeu para além dos centros tradicionais da produção industrial e incluiu trabalhadores das indústrias de serviços, comunicação e cultura – toda a esfera da reprodução social. Nenhum setor profissional, nenhuma categoria de trabalhadores deixou de ser afetada pela greve; nenhuma região, cidade ou vilarejo na França ficou intocado.

O momento suspenso da greve geral, o vasto horizonte de possibilidades que se abriu quando a greve irrompeu e transformou a vida cotidiana – somente um pequeno número de textos e documentos sobre Maio transmite, ou escolhe transmitir, algo sobre a natureza dessa experiência.

Em meados de maio de 1968, uma paralisação de trabalho após a outra, por toda a nação, sucedeu aos violentos protestos desencadeados pelos estudantes nos primeiros dias do mês. A França, por cerca de cinco a seis semanas, foi levada a uma paralisia completa. Entre as insurreições que estavam acontecendo pelo mundo na década de 1960 – no México, nos Estados Unidos, na Alemanha, no Japão e alhures –, somente na França, e em certa medida na Itália, houve uma sincronicidade ou "encontro" entre a recusa intelectual da ideologia reinante e a insurreição operária. A rápida extensão da greve geral, geográfica e profissionalmente, superou todos os quadros de análise; em muito pouco tempo, três vezes mais trabalhadores estavam em greve na França do que durante a Frente Popular em 1936. A enormidade de um evento dessa magnitude, a maneira como ele superou – enquanto acontecia – as expectativas e o controle mesmo de seus protagonistas mais alertas, é um fator importante, creio eu, em dois dos confiscos subsequentes que retraço neste livro: a versão biográfica (personalização) e a sociológica. Nenhuma dessas duas estratégias de desfiguração é nova. O esquecimento, assim como a lembrança, é possibilitado pelo trabalho de várias configurações narrativas – narrativas que moldam a identidade dos protagonistas da ação ao mesmo tempo que o contorno dos eventos. Reduzir um movimento de massa aos itinerários individuais de uns poucos que se dizem líderes, porta-vozes ou representantes (especialmente se todos esses representantes renunciaram a seus erros passados) é uma velha, infalível e genuína tática de confisco. Circunscrita dessa forma, toda revolta coletiva é domesticada; não equivale a nada mais que a angústia existencial do destino individual; a revolta é confinada à jurisdição de umas poucas "personalidades" às quais a mídia confere oportunidades aparentemente inumeráveis de revisar ou reformular motivações prévias.

E a sociologia sempre se instaura como o tribunal no qual o real – o evento – é julgado após o fato, para ser medido, categorizado e contido. No caso de Maio de 68, o problema foi agravado. Os historiadores acadêmicos franceses do presente, que habitam tanto quanto qualquer pessoa a paisagem da memória coletiva de 68, permaneceram, até bem pouco tempo, estranhamente indiferentes ao fato como tema de pesquisa – uma indiferença que os próprios historiadores foram os primeiros a apontar. "Por que os historiadores do presente – decerto, não são uma espécie numerosa – cederam tão facilmente o terreno a uma sociologia grandiloquente?", perguntou Jean-Pierre Rioux em 1989. Examinando o campo no mesmo momento, outro historiador, Antoine Proust, notou a "pobreza" da pesquisa na França desde 1972, condenando uma "atitude excessivamente prudente" entre os historiadores, que cometeram o grave equívoco de não lidar com a documentação já disponível nem valorizá-la – um sintoma de desleixo intelectual, insinuou ele. Pode ser que a sociedade ache imensamente difícil até mesmo formular uma demanda por conhecimento histórico quando um evento é tão ambíguo[2]. Apenas dois volumes de historiadores acadêmicos franceses, ambos coletâneas de trabalhos apresentados em conferências, e um punhado de *mémoires de maîtrise* surgiram até agora[3]. Quer estejam preocupados com Vichy, relutantes ou constrangidos em lidar com as dificuldades peculiares apresentadas pela recente cultura militante no clima liberal de hoje, ou hesitantes em lidar com suas próprias memórias esquecidas, os historiadores abdicaram de suas responsabilidades e deixaram esse evento, até mais do que outros, sujeito a um grau mais alto de instrumentalização. Essa abdicação ajudou a criar um vácuo interpretativo que outros – os sociólogos e *gauchistes* reformados – apressaram-se em preencher. Esses dois grupos de "autoridades" ou guardiões da memória, cada vez mais sancionados pela mídia, domi-

---

2   Cf. Jean-Pierre Rioux, "À propos des célébrations décennales du Mai français", *Vingtième Siècle*, n. 23, jul.-set. 1989, pp. 49-58; Antoine Prost, "Quoi de neuf sur le Mai français?", *Le Mouvement Social*, n. 143, abr.-jun. 1988, pp. 91-7.

3   Um desses livros, resultado de um seminário de quatro anos no Institut d'Histoire du Temps Présent, foi publicado somente no ano em que eu estava finalizando este projeto. Todavia, durante a minha pesquisa, pude consultar muitos artigos que foram coligidos nesse volume. Cf. Michelle Zancarini-Fournel *et al.* (ed.), *Les Années 68: le temps de la contestation*, Bruxelas: Éditions Complexe, 2000. Cf. também o livro que resultou de um colóquio de 1988 patrocinado pelo Centre de Recherches d'Histoire des Mouvements Sociaux: René Mouriaux *et al.* (ed.), *1968: Exploration du Mai français*, 2 v., Paris: L'Harmattan, 1992.

naram o discurso sobre Maio de 68 e trabalharam em conjunto, desde meados da década de 1970, para produzir uma história oficial, uma doxa discernível. O conjunto relativamente sistemático de palavras, expressões, imagens e narrativas que fixaram os limites do que é pensável sobre Maio é, em larga medida, produção deles. E o grosso dessa produção, na cronologia que eu traço, foi realizado entre 1978 e 1988, entre o décimo e o vigésimo aniversário de Maio.

A história oficial que foi codificada, celebrada publicamente num sem-número de espetáculos de comemoração na mídia de massa e transmitida a nós até hoje é a de um drama familiar ou geracional, desprovido de qualquer violência, aspereza ou dimensão política explícita – uma transformação benigna dos costumes e estilos de vida que tinha necessariamente de acompanhar a modernização da França, que passou de um Estado burguês autoritário para uma nova burguesia financeira liberal e moderna.

A história oficial não se limita a afirmar que algumas das ideias e práticas mais radicais de Maio vieram a ser recuperadas ou recicladas a serviço do capital. Mais que isso, assevera que a sociedade capitalista de hoje, longe de representar a deturpação ou o fracasso das aspirações do movimento de Maio, representa, ao contrário, a realização de seus desejos mais profundos. Ao postular uma teleologia do presente, a história oficial apaga as memórias de alternativas passadas que procuraram ou enxergaram outros desfechos além daquele que veio a ocorrer.

Dentro dessa teleologia, Maio passou a ser entendido como uma afirmação do *statu quo*, uma ruptura a serviço do consenso, uma transformação da consciência, uma revolta geracional dos jovens contra as inflexibilidades estruturais que bloqueavam o impulso necessário da modernização cultural na França. A versão oficial da repercussão de Maio servia aos interesses dos sociólogos de reinserir qualquer ruptura numa lógica do mesmo, afirmando as identidades de sistemas e grupos que permitem a reprodução de estruturas sociais, bem como os interesses de militantes arrependidos, determinados a exorcizar seu passado militante com a mesma eficácia, ainda que a autoridade reivindicada pelos dois grupos difira radicalmente. Os ex-líderes alegam falar com base numa vasta reserva de experiência pessoal e contam com o experiencial para negar aspectos cruciais do evento ou destituí-los de relevância. Em contrapartida, os sociólogos apelam para estruturas e regularidades abstratas, médias e quantificações, elaboração de tipologias fundamentadas em oposições binárias – tudo com base numa profunda desconfiança do experiencial. Entretanto, os dois grupos, apesar de afirmações contraditórias, trabalharam juntos para fixar os códigos de-historicizados e despolitizados por meio dos quais se entende Maio agora. Nesse sentido, estou menos interessada nos termos revisionistas da "história oficial" – seja a grande rebelião de jovens raivosos contra as restrições de seus pais ou seu corolário, a emergência de uma nova categoria social chamada "juventude". Estou mais preocupada em saber como essa história específica veio a prevalecer, como os dois métodos ou tendências contraditórias, o experiencial e o estrutural, convergiram para formular categorias – "geração", por exemplo – cujos efeitos, em última análise, foram despolitizantes. O paradoxo da memória de Maio pode ser enunciado de maneira simples. Como pôde um movimento de massa que procurava acima de tudo, na minha visão, contestar o domínio dos especialistas e romper o sistema de esferas de competência naturalizadas (sobretudo a esfera da política especializada) ser traduzido, nos anos que se seguiram, em pouco mais que um "conhecimento" de 68, com base no qual toda uma geração de especialistas e autoridades autoproclamadas podiam afirmar sua *expertise*? Esse movimento varreu os territórios categóricos e as definições sociais, produzindo alianças e sincronicidades inéditas *entre* setores sociais e entre pessoas muito diversas, trabalhando juntas para gerir suas vidas coletivamente. Como esse movimento pôde ser realocado em residências "sociológicas" definidas: o "meio estudantil" ou "a geração"?

Grande parte do meu esforço neste livro foi direcionado para recontar a história de como a história oficial afirmou sua autoridade. De fato, foi desta maneira que concebi inicialmente o projeto: como Maio de 68 foi lembrado e discutido na França dez, vinte, trinta anos depois de acontecer? Mas, à medida que eu trabalhava, um segundo objetivo, não menos estimulante, começou a tomar forma: o objetivo de evocar ou recuperar os vestígios de um clima e uma memória política – isto é, uma outra "repercussão" bem distinta de Maio – que não são nem o social dos sociólogos nem o testemunho daqueles que alegaram posteriormente encarnar a verdade oficial do movimento. Se eu quisesse revelar como a história oficial veio a prevalecer, também precisaria emancipar a história dos anos de Maio da tutela exercida por alguns de seus antigos atores, os que se tornaram a "geração" de estrelas na década de 1980, bem como de uma pletora de categorias sociológicas hipostáticas, como "rebelião juvenil". O evento de 1968 foi, antes de mais nada, uma recusa maciça por parte de milhares, até milhões, de pessoas em ver no social o que vemos habitualmente: nada além da mais estreita das categorias sociológicas. Escrever a história dessa recusa, e da maneira como foi lembrada e esquecida, me pareceu exigir a descoberta de uma forma diferente, uma escrita que passasse, como fez o próprio movimento, acima e abaixo da sociologia. Acima, ou seja, na direção de um nível de crítica filosófica manifesta nos escritores e ativistas cujo envolvimento com a política dos anos de 68 fomentou um compromisso contínuo de interrogar o que torna a política possível, de pensar a ação histórica. Assim, meu estudo se volta para escritores e ativistas para quem Maio de 68 constituiu um momento de inflexão, ou até fundação, em sua trajetória intelectual e política: os filósofos Jean-Paul Sartre, Alain Badiou, Jacques Rancière, Maurice Blanchot e Daniel Bensaïd, o ativista e editor François Maspero ou os escritores e ativistas Martine Storti e Guy Hocquenghem. E abaixo, olhei na direção de uma linguagem, subjetividade e práticas historicamente específicas da massa de participantes anônimos nas ruas, o povo que compunha os comitês de bairro e de fábrica: operários, estudantes, agricultores e muitos outros que se viram assumir a tarefa de fazer perguntas, não no nível de seus próprios interesses sociais, mas no nível da sociedade mesma, em sua totalidade.

Minha pesquisa sobre a linguagem política do movimento de Maio estendeu-se para além da inestimável compilação inicial dos documentos reunidos por Alain Schnapp e Pierre Vidal-Naquet em 1969. Descobri que a película do documentário, as pequenas publicações e os panfletos mimeografados de todo tipo de grupo, as revistas amiúde efêmeras e as interpretações escritas no calor da hora tinham muito mais interesse e valor que qualquer um dos comentários interpretativos – de Edgar Morin, Claude Lefort, Michel de Certeau, entre outros – consagrados nos anos seguintes. Mas basta referir-se aos panfletos e folhetos incluídos no levantamento de Schnapp e Vidal-Naquet para estabelecer claramente os alvos ideológicos do movimento de Maio na França. Eram três: capitalismo, imperialismo estadunidense e gaullismo. Então como chegamos, vinte anos depois, a uma visão de consenso de 68 como uma "revolta juvenil" e reforma do estilo de vida amena, benigna e poética? A resposta está nas configurações narrativas dominantes – em sua maior parte, reduções ou circunscrições do evento – adotadas pela história oficial. A primeira dessas configurações, uma redução temporal, produziu uma cronologia abreviada segundo a qual o que entendemos por "Maio" tornou-se literalmente o que transcorreu durante o mês de maio de 1968. Mais especificamente, "Maio" começa em 3 de maio, quando as forças da ordem são chamadas à Sorbonne, iniciando prisões de estudantes que, por sua vez, provocam violentos protestos populares nas ruas do Quartier Latin nas semanas subsequentes. "Maio" termina em 30 de maio, quando De Gaulle faz um discurso no qual declara que não renunciará à presidência, ameaça uma intervenção do Exército e dissolve a Assembleia Nacional. Maio, portanto, é maio – e não junho, quando quase 9 milhões de pessoas, em todas as regiões do país e em todos os setores de emprego, estavam em greve. A maior greve geral da história da França some no pano de fundo, junto com a pré-história do levante, que remonta, pelo menos, ao final da Guerra da Argélia, no início dos anos 1960. A violenta repressão estatal que ajudou a pôr fim aos eventos de maio-junho não é invocada, nem a violência *gauchiste* que continuou até o começo da década de 1970. Na verdade, todo um período de quinze a vinte anos de cultura política radical é ocultado da visão, uma cultura política cujos vestígios estavam manifestos no crescimento de uma oposição pequena, mas significativa, à Guerra da Argélia, e na adoção, por muitos franceses, de uma análise "terceiro-mundista" norte/sul da política global, na esteira dos enormes sucessos das revoluções coloniais. Essa cultura política também estava manifesta nas irrupções recorrentes de agitações operárias nas usinas francesas em meados da década de 1960 e na ascensão de uma perspectiva marxista crítica e anti-stalinista, disponível em inúmeras revistas que floresceram entre meados dos anos 1950 e meados dos anos 1970. O contexto político imediato na França era, de fato, de marxismo triunfante: em vastos setores do movimento operário; na universidade, em forma de althusserianismo; em pequenos grupos de militantes maoístas, trotskistas e anarquistas; e no quadro de referência dominante para trabalhos realizados em filosofia e ciências humanas desde a Segunda Guerra Mundial. Todos esses avanços recuam a serviço de uma narrativa em que um Maio "espontâneo" subitamente "irrompeu do nada". A exclusão da pré-história de Maio, consistente na Guerra da Argélia e no movimento operário, assim como seus desdobramentos *gauchistes*, é o preço que precisa ser pago para "salvar" Maio como um mês feliz, de "livre expressão" liberada.

Limitar "Maio" a maio tem repercussões distintas. O encurtamento temporal reforça (e baseia-se em) uma redução geográfica da esfera de atividade a Paris, mais especificamente ao Quartier Latin. Mais uma vez, trabalhadores em greve nos arrabaldes de Paris e por toda a nação somem do quadro; experimentos bem-sucedidos de solidariedade entre trabalhadores, estudantes e agricultores nas províncias e em outros lugares são apagados. Segundo alguns relatos, a França provincial conheceu protestos mais violentos e duradouros do que Paris em maio e junho, mas isso não é apresentado na história oficial. O que se viveu nas fábricas, em Nantes e Caen e longe de Paris – toda uma constelação de práticas e ideias sobre igualdade que agora não pode ser integrada no paradigma liberal/libertário contemporâneo adotado por muitos dos antigos atores de Maio – some da visão. Assim, para tomar um exemplo eloquente, o nascimento de um novo movimento agrícola antiprogressista no início dos anos 1970 na região de Larzac – um movimento que teria uma sobrevida distinta na forma do radicalismo rural igualitário da Confédération Paysanne, com seus ataques ao McDonald's e aos alimentos geneticamente modificados – não desempenha papel algum na narrativa de Maio.

O fermento político que hoje cerca a agricultura parece ratificar a sugestão feita por Elisabeth Salvaresi e outros de que todo um terreno de resistências fragmentadas derivadas de 68 perdurou na França rural, longe de Paris, longe de seus novos empreendedores, filósofos e jornalistas e de seu *marketing* incansável do novo. De fato, Salvaresi sugeriu que a ressonância política mais profunda de 68 se encontra hoje com mais frequência nas províncias do que em Paris. Se for assim – e estava além do alcance deste estudo realizar a pesquisa necessária para fazer mais do que especular –, abrir-se-á uma nova ótica de 68 que fará retroceder o *status* lendário de Serge July ou Daniel Cohn-Bendit, permitindo que outras figuras se tornem mais visíveis nos papéis teóricos e políticos que desempenharam em Maio e depois. Militantes esquecidos, como Bernard Lambert, por exemplo, ativista agrícola maoísta e católico em 68 e autor de um estudo presciente de 1970 sobre a exploração dos agricultores modernizados pelo agronegócio – "operários, agricultores, *même combat*" –, podem ser vistos de forma renovada à luz do foco atual na política global de alimentos[4].

Para disfarçar sua redução narcisista e truncada de Maio aos confins do Quartier Latin, a história oficial faz gestos expansivos em direção a uma versão do internacionalismo. Mas ela o faz à custa da dimensão internacional que se poderia dizer que desempenhou o papel mais importante nos levantes franceses e que uniu esses levantes às insurreições que ocorreram na Alemanha, no Japão, nos Estados Unidos, na Itália e em outros lugares – a saber, a crítica ao imperialismo estadunidense e à guerra daquele país contra o Vietnã. O Vietnã sumiu das representações dominantes do Maio francês (tendo praticamente desaparecido, por exemplo, das comemorações televisivas dos anos 1980 em prol da temática da revolução sexual), e esse apagamento foi compensado com a construção de uma nova dimensão "internacional": a de uma "geração" vasta, quase planetária, de revolta juvenil libertária maldefinida e incipiente, ou de busca de autonomia pessoal – o que Serge July chamou, certa vez, de "a grande Revolução Cultural liberal-libertária". Chegado o vigésimo aniversário, quando Maio fora reduzido a uma busca de autonomia individual e espiritual por parte de seus porta-vozes autorizados, esses ex-líderes estudantis projetaram a busca

---

4 Cf. Elisabeth Salvaresi, *Mai en héritage*, Paris: Syros, 1988; e Bernard Lambert, *Les Paysans dans la lutte de classe*, Paris: Seuil, 1970.

em toda uma "geração" dispersa, uma faixa etária mundial para a qual a palavra de ordem de "liberdade" dos anos 1980 substituiu definitivamente (e anacronicamente) o que neste livro eu afirmo ser a aspiração típica dos anos 1960 à "igualdade".

Na história oficial, as reduções temporais e geográficas do que ocorreu em Maio agora sustentam o que se tornou o privilégio representacional maciço conferido aos estudantes e ao mundo universitário em estabelecer o elenco das personagens de Maio. Talvez não devêssemos ficar surpresos. As barricadas, a ocupação da Sorbonne e do teatro Odéon e, acima de tudo, o grafite poético – essas são as imagens que voltam tão inelutavelmente quanto os rostos dos mesmos três ou quatro ex-líderes estudantis envelhecidos nas comemorações de 1968 transmitidas a cada dez anos na televisão francesa.

No entanto, a politização maciça da juventude francesa de classe média na década de 1960 aconteceu por meio de um conjunto de relações polêmicas e identificações impossíveis com duas figuras agora notoriamente ausentes desse quadro: o operário e o militante colonial. Essas duas figuras, os "outros" privilegiados da modernidade política, compõem os fios organizadores de minha investigação, dos anos de Maio – que se estendem, na periodização que adoto neste livro, de meados de 1950 a meados de 1970 – até o presente. Utilizo a palavra "figura" no sentido de atores históricos, teóricos e oradores como tais; como objetos de desejo político, representação ficcional e teórica, e fantasia; e como participantes, interlocutores num diálogo frágil, efêmero e historicamente específico. Num certo sentido, o terceiro-mundismo francês foi nada mais que o reconhecimento, começando no fim dos anos 1950, de que os colonizados haviam emergido como uma nova figuração do povo no sentido político ("os condenados da terra") por meio de suas guerras de libertação, eclipsando qualquer manifestação de uma classe operária europeia ao universalizar ou dar nome a um malfeito político que, por sua vez, mobilizou os estudantes e outros no Ocidente. O terceiro-mundismo do início da década de 1960 continuou após o fim da Guerra da Argélia e durante a intensificação da Guerra do Vietnã pelos Estados Unidos no meio daquela década. Para muitas pessoas de esquerda na França, foi o maoísmo que providenciou a interface, os meios de fazer a transição, de mudar o foco do militante campesino colonial para o operário nacional mais uma vez e, assim, de reconhecer, como os operários do setor automotivo em greve em Turim, que "o Vietnã é nas nossas fábricas". Dessa forma, o operário francês torna-se a figura central nos movimentos sociais de Maio de 68. Mas o maoísmo não era a única força em ação. Durante toda a década de 1960 na França, os temas do anticapitalismo e do internacionalismo foram combinados espontaneamente; os discursos do anticapitalismo e do anti-imperialismo foram entrelaçados numa teia intrincada. Afinal, naquela época, numa noite qualquer no meio da semana, num comício na Mutualité em Paris, podia-se fazer 3 mil trotskistas se levantarem com um salto ao ouvir o apelo "Tous debout, camarades, pour la Bolivie socialiste!" [Todos de pé, camaradas, pela Bolívia socialista].

A ideia principal de Maio era a união da contestação intelectual com a luta operária. Outra maneira de dizer isso é que a subjetividade política que emergiu em Maio era *relacional*, construída em torno de uma polêmica de igualdade: uma experiência diária de identificações, aspirações, encontros e desencontros, reuniões, decepções e frustrações. A experiência da igualdade, tal como vivida por muitos durante o movimento – nem como objetivo, nem como agenda futura, mas como algo ocorrendo no presente e verificado como tal –, constitui um enorme desafio para a representação subsequente. A invenção, durante o movimento, de formas de atividade que punham fim à representação e à delegação, que minavam a divisão entre diretores e subordinados, práticas que expressavam um investimento maciço na política como preocupação de cada indivíduo e não somente de especialistas – essa experiência ameaça tudo o que está inscrito em nossos repertórios para descrever a vida cotidiana, todas as várias maneiras que temos de representar o social, todo o número finito de representações às quais podemos apelar. O problema ficou ainda mais acentuado vinte anos depois, no clima ideológico da década de 1980, quando uma ofensiva generalizada contra a igualdade foi lançada sob o véu de uma crítica ao igualitarismo. Essa crítica fazia da igualdade um sinônimo de uniformidade, de restrição ou alienação da liberdade, ou de ataque ao livre funcionamento do mercado. Quando a ideia da união da contestação intelectual com a luta operária se esvanece ou é esquecida, o que sobra de 68 não pode ser muito mais que a prefiguração de uma contracultura "emancipatória", uma metafísica do desejo e da libertação, um ensaio para um mundo feito de "máquinas desejantes" e "indivíduos autônomos" enraizados no solo irredutível da experiência pessoal.

Em meados de 1970, novas figuras haviam tomado o lugar do operário e do militante colonial, e agora ocupavam o centro da atenção da mídia. "A plebe", figura espiritualizada e silenciosa do desamparo, era a precursora imediata da figura do sofrimento no centro do atual discurso dos direitos humanos. E "o dissidente" ancorava novamente a atenção da França numa narrativa da Guerra Fria, em vez do eixo Norte/Sul que definira os anos 1960. No novo regime de representação da vítima humanitária que tomava forma, os "condenados da terra" se tornavam simplesmente os condenados – ou seja, despojados de qualquer subjetividade política ou possibilidade universalizante e reduzidos a uma figura de pura alteridade, seja de vítima ou de bárbaro. Na França, pelo menos, como afirmo no capítulo 3, o novo discurso de moralidade ética em torno dos direitos humanos – grande parte dele produzida por ex-*gauchistes* preocupados em se distanciar de um passado militante ou em evitar lidar com as frustrações de Maio – já era uma etapa importante no esquecimento de 68. Em outras palavras, podemos dizer que, começando por volta de 1976, a necessidade de repudiar Maio alimentou uma retirada da política para a ética, retirada que distorceu não apenas a ideologia de Maio como também muito de sua memória. Ex-*gauchistes* que se haviam arrogado o papel de guardiões da memória de Maio estavam particularmente bem posicionados para reformular o significado dos eventos de Maio à luz da "transformação espiritual" pela qual estavam passando. Os eventos e a cultura política de 1968, que na verdade haviam mostrado uma oposição radical, às vezes violenta, ao tipo de discurso moralizante que prevaleceria após o final da década de 1970, foram reconfigurados à luz da ética pessoal, não da política. Com o advento do que Guy Hocquenghem chamou certa vez de "moralismo guerreiro" dos Novos Filósofos, uma nova fase havia chegado. Na segunda metade do livro, exploro de que maneiras a necessidade de obliterar os vestígios de 68 foi

atendida pelos novos discursos sobre o totalitarismo que esses filósofos popularizaram e por um novo regime de representação no qual duas figuras – os direitos humanos e o Gulag/Holocausto – passaram a orquestrar o bem e o mal após o final da década de 1970.
"Ninguém morreu em 68." Essa frase muito repetida é, na verdade, falsa. Mas sua reiteração deve ser lida como sintoma de uma tentativa de emprestar uma qualidade afável, *bon enfant*, quase sentimental à insurreição e a seus participantes – tanto os militantes como o Estado. Deve-se medir um evento em termos de número de cadáveres? Não, com certeza, se o evento for classificado como cultural – e é o que Maio se tornou na história oficial no fim dos anos 1980. Em Maio nada aconteceu politicamente, seus efeitos foram puramente culturais – dizia a avaliação consensual, a história aprendida, autorizada, imposta, celebrada publicamente e comemorada na imprensa e nos programas televisivos que discuto no capítulo 3.
"Cultural", geralmente, indicava alguma das muitas mudanças de estilo de vida, transformações nos hábitos cotidianos e nos comportamentos que ocorreram nos anos 1970 – coisas como mulheres usando calças em vez de saias ou a adoção de novas formas de familiaridade no discurso falado. Porém, o que os chamados efeitos culturais de Maio têm a ver com a especificidade do evento? Como comentou certa vez Jean-Franklin Narot, nem tudo o que apareceu naqueles meses fazia parte do movimento e nem tudo o que veio depois de Maio pode ser atribuído a Maio. A maioria das acomodações e mudanças no estilo de vida cotidiano designadas sob a rubrica de "efeitos culturais de Maio" ocorreu também em todos os países ocidentais que estavam passando por uma modernização capitalista acelerada – quer tenham tido ou não um "68"[5].

E se tomarmos um termo vago como "efeitos culturais" para indicar algo semelhante ao que é chamado nos países anglo-saxões de

---

5 A acomodação pelos franceses e outros europeus aos hábitos de consumo mais ao estilo norte-americano transparece numa temporalidade pós-guerra mais longa, cuja versão francesa eu discuti em *Fast Cars, Clean Bodies: Decolonization and the Reordering of French Culture*, Cambridge: MIT Press, 1995. O evento de Maio de 68 constitui uma interrupção, e não uma aceleração, na narrativa desse processo.

"contracultura"? Ao contrário dos Estados Unidos e da Inglaterra, países que conheceram avanços florescentes e inventivos na contracultura, particularmente na música, nas décadas de 1960 e 1970, as formas da contracultura francesa após 1968 eram, em sua maior parte, importadas. Na Inglaterra ou nos Estados Unidos, como sugeriu Peter Dews, seria concebível iniciar-se na cultura política entrando sub-repticiamente pela porta dos fundos da contracultura; na França ou na Itália, por outro lado, a "contracultura" dos anos 1970 representava, sobretudo, um esgotamento do que havia sido uma militância política muito mais vibrante e robusta do que a que havia sido gerada nos Estados Unidos[6]. Obviamente, os eventos de 68 desempenharam um papel significativo, com a filosofia e outros modos de investigação intelectual, numa conjuntura vibrante, que fez da década de 1970 na França um momento de invenção e criatividade sem paralelo. Nos anos que se seguiram imediatamente a 68, pareciam não ter limite os projetos intelectuais e os foros originais para a troca de ideias que surgiram – novas revistas e experimentos em edição –, todos de alguma forma preocupados em estabelecer uma duração dos eventos ou em deslocar a energia política para outras investigações relacionadas. No capítulo 2, examino alguns exemplos de experimentação coletiva com modos de representação política em periódicos que surgiram no campo da historiografia. Mas os periódicos que discuto são representativos de um fenômeno mais amplo cuja lista, compilada por Françoise Proust, que cito aqui apenas em parte, oferece uma noção de sua abrangência. Entre os novos empreendimentos editoriais ou séries de livros de editoras consolidadas que surgiram, estavam 10/18 (1968), Lattès (1968), Champ libre (1968), "Points" Seuil (1970), Galilée (1971), Gallimard "Folio" (1972), Éditions des Femmes (1974), Actes Sud (1978). Entre os periódicos e revistas culturais, estavam *Change* (1968), *L'Autre Scène* (1969), *Nouvelle Revue de Psychanalyse* (1970), *Actuel* (1970), *Tel Quel* (1972), *Afrique-Asie* (1972), *Actes de la Recherche en Sciences Sociales* (1975), *Les Révoltes Logiques* (1975), *Hérodote* (1976). Entre os jornais, estavam

---

6   Peter Dews, "The *Nouvelle Philosophie* and Foucault", *Economy and Society*, v. 8, n. 2, maio 1979, p. 168.

Hara-Kiri Hebdo (1969), *L'Idiot International* (1969), *Tout* (1970), *Libération* (1973), *Le Gai Pied* (1979). O pensamento ousado e assertivo do tipo manifestado nessa lista – comenta Proust – necessariamente gera uma reação. Em sua cronologia e na de muitos outros, o começo do fim desse florescimento efervescente de invenção associado a 68 já era palpável em 1976-1978, quando uma nova forma de intelectual midiático, os Novos Filósofos, fez sua aparição[7].
No âmbito da alta produção cultural na França – especialmente a literatura – Maio teve pouco impacto, seja temática ou formalmente. Na forma do romance, como mostrou Patrick Combes, foram feitas muito poucas tentativas significativas de abordar a figurabilidade da política de Maio. A quase totalidade das representações romanescas pós-68 seguiu de perto as representações dominantes da mídia, escolhendo, por exemplo, dramatizar os eventos através da perspectiva da consciência, às vezes caricaturada, de um indivíduo que vive uma crise de angústia existencial contra um pano de fundo de barricadas – e isso apesar do fato, como minha pesquisa revelou reiteradamente, de que o conteúdo das recordações que um indivíduo tem daquele tempo é quase sempre de participação num coletivo social. Foi somente num gênero mais popular, o romance policial, no começo dos anos 1980, que encontrei um esforço tangível de narrar os efeitos sobre a sociedade contemporânea do que significa ter esquecido o passado recente – as rupturas da Argélia e de 68, a política e a sociabilidade política distinta manifestadas nesses momentos.

---

7   Cf. Françoise Proust, "Débattre ou résister?", *Lignes*, n. 35, out. 1998, pp. 106-20. Para Proust, uma filósofa, o fim *definitivo* desse período de energia intelectual utópica pós-68 ocorre em 1980 com o primeiro número da revista de Marcel Gauchet e Pierre Nora, *Le Débat*. Essa revista dedicou vários números a ajudar *La Pensée 68*, de Luc Ferry e Alain Renaut (discutidos no capítulo 4), a desempenhar o papel importante que teve na construção da "história oficial" de 68. Para Proust, *Le Débat* atestou o retorno definitivo de um diálogo limitado entre "intelectuais e técnicos (em outras palavras, os especialistas), [através do qual] o intelectual internaliza a democracia: ele renuncia a desejos fúteis de mudar o mundo, compreende que a democracia representativa, sua instituições e suas regras, é o horizonte final de todos os grupos políticos; a partir daí, sua função é estar em constante debate com os tomadores de decisão que ele aconselha, pensando racionalmente os problemas e crises políticas e culturais que a democracia moderna enfrenta". O editor de *Le Débat*, Nora, gostava de apontar a coincidência da publicação da nova revista com a morte de Sartre, tendo comentado numa entrevista que ele considerava *Le Débat* "o oposto de *Les Temps Modernes* e sua filosofia do engajamento".

Grande parte de minha argumentação neste livro vai na contramão dos esforços feitos na década de 1980 para atribuir efeitos meramente "culturais", ou até morais ou espirituais, a Maio. Na verdade, tentei mostrar algo próximo à perspectiva oposta. Em Maio, tudo aconteceu politicamente – desde que, claro, entendamos "política" com pouca ou nenhuma relação com o que era chamado na época de "la politique des politiciens" (a política especializada ou eleitoral).

Pois Maio de 68 não foi um momento artístico. Foi um evento que transcorreu entre muito poucas imagens; afinal, a televisão francesa estava em greve. Desenhos, cartuns políticos – de Siné, Willem, Cabu e outros – proliferaram; fotografias foram tiradas. Somente as técnicas artísticas mais "imediatas", ao que parece, conseguiam acompanhar a rapidez dos eventos. Mas dizer isso já é apontar como a política exerce uma atração magnética sobre a cultura, arrancando-a de seu domínio específico e especializado. Pois o que significa dizer que a arte deveria, subitamente, ver seu propósito como o de acompanhar os eventos, de alcançar uma contemporaneidade completa com o presente e com o que estava acontecendo em torno dela?

A incomensurabilidade ou assimetria que parece governar a relação entre cultura e política é válida para o período de 68 na França. De fato, essa incomensurabilidade é a essência do evento: o fracasso das soluções culturais em fornecer uma resposta, a invenção e aplicação de formas políticas em contestação direta das formas culturais existentes, a preeminência das práticas políticas sobre as culturais. Em nenhum lugar isso fica mais aparente do que na experiência dos estudantes da Beaux-Arts que ocuparam a escola em meados de maio de 1968, proclamaram-na o "Atelier Populaire des Beaux-Arts" revolucionário e começaram a produzir, em velocidade estonteante, os cartazes de apoio à greve que cobriram os muros de Paris durante aqueles meses. A "mensagem" da maioria dos cartazes, crua e direta, era a certificação, e por vezes o imperativo, de que, independentemente do que estivesse acontecendo – a interrupção, a greve, o "trem em movimento" –, era preciso apenas *continuar*: "Continuemos o combate", "A greve continua", "Contraofensiva: a greve continua", "Motoristas de táxi: a luta continua", "Maine Montparnasse: a luta continua". Ou seja, nada na mensagem aspira ao nível de "representar" o que estava ocorrendo; ao contrário, o objetivo era estar em sintonia – ao mesmo tempo, contemporâneo – com o que *estava* ocorrendo. A velocidade, uma técnica veloz, era essencial; os estudantes entenderam isso logo no começo, quando abandonaram a litografia porque, a dez ou quinze impressões por hora, era lenta demais para atender às necessidades de um movimento de massa. A serigrafia, leve e fácil de usar, produzia até 250 impressões por hora. A velocidade e um meio flexível facilitaram a interpenetração absoluta da arte e do evento obtida pelos cartazes, mas a velocidade não é o fator mais importante para tornar a arte capaz de viver a temporalidade de um evento. Escrevendo trinta anos depois, um dos militantes ativos no Atelier populaire, Gérard Fromanger, recorda a gênese dos cartazes num breve livro de memórias. Seu título, *A arte é o que torna a vida mais interessante que a arte*, exprime a sensação de abertura vertiginosa criada quando o social se recusa a ficar "lá fora", distinto da arte, ou quando a arte alcança a presentação, e não a representação:

> Maio de 68 era isso. Os artistas não estavam mais nos seus estúdios, não trabalhavam mais, não podiam mais trabalhar porque o real é mais poderoso que suas invenções. Naturalmente, eles se tornam militantes, eu entre eles. Nós criamos o Atelier Populaire des Beaux-Arts e fizemos cartazes. Estávamos lá noite e dia fazendo cartazes. O país inteiro estava em greve e nós nunca trabalhamos tanto em nossas vidas. Nós finalmente éramos necessários[8].

Fromanger descreve com muitos detalhes os estágios do desmantelamento da arte e dos artistas em Maio: como, à medida que os protestos de massa ganhavam força em meados de maio, os estudantes de arte foram os primeiros a "descer dos cavalos para colher as flores", como diziam os maoístas; como eles deixaram a arte para trás

---

8 Cf. Gérard Fromanger, "L'Art c'est ce qui rend la vie plus intéressante que l'art", *Libération*, 14 maio 1998, p. 43. E Adrian Rifkin, Introdução, em: Sarah Wilson (ed.), *Photogenic Painting/La Peinture photogénique*, Londres: Black Dog Press, 1999, pp. 21-59.

conforme corriam de ato em ato. "Nós, artistas, estávamos no movimento há dez dias, trombávamos uns com os outros nos protestos. Tínhamos nos separado de tudo que tínhamos antes. Não dormíamos nos estúdios [...], vivíamos nas ruas, nos espaços ocupados [...]. Não pintávamos mais nem pensávamos mais nisso". A próxima fase descreve uma retirada para espaços familiares: "Nós, pintores, dizíamos a nós mesmos que tínhamos que fazer algo na Beaux-Arts, que não podíamos deixar os prédios vazios, fechados". Uma velha máquina de litografia é encontrada; o primeiro cartaz, USINE-UNIVERSITÉ-UNION, é produzido imediatamente. O pensamento, naquele ponto, é de que alguém leve as trinta cópias à galeria na Rue Dragon para vendê-las e ajudar o movimento. Mas é nesse momento que "o real", na forma do movimento, literalmente intervém, curto-circuitando os passos que a arte deve dar para ser arte na cultura burguesa e sequestrando-a, por assim dizer, para fora desse caminho, puxando tudo para o agora. Parece não haver tempo para o objeto de arte continuar a ser uma mercadoria, mesmo um que foi redirecionado a serviço do movimento. A caminho da galeria, as cópias são arrancadas dos braços do estudante que as carrega e coladas imediatamente no primeiro muro disponível. O cartaz vira um cartaz.

"A cultura burguesa", diz a declaração que acompanhava a fundação do Atelier Populaire, "separa e isola os artistas dos outros trabalhadores, conferindo-lhes um *status* privilegiado. O privilégio tranca o artista numa prisão invisível. Nós decidimos transformar o que somos em sociedade."[9]

Creio que foi em meio a horas e horas assistindo a fitas de comemorações televisivas que tomei a decisão talvez inusitada, num livro sobre a memória e a amnésia social de Maio de 68 na França, de não realizar entrevistas durante minha pesquisa. Quem eu teria entrevistado? Para transmitir algo da natureza de um evento de massa, eu relutava em abordar as pessoas que se tornaram figuras de destaque nas lendas da cultura de Maio em virtude da atenção que já lhes foi dada, muitas das quais podem, agora, ser vistas ocupando os cargos

---

9 "Document: l'atelier populaire", *Les Cahiers de Mai*, n. 2, 1º-15 jul. 1968, pp. 14-6.

de predileção dentro da estrutura de poder que são reservados especialmente às pessoas que outrora a acusavam publicamente. Eu tampouco queria realizar um estudo etnográfico de um setor específico – operários, agricultores, uma determinada tendência política –, embora existam agora uns poucos estudos desse tipo, alguns deles muito bons, a que faço referência neste livro. Que possíveis controles poderiam orientar minha seleção dos relatos de participantes num movimento de massa que se estendeu por toda a França, alcançando praticamente toda cidade, setor profissional, região e faixa etária? Ao longo deste livro, como em qualquer investigação do passado recente, as palavras escritas por testemunhas e participantes ainda vivos ladeiam escritos que já recolheram e peneiraram vestígios documentais do evento. Mas os relatos publicados pelo menos estão abertos a quem quiser lê-los; ao contrário das entrevistas orais, eles não são endereçados a um interlocutor específico. Os relatos publicados, como sugere Paul Ricœur, são relatos que consentiram em dar a cara a tapa, em se colocar sob o olhar de outros relatos. Por esse motivo, eu me limitei aos registros públicos, a uma combinação, sem dúvida, altamente não científica de diferentes vestígios materiais, em toda sua profusão e diversidade (documentos de arquivos públicos e privados, folhetos, artigos de revistas e periódicos, documentários, livros de memórias, imprensa) para chegar às histórias tributárias de diversos olhares e experiências dos eventos, e à maneira como esses eventos foram recordados e discutidos posteriormente. Uma colagem de subjetividades individuais, às vezes efêmeras, circula a seguir, subjetividades que não compõem nenhum tipo de "itinerário exemplar" ou história de vida biográfica. Entretanto, sem essas evocações, eu não teria conseguido restituir uma noção das formas específicas de sociabilidade política daquele tempo – isto é, uma noção do que foi perdido. Como estava preocupada em traçar tanto a história oficial – como todos os clichês, facilmente acessível – quanto seus desvios, fiz um esforço especial para localizar memórias que não se conformam às predisposições do presente, que não servem para legitimar configurações de poder contemporâneas.

Mas as predisposições do presente mudaram recentemente na França, e junto com elas as óticas disponíveis sobre 68. As greves de massa do inverno de 1995 no país, seguidas pelos eventos em Seattle poucos anos depois, certamente desempenharam um papel em configurar uma nova conjuntura, uma nova noção de capacidade política criativa na França e alhures. Para meus propósitos, duas outras manifestações de mudança no clima político e intelectual francês foram particularmente significativas. Recentemente, surgiu uma variedade de narrativas políticas alternativas sobre os últimos trinta anos, escritas por pessoas ativas durante os anos de 68 e impelidas, agora, a recuperar um passado – o seu próprio e o de outros – que elas consideram ter sido distorcido, até manipulado, nas eras Giscard e Mitterrand. Ao mesmo tempo, acadêmicos mais jovens, principalmente historiadores, começaram pela primeira vez na França a empreender uma consideração séria sobre a Guerra da Argélia e os anos de 68. O trabalho desses dois grupos de escritores constitui um novo capítulo, importante em si mesmo, da memória de 1968. E tornou meu próprio trabalho menos solitário.

1
A CONCEPÇÃO POLICIAL DA HISTÓRIA

A sociologia e a polícia

"Mas nada aconteceu na França em 68. As instituições não mudaram, a universidade não mudou, as condições de trabalho não mudaram – nada aconteceu." O orador, um renomado sociólogo alemão, estava reagindo a uma palestra que eu dei sobre os problemas apresentados pela memória social de 68 na França. Ele continuou: "68 aconteceu mesmo em Praga, e Praga derrubou o Muro de Berlim"[1].

Nada aconteceu na França e tudo aconteceu em Praga – era uma interpretação que eu não havia encontrado até então numa forma tão sucinta. Certamente, uma perspectiva sobre 68 mais internacional do que a que ofereci naquele dia está disponível há tempos, uma que enfatiza a convergência, na década de 1960, das lutas de libertação nacional (Cuba, Indochina), das lutas antiburocráticas (Hungria, Tchecoslováquia) e das lutas anticapitalistas e antiautoritárias que irromperam nas metrópoles imperialistas da Europa e América do Norte. Mas a direção dessa observação era claramente diferente. Não só o Terceiro Mundo havia sido eliminado do quadro, mas agora a França também estava desaparecendo. Não havia acontecido muita coisa diferente no mundo todo num breve período, mas apenas uma coisa aconteceu; aconteceu em Praga, e o que aconteceu em Praga foi a semente que depois preencheria uma teleologia

---

[1] Wolf Lepenies, Instituto de Estudos Avançados, Princeton, outubro de 1999.

triunfante da Guerra Fria: o fim do socialismo realmente existente[2]. Seria essa a voz pós-1989 do vencedor da Guerra Fria, enfiando tudo o que ocorreu no século XX num único quadro, numa única narrativa solitária? E se algo não se encaixa nessa narrativa, como Maio de 68 na França, então não tem relevância? Será que a mudança se tornou impensável fora dessa narrativa?

A queda do socialismo e a hegemonia aparentemente incontestada alcançada pelo capitalismo distanciam nosso mundo do mundo de 68, a tal ponto que se torna muito difícil imaginar um tempo em que as pessoas vislumbravam um mundo essencialmente diferente daquele em que vivemos hoje. Nesse sentido, as observações do sociólogo em Princeton alinham-se com grande parte da avaliação pós-1989 de Maio, uma reformulação ou esquecimento que canaliza a energia de Maio diretamente para o desfecho inevitável do mundo presente. Até mesmo o Maio *francês*, conforme alguns relatos atuais, ainda quando se reconhece que aconteceu, teve esse desfecho – o mundo de hoje – como seu objetivo[3]. Por intermédio de uma curiosa artimanha da história, o ataque da esquerda contra o reformismo e a burocracia do Partido Comunista francês tiveram o efeito paradoxal de soar o dobre para a esperança de qualquer mudança sistêmica ou revolucionária daquele momento em diante – e isso, segundo alguns ex-*gauchistes* que alegam uma presciência pós-fato, era exatamente o que se desejava na época. Nessa visão, os anos que separam 68 do virulento antimarxismo de ex-*gauchistes* proeminentes em meados dos anos 1970 são apagados da memória, para que

---

[2] A ideia de que "68 em Praga derrubou o Muro de Berlim", com algum tipo de relação direta de causa e efeito, levanta questões básicas de causalidade histórica, haja vista, particularmente, que os insurgentes em Praga em 1968 (ao contrário dos de 1989) não pareciam considerar suas aspirações por mais democracia incompatíveis com o socialismo. Cf. Jean-François Vilar, "Paris-Prague: Aller simple et vague retour", *Lignes*, n. 34, maio 1998, p. 87: "O fato é que ninguém, na Tchecoslováquia [em 1968], pretendia abandonar o esquema socialista. O fato é também que em 1989-90 quase ninguém defendia fixar o sistema social dentro do quadro de algum tipo de 'socialismo'". Vilar, residente de Praga, afirma que 1968 hoje, na área que antigamente era a Tchecoslováquia, longe de representar um momento liberatório fundador na marcha para o presente, pelo contrário, "nunca é objeto de pensamento, exceto entre amigos". No nível da história oficial, 68 em Praga parece esquecido, e suas aspirações incompatíveis com a atual democracia de mercado, não levando a ela ou causando-a – como Wolf Lepenies e outros como ele imaginam.

[3] Cf., por exemplo, Gilles Lipovetsky, *L'Ere du vide: essais sur l'individualisme contemporain*, Paris: Gallimard, 1983.

esses fenômenos contrários ao movimento possam aparentar ter um "significado" secreto, o "desejo subjacente" do evento desde o início. Será que a concisão da avaliação do sociólogo sobre o Maio francês se fundamentava na confiança com que a disciplina da sociologia – o campo que dominou a interpretação dos eventos de Maio – reivindica a capacidade de medir a mudança, e até determinar os critérios segundo os quais a mudança pode ser medida? O sentimento de que "nada aconteceu" em Maio é, obviamente, expressado com frequência – com diferentes tonalidades políticas afetivas – em toda a França hoje em dia. "Nada aconteceu, exceto para o movimento feminista – e veja o que isso fez com a família" – isto é, nada aconteceu, mas tudo o que de fato aconteceu é lamentável. Essa é uma versão. Outra versão diz o seguinte: "Nada aconteceu. O Estado francês conseguiu absorver toda a turbulência política e agora todos esses caras têm carreiras fabulosas e dirigem BMWs" – como se os franceses que hoje dirigem BMWs fossem os únicos participantes do movimento naquela época. Ou: "Nada aconteceu politicamente, mas culturalmente as mudanças foram enormes". Essa é talvez a versão que mais se ouve na França hoje em dia, uma avaliação que se baseia numa visão de que as duas esferas da política e da cultura podem ser definitivamente isoladas uma da outra. E uma avaliação em que o excesso de visibilidade da cultura – estilo de vida, costumes, *habitus* – existe em proporção direta à invisibilidade da política, à amnésia que agora cerca as dimensões especificamente políticas dos anos de 68.

O que, na verdade, pode ser percebido hoje sobre aqueles anos? Talvez seja assistindo às comemorações na televisão francesa dos eventos de 68, sobretudo aquelas do vigésimo aniversário de Maio, que o espectador tem a impressão mais clara de que "nada aconteceu". Seria esse o propósito delas? Frequentemente, as comemorações criam a impressão de que tudo aconteceu (portanto, nada aconteceu); uma contestação global de praticamente tudo – imperialismo, códigos vestimentários, realidade, toque de recolher em dormitórios, capitalismo, gramática, repressão sexual, comunismo –, portanto, nada (já que tudo é igualmente importante) aconteceu; Maio consistiu em estudantes dizendo absolutamente tudo e em operários que não tinham nada a dizer; ou, como nesta conversa representativa entre dois ex-*gauchistes* numa comemoração televisiva de 1985:

R. CASTRO (EX-LÍDER MAOÍSTA, DEPOIS PSICANALISADO POR LACAN): Maio de 68 não era político, era um movimento puramente de palavras [...].

R. KAHN (EX-*GAUCHISTE*, CONVERTIDO AO LIBERALISMO): É verdade [...] o mal terrível de substituir a realidade por palavras [...] a ideia de que qualquer coisa é possível [...] um dos períodos mais lamentáveis [...] crianças que não têm mais um pingo de cultura [...] até a Frente Nacional é resultado de 68.

R. CASTRO: Maio de 68 foi uma crise das elites.

R. KAHN: Claro, agora nós ouvimos melhor a garotada [...] o sistema dos *petits chefs* foi abalado.

ALFONSI (O APRESENTADOR DA TV, PARA CASTRO): Você está usando um broche "Touche pas à mon pote" [Não mexa com meu chapa]?

R. CASTRO: Sim, me deixa menos ansioso[4].

Nessa mixórdia discursiva e sintática, Maio novamente passa a incorporar tudo e, portanto, nada. A mídia conservadora, trabalhando em conjunto com ex-*gauchistes*, mantém uma nebulosidade ou embaçamento do foco no evento, embaçamento que consegue dissolver o objeto através de palavrório. Os espectadores que assistem ao delírio verbal de ex-*gauchistes* na televisão podem ser levados a chegar à mesma conclusão do sociólogo que encontrei em Princeton, particularmente quando o objetivo de 68 de "tomar a palavra" é representado como se, no longo prazo, tivesse se limitado a produzir o espetáculo contemporâneo da comemoração como *talk show*. Ainda assim, a crueza do pronunciamento do sociólogo pede mais comentários. "Nada aconteceu na França": nada mudou, as instituições mais importantes continuaram inalteradas. Seria essa a voz do sociólogo profissional, cuja tarefa é dizer por que as coisas invariavelmente continuam as mesmas, para quem uma ruptura no sistema é recuperada de maneira a ser reinserida na lógica do próprio sistema, a lógica do contínuo, a lógica da reprodução? É por esse motivo que as interpretações

---

4 Maurice Dugowson, "Histoire d'un jour: 30 mai 1968", documentário televisivo, Europe 1, France 3, 1985.

sociológicas de Maio e de outros eventos sempre me pareceram beirar o tautológico. E os fatos parecem ser explicados segundo os termos de sua existência. "Rebelião juvenil" é uma dessas categorias sociológicas hipostáticas frequentemente mobilizadas em relação a Maio: os jovens se rebelam porque são jovens; rebelam-se porque são estudantes e a universidade está superlotada; rebelam-se "como ratos ou outros animais quando são forçados a viver em densidade excessiva num espaço confinado"[5]. Esta última é a analogia que outro sociólogo, Raymond Aron, apresentou logo após os eventos – mobilizando um vocabulário animalizante subutilizado desde a época da Comuna de Paris.

Ou era a voz da polícia? "Nada aconteceu." Num texto recente, Jacques Rancière usa essa expressão – mas no presente: "Nada está acontecendo" – para representar o funcionamento do que, em sentido amplo, ele chama de "polícia".

> A intervenção policial no espaço público consiste menos em interpelar manifestantes do que em dispersá-los. A polícia não é o direito que interpela o indivíduo (o "ei, você aí" de Louis Althusser), a menos que confundamos o direito com a sujeição religiosa. A polícia é, acima de tudo, uma certeza do que está ali, ou melhor, do que não está ali: "Circulando, não tem nada para ver". A polícia diz que não tem nada para ver, nada está acontecendo, não há nada a ser feito, exceto continuar andando, circulando; ela diz que o espaço de circulação é tão somente o espaço de circulação. A política consiste em transformar esse espaço de circulação no espaço de manifestação do sujeito, seja o povo, os trabalhadores ou os cidadãos. Ela consiste em reconfigurar esse espaço, o que há para fazer ali, o que há para ver ou para nomear. É uma disputa sobre a divisão do que é perceptível aos sentidos[6].

Será que a relação do sociólogo com o passado é a da polícia com o presente? Para Rancière, a polícia e o sociólogo falam com a mesma

---

5   Raymond Aron, *The Elusive Revolution: Anatomy of a Student Revolt*, Nova York: Praeger, 1969, p. 41.
6   Jacques Rancière, *Aux bords du politique*, Paris: La Fabrique, 1998, p. 177. Aqui e alhures, as traduções do francês, salvo menção em contrário, são minhas.

voz. Até a sociologia mais judiciosa nos devolve a um *habitus*, uma maneira de ser, um fundamento social ou conjunto de determinações que confirmam, no fim das contas, que as coisas não poderiam ter acontecido de nenhuma outra forma, que as coisas não poderiam ter sido diferentes. Assim, qualquer singularidade da experiência – e qualquer maneira pela qual os indivíduos produzem um significado que tente capturar essa singularidade – é cancelada nesse processo. A polícia certifica-se de que uma ordem social adequadamente funcional funcione adequadamente – nesse sentido, ela põe em prática o discurso da sociologia normativa. Logo, a "polícia", para Rancière, está menos preocupada com a repressão do que com uma função mais básica: a de constituir o que é ou não perceptível, determinar o que pode ou não ser visto, dividir o que pode ser ouvido do que não pode. Em última análise, a polícia torna-se o nome, em sua visão, de tudo que diz respeito à distribuição de lugares e funções, bem como do sistema que legitima essa distribuição hierárquica. A polícia faz sua contagem estatisticamente: ela lida com grupos definidos por diferenças de nascimento, funções, lugares e interesses. E é outro nome para a constituição simbólica do social: o social feito de grupos com modos específicos e identificáveis de operar – "perfis" –, modos que são atribuídos diretamente, quase naturalmente, aos lugares onde essas ocupações são exercidas. Esses grupos, quando contados, compõem o todo social – não falta nada; nada está em excesso; nada ou ninguém fica de fora da conta. "Circulando, não tem nada para ver." A própria frase é uma adequação perfeita de funções, lugares e identidades – não falta nada, nada está acontecendo.

Mas se "polícia" é o nome que Rancière dá à agência mais ampla possível de classificação sociopolítica, essa agência inclui não somente várias funções classificatórias sociológicas, culturais e médicas que distinguem os grupos e suas funções e "naturalizam" as relações entre ambos, como também a polícia tal qual costumamos entendê-la – o tira na rua. Ambos os sentidos se sobrepõem, como na anedota talvez apócrifa contada por Henri Lefebvre em Nanterre, em 1968, segundo a qual, quando lhe pediram para fornecer ao reitor uma lista dos estudantes que causavam mais distúrbio político em suas turmas, ele teria respondido: "Monsieur le doyen, je ne suis pas un flic"⁷ [Senhor reitor, eu não sou um tira].

Escrevendo em 1998, Rancière propôs uma teorização da política e da ordem social substancialmente informada pelos eventos de 68 de que ele participou trinta anos antes. Na esteira imediata de 68, anos que viram uma verdadeira hipertrofia do Estado francês em resposta a um pânico palpável entre as elites, a teoria francesa povoou-se de figuras policiais. A polícia aparece regularmente, na década de 1970, como personagem, como força na especulação teórica: a título de exemplo, o "ei, você aí" que o tira usa para interpelar alguém na rua, na encenação de Louis Althusser de como funciona a ideologia; nas vastas meditações de Michel Foucault sobre a repressão estatal, em *Surveiller et punir* (Vigiar e punir, 1975); na análise foucaultiana de Jacques Donzelot, em *La Police des familles* (A polícia das famílias, 1977), de como a família passou a ser inserida numa teia intrincada de instituições burocráticas e sistemas de gestão. Sua presença é uma constante nas análises de Maurice Blanchot sobre o movimento, escritas em conjunto com o Comité d'Action Étudiants--Écrivains, e pode ser sentida num texto de 1969 como "La Parole quotidienne"⁸. Na esteira de 68, um período de intensa preocupação com a ordem pública e seu colapso, quando o medo tangível do governo de que a população fosse para as ruas novamente se manifestou num drástico aumento da presença policial em toda parte – em cafés, museus, esquinas, onde quer que mais de duas ou três pessoas se reunissem –, a filosofia e a teoria começaram a dar marcas dessa presença. Trinta anos depois, os vestígios de Maio e seus ecos ainda podem ser encontrados na conceitualização teórica de Rancière da "polícia" como a ordem de distribuição dos corpos enquanto comunidade, como a maneira em que lugares, poderes e funções são geridos na produção estatal de uma ordem social escolhida, e em sua análise da política como ruptura, em sentido amplo, dessa distribuição naturalizada.

---

7   Henri Lefebvre *apud* Kristin Ross, "Lefebvre on the Situationists: An Interview", *October*, n. 79, inverno 1997, p. 82.
8   Cf. "La Parole quotidienne", em: *L'Entretien infini*, Paris: Gallimard, 1969, pp. 355-66.

A seguir, quero manter cada um desses registros visíveis. A polícia empírica, cujas atividades compõem uma parte essencial de um regime como o de De Gaulle, nascido de um *golpe* militar em 1958, dominará minha discussão neste capítulo sobre a proximidade da Guerra da Argélia com os eventos de Maio. No capítulo seguinte, abordarei as formas e práticas desenvolvidas em Maio que tencionaram "desnaturalizar" as relações sociais passadas – e, ao fazê-lo, romper com "a polícia" como um tipo de lógica do social: a lógica que atribui as pessoas a seus lugares e identidades sociais, que as torna idênticas a suas funções. Afinal, Maio de 68 teve muito pouco a ver com os interesses do grupo social – estudantes ou "jovens" – que foi o estopim da ação. O que veio a ser chamado de "os eventos de Maio" consistiu, sobretudo, em estudantes que pararam de funcionar como estudantes, operários como operários e agricultores como agricultores: Maio foi uma crise do funcionalismo. O movimento tomou a forma de experimentos políticos de *des*classificação, rompendo com o "dado" natural dos lugares; consistiu em deslocamentos que levaram os estudantes para fora da universidade, reuniões que aproximaram os agricultores e os operários, ou os estudantes e o interior do país – trajetórias fora do Quartier Latin, em direção às habitações operárias e bairros populares, um novo tipo de organização de massa (contra a Guerra da Argélia no início da década de 1960 e depois contra a Guerra do Vietnã) que envolvia deslocamento físico. E nesse deslocamento físico estava o deslocamento da própria ideia de política – tirando-a de seu lugar, seu lugar apropriado, que era, para a esquerda da época, o Partido Comunista. A lógica da polícia funcionou durante esse período para separar os estudantes dos operários, para prevenir o contato, para isolar os estudantes no Quartier Latin, para impedir a interação entre estudantes e operários na batalha de junho na fábrica de Flins e em outros lugares. A veemência com que esse trabalho era executado – seja por funcionários da CGT, por De Gaulle, pelo Partido Comunista ou pela própria polícia – dá uma noção da ameaça que essa política representava. Maio de 68 teve menos a ver com a identidade ou os interesses dos "estudantes" *per se* do que com uma disjunção ou fissura criada dentro dessa identidade. Essa disjunção, como sugeriu Rancière em outro lugar, tomou a forma de uma abertura política à alteridade (representada pelos dois "outros" clássicos da modernidade política, o operário e o sujeito colonial) que, por sua vez, era resultado da memória histórica e política específica daquela geração, uma memória ligada à descolonização e inscrita nela[9]. (E a história da descolonização era uma história em que a polícia, claro, tinha papel de destaque.) Foi essa disjunção que permitiu aos estudantes e intelectuais romperem com a identidade de um grupo social específico, com interesses específicos, e aceder a algo maior, à política no sentido que Rancière dá a ela ou ao que Maurice Blanchot pinçou como a força específica de Maio: "na chamada ação 'estudantil', os estudantes nunca atuaram como estudantes, mas como reveladores de uma crise geral, como portadores de um poder de ruptura que questionava o regime, o Estado, a sociedade"[10]. Eles agiram de modo a questionar a concepção do social (o social como funcional) na qual o Estado baseava sua autoridade de governo. A abertura política à alteridade permitiu que os ativistas criassem uma ruptura com aquela ordem, que deslocassem, ainda que brevemente, os lugares atribuídos pela polícia, que tornassem visível o que não era visto, que tornassem audível o que não podia ser ouvido.

Para mostrar isso, devemos manter a tensão entre "Maio" como um evento (um ponto no tempo, um momento em que, de fato, "algo aconteceu") e como um período de cerca de vinte anos que se estende de meados de 1950 a meados de 1970. Foi um evento no sentido que Alain Badiou deu ao termo: algo que chega em excesso, além de todo cálculo, que desloca pessoas e lugares, que propõe ao pensamento uma situação inteiramente nova[11]. Foi um evento no sentido de que milhares – até milhões – de pessoas foram levadas infinitamente mais longe que sua educação, sua situação social e sua vocação inicial teriam permitido

---

9   Cf. Jacques Rancière, entrevista, "Democracy Means Equality", *Radical Philosophy*, n. 82, mar.-abr. 1997, p. 33.
10 Este texto foi originalmente publicado sob autoria coletiva do Comité d'Action Étudiants-Écrivains. Cf. "Un An après, le Comité d'Action écrivains-étudiants", *Les Lettres Nouvelles*, jun.-jul. 1969, pp. 143-88; uma parte dele, intitulada "Sur le mouvement", foi atribuída posteriormente a Maurice Blanchot e reimpressa em *Lignes*, n. 33, mar. 1998, p. 177.
11 Cf. Alain Badiou, "Penser le surgissement de l'événement", *Cahiers du Cinéma*, número especial "Cinéma 68", maio 1998, p. 10.

que vislumbrassem; um evento no sentido de que a participação real – muito mais que uma vaga solidariedade formal, muito mais até que ideias compartilhadas – alterou o curso de vidas. Mas não foi, como muitos o descreveram desde então, um tipo de acidente meteorológico derivado de conjunturas planetárias imprevistas ou, como no clichê muito repetido, "um trovão no meio de um céu calmo". Em 1968, o céu já estava escuro. Foi um evento com uma longa preparação, remontando à mobilização contra a Guerra da Argélia, e com uma repercussão imediata que continuou pelo menos até meados da década de 1970.

O que a periodização mais longa me permite afirmar é que Maio de 68 não foi uma grande reforma cultural, um empurrão para a modernização ou a alvorada de um novo individualismo. Acima de tudo, *não* foi uma revolta por parte da categoria sociológica "jovens". Foi a revolta de uma amostra populacional historicamente situada de operários e estudantes, para alguns dos quais a Guerra da Argélia forneceu o ruído de fundo de sua infância, cuja adolescência ou idade adulta coincidiu com o massacre de centenas de trabalhadores argelinos nas mãos da polícia de Papon em 17 de outubro de 1961, com Charonne e os ataques quase diários da OAS. Essas pessoas não tinham necessariamente a mesma idade, nem estavam todas percorrendo a mesma trajetória política, mas viram todas, no contexto dos anos finais da Guerra da Argélia, o uso que o regime gaullista fez de sua polícia. A proximidade de 68 com os eventos na Argélia poucos anos antes seria a primeira e mais importante das dimensões de 68 esquecida na versão oficial produzida nos anos 1980. Contudo, já em 1974, o ativista Guy Hocquenghem estava atento à maneira como a Argélia e outras regiões do mundo com intenso foco francês em 1968 estavam sumindo da memória coletiva:

> Países, continentes inteiros se esvaneceram da nossa memória: a Guerra da Argélia, a China de Mao e o Vietnã foram despachados em trens expressos entre o barulho ensurdecedor de bombas e batalhas. Mal tivemos tempo até de fantasiar sobre eles – esses países já desapareceram para nós[12].

---

12   Guy Hocquenghem, *L'Après-Mai des faunes*, Paris: Grasset, 1974, p. 35.

Matraquage

"Qualquer diálogo entre *matraqueurs* e *matraqués* é impossível."[13] Em algum momento em meados de maio de 1968, como sugere esse mote, o cassetete de um policial, ou *matraque*, havia se tornado, para os insurgentes nas ruas, uma pura sinédoque do Estado. Durante o longo silêncio de De Gaulle e a reação atabalhoada do governo aos surtos iniciais de violência nas ruas, a polícia se tornou o representante solitário e não mediado do Estado. De cada lado de uma divisão absoluta estavam essas duas figuras paradigmáticas, os espancadores e os espancados, habitando "zonas" radicalmente separadas e desiguais de existência num estado de imediatez, um estado em que qualquer possibilidade de reconhecimento recíproco ou "diálogo" está condenada à inutilidade. A relação entre espancadores e espancados é uma antidialética de absoluta diferença e total oposição – uma relação de "pura violência" que não difere da que Frantz Fanon teorizou entre suas figuras paradigmáticas do "colonizador" e do "colonizado" em *Les Damnés de la terre* (Os condenados da terra). A *matraque*, arma curta, geralmente equilibrada, usada para golpear, feita de um bastão de madeira, mais grosso e mais pesado numa extremidade e coberto de borracha endurecida, tem lugar de destaque em relatos dramáticos, filmes documentários e iconografia política de Maio-Junho. Assim, um típico folheto militante intitulado *Como evitar os porretes*, distribuído na noite mais sangrenta dos eventos de Maio, no dia 24, ensina os manifestantes a dobrar cadernos de jornais como *France--Soir* ou "Figaremuche", como os militantes chamavam o jornal de direita *Le Figaro*, para usá-los como cobertura protetora dos ombros e pescoço: "A grossura precisa corresponder à da pele *matraquable* – cerca de 25 páginas de imprensa burguesa"[14]. Em narrativas de *prise de conscience politique* por parte de pessoas que haviam mantido distância da política até aquele ponto, a *matraque* cumpre, com frequência,

---

13 Alain Sauvageot *apud* UNEF e S.N.E. Sup., *Le Livre noir des journées de mai (du 3 mai au 13 mai)*, Paris: Seuil, 1968, p. 40.
14 Alain Schnapp e Pierre Vidal-Naquet (ed.), "Comment éviter les matraques", em: *Journal de la Commune étudiante. Textes et documents, nov. 1967-juin 1968*, Paris: Seuil, 1988, p. 433.

um papel quase pedagógico de "despertar" ou revelação. Assim, um ativista, escrevendo em 1988, recorda a violência policial de vinte anos antes: "Foi uma excelente lição sobre a natureza de um Estado que se mantém através da força da *matraque*: era uma educação direta"[15]. Outra testemunha afirma: "Vi batalhas de rua de perto, vi tiras abrirem o crânio das pessoas na porrada. Quando você vê os tiras atacando, isso te marca para o resto da vida"[16]. Um terceiro participante descreve sua iniciação:

> Para mim, Maio de 68 começou quando fui golpeado com um cassetete da polícia [*matraqué*] saindo de um apartamento. Era um dos primeiros protestos no Quartier Latin. Os tiras estavam atacando. Eu tinha ouvido falar do que estava rolando lá em Nanterre, mas aquilo ainda estava muito longe para mim. Eu estava no colégio, numa classe preparatória para as *grandes écoles*, estava fazendo meus estudos tranquilamente. De repente comecei a ir a reuniões, assembleias. Não entendia muito daquilo no começo[17].

A violência policial no começo de Maio levou mais e mais pessoas às ruas. Mas o papel catalisador desempenhado pela polícia na criação da dimensão de massa do movimento começou, ao que parece, mesmo antes que as *matraques* começassem a castigar. A mera presença de grandes efetivos policiais, chamados a Nanterre por um reitor, Pierre Grappin, que havia atuado na Resistência, tornou o conluio entre a universidade e a polícia visível num novo grau:

> A reação dos estudantes, não somente à ação da polícia, mas a sua simples presença [...], é uma reação visceral, um reflexo alérgico. A maioria dos estudantes eram apolíticos no começo, eles desaprovavam os incidentes em Nanterre. Mas ficaram instintivamente

---

15 Gérald *apud* Nicolas Daum, *Des révolutionnaires dans un village parisien*, Paris: Londreys, 1988, p. 158.
16 J.-P. *apud* Nicolas Daum, *op. cit.*, p. 251.
17 Yann *apud* Bruno Giorgini, *Que sont mes amis devenus?*, Paris: Savelli, 1978, p. 119.

do lado do grupo de 22 de março [...] porque a polícia estava ali, e isso significava para eles uma repressão intolerável[18].

Henri Lefebvre recorda o encontro de teoria e vida cotidiana em Nanterre:

> As obras marxistas essenciais que os estudantes estavam lendo e comentando eram os textos de Marx sobre o Estado, a alienação política. Estou convencido de que eles desempenharam um papel no lema dos estudantes: "Abaixo o Estado policial". Esse lema vinha da experiência deles, a experiência com os tiras, com o espaço controlado, o espaço da universidade, dos subúrbios e das favelas que então rodeavam o *campus* de Nanterre[19].

Outro ativista recorda uma reação fisiológica ao avistar a polícia:

> Antes de mais nada, o fato de ver aquela espessa muralha cinza e azul da polícia me revoltava, aquela espécie de muralha avançando sobre a gente [...] e eu também queria jogar algo neles[20].

Alain Krivine e outros enfatizaram a fagulha proporcionada pela decisão do reitor Roche de chamar a polícia à Sorbonne em 3 de maio. Nunca antes a polícia havia entrado na Sorbonne – nem os alemães tinham violado aquele santuário! Daquele ponto em diante, um movimento que tinha muito pouco objetivo inicial começou a convergir em torno de lemas como "Libertem a Sorbonne da ocupação policial" e "Libertem nossos camaradas presos" (referindo-se aos estudantes presos inicialmente em razão de protestos anti-Vietnã). Em 11 de maio, a demanda central por parte dos estudantes havia se tornado a remoção da polícia da universidade. Reiteradas vezes, a mera presença da polícia serviu para politizar situações. Entre os *lycéens*, a presença policial – no

---

18 Epistemon, *Les Idées qui ont ébranlé la France. Nanterre: novembre 1967-juin 1968*, Paris: Fayard, 1968, p. 100. O "Movimento 22 de Março" (Mouvement du 22 mars) era a coalizão de viés anarquista de ativistas de Nanterre que tomou forma naquele dia em 1968.
19 Henri Lefebvre, *Le Temps des méprises*, Paris: Stock, 1975, p. 115.
20 Ativista anônimo *apud* Jacques Durandeaux, *Les Journées de mai 68*, Paris: Desclée de Brouwer, 1968, p. 13.

campus ou na vizinhança – era uma preocupação central. Um episódio do programa televisivo *Les Chemins de la vie*, intitulado "En terminale", transmitido em meados de maio, mostra dois *lycéens* argumentando a favor da "liberdade de expressão" (para eles, isso significava o direito de conduzir a ação política – organizando, distribuindo folhetos etc. – dentro do colégio). O diálogo entre os dois estudantes e o que parecem ser gestores bem-intencionados, que lhes asseguram também acreditar na "liberdade de expressão", chega a um impasse. Os estudantes não aceitam o que é, na sua visão, a reiteração de uma "liberdade de expressão" meramente abstrata ou formal; suas preocupações são imediatas e concretas, como deixam claro: "A polícia vai continuar do lado de fora da porta do *lycée* esperando para nos prender?"[21]. De modo semelhante, as observações de um operário na fábrica da Peugeot em Sochaux, comentando a violência que estourou em 11 de junho, quando o governo mandou tropas das CRS (tropa de choque paramilitar) para tomar a fábrica em greve, deixam claro o efeito politizante que a presença policial tem numa situação que anteriormente não era vista como tal:

> Éramos contra o patrão, a gerência da fábrica, não contra as CRS – agora é uma luta política, tivemos que nos defender. No começo não fui lá para lutar, foi uma armadilha. Eles pulavam em cima de todo mundo que caía e continuavam a bater depois que as pessoas estavam no chão[22].

O operário que falou perdeu um pé na batalha de 11 de junho; dois outros, Henri Blanchet e Pierre Beylot, foram mortos pelas CRS, e outros 150 operários foram gravemente feridos. O papel instrumental da polícia em manter não somente a ordem, mas especificamente uma ordem capitalista na qual os trabalhadores devem cumprir a função social que lhes é designada, não poderia ser mais óbvio. Como diz o lema, não há diálogo possível entre *matraqueurs* e *matraqués*.

---

21 "En terminale", episódio da série televisiva *Les Chemins de la vie* produzido por Pierre Cardinale, 1968.
22 Operário falando no funeral de Pierre Beylot, um dos operários assassinados. Cf. documentário *Sochaux 11 juin 68*, realizado pelo Collectif de Cinéastes et Travailleurs de Sochaux, 1970.

À medida que a violência policial se intensificava na primeira metade de maio, a tendência, sobretudo por parte das CRS, de realizar "ataques cegos", que atingiam ativistas e transeuntes indiscriminadamente num turbilhão de golpes, teve o efeito de gerar simpatia em observadores de classe média que, de início, não eram favoráveis aos manifestantes. "Os tiras estavam batendo em absolutamente qualquer um a sua volta: eu me lembro de ter visto uma mulher que passava com um bebê nos braços ser derrubada no chão com pancadas [*matraquée*]"[23].

Um dia, um professor estava saindo de uma livraria onde ele havia comprado alguns livros e passou por um grupo das CRS que imediatamente começou a espancá-lo [*matraquer*]. O chefe deles deve ter percebido que o homem não era um estudante, mas alguém mais respeitável, e ordenou a seus homens que parassem. Um deles gritou: "Mas, chefe, ele estava carregando livros!"[24].

A ampla simpatia estendida à insurreição por parte da população em geral na primeira metade de maio é atribuída, com mais frequência, ao efeito produzido pelo que os observadores viram, ou pensaram estar vendo, acontecer nas ruas: um conflito entre os estudantes e a polícia. Nesse drama, só era possível estar do lado dos estudantes, ainda que alguns deles fossem claramente, na visão de alguns observadores, "baderneiros", e ainda que alguns dos estudantes não fossem realmente "estudantes". Mas essa simpatia amainou visivelmente quando a greve geral começou a partir de 13 de maio, e uma dinâmica diferente – com ecos mais claros de "luta de classes" – substituiu as escaramuças violentas e atléticas do começo dos acontecimentos.

Mas essas escaramuças certamente foram fundamentais – se considerarmos os escassos relatos de jovens trabalhadores que se podem encontrar – para produzir uma familiaridade quase instantânea da parte deles com os estudantes com base numa experiência compartilhada ("*Matraques*, nós as conhecemos bem!")[25]. Os traba-

---

23   René *apud* Nicolas Daum, *op. cit.*, p. 211.
24   Nicolas *apud* Nicolas Daum, *op. cit.*, p. 211.
25   Operário de Sochaux citado no documentário *Sochaux 11 juin 1968*.

lhadores, inicialmente, expressavam uma solidariedade meramente sentimental ou abstrata com os manifestantes estudantis contra a repressão policial. "Éramos todos contra os tiras", diz um operário automotivo. "Entre trabalhadores jovens sempre houve um ódio dos tiras."[26] Outro militante operário salienta que "São os mesmos tiras, as CRS, que ficam indo e voltando entre os portões da fábrica e os portões da universidade"[27]. Entretanto, a violência forneceu muito rapidamente uma maneira de avançar da identificação abstrata para uma solidariedade de combate mais intensa e imediata, como sugerem estas observações: "Deveríamos estar com eles [os estudantes] no seu combate, participar dos protestos ao lado deles"[28]. Em outras palavras, ao contrário dos pais e observadores de classe média, os trabalhadores não eram movidos pela piedade aos gaseados e espancados, mas por um sentimento de admiração e respeito pela ação direta empreendida pelos estudantes – uma solidariedade que não era caridade.

O verbo *matraquer*, que aparece com tanta frequência na literatura sobre Maio-Junho, ganha significado figurado, pela primeira vez, somente após 68. É apenas a partir daí que os franceses começam a falar, por exemplo, do *matraquage* de imagens televisivas ou de outras experiências sensoriais de repetição incessante: não é mais uma chuva de golpes literais, mas a ladainha dos *jingles* publicitários repetidos, dos refrões de música popular. Após 68, a palavra é usada com mais frequência no contexto da "saturação" de certos tipos de campanhas de mídia ou publicidade, quando *slogans* publicitários caem como explosivos, criando a monotonia insossa de ideias recebidas ou doxa, toda a lógica reiterativa da "sociedade de consumo". Emmanuel Terray, para dar só um exemplo, fala do *matraquage* "caro aos nossos executivos de publicidade", realizado pela mídia francesa na década

---

26   Operário da Citroën *apud* Michèle Manceaux, *Les Maos en France*, Paris: Gallimard, 1972, p. 74.
27   Folheto da CFDT, "Zoom sur les jeunes", 8 maio 1968, *apud* Jacques Baynac, *Mai retrouvé*, Paris: Robert Laffont, 1978, p. 3.
28   Folheto da CFDT, 9 maio 1968, *apud* Jacques Baynac, *op. cit.*, p. 74.

de 1980 em torno da ideia do "fim da história"[29]. Todavia, durante o ano de 1968, a palavra *matraquage* estava suspensa entre suas conotações futuras e seu passado colonial: o termo deriva originalmente do árabe argelino *matraq*, ou "porrete". Em 1968, a mesma palavra continha tanto o futuro anunciado pelo seu sentido figurado, que estava começando a surgir, quanto a materialidade da violência colonial passada. No futuro estava a maneira como os valores da ideologia dominante (o mercado, os lucros, a empresa) eram louvados – ou impostos na marra (*matraqués*) – pela mídia dominante. Mas a origem colonial da palavra nos lembra aquela longa história nacional e outros confrontos sangrentos num passado não tão distante – confrontos nas colônias e na França que antecederam e montaram o palco para as altercações de Maio.

Em 1968, a ideia de confronto físico direto com a polícia como representante do poder estatal já tinha, para muitos militantes, adquirido validade substancial. Grande parte dessa validade havia sido estabelecida por uma série de greves em fábricas que irromperam por toda a França em meados dos anos 1960, greves "selvagens" ou não autorizadas que começavam mais ou menos espontaneamente numa oficina de uma fábrica e depois se espalhavam para toda a empresa, cidade ou setor industrial. Essas greves eram voltadas contra as lideranças sindicais tanto quanto contra a gerência das fábricas. Antes disso, em 1963, os mineiros tinham realizado uma greve violenta e resistido ao retorno ao trabalho que os sindicatos haviam decidido; em 1964, operários da Renault em Flins, entoando "Queremos tempo *para viver*", exigiram uma semana de trabalho reduzida. Greves espontâneas, mais longas e violentas que as realizadas pelos sindicatos, ocorreram em Nantes em 1964, nos estaleiros do Midi em fevereiro de 1966, em Redon, em Le Mans,

---

[29] Emmanuel Terray, *Le Troisième jour du communisme*, Paris: Actes Sud, 1992, p. 9. O *Dictionnaire Grand Robert* dá a derivação original da palavra, datada de 1863, do árabe argelino *matraq*, que significa "porrete" ou "bastão grande". Para as conotações pós-68, ele cita este exemplo de 1970 tirado do *Dictionnaire des mots nouveaux* de Gilbert: "Na linguagem dos profissionais do rádio existe um termo, tão vulgar quanto significativo: *matraquage*. É um processo que consiste em encher os ouvidos dos ouvintes com um novo *slogan* ou música que eles querem que tenha sucesso comercial. Os especialistas dizem que é uma técnica praticamente infalível".

onde trabalhadores ergueram barricadas, e na Rhodiaceta em Lyon e Besançon, onde a greve durou todo o mês de dezembro de 1967 e se espalhou para todas as fábricas do grupo na região de Lyon. Em Caen, em janeiro de 1968, houve tumultos após uma greve ser reprimida com selvageria; estudantes, agricultores e trabalhadores tomaram as ruas juntos, e mais de duzentas pessoas foram feridas em brigas de rua com a polícia. Todas as regiões da França, em outras palavras, foram afetadas por agitações trabalhistas nos anos imediatamente anteriores a Maio de 68, agitações que tomavam a forma de greves iniciadas por trabalhadores que resistiam a quaisquer tentativas da gestão trabalhista de tornar suas greves simbólicas. Essas greves foram as primeiras desde 1936 que envolveram a ocupação das fábricas pelos trabalhadores. As exigências nem sempre se limitavam a ganhos meramente econômicos, mas começavam a pender para um questionamento do modelo de produção, da estrutura de poder dos sindicatos e até do modelo de sociedade gaullista. Para alguns ativistas estudantis, esses experimentos de ação direta forneceram um modelo ou, como disse Sartre com mais precisão noutro contexto, eles "expandiram o campo do possível"[30]. Foram essas greves, nas quais, como comentou um trabalhador, "Se ganhava mais em dez horas de luta na rua que em dez meses de reuniões de comitê"[31], que ofereceram um roteiro de ação ou confronto direto. "Ficou claro, diante do *22 de março* [o Movimento 22 de Março], que a ação direta efetiva que não temporiza seus objetivos, uma vez que tais objetivos foram fixados, como em Caen, Redon etc. – bem, ela funciona."[32] Um dos primeiros folhetos de 68, distribuído por maoístas nos subúrbios operários em torno de Paris, procurava criar uma ligação direta entre a insurgência dos estudantes e as greves operárias de 67: "Os estudantes não têm medo dos tiras. Quando os tiras da burguesia reprimem movimentos progressistas, eles não fazem a lei. Os trabalhadores em Caen e Redon lhes deram

---

30 Jean-Paul Sartre, "Sartre par Sartre", em: *Situations IX*, Paris: Gallimard, 1972, p. 127.
31 Delegado da CFDT em Caens *apud* "The Story of a March 22nd Movement Militant", em: Philippe Labro (ed.), *"This Is Only a Beginning"*, Nova York: Funk and Wagnalls, 1969, p. 82.
32 Philippe Labro, *op. cit.*, p. 82.

uma severa lição. Os estudantes que apoiam a luta popular irão à escola de trabalhadores e camponeses"[33].

Na verdade, foi o documentário sobre a greve na Rhodiaceta feito por Chris Marker e o coletivo cinematográfico dos operários da SLON, transmitido na Antenne 2 em fevereiro de 1968 e exibido novamente em diversos cineclubes e para os estudantes em Nanterre, que trouxe a muitos militantes um conhecimento que talvez eles não tivessem sobre a atmosfera politicamente turbulenta dentro das fábricas francesas.

> A primeira coisa importante que me aconteceu, pouco antes de Maio de 68, foi a descoberta da exploração dos trabalhadores. Por meio da escola, acabei fazendo um estágio de trabalho de três meses numa mina de carvão. Vivi com os mineiros. Descobri seus hábitos, até como eles comem – algo que eu ignorava completamente. Teve realmente um efeito em mim.
> Lá pela mesma época, vi um filme de Chris Marker na TV sobre a greve na Rhodiaceta. Foi muito importante ver aquele filme na mesma época, porque eu poderia ter pensado: "Bom, mineiros são uma coisa à parte, uma classe operária mais velha". Mas a Rhodia era um dos principais ramos da acumulação capitalista, e aquela greve a confrontou com demandas e formas de luta que prefiguravam Maio e o pós-Maio especialmente[34].

O filme, intitulado *À bientôt, j'espère* (Até logo, espero), termina com estas palavras de um operário: "Os patrões não podem pensar que nós perdemos. Nós vamos nos encontrar de novo e vamos vencer. *À bientôt, j'espère*"[35].

Contudo, para a maioria dos participantes e observadores dos eventos de Maio em Paris, foi outro conjunto de associações, aquelas evocadas pela origem colonial da *matraque*, que ressurgiu durante as lutas de rua. O choque provocado pela enorme densidade física da

---

33 Folheto maoísta assinado "Comité de défense contre la répression" *apud* Jacques Baynac, *op. cit.*, p. 46.
34 Alain (engenheiro) *apud* Bruno Giorgini, *op. cit.*, pp. 85-6.
35 Chris Marker e Mario Marret, *À bientôt, j'espère*, documentário, 1967.

presença policial nas ruas, uma demonstração de força estatal que não era vista em Paris desde o início dos anos 1960, provocou uma associação imediata com o ambiente violento que acompanhou os meses finais daquela guerra. "Ruas cheias de carros de polícia – me lembram a Guerra da Argélia"[36], notou Mavis Gallant. Outra testemunha descreveu a cena com mais detalhe: "Saint-Germain-des-Prés. Ali, os primeiros paramédicos, alguns com a camisa manchada de sangue. Uma centena de *gardes mobiles*. Pela primeira vez desde a Argélia, estou face a face com o inimigo"[37]. O choque parece provocar uma espécie de memória corporal em alguns participantes e observadores, uma sensação de *déjà-vu*. Um participante descreve a sensação de ser transportado involuntariamente de volta no tempo:

> Quando chegamos à estação Saint-Michel, depois que as portas dos vagões se abriram, um cheiro insuportável de cloro saiu e até piorou porque várias pessoas, com as cabeças rachadas e sangrando, tinham se aglomerado na estação, refugiando-se onde ainda havia espaço livre. De repente, minha garganta apertou e meus olhos arderam, e eu redescobri a sensação horrível do gás lacrimogêneo inalado durante os protestos contra a Guerra da Argélia[38].

O que um observador viu na rua abaixo dele recordou imediatamente a violência do período da Argélia: "Nas janelas do prédio, as cortinas farfalham imperceptivelmente. Assistimos, chocados e assustados, os tiras espancarem os estudantes do mesmo jeito que eles haviam *ratonné* (encurralado) os árabes uns anos antes"[39]. Para Mavis Gallant, não apenas as visões, mas os sons produziram uma associação igualmente forte: "À noite, aquela onda familiar de som, como durante a crise de 1958"[40]. Gallant evoca uma série de posturas

---

36 Mavis Gallant, "The Events in May: A Paris Notebook – I", *New Yorker*, 14 set. 1968, p. 106.
37 Pierre Peuchmaurd, *Plus vivants que jamais*, Paris: Laffont, 1968, p. 24.
38 Maurice Rajsfus, *Le Travail à perpétuité*, Paris: Manya, 1993, p. 157.
39 Jacques Baynac, *op. cit.*, p. 93.
40 Mavis Gallant, "Paris Notebook – I", *New Yorker*, 14 set. 1968, p. 58.

corporais, posições adotadas instintivamente na coreografia da violência de rua, que voltam a ocorrer, criando uma espécie de palimpsesto ou sobreposição de camadas dos dois momentos:

> a cabeça afundada pelas *matraques*; fraturas do punho e antebraço, pois o braço foi erguido para proteger a cabeça; fraturas do tornozelo após uma queda (correndo), pois o perseguidor esmagou o que conseguia alcançar. (Esta última coisa eu vi aqui em Paris, dez anos atrás, neste mês, durante a crise da Argélia [...] Eu vi – o garoto tropeçou, caiu, o homem crescido [...])[41].

Até o vocabulário disponível para descrever a maneira como os militantes estudantis são sistematicamente caçados, perseguidos, encurralados nas suas altercações com a polícia precisa ser tomado de empréstimo do arsenal colonial. *Ratonnade*, uma palavra usada até aquele momento somente em referência à caça aos argelinos (*ratons* ou "ratazanas", segundo o insulto racial) pela polícia ou exército, é utilizada para referir-se às operações semelhantes da polícia contra os estudantes. "No intuito de evitar *ratonnades*, espancamentos sistemáticos (*matraquages*) e a detenção de indivíduos isolados, sempre se dispersem em grupos de cinquenta a cem [...]" – é o conselho dado por um folheto[42]. Mais adiante em junho, em Flins, "perseguindo estudantes, as *ratonnades* são constantes"; "as CRS do choque, com suas armas penduradas nas costas, caçam, desentocam (*ratonnent*) os estudantes"[43].

A proximidade da Guerra da Argélia com os eventos de 68 é evocada explicitamente pelos ativistas cuja formação política ocorreu em Paris durante a militância antifascista do início dos anos 1960 – um antifascismo associado àquela guerra que despertou novamente, em solo francês, uma sensação de confronto direto entre extremos. "Em 68, a Argélia ainda estava muito perto: a esquerda era a esquerda, e a direita

---

41 *Idem*, "The Events in May: A Paris Notebook – II", *New Yorker*, 21 set. 1968, p. 55.
42 Alain Schnapp e Pierre Vidal-Naquet, "Comment éviter les matraques", em: *Journal de la Commune étudiante. Textes et documents, nov. 1967-juin 1968*, *op. cit.*, p. 434.
43 *Ibidem*, pp. 520 e 524.

era a direita."⁴⁴ No Quartier Latin, em 1961 e 1962, em meio à constante presença policial, grupos de ultradireita atacaram estudantes de esquerda nos arredores da Sorbonne e nos *lycées* Louis-le-Grand e Henri-IV. Distribuidores de revistas que pediam a independência da Argélia foram atacados nas ruas, e os apartamentos de intelectuais que defendiam visões parecidas foram bombardeados regularmente pela OAS⁴⁵. Jornais e revistas de esquerda eram alvos frequentes: somente em fevereiro e março de 1962, uma bomba explodiu na frente do prédio que sediava *Le Monde*; outra foi descoberta no escritório de *L'Humanité*; e um ataque destruiu o escritório de *France Observateur*.

O militante Pierre Goldman rememora sua adolescência no fim da década de 1950:

> Descobri o fascismo. Ou melhor, que havia fascistas, que a espécie não tinha se extinguido com a derrota do Eixo e a libertação da França [...]. Eu pensava que os fascistas, o mal absoluto, tinham desaparecido da realidade. Que sua existência era tão incongruente quanto a de fantasmas distantes. [No colégio em 1959,] conheci jovens que defendiam o regime de Vichy, professores também, assim como fascistas ativos, membros da Jovem Nação [Jeune Nation]. Era a época do retorno de De Gaulle, os primórdios das maquinações de extrema-direita na Argélia⁴⁶.

Um professor, ativo em 68, descreve a polarização política dos anos finais da guerra:

> Quando cheguei pela primeira vez na França, o encontro com adeptos da Argélia francesa teve o efeito de me catapultar instantaneamente para o outro campo⁴⁷.

---

44 Estudante da École Nationale d'Administration citado no documentário *L'Examen ou la porte!*, de Jean-Pierre Beaurenant, 1990.
45 Organisation Armée Secrète (Organização Exército Secreto), grupo paramilitar clandestino, considerado terrorista pelo governo francês, ativo em 1961-2, que defendia por todos os meios, inclusive atentados em larga escala, a permanência francesa na Argélia. [N.T.]
46 Pierre Goldman, *Souvenirs obscurs d'un juif polonais né en France*, Paris: Seuil, 1975, p. 33.
47 Denis (professor) *apud Libération*, 13 maio 1978.

Dominique Lecourt evoca a imediatez da guerra e seus efeitos politizantes:

> Muito tempo depois do tumulto de 1958 e do som de botas que havia acompanhado o retorno ao poder do general De Gaulle, a iminência de um "golpe" fascista nos mantinha em alerta. E as bombas da OAS, naquelas noites de insônia, assim como os combates quase cotidianos na rua Saint-Jacques, mobilizaram os mais pacifistas entre nós[48].

Uma reação direta e violenta à ameaça do fascismo era, para outro militante que depois atuou em 68, a única solução:

> Mas eu era antifascista. Era como eu tinha me socializado. Outros manejavam a dialética – eu empunhava a *matraque*[49].

De um lado dos dois extremos estava um "tipo" masculino compósito, oriundo da fusão de uma gama de figuras paramilitares: as CRS, os *gendarmes*, os *légionnaires* e outras forças de elite dentro da carreira militar e, acima de tudo, os *parachutistes*. Se os outros regimentos de elite eram dispersos dentro do exército, os *parachutistes* constituíam um bloco interno ou seita especializada, completa com seus próprios uniformes, rituais, senhas, linguagem hermética, canções (frequentemente adaptadas de canções da SS alemã)[50] e *esprit de corps*: um exército dentro do exército. Incorporada por coronéis como Bigeaud e Massu, a aura sombria e romântica do *parachutiste* foi imposta ao leitorado de massa francês durante a Guerra da Argélia por fotografias de página inteira em *Paris-Match* e *France-Soir*. A figura mítica do guerreiro, dotado de um olhar frio, duro e distante, num uniforme camuflado rústico, óculos de sol, pele bronzeada e

---

48 Dominique Lecourt, *Les Piêtres penseurs*, Paris: Flammarion, 1998, p. 26.
49 Jacques (membro do *service d'ordre* de Pierre Goldman, militantes treinados em confronto de rua físico e direto) *apud* Isabelle Sommier, *La Violence politique et son deuil: l'après 68 en France et en Italie*, Rennes: Presses Universitaires de Rennes, 1998, p. 81.
50 Gilles Perrault, *Les Parachutistes*, Paris: Seuil, 1961, p. 56.

um jeito especial de andar, foi mais bem representada, talvez, na cena de *A Batalha de Argel*, de Pontecorvo, em que o recém-chegado Coronel Matthieu – Massu, na verdade – caminha pela rua principal de Argel. "[O *para*] não gosta de discursos, discussões, assembleias. Sua vocação é botar tudo isso em ordem. Contra os discursos, discussões e assembleias ele opõe seu corpo e sua arma [...]."[51]

O visual distintivo do *parachutiste* prestou-se a uma gama de estereótipos e caricaturas que proliferaram durante a Guerra da Argélia e até o início da década de 1970. A figura do *parachutiste*, não menos que a de De Gaulle, era freguesa dos cartuns políticos *gauchistes* do período. Siné, por exemplo, que junto com mais 120 figuras públicas francesas assinou o Manifesto dos 121 em setembro de 1960 – a declaração que "respeita e considera justificada a recusa de pegar em armas contra o povo argelino"[52] –, veio a desempenhar um papel vigoroso ao ilustrar jornais efêmeros como *Action* e *L'Enragé*, que surgiram durante Maio de 68. Seus primeiros desenhos políticos, produzidos para *L'Express* em 1958, eram uma série sobre os *parachutistes*.

Porém, no começo da década de 1960, o que a esquerda já estava chamando de guarda pretoriana fascista produzia, em alguns de seus adversários, uma reação tipicamente militar, como aquela expressa por Pierre Goldman:

> Estou chocado com a passividade da esquerda organizada em relação à OAS e ao combate eficaz que está sendo empreendido sobretudo pelas unidades especializadas do governo. Pela polícia *pogromista* das *ratonnades* de outubro de 61 eu sinto um ódio feroz.

---

51 *Ibidem*, p. 154.
52 O Manifesto dos 121, formalmente chamado *Déclaration sur le droit à l'insoumission dans la guerre d'Algérie*, foi escrito por Maurice Blanchot, Dionys Mascolo e Maurice Nadeau, e assinado por diversas pessoas que mais tarde atuaram em Maio de 68, incluindo Siné, Sartre, Henri Lefebvre, Marguerite Duras, Daniel Guérin, Maurice Blanchot, Dionys Mascolo, François Maspero, Madeleine Rébérioux, Hélène Parmelin, Christiane Rochefort, Pierre Vidal-Naquet e outros. O texto do documento e a lista de seus signatários são reimpressos com frequência. Cf., por exemplo, Hervé Hamon e Patrick Rotman, *Les Porteurs de valises: la Résistance française à la guerre d'Algérie*, Paris: Albin Michel, 1979, pp. 393-6.

Não consigo entender por que as vítimas assassinadas em Charonne não foram vingadas[53].

A trajetória política de Goldman, obviamente, não era singular. Outro militante descreve os estágios de um itinerário comum:

> Antes de Maio, minhas atividades eram sobretudo do tipo antifascista [...]. Eu não sabia nada sobre a composição das classes na França. Não tinha ideia da exploração que os trabalhadores sofriam [...]. Era bastante comum naquele tempo tornar-se engajado primeiro na frente anticolonialista e depois na anti-imperialista[54].

Goldman e o *lycéen* Michel Recanati estavam entre os militantes responsáveis por organizar e coordenar os *services d'ordre*: pequenos grupos especializados em combate físico na rua, contra a polícia ou contra grupos de extrema-direita como Occident, Ordre Nouveau ou Jeune Nation, cujos líderes, em meados dos anos 1960, eram muitas vezes ex-*légionnaires* ou *parachutistes*. Usando o antifascismo como um instrumento elementar de mobilização, os *services d'ordre* forneciam uma capacidade ofensiva nas ruas e uma ação coletiva regular e direta. As atividades dos *services d'ordre* e suas técnicas às vezes espetaculares de guerrilha urbana começaram antes de Maio-Junho de 68 e chegaram a um fim definitivo somente nas batalhas de rua de 21 de junho de 1973, em Paris. Essa mobilização contra o grupo de extrema-direita Occident, que tinha sido autorizado pela polícia a organizar um comício na Mutualité, deixou oitenta membros dos *services d'ordre* gravemente feridos e levou o governo, no dia seguinte, a declarar ilegal o grupo militante que organizou o protesto, a Ligue Communiste. Formada pelos resquícios da Jeunesse Communiste Révolutionnaire, que havia sido declarada ilegal pelo governo em junho de 1968, a Ligue tinha por lema na época: "Armar as massas com o desejo de se armarem".

---

53 Pierre Goldman, *Souvenirs obscurs d'un juif polonais né en France*, Paris: Seuil, 1975, p. 40.
54 Alain *apud* Bruno Giorgini, *op. cit.*, p. 85.

A trajetória de vida dos *services d'ordre*, bem como a natureza antiparlamentar intransigente de suas atividades e autodefinição, oferecem um meio de periodizar o que estou chamando de cultura de 68. Sua existência foi concomitante com uma forma inteiramente nova de luta política, na qual – como os estudantes japoneses, os Zengakuren, haviam descoberto antes dos franceses – "a polícia não é necessariamente a mais forte": o uniforme não é mais mágico, o tira deixou de ser invulnerável. As ações militares espetaculares do que era chamado de *noyau dur* (núcleo duro) não se encaixavam na categoria de violência espontânea ou descontrolada. Ao contrário, formavam metade de uma tática específica, conhecida como "escalada-provocação". A escalada-provocação pedia uma sequência de ações em que uma interação violenta com os tiras ou grupos fascistas por parte do *noyau dur* era seguida imediatamente por um grande protesto legalizado. A primeira ação provocava as autoridades e chamava a atenção, enquanto a segunda politizava círculos maiores de pessoas, atraindo-as e associando-as à ação.

A reação quase militar de Goldman é uma versão extrema de um despertar político generalizado suscitado pela Guerra da Argélia e suas repercussões na França. No nível mais geral, o fim da guerra viu o nascimento de uma nova forma de pensamento político e subjetividade na França, cuja consumação se deu com as grandes rupturas políticas, filosóficas e intelectuais do fim da década de 1960[55]. A Argélia definiu uma fratura na sociedade francesa, em sua identidade, criando uma quebra entre o discurso "humanista" oficial dessa sociedade e as práticas francesas que ocorriam na Argélia e, ocasionalmente, dentro da França também. "Através da luta contra a guerra, em protestos, resistência ao alistamento, organização secreta, ajuda aos argelinos, discussões sobre sua revolução, uma minoria de estudantes tomou consciência do que eles enfrentavam em *sua própria* sociedade [...]. A Argélia foi a oportunidade", escreveu Cornelius Castoriadis em 1963, "o catalisador para uma oposição em busca de si mesma, que se tornava mais

---

55 Marc Kravetz, entre outros, expõe esse argumento no contexto de uma análise do papel ideológico desempenhado pela revista de Sartre, *Les Temps Modernes*, naqueles anos. Cf. o episódio "Les Temps Modernes", dirigido por Herta Alvarez-Escudero, da série televisiva *Qu'est-ce qu'elle dit, Zazie?*, 1997.

e mais cônscia de si mesma."⁵⁶ É em torno da Argélia que a esquerda oficial – o Partido Comunista – torna-se pela primeira vez *la gauche respectueuse*, o que Sartre definiu como "uma esquerda que respeita os valores da direita até se não tiver consciência de que não os compartilha"⁵⁷, e portanto, uma forma política a ser denunciada. Típica da atitude do Partido Comunista francês perante a luta de libertação da Argélia é a declaração feita por Waldeck Rochet, secretário-geral do partido em 1968, à Assembleia Nacional em 5 de junho de 1956, assumindo abertamente a posição que defendia a continuação da presença francesa na Argélia e na África do Norte:

> Enquanto comunistas, somos partidários convictos da negociação, porque não queremos ver nossos jovens morrendo na África do Norte pelos interesses de uma minoria de exploradores e, além disso, porque temos certeza de que o único caminho que nos permitirá salvar a presença francesa na Argélia e na África do Norte é tentar negociar com representantes qualificados do povo argelino com vistas a estabelecer laços que sejam livremente aceitos e se conformem aos interesses do povo francês e do povo argelino – incluindo, evidentemente, a imensa maioria de argelinos de origem francesa⁵⁸.

Na perspectiva que surgiu em oposição à atitude de "esperar para ver" adotada pelo PCF – que viu o PCF defender a assimilação e se tornar o guardião dos interesses da nação francesa como uma entidade existente acima das classes – nasceu a esquerda radical, junto com uma nova atitude perante o comunismo oficial. "A Guerra da Argélia", escreve Marie-Noelle Thibault, "abriu os olhos de toda uma geração e foi amplamente responsável por moldá-la. O horror profundo sentido diante das atrocidades da guerra colonial nos levou a um simples fato: as democracias também são países imperialistas. A caracterís-

---

56 Cornelius Castoriadis (com Claude Chabrol), "La Jeunesse étudiante", *Socialisme ou Barbarie*, n. 34, mar. 1963, p. 56.
57 Jean-Paul Sartre, "Plaidoyer pour les intellectuels", em: *Situations VIII*, Paris: Gallimard, 1972, p. 421.
58 Waldeck Rochet *apud* "Le PCF et la question coloniale", *Révolution* 7, mar. 1964, p. 98.

tica mais importante [...] [era que] a ação política, incluindo o apoio às lutas de libertação nacional, era concebida como um movimento de massa."[59] Para outro intelectual, a guerra produziu uma desidentificação generalizada com o Estado: "A maneira inglória como a Guerra da Argélia acabou, a explosão de ódio que era a OAS e o que ela revelava sobre nossa sociedade, tudo isso não era de natureza a nos reconciliar com nosso país"[60]. Quando examinamos narrativas pessoais dessa *prise de conscience politique*, muitos indivíduos destacam o papel desempenhado pela polícia:

> Muitos de nós, alunos de colégio, fomos às nossas primeiras reuniões contra a "guerra suja" na Argélia. Nossos primeiros protestos foram aqueles em que a polícia de Papon ensanguentou as ruas de Paris. Em outras palavras, sabíamos que a política podia tocar e chacoalhar a vida cotidiana das pessoas[61].
>
> Em 1968, eu já estava na política – desde a Guerra da Argélia. Em 1962, no fim da guerra, eu tinha 12 anos. Mal percebi que a guerra estava acontecendo, eu era muito jovem. Mas em 61 houve muitos protestos no meu bairro contra a OAS e alertas de bomba na escola. Foi o que me levou a tomar consciência dos problemas políticos. Daquele momento em diante eu fiz uma espécie de escolha – estava relativamente claro que eu não estaria do lado da direita, da polícia e da OAS[62].

A Argélia francesa

Talvez a melhor evocação dos incidentes lembrados que compõem uma trajetória política no início dos anos 1960, uma trajetória que se possa afirmar ser individual e coletiva, surja num romance poli-

---

59 Marie-Noelle Thibault, "Souvenirs, souvenirs", em: D. L. Hanley e A. P. Kerr (ed.), *May '68: Coming of Age*, Londres: Macmillan, 1989, p. 192.
60 Emmanuel Terray, *op. cit.*, p.16.
61 Dominique Lecourt, *Les Piètres penseurs, op. cit.*, pp. 25-6.
62 René *apud* Nicolas Daum, *op. cit.*, p. 213.

cial de 1986, *Bastille tango*, de Jean-François Vilar. Vilar foi militante trotskista em 68 e jornalista do *Rouge*, o jornal diário publicado pela Ligue Communiste Révolutionnaire (LCR). Em *Bastille tango*, todas as "pistas" têm alguma relação com a maneira como vestígios da violência política estão, ao mesmo tempo, fisicamente inscritos na cidade e esquecidos: a corrosão do esquecimento facilitada pela violência da renovação urbana irracional. Uma pergunta feita por um amigo do narrador de Vilar, um *ancien soixante-huitard* que virou fotógrafo, libera um passado composto de momentos de crime político que deixaram vestígios na fisionomia da cidade, toda uma poética da memória política:

> – Em que momento você se tornou (ele estava procurando as palavras certas) politicamente consciente pela primeira vez?
> Era inesperado, mas era uma pergunta autêntica. Quando? O fim da Guerra da Argélia? Charonne? Sim, Charonne foi uma data importante. Minha primeira manifestação. O ponto de encontro era na frente do cinema Lux. Meu pai segurou minha mão. Ele nunca ia a manifestações. Mas naquela ele disse que tinha que ir. Eu disse me leve junto e ele disse ok – num tom que era um pouco sério. Estávamos longe da estação de metrô quando começou o assalto. Muito longe. Mas ainda tivemos que nos abrigar debaixo de uma porta de garagem na rua de Montreuil para nos proteger quando os tiras caíram matando [...]. Quando eu me envolvi em política pela primeira vez? Por volta da mesma época, houve os tumultos nos bulevares. Um amigo da escola que morava lá perto também tinha me contado dos corpos afogados, os argelinos que foram achados boiando no Canal Saint-Martin [...]. Os mortos de quem os jornais não falavam, de quem a gente não devia saber[63].

O relato de Vilar tem o mérito não somente de salientar as duas altercações mais desastrosas com as forças do governo comandadas

---

63 Jean-François Vilar, *Bastille tango*, Paris: Presses de la Renaissance, 1998, pp. 112-3.

pelo chefe da polícia Maurice Papon no começo da década de 1960, mas de organizar sua representação num palimpsesto que já é familiar. As elucubrações de seu personagem dramatizam uma sobreposição comum de camadas históricas, uma sequência que os eventos seguem à medida que ressurgem na memória do personagem. O primeiro evento tem um nome, Charonne, o nome de uma estação de metrô; é o primeiro protesto político da criança francesa, e a ocasião, na vida real, da morte de nove pessoas esmagadas pela fúria policial, em 8 de fevereiro de 1962. Charonne foi um evento "francês", um protesto de massa de parisienses organizado por partidos e sindicatos de esquerda contra um ataque particularmente sangrento da OAS, em que uma tentativa de bombardear o apartamento de André Malraux fracassou e acabou cegando a filhinha do zelador de Malraux. Enquanto os manifestantes que haviam se reunido para protestar contra a OAS estavam se dispersando, a polícia atacou, e as pessoas encurraladas contra a entrada fechada da estação de metrô foram pisoteadas e espancadas até a morte pela polícia – uma polícia que utilizou, como os manifestantes de 68 usariam contra ela seis anos depois, as grades de metal que cercam as árvores parisienses. Na narrativa de Vilar, "Charonne", quase uma memória falsa, está perto da superfície, da memória consciente de seu personagem – é sua primeira reação à pergunta de quando ele se tornou politicamente consciente pela primeira vez. Os horrores de Charonne não foram vistos pela criança no romance, ele era pequeno ou estava longe. Mas suas circunstâncias foram registradas no seu corpo – o aperto da multidão, a visão da polícia, a preocupação na voz de seu pai, a sensação da mão de seu pai quando eles se agacharam para se proteger da polícia. Tais horrores não foram vistos pelo narrador, mas são representáveis historicamente: os mortos, em fevereiro de 1962, incluindo um rapaz de dezesseis anos, foram contados e reconhecidos; seus corpos foram encontrados e identificados. Charonne, a estação de metrô, dá nome ao evento, um lugar e um evento que "aconteceu", cujos horrores foram públicos. Algo aconteceu. Uma multidão de mais de 500 mil pessoas compareceu para velar os mortos de Charonne cinco dias depois. Foi o primeiro do que viria a se tornar uma série de rituais funerários *gauchistes* exemplares nas ruas de Paris – uma série que seria comparável apenas ao funeral de Jean-Paul Sartre em 1980 e que incluiria, igualmente, o do militante *lycéen* Gilles Tautin em 1968, o de Pierre Overney em 1972 e o de Pierre Goldman em 1979[64].

Mas por trás de Charonne está um segundo evento, que para o personagem de Vilar não tem nome e pode ser evocado somente por meio de uma imagem perturbadora: os corpos de argelinos afogados boiando no Sena. Na maioria dos relatos não ficcionais, esse evento passou a ser designado por uma data, "17 de outubro de 1961". Ao contrário de Charonne, cujo nome denota um lugar preciso – a estação de metrô onde os corpos foram encontrados, esmagados e empilhados –, o que ocorreu em 17 de outubro de 1961 foi talvez grande demais para ser designado pelo nome de um lugar, porque seu local foi Paris inteira. E toda a força policial da cidade foi mobilizada. O personagem de Vilar não vivenciou pessoalmente o segundo evento como ocorreu com Charonne; ele lhe foi contado por um amigo (mas contou o quê? O que aconteceu? Por que havia corpos no Sena?). Os contornos do evento permanecem obscuros para os escolares, material lendário: os cadáveres de argelinos afogados boiando sem nome são os únicos vestígios – cadáveres cuja existência, nem bem evocada, já é imediatamente censurada, removida da percepção: "corpos que os jornais não mencionavam, de quem a gente não devia saber", corpos que até hoje não foram contados.

Em 17 de outubro de 1961, aconteceu o primeiro protesto de massa da década de 1960, organizado pela FLN contra o recente toque de recolher imposto pelo chefe da polícia, que proibia os

---

64 O funeral em 15 de junho de 1968 de Gilles Tautin, estudante colegial maoísta que se afogou ao fugir da polícia durante os protestos em Flins, atraiu uma multidão de 5 mil pessoas; um enorme retrato de Tautin, produzido por estudantes da Beaux-Arts, foi carregado por dois operários de Flins. O do operário maoísta da Renault Pierre Overney, morto a tiros por um segurança em frente à fábrica, atraiu cerca de 200 mil pessoas em 4 de março de 1972. Embora a procissão funerária/protesto tivesse sido autorizada pelo governo, um número espantoso de CRS e outros policiais foi levado a Paris, vindos das províncias, para o evento. O funeral em 20 de setembro de 1979 de Pierre Goldman, morto a tiros por atacantes desconhecidos, levou 15 mil pessoas às ruas, ao passo que 50 mil pessoas seguiram a procissão funerária de Sartre em 19 de abril de 1980. Cf. a obra de Isabelle Goulinet, *Le Gauchisme enterre ses morts*, dissertação de mestrado, Universidade Paris I, Panthéon-Sorbonne, 1993.

argelinos na região de Paris de ficarem na rua após as 20h30. Informada previamente do protesto, a polícia, junto com as CRS e a *gendarmerie* móvel, foi armada com *bidules*, uma versão mais comprida da *matraque*, com mais peso e alcance, capaz de rachar um crânio ao meio com um único golpe quando empregada habilmente. A polícia também foi praticamente exonerada por antecipação de quaisquer "excessos policiais" que pudessem ocorrer; nas semanas precedentes, Papon visitou as diversas delegacias, transmitindo estas mensagens: "Resolvam o negócio com os argelinos vocês mesmos. Não importa o que aconteça, vocês estarão cobertos"[65] e "Para cada pancada, devolvam dez"[66]. E, para superar os escrúpulos de certos membros mais hesitantes de suas forças, ele acrescentou: "Vocês não precisam complicar as coisas. Até se os argelinos não estiverem armados, vocês devem pensar que eles estão sempre armados"[67].

Os argelinos – entre 30 e 40 mil homens, mulheres e crianças – estão, de fato, desarmados, e o protesto é pacífico. Muitos deles estão usando suas melhores roupas "de domingo", no intuito de impressionar a comunidade francesa e internacional com seus motivos pacíficos. No entanto, a polícia atira quase imediatamente. Confrontos ocorrem simultaneamente em todo lugar da cidade onde os argelinos se concentram. Os "grupos de combate" da polícia atacam a multidão nas principais vias e bulevares, enquanto outros batalhões de polícia estão de prontidão nas ruas laterais, bloqueando as rotas de fuga e dividindo a multidão em pequenos gru-

---

65 Maurice Papon *apud Ratonnades à Paris* [sem autoria, mas compilado sob o nome de Paulette Péju], Paris: Maspero, 1961, p. 54.
66 Maurice Papon *apud* Union Régionale Parisienne, CFTC, "Face à la répression" [panfleto mimeografado], Paris, 30 out. 1961.
67 Maurice Papon *apud Ratonnades à Paris, op. cit.*, p. 54. Devo observar que existe uma literatura que também responsabiliza a FLN pelas mortes de 17 de outubro de 1961, embora não esteja claro se o motivo alegado é que a liderança anteviu o massacre e não ligou ou se ela deveria ter antevisto o massacre. Pierre Hempel, por exemplo, escreve que "os líderes nacionalistas argelinos, auxiliados por *porteurs de valise gauchistes*, levaram centenas de trabalhadores magrebinos a se jogarem nas garras da morte, o massacre no meio de Paris por gangues armadas oficiais do chefe da polícia Papon [...]". Cf. Pierre Hampel, *Mai 68 et la question de la révolution*, Paris: Librairie "La Boulangerie", 1988, pp. 135-6.

pos de dois ou três indivíduos, cada um dos quais é cercado pela polícia, e homens e mulheres são metodicamente surrados. Ao longo do Sena, a polícia ergue argelinos inconscientes e já mortos ou moribundos e joga-os no rio. Um documento publicado logo após o massacre por um grupo de polícia progressista descreve o que aconteceu numa parte da cidade:

> Numa extremidade da ponte de Neuilly, tropas policiais e, na outra, tropas de choque das CRS avançavam lentamente umas em direção às outras. Todos os argelinos pegos nessa imensa armadilha eram derrubados a pancadas e sistematicamente jogados no Sena. Pelo menos uns cem deles sofreram esse tratamento. Os corpos das vítimas flutuavam para a superfície diariamente e traziam marcas de golpes e estrangulamento[68].

Alguns dos homens e mulheres presos são levados ao pátio da chefatura de polícia, onde, como relata Pierre Vidal-Naquet, "Se devo acreditar no testemunho de um policial, colhido imediatamente após o evento por Paul Thibaud e que tive a ocasião de evocar muitas vezes desde então, Papon mandou espancar [*matraquer*] várias dúzias de argelinos até a morte na frente de seus olhos, no pátio da chefatura de polícia"[69]. Cerca de outros 6 mil são levados a diversos ginásios esportivos reservados pela polícia para esse fim. Em todos esses lugares, pessoas morrem sob custódia – dos ferimentos que já tinham recebido ou de novos golpes administrados por "comitês de boas-vindas" da polícia dispostos numa espécie de manopla do lado de fora da entrada dos ginásios.

Na noite de 17 de outubro, a polícia publica um comunicado declarando que os argelinos haviam atirado contra a polícia, que então foi forçada a atirar de volta. A contagem oficial de mortos, originalmente de dois, foi revista para três na manhã seguinte pelo gabinete de Papon. O blecaute quase total de notícias que cercou o

---

68 *Apud Ratonnades à Paris, op. cit.*, p. 52.
69 Pierre Vidal-Naquet, *Mémoire, tome II. Le Trouble et la lumière, 1955-1998*, Paris: Seuil, 1998, p. 150.

evento torna muito difícil determinar o número exato de argelinos – pois nenhum policial foi ferido – que realmente morreram. As estimativas mais abalizadas situam o número em torno de duzentos[70].

O romancista afro-americano William Gardner Smith situa a quantia "acima de duzentos" em seu romance *The Stone Face*, de 1963. É uma marca do sucesso do blecaute oficial de informações sobre o 17 de outubro que o romance de Smith, escrito por um estrangeiro na França e publicado nos Estados Unidos (não pôde ser publicado na França), tenha se destacado como uma das poucas representações do evento disponíveis até o início da década de 1990 – isto é, até o momento em que uma geração de jovens *beurs*, como os filhos dos imigrantes norte-africanos chamam a si mesmos, atingiu uma idade em que podiam começar a exigir informações sobre o destino de seus pais. Os historiadores profissionais ou acadêmicos ficaram muito para trás dos amadores na tentativa de descobrir o que aconteceu em 17 de outubro; jornalistas investigativos, militantes e escritores de ficção como Smith, ou o romancista policial Didier Daeninckx, muito mais lido, mantiveram vivo um vestígio do evento nos trinta anos em que ele caiu num "buraco negro" da memória[71]. Enquanto investiga um crime completamente diferente, o detetive do romance *Meurtres pour mémoire* (Assassinatos em memória), de Daeninckx, junta as peças, utilizando-se de documentos de arquivo confidenciais e liberados, películas de filmes e entrevistas do que ocorreu naquela noite. O que ele aprende sobre 17 de outubro lança luz sobre crimes anteriores do governo. O detetive, um tira, abre caminho através de camadas de acobertamento burocrático, usando com astúcia o entendimento que um policial tem dos sistemas de vigilância e gestão de informações da polícia, pois os arquivos da chefatura, por meio dos quais o Estado controla e dissemina as informações, são tão abrangentes na sua lógica que são mantidos registros dos documentos

---

70 Para o estudo mais completo do massacre, cf. Jean-Luc Einaudie, *La Bataille de Paris: 17 octobre 1961*, Paris: Seuil, 1991; para suas estimativas das mortes, ver especialmente pp. 266-8.
71 Até historiadores progressistas do período deixam de registrar a magnitude do evento. Bernard Droz e Evelyne Lever dedicam só um parágrafo ao massacre em seu *Histoire de la guerre d'Algérie, 1954-1962*, Paris: Seuil, 1984.

solicitados e dos cidadãos que pediram para vê-los. Ao seguir as pistas deixadas para trás naquele nível de vigilância, o detetive expõe o modo como os arquivos do Estado e da polícia limitam o que é perceptível ou cognoscível pelo público, e aponta essa limitação como o crime em si, o crime cuja solução ele buscava.

O romance de Daeninckx espelha os esforços que se intensificaram recentemente na França para desfazer o acobertamento em torno do 17 de outubro, esforços que ainda estão longe de acabar. Apesar da divulgação e do reconhecimento oficial do massacre, no contexto do julgamento de Papon, em 1998, pelos crimes que ele cometeu em Vichy, e apesar dos recentes esforços heroicos por parte de arquivistas individuais para disseminar informações, os fatos do evento permanecem obscuros. A contumaz obstinação burocrática limita o acesso aos documentos que ainda existem – a não ser para uns poucos historiadores aprovados pelo Estado –, um problema agravado por "perdas" inexplicadas de documentos cruciais nos arquivos da chefatura de polícia[72].

Se o romance de Daeninckx funciona para expor a lógica repressiva do Estado e de sua polícia, *The Stone Face*, de Smith, mostra o mesmo problema de um ângulo e perspectiva diferente: a de um jovem pintor afro-americano na Paris do começo dos anos 1960, que deixa seu próprio mundo para trás e é arrastado na direção de uma impossível identificação com os argelinos em luta. A história de Smith é de um despertar político, uma nova subjetividade política que toma forma por meio da contaminação cultural. Inicialmente embalado pela fuga alegre do preconceito antinegro americano ("sair debaixo daquela pressão"), o protagonista Simeon frequenta o mundo opulento dos expatriados literatos norte-americanos negros em Paris, que foram calorosamente acolhidos pelos franceses. Ele tem apenas uma

---

72 Para um relato do estado mais recente do acesso arquivístico aos documentos policiais sobre o 17 de outubro de 1961, cf. Claude Liauzu, "Mémoire, histoire et politique: À propos du 17 octobre 1961", *Tumultes*, n. 14, abr. 2000, pp. 63-75. No presente, um número crescente de figuras políticas, artistas e intelectuais formaram a "Association 17 octobre 1961: contre l'oubli" e assinaram um documento que exige o reconhecimento do crime pelo Estado. O texto tinha quase 3 mil assinaturas em 1º de dezembro de 2000.

vaga consciência das hostilidades entre árabes e franceses que o cercam: "Ele passou por uma mulher negra que andava com um rebolado fácil de mãos dadas com um francês. As manchetes dos jornais gritavam: REVOLTA MUÇULMANA EM ARGEL. CINQUENTA MORTOS"[73]. A *prise de conscience* do protagonista é desencadeada pela cena paradigmática em que ele observa a polícia batendo num árabe:

> Na esquina, eles viram um policial espancando um homem. Embora ele tivesse caído na calçada, o policial continuava dando com seu longo cassetete branco no homem, que estava tentando proteger a cabeça dos golpes com os braços. O homem gritava numa língua que Simeon não entendia[74].

A cena violenta de *matraquage* dispara um *flashback* em Simeon, que revive seu próprio espancamento nas mãos da polícia em Filadélfia, agora tão distante no tempo e no espaço de uma França onde ele é respeitosamente chamado de "vous" pela polícia, acolhido nos clubes e restaurantes da elite e, da perspectiva dos argelinos com quem ele começa a fazer amizade, tratado como branco. Mas sua identificação progressiva com os argelinos não é meramente fundada numa experiência existencial compartilhada de racismo e violência, ou no modo como os golpes que ele vê chover sobre o corpo do argelino virão a ser sentidos de novo no seu próprio corpo através da memória de seu tratamento pela polícia estadunidense. Essa identificação tampouco pode ser atribuída a uma espécie fácil de pan-africanismo. Identificar-se com os argelinos significa, para Simeon, primeiro romper com seu próprio meio e seus valores. Significa primeiro *des*identificar-se com seu próprio grupo social, os norte-americanos negros na França. Simeon começa a perceber que estes apenas flutuam na crista das ondas espumantes da sociedade

---

73 William Gardner Smith, *The Stone Face*, Nova York: Farrar/Straus, 1963, p. 7. A obra de Tyler Stovall alertou-me para a existência desse romance; cf. "The Fire Next Time: African-American Expatriates and the Algerian War", *Yale French Studies*, n. 98, 2000, pp. 182-200, para um relato detalhado do contexto de Smith na Paris do começo da década de 1960.
74 William G. Smith, *op. cit.*, p. 38.

expatriada, alheios a uma forma de racismo francês que não é dirigida a eles, do mesmo modo que ficam horrorizados e relutantes em participar dos primeiros momentos do movimento dos direitos civis nos Estados Unidos. Cada vez mais, Simeon desvia seus passos do café na rua de Tournon, onde os escritores negros geralmente se encontram, e ruma para o distrito árabe, a Goutte d'or, entrando tanto quanto possível naquele modo de vida e numa Paris totalmente diferente. Levado pela polícia como observador simpatizante nas detenções de 17 de outubro, quando ataca um policial, Simeon, o único norte-americano preso e levado com o resto dos detentos para o ginásio esportivo, é saudado por alguns árabes, mas não todos, como "irmão", e logo libertado pela polícia segundo uma lógica que considera a presença de um norte-americano negro na companhia dos argelinos como algo fora do lugar, um erro de categoria. Nas semanas que se seguem à insurreição, ele não consegue localizar seus amigos árabes. O romance deixa claro que é a desidentificação de Simeon com seus próprios compatriotas negros – os movimentos físicos que ele faz aventurando-se fora de seu lugar social de origem para frequentar os insurgentes argelinos – que explica sua nova subjetividade política. Ele é motivado menos por uma noção de dever com relação aos oprimidos do que pelo desejo pelo outro mundo, representado pelos argelinos em sua luta contra os franceses. É esse deslocamento que lhe permite ver o que os outros expatriados negros, em sua atitude de clã, não enxergam – que algo está acontecendo. Até a decisão de Simeon, no fim do romance, de voltar para casa e de tomar parte nas lutas pelos direitos civis nos Estados Unidos deve ser lida à luz da fissura aberta na sua identidade social que ocorre quando ele inicialmente se desidentifica com seu próprio grupo. O romance sugere que a subjetividade política é formada por meio do Outro. Nesse sentido, *The Stone Face* insere-se nitidamente na pré-história de Maio, pois Smith relata a construção e a experiência de uma subjetividade política específica, formada em parte pelo estilhaçamento das determinações sociais mantidas no lugar pela lógica cada vez mais explícita da polícia – uma experiência, uma formação, uma subjetividade que seriam compartilhadas por muitos participantes de Maio de 68.

O pânico causado pela polícia que deixou nove pessoas mortas por esmagamento na estação de metrô Charonne ficou registrado na memória pública francesa, e o massacre policial de 17 de outubro de 1961, não. Em Maio de 68, Charonne retornou frequentemente como ponto de referência ou refrão, aparecendo em *slogans*, grafites e cartazes: "Nouveau Charonne à Paris" ou "CRS: Assassin de Charonne". Um artigo em *Combat*, de 7 de maio de 1968, alerta contra "a sombra sórdida da polícia [...]. Logo vocês verão, eles vão fazer outro Charonne". Um folheto anônimo distribuído no Boulevard Saint Michel, em 21 de maio, dizia: "As atrocidades da noite de 10-11 de maio não são apenas atos de um Fouchet, um Grimaud ou um Peyrefitte, são resultado de um regime totalitário e repressor – ilustrado por Charonne"[75]. Observando a guerra nas ruas em Maio, François Truffaut registra em seu relato uma aceleração no nível de violência, introduzindo a palavra "Charonne": "A polícia ordinária foi substituída pelas CRS. E os longos bastões do choque apareceram, os bastões de Charonne"[76].

Hoje, "Charonne" serve de metonímia para a violência relacionada à Argélia no começo da década de 1960, que vem à mente mais imediatamente quando aquela época é evocada: "A violência? Ah, sim, Charonne". Um exemplo dessa metonímia ocorreu durante uma representação recente do período no noticiário da noite na televisão francesa. Em outubro de 1999, Maurice Papon perpetrou uma fuga breve para a Suíça para evitar cumprir a sentença de prisão pela sua condenação por crimes contra a humanidade durante o período de Vichy. Ao relatar a fuga, o apresentador do noticiário da noite no canal de televisão Antenne 2 fez referência de passagem à responsabilidade de Papon, como chefe da polícia em Paris, pela violência policial relacionada à Guerra da Argélia no começo dos anos 1960. (Na verdade, foi somente o julgamento de Papon, no inverno de 1998, que chamou novamente a atenção para o período

---

75 Folheto anônimo, "Vive la grève illimitée avec occupation des usines", distribuído na vizinhança do Boulevard Saint Michel, 21 maio 1968.
76 François Truffaut *apud* John Gretton, *Students and Workers: An Analytical Account of Dissent in France, May-June 1968*, Londres: MacDonald, 1969, p. 101.

da Argélia, levando a um apelo pela abertura dos arquivos da polícia sobre o 17 de outubro.) Mas os conluios e colisões da memória levaram o apresentador a cometer um erro curioso: numa espécie de abreviação, ele deu o nome de "Charonne" a "17 de outubro de 1961", amalgamando ambos os eventos numa única ocorrência de violência policial e, ao fazê-lo, deu primazia, mais uma vez, aos nove franceses mortos sobre os argelinos não contados. Como hoje muitos franceses têm noção do que aconteceu em Charonne, sem necessariamente saber a data, o amálgama trouxe os fatos de Charonne de volta à mente, enquanto os mortos argelinos "desapareceram" mais uma vez.

Maurice Papon não era chefe da polícia durante Maio de 1968 – ele perdeu a ocasião por pouco mais de um ano. Em janeiro de 1967, Papon deixou o cargo e não reapareceria na ribalta nacional até meados de 1970, quando foi nomeado ministro do Orçamento sob Giscard d'Estaing. Mesmo tendo deixado a chefatura em 1967, Papon não se tornou um mero espectador quando a insurreição irrompeu no ano seguinte. Quando deixou a polícia, o posto de embaixador que De Gaulle queria lhe dar, aparentemente, não estava disponível de imediato, por isso a longa carreira peripatética de Papon na burocracia francesa o levou ao oeste da França, onde ele se tornou presidente da grande fábrica Sud-Aviation. Quatro meses depois, em 14 de maio de 1968, essa mesma fábrica – em parte, talvez, reagindo ao estilo de administração de Papon – foi a primeira de todas as fábricas francesas a entrar em greve (eles sequestraram o *patron*!), dando um exemplo que logo se espalhou para a Renault, por todo o setor manufatureiro do oeste da França e para a nação inteira. A greve geral de meados de maio irrompeu exatos dez anos depois do *coup d'état* que levou De Gaulle de volta ao poder em 13 de maio de 1958.

Em Paris, o sucessor de Papon no cargo de chefe da polícia, Maurice Grimaud, beneficiou-se da imagem de seu predecessor. Por contraste, Grimaud parece – cada vez mais, com os anos – "liberal" e antirracista. Ele agora é amplamente creditado, até mitologizado, por minimizar o número de mortes em 68, por não permitir que seus homens, por exemplo, atirassem na multidão. Mas as forças sob seu comando, lançadas contra estudantes e trabalhadores em 68, eram as forças criadas por Papon e formadas durante a crise argelina. Os poderes de polícia implantados por De Gaulle e Papon nos anos da Argélia estavam prontos para serem usados em 68.

Quem eram os policiais no fim da Guerra da Argélia? A pergunta, feita assim, não pode realmente ser respondida, pois pressupõe uma divisão do trabalho, uma definição do cargo que havia sido invalidada, em grande parte, em decorrência das contradições e ofuscamentos que a guerra tinha gerado. Pois a "guerra" de então não era uma guerra conduzida numa terra distante, mas uma "operação policial", como era chamada. E a polícia parisiense sob Papon passou a ser composta cada vez mais de soldados e a operar como soldados. "No coração daquele exército de funcionários públicos que aterrorizaram Paris nos primeiros dias de Maio de 68, havia muitos que não tinham acabado de acertar suas contas com os *fellagha*."[77] Como observou Balzac certa vez, a polícia, assim como os jesuítas, têm boa memória.

Foi só em setembro de 1999 que a Assembleia francesa votou pela primeira vez que a Guerra da Argélia, que havia terminado 37 anos antes, seria oficialmente chamada por esse nome – isto é, uma guerra, e não qualquer um dos vários eufemismos correntes: "la guerre sans nom" [a guerra sem nome], "a crise", "o esforço de pacificação", "os eventos", "as operações para a manutenção da ordem" ou, de modo mais pertinente, "uma operação policial"[78]. Este último termo sublinha a maneira como a Argélia representava, para os franceses, muito mais que uma colônia distante. A Argélia estava, afinal, muito perto, era um lugar onde um número significativo de franceses havia vivido por muito tempo, e tinha sido plenamente integrada, "departamentalizada" e posta sob a responsabilidade do Ministério

---

77 Maurice Rajsfus, *Mai 68: Sous les pavés, la répression*, Paris: Le Cherche Midi, 1998, p. 13.
78 "Eu o proíbo de pronunciar as palavras 'Guerra da Argélia'", disse o presidente do tribunal a Francis Jeanson durante o julgamento deste último em 19 de setembro de 1960. Em data tão recente quanto 1996, Jacques Chirac, ao inaugurar um monumento às "vítimas e soldados mortos na África do Norte, 1952-1962", continuou a respeitar a terminologia que data da época do conflito. Ele não usou uma única vez a palavra "guerra" durante a cerimônia.

do Interior já em 1848. A Argélia representava três departamentos da França. Portanto, a França não podia – essa era a lógica – estar em guerra consigo mesma, e o que estava acontecendo na Argélia não podia ser uma guerra civil, nem exatamente uma guerra. Isso era compreendido como um assunto doméstico, interno, uma escaramuça prolongada, mas local, a ser resolvida pela "polícia".

Um romance policial de 1987, *Mon colonel* (Meu coronel), de Francis Zamponi, evoca o dilema de um militar francês de carreira que enfrenta essa nova confusão na definição de seu *métier*. (Zamponi foi membro do grupo 22 de Março em Nanterre em 1968; depois se tornou jornalista do Lyon-*Libé*.) O romance traça o retrato de um coronel francês em Constantine, a maior e mais pobre região do leste da Argélia, e seu tormento crescente por ver seu trabalho transformado de soldado (luta e combate) em "policial" (coleta de informações, organização de arquivos). O fato de que seu trabalho policial é invariavelmente realizado por meio de tortura não o incomoda muito por si só; ele não é melindroso nem moralmente contrário a tais procedimentos, e insiste em apresentar uma documentação completa das práticas horrendas de interrogação aos diversos funcionários civis e militares que vêm da França para inspecionar as operações – funcionários que, no intuito de manter as aparências sobre a guerra ao voltar para casa na França, rapidamente escondem os relatórios e tentam silenciar o coronel. A crise do personagem evolui mais dentro do que é, para ele, uma definição estrita e hierárquica, porém bruta, do *métier*. Ele não é mostrado como racista – o argelino é simplesmente outro soldado, o inimigo. O coronel sofre de claustrofobia por ter suas façanhas em combate reduzidas a uma série de operações sinistras, mas quase secretariais: a extração forçada de informações (exigida, mas oficialmente "negada" pelos seus comandantes na França) de "suspeitos" (não necessariamente soldados), a manutenção de uma burocracia envolvida em estabelecer fichas de identificação sobre as vidas pessoais dos argelinos na aldeia. O romance de Zamponi desloca a questão moral da tortura para outro registro. A questão, para o coronel, não é se ele é um guerreiro ou um torturador, mas se é um guerreiro ou um arquivista.

A situação do personagem é uma resposta ficcional aos efeitos criados por diretivas reais do governo francês. A "Instrução 11" de 1955, por exemplo, mudou a orientação que o exército devia seguir na sua luta contra os rebeldes argelinos, da ação militar para o *renseignement*: "a busca de informações deve ser uma preocupação constante [...], mesmo que seja pouco adequada a uma luta que é mais policial do que militar em sua natureza, a missão do Exército é executar essas tarefas"[79]. A lei de "Poderes Especiais" de 1956, votada pelo governo socialista com apoio total do Partido Comunista, suspendeu a maioria das garantias de liberdades individuais na Argélia, permitindo que "medidas excepcionais" fossem tomadas para estabelecer a ordem, proteger pessoas e propriedades e resguardar o território. Ela permitiu que os poderes da polícia passassem para as mãos do exército – criando, efetivamente, uma normalização da tortura, já que a detenção prolongada de "suspeitos" no que haviam se tornado casas de tortura agora estava legalizada. No romance de Zamponi, os oficiais franceses que chegam para inspecionar as operações na Argélia têm sua contraparte, na vida real, na "Commission de sauvegarde des droits et libertés individuelles en Algérie", estabelecida por De Gaulle, uma comissão sem poderes que, no fim, servia para mascarar a violência de um exército que havia recebido de seus líderes a ordem de vencer a batalha "por qualquer meio"[80], como disse, de forma sucinta, o general Massu.

Assim como as funções domésticas, "internas", da polícia imiscuíram-se nas operações do exército na Argélia, as atividades do exército passaram a fazer parte do trabalho dos policiais nas grandes cidades da França metropolitana. Durante a guerra, a polícia parisiense era convocada regularmente para realizar operações que tinham sua contraparte nas "operações policiais" conduzidas pelo exército além-mar. Consideremos, por exemplo, as implicações, para a estratégia e as operações de guerra francesas, do fato de que os 400 mil imigrantes argelinos que viviam e trabalhavam na França

---

79 *Apud* Claire Mauss-Copeaux, *Appelés en Algérie: la parole confisquée*, Paris: Hachette, 1998, pp. 170-1.
80 General Massu *apud* Pierre Viansson-Ponté, *Histoire de la république gaullienne, Mai 1958-Avril 1969*, Paris: Fayard, 1971, p. 15.

nesse período, ganhando salários consideravelmente mais altos que aqueles de seus pares na Argélia, estavam de fato financiando a maior parte da guerra[81]. Em outras palavras, a guerra, para os argelinos, era financiada principalmente a partir da França, com as receitas dos *travailleurs immigrés* argelinos que moravam na periferia de Paris. Para a FLN, a dificuldade não estava em recolher o dinheiro dos habitantes argelinos das *bidonvilles* (favelas) improvisadas em torno das grandes cidades francesas como Paris, mas em transportar o dinheiro em espécie pela cidade (onde qualquer pessoa que estivesse dirigindo um carro e aparentasse ser árabe era imediatamente suspeita e revistada) e, por fim, para fora do país. Assim, os serviços prestados à FLN por Henri Curiel, Francis Jeanson, Félix Guattari, o cartunista Siné e a rede de outros apoiadores franceses da causa argelina, os *porteurs de valise*, consistiam sobretudo em transportar dinheiro, não armas, pela cidade e através das fronteiras nacionais. Contudo, suas atividades criaram um novo conjunto de tarefas e responsabilidades para a polícia metropolitana, pois foi ela que recebeu a tarefa de bloquear o movimento físico de dinheiro da FLN dentro da cidade e para fora do país.

Talvez seja no nível da transferência literal de pessoal de um lugar para outro que a infiltração do exército francês na polícia possa ser vista mais nitidamente. A carreira de Papon, que fundiu impecavelmente as funções de policial e militar e cobriu todo o período pós--guerra, fornece o melhor exemplo. Um pouco de história da polícia é necessário. Em 1945, imediatamente após a Libertação, no momento em que Papon era vice-diretor da Argélia no Ministério do Interior, a instituição da polícia passou por um breve, mas significativo, período "progressista" na França. Antigos membros da Resistência aderiram à força, assim como à recém-criada polícia nacional, as CRS (Compagnies Républicaines de Securité), estabelecidas naquele ano, tomando o lugar deixado vago pelos 7 mil oficiais que foram dispensados ou "expurgados" por terem se comprometido em

---

81 Abdel Krin Cherqui, ex-tesoureiro da FLN, faz essa afirmação em Gilles Perrault, *Un Homme à part*, Paris: Barrault, 1984, p. 289.

Vichy. Dois anos depois, quando o ministro socialista do Interior, Jules Moch, enviou as CRS para reprimir uma revolta de trabalhadores no outono, várias companhias das CRS, especialmente as de Bordeaux e Marseille, desobedeceram às ordens e se recusaram a ir. Essas companhias foram dissolvidas, e começou uma espécie de "contraexpurgo" de todos os ramos da força policial para eliminar "simpatizantes comunistas", um expurgo conduzido após 1951 pelo chefe da polícia parisiense Jean Baylot, auxiliado pelo homem que ele escolheu então para ser seu secretário-geral – Maurice Papon. Baylot encarregou-se de reintegrar os oficiais de polícia que haviam sido expurgados imediatamente após a guerra e que sobreviveram até aquele momento como uma espécie de serviço clandestino ou "paralelo" à polícia oficial, efetuando a vigilância de sindicatos e do Partido Comunista – especialistas, portanto, em anticomunismo. Sob Baylot, essas tropas se especializaram na repressão violenta de protestos. Servindo nos anos da guerra francesa na Indochina, ele criou uma atmosfera que alimentava um ódio indiscriminado da polícia por aqueles que estavam "vendendo" o Império – intelectuais, progressistas, comunistas, militantes sindicais, todos vistos como "inimigos da nação" manipulados por Moscou.

Quando Baylot, o mentor de Papon em assuntos de polícia, foi exonerado por Mendès-France em 1954, Papon também entregou o cargo, ressurgindo do outro lado do oceano no papel de secretário-geral do protetorado do Marrocos, onde foi encarregado das operações policiais destinadas a arrebanhar e deter nacionalistas marroquinos. Em junho de 1956, Papon estava de volta à Argélia, que agora estava em guerra, e foi mais uma vez encarregado da polícia. Foi seu terceiro mandato administrativo na África do Norte, entre a Libertação e sua posse no cargo de chefe da polícia de Paris em 1958.

Em Paris, Papon julgou a estrutura clássica da polícia ineficiente para realizar uma guerra subversiva; ele logo decidiu reviver, sob nova forma, algumas das estruturas ("Sections Administratives Spécialisées"), pessoal e técnicas ("ação psicológica"), que havia ajudado a desenvolver nas áreas rurais da Argélia. Sob Papon, os efetivos da polícia parisiense incharam mais e mais com *anciens combattants* da Indochina e ex-oficiais do exército e *parachutistes* da

Argélia. O fim da série de guerras coloniais (Indochina e Argélia) e a redução do exército convencional em virtude da criação da *force de frappe* (a consolidação por De Gaulle da autonomia militar e do potencial de ataque rápido da França, incluindo armas nucleares) levaram certo número de oficiais de carreira não comissionados a serem transferidos para posições análogas na polícia[82]. Para as interrogações agressivas de argelinos em Paris, Papon até criou uma força policial composta inteiramente de *harkis* (argelinos que lutaram ao lado dos franceses durante a guerra): uma espécie de força "paralela", trabalhando em conjunto e em ligação com a polícia para realizar batidas indiscriminadas em bairros árabes e extrair informações. Forças suplementares, compostas inteiramente de tropas "indígenas", eram tradição de longa data na Argélia e noutras colônias – agora elas apareciam pela primeira vez na metrópole. Sob Papon, a tortura foi instaurada em Paris.

Essa confusão ou fusão do doméstico e do internacional, da polícia e do exército tem sua origem, claro, no distúrbio de pensamento que é o colonialismo e na intensidade peculiar que esse distúrbio ganhou nas relações da França com a Argélia no final da década de 1950 e início da de 1960. Isso é uma guerra ou uma ação policial? Se não é uma guerra, então é uma guerra civil? O argelino é um inimigo estrangeiro (externo) ou é um cidadão? Ele é um *viet* ou é um irmão? O argelino é francês? A resposta à pergunta literal da cidadania era, obviamente, sim: os argelinos, como dispunha o

---

[82] Philippe Labro, *"This Is Only a Beginning"*, pp. 171-2. Do mesmo modo, um documento escrito pela CFTC após o massacre de 17 de outubro de 1961 descreve o pessoal da polícia "recrutado por alguns anos segundo o critério principal do anticomunismo, contando em suas fileiras com 'veteranos da Indochina e da Argélia', de mentalidade racista e fascista, treinados para empregar métodos valorizados durante as guerras coloniais". *Apud Ratonnades à Paris, op. cit.*, p. 47. Em *The Stone Face*, William Gardner Smith oferece um olhar oblíquo sobre as mudanças na composição da força policial parisiense no começo dos anos 1960. Seu protagonista Simeon começa a notar: "uma metamorfose na polícia – ou assim parecia a Simeon – naquele ano desde a sua chegada em Paris. Simeon nunca gostou da polícia, mas a polícia francesa o havia impressionado mais favoravelmente do que as outras. Outrora educados e atenciosos, agora eles ficavam largados nas esquinas com a insolência do poder, com cigarros pendendo dos lábios, ocasionalmente fazendo gestos obscenos às moças que passavam por eles. Simeon ficou sabendo que essa mudança na polícia não era acidental. O departamento de polícia fora expurgado dos oficiais que demonstraram brandura com os argelinos na França" (p. 174).

decreto de 7 de março de 1944, eram cidadãos franceses, "gozando de todos os direitos e assumindo todas as responsabilidades dos franceses não muçulmanos". Entretanto, em nenhum lugar a confusão que reinava acerca dessas questões fica mais aparente que no documento de redação tensa emitido pela chefatura de Papon em 5 de outubro de 1961, documento cuja instigação de um toque de recolher para os argelinos na área de Paris os levou a protestar em 17 de outubro de 1961. O comunicado começa assim:

> Com vistas a dar um fim imediato às atividades criminosas dos terroristas argelinos, novas medidas acabam de ser tomadas pela chefatura da polícia. Com vistas a facilitar sua execução, aconselha-se com a máxima insistência aos trabalhadores muçulmanos argelinos [*travailleurs musulmans algériens*] que se abstenham de caminhar à noite nas ruas de Paris e dos subúrbios parisienses, e mais particularmente no horário das 20h30 às 5h30[83].

A redação havia sido escolhida com cuidado: "aconselha-se" aos argelinos, e não se ordena, que fiquem fora das ruas – mas aconselha-se "com a máxima insistência" [*conseillé de la façon la plus pressante*]. Qual é o *status* desse conselho? Certamente, a polícia interpretará o comunicado e agirá com base nele como se estabelecesse um conjunto de ordens, e a existência do toque de recolher terá o efeito colateral de tornar os empregadores ainda mais relutantes em contratar ou continuar a empregar argelinos. Mas nada, em tese, força os argelinos a levar em conta o "conselho" da polícia; mais adiante no documento, uma redação parecida é usada: "recomenda-se muito vivamente" [*il est très vivement recommandé*]. O horário especificado, 20h30 a 5h30, foi obviamente determinado pelo desejo de dar aos trabalhadores que vivem na periferia da cidade exatamente o tempo de que precisam para se deslocarem de casa para o trabalho e vice-versa; daí eles estão fora das ruas, pois estão nos seus

---

83 Comunicado de Maurice Papon, 5 out. 1961, *apud* Jean-Luc Einaudie, *La Bataille de Paris*, *op. cit.*, p. 85. Cf. também Michel Levine, *Les Ratonnades d'octobre*, Paris: Ramsay, 1985.

lugares e localizáveis a qualquer momento: ora no trabalho, ora dormindo em casa. O documento continua:

> Aqueles que, devido ao trabalho, forem obrigados a estar nas ruas nesse horário poderão solicitar ao setor de assistência técnica [*secteur d'assistance technique*] em seu bairro ou distrito uma autorização temporária, que lhes será concedida após verificação de seu pedido. Ademais, foi determinado que os incidentes terroristas são, em sua maioria, resultado de grupos de três ou quatro homens. Consequentemente, recomenda-se vivamente aos franceses muçulmanos [*français musulmans*] que se desloquem sozinhos, já que pequenos grupos correm o risco de parecer suspeitos à polícia em patrulha. Finalmente, a chefatura de polícia decidiu que os bares [*débits de boisson*] operados e frequentados pelos franceses muçulmanos da Argélia [*français musulmans d'Algérie*] devem fechar todo dia às 19h.

Os "secteurs d'assistance technique" ou "SATs" eram invenção de Papon: centros onde um imigrante argelino tinha que se apresentar para obter qualquer um dos vários documentos oficiais – passaporte, visto de retorno à Argélia, certificado de trabalho – de que pudesse precisar. Qualquer visita a um SAT acarretava uma extensa interrogação policial e a abertura de uma ficha para aquele indivíduo. O toque de recolher criava, assim, o ganho secundário para a polícia de canalizar potencialmente para os SATs mais argelinos, os quais poderiam ter escorregado entre as malhas da rede até aquele momento. Mas se os argelinos eram apenas aconselhados a ficar fora das ruas, por que precisavam obter um documento especial para deslocar-se nos horários proscritos? Entretanto, não, mais uma vez, eles "podem solicitar", não "devem solicitar" – o toque de recolher é obrigatório ou não? Na verdade, o único lugar onde os verbos passam inequivocamente de aconselhar a ordenar é na frase final, que obriga certos bares e cafés a fechar às 19h – a abertura e fechamento desses estabelecimentos encaixa-se inequivocamente na alçada reguladora da chefatura de polícia. O horário, 19h, certifica novamente que nenhum argelino pode parar para um trago após o trabalho e que os restaurantes ficam fechados para a única refeição do dia; nada de lazer ou conversa, não resta nenhuma atividade a não ser trabalhar e dormir – isto é, se dormir realmente fosse possível nos cômodos superlotados onde muitos trabalhadores imigrantes viviam e onde o acesso às camas era frequentemente escalonado, de forma que os que não estavam dormindo geralmente cediam lugar aos outros ao sair. Mas quais bares e cafés devem fechar? Doze clientes argelinos tornam o café "frequentado por" argelinos? E três? E isso, é claro, levanta o problema mais fundamental colocado pelo documento. Três clientes que parecem ser norte-africanos ou árabes tornam o bar ou café "frequentado por argelinos"? E, o mais importante, quem exatamente é proibido de estar nas ruas? Quem é o alvo? Os argelinos? Presume-se que não, pois os *pieds-noirs* ou "argelinos franceses" também são, naquele momento, argelinos. Mas até se ignorarmos esse problema, outro mais fundamental permanece. Pode uma categoria de franceses ser proibida de se deslocar? Os argelinos supostamente são franceses – "com todas as honras e deveres da cidadania francesa" –, tão franceses quanto os corsos ou bretões. Mas os corsos e bretões nunca são destacados especificamente por um documento oficial: eles são, simplesmente, franceses. É por isso que a administração teve que inventar denominações como "franceses muçulmanos da Argélia". Mas aqui, um novo problema surge na introdução de uma categoria religiosa para diferenciar um grupo de franceses dos outros "franceses". O exército, nesse período, havia desenvolvido uma circunlocução correlata: FSNA, *français de souche nord-africaine* ("francês de extração norte-africana"). O que, de todo modo, não pode ser evitado por qualquer circunlocução é que as características raciais são os únicos critérios professados pelo texto da ordem de Papon: as pessoas que porventura aparentam ser argelinas devem ficar fora das ruas de noite e evitar deslocar-se em grupos de três ou quatro. Mas isso, é claro, criava mais confusão, já que dentre as pessoas que aparentavam ser argelinas podia-se incluir os *harkis*, que trabalhavam ao lado da polícia francesa, sem falar nos marroquinos, tunisianos e outros árabes – até judeus. Em outras palavras, qualquer um que parecesse árabe era um alvo.

Nos dias imediatamente seguintes à repressão selvagem do protesto de 17 de outubro de 1961, o jornal do Partido Comunista, *L'Humanité*, publicou diversos longos artigos sobre a violência, tentando relatar um evento que outros jornais – *Le Monde*, *La Croix*, *France-Soir* – não mencionaram. Mas *L'Humanité* furtou-se a convocar uma manifestação para protestar contra o massacre. Somente dois grupos muito pequenos, o Comité Anticolonialiste e o Comité du Front Universitaire Antifasciste (FUA), foram às ruas para protestar contra a ação policial. Ambos eram grupos estudantis e tinham acabado de ser criados naquele outono, numa tentativa amplamente bem-sucedida de livrar o Quartier Latin dos comandos da OAS e de grupos de extrema-direita como Jeune Nation e Occident. Porém, a relevância de seu protesto supera de longe seu quadro de efetivos, pois nas suas atividades podemos detectar a primeira aparição de uma corrente radical duradoura no meio estudantil. Com isso me refiro ao primeiro caso de uma intervenção em nível nacional de um novo modo, dos estudantes como força política, por uma causa que não era uma defesa de interesses estudantis. Embora o grande sindicato estudantil, a Unef, tivesse organizado um protesto de massa contra a guerra em março de 1960, seu ato dizia respeito à limitação imposta às suspensões de convocação, e embora mostrasse claramente a necessidade percebida de conjugar as lutas sindicais estudantis com a luta contra a Guerra da Argélia, a defesa dos interesses estudantis ainda era o fator mobilizante do protesto; a Unef, nesse sentido, continuava "corporativista". A FUA, por outro lado, tomou a iniciativa na luta estudantil contra a guerra em intervenções e "ações diretas" que deram a seus membros uma apreensão imediata dos problemas gerais da sociedade francesa – e não dos problemas dos estudantes *per se* – e, assim, iniciou-se uma crítica das bases do regime gaullista. A verdadeira força política, ao que parecia, estava fora do aparato oficial dos sindicatos estudantis. Por intermédio de sua luta contra a Guerra da Argélia, da experiência da FUA e de seu apoio à FLN (no dia da proclamação da independência argelina, membros da FUA penduraram uma bandeira da FLN na Sorbonne), os estudantes adquiriram sua própria tradição de luta, forjada independentemente dos aparatos e partidos existentes. Eles formaram suas próprias organizações e, ao fazê-lo, toda uma nova concepção de movimento de massa começou a surgir: uma ação política organizada em torno de um objetivo claro – nesse caso, a independência argelina – e o uso do combate físico "duro" ou direto, como contra os grupos fascistas. A luta contra a guerra podia e devia, na sua visão, ser o ponto de partida para o estabelecimento de um combate revolucionário totalmente novo ou, pelo menos, para o retorno de um movimento operário que seria agressivo, e não mais defensivo.

Escrevendo sobre o massacre de argelinos pela polícia em 17 de outubro de 1961, Jacques Rancière faz uma afirmação semelhante. Para ele, a operação policial foi dupla: varrer ou limpar o espaço urbano da denúncia de um mal pelos manifestantes, junto com uma tentativa de varrer ou limpar os registros desse ato. Para os franceses, aponta Rancière, a segunda dessas "limpezas" era talvez mais significativa que a primeira. Afinal, não somente o 17 de outubro foi o primeiro protesto de massa da década de 1960 na França, mas foi a experiência inaugural, para muitos franceses, do "acobertamento": o blecaute de notícias que procurava tirar o evento da visão, que tentava prescrever o que podia ser visto e o que não podia, o que podia ser dito e o que não podia. A tentativa de blecaute de notícias, talvez até mais que os próprios assassinatos, tornou-se a ocasião para a primeira experiência de um deslocamento ou de uma fenda na identidade de muitos franceses, no que significava ser francês – uma cisão na identificação com um Estado que havia feito isso em nome dos franceses e depois tentado remover os fatos de sua visão. É isso que Rancière tem em mente quando localiza a "subjetivação" política, como ele a chama – a manifestação da subjetividade política –, precipuamente numa experiência de desidentificação ou desclassificação, e não numa experiência de comunidade compartilhada. Pois a crise provocada em muitos jovens franceses pelas ações da polícia e do exército poderia ter suscitado apenas uma identificação puramente moral ou ética com as vítimas afogadas no Sena, um sentimento de piedade, se não fosse pela ruptura que ocorreu em sua fidelidade ao sistema político estabelecido, seja os partidos ou o Estado. O movimento estudantil, daquele ponto em diante, tinha menos a ver com a universidade do que com o desejo de fugir dela; a definição do movimento não era ser um estudante e defender os interesses ou aspirações específicas dos estudantes, mas introduzir uma disparidade na identidade estudantil e na identidade do que significava ser francês – disparidade que permitia um caminho político para desposar a causa do Outro. Um lema como "Somos todos judeus alemães", como aponta Rancière, que seria entoado por dezenas de milhares de franceses nas ruas de Paris em meados de Maio de 68, é, sob certos aspectos, uma explosão diferida, impensável sem aqueles exercícios anteriores de criar maneiras de incluir o Outro ou aliar-se a ele pressupondo a recusa de se identificar com um certo eu[84]. Nessa construção peculiar de um "nós" impossível, de uma subjetivação que passa pelo Outro, está um deslocamento ou fraturamento essencial da identidade social que viria a definir grande parte da experimentação política de Maio de 68. "Somos todos judeus alemães": o "nós" do *slogan* reúne um sujeito coletivo por meio da identificação com um grupo – judeus alemães – que, mediante sua proclamação como um nome compartilhado, deixa de ser sociologicamente classificável.

Consideremos esse "nós", o "nós" do *slogan* "Somos todos judeus alemães", em relação ao "nós" rival dos eventos de Maio-Junho de 1968, aquele que se materializou em 29 de maio de 1968 por causa de uma alteração ou deslocamento de um tipo muito diferente. Naquele dia, o presidente De Gaulle, enfraquecido, confuso e abatido – segundo a maioria dos relatos – pela greve geral que havia tomado o país e pela violência continuada nas ruas, voou para Baden-Baden para encontrar-se com o antigo líder dos *parachutistes* e símbolo da "Algérie française", o general Jacques Massu. De Gaulle, presumivelmente, estava ansioso para saber se Massu, assim como os 70 mil soldados franceses sob seu comando na Alemanha, não havia sido contaminado pelos ventos da loucura. Estaria o exército disposto a cumprir seu dever de prevenir a subversão externa e interna e, caso necessá-

---

[84] Cf. Jacques Rancière, "La Cause de l'autre", em: *Aux bords du politique, op. cit.*, pp. 148-64; traduzido por David Macey como "The Cause of the Other", *Parallax*, n. 7, abr.-jun. 1998, pp. 25-34.

rio, "restaurar a ordem na França"? Muito se falou sobre a imprevisibilidade do comportamento de De Gaulle e suas intenções com essa nova fuga para Varennes, bem como sobre o sigilo em torno de sua ausência de Paris, sigilo que parecia mostrar o desprezo tipicamente militar que ele sentia por seus subordinados (Pompidou, o primeiro-ministro de De Gaulle, irritado por ter sido deixado de fora, anuncia, frustrado, que vai renunciar – o que ele não faz)[85]. Mas consideremos a união, o "nós" que foi desvelado quando De Gaulle, o antigo herói da Resistência e líder da França Livre, abraçou o general Massu, associado íntimo dos generais fascistas que haviam armado o *putsch* contra o próprio De Gaulle em 1962. Na imagem dessa simples conversa envolta em mistério entre o antigo herói da Resistência e seu antigo inimigo Massu, uma cristalização perfeita da oscilação na ideia do antifascismo, que permeia a década de 1960 na França, começa a tomar forma. O ponto fraco do gaullismo é exposto, seu confisco feroz da democracia durante a Argélia e mais além: a dependência do Estado gaullista de Papon e Massu, um chefe da polícia e um general do exército, uma aliança cujos membros foram convocados durante toda a longa década de 1960 para unir seus esforços contra o inimigo comum. Na fuga de De Gaulle para Baden-Baden, o que parecia ser uma deserção, um vacilo ou um abandono do poder era de fato sua consolidação, pois De Gaulle, que recorrera aos militares pela primeira vez em 1958 para tomar o poder, retornou aos militares uma segunda vez em 1968 para não perdê-lo. Levado ao poder em 1958 por um golpe militar apoiado pelas classes prósperas, De Gaulle, o homem montado em seu cavalo e unificador da nação, pretendia representar o interesse superior do país como um todo. E por dez anos ele tinha permitido que a burguesia reforçasse seu poder econômico forjando o mito de um grande Estado forte e independente, "acima da divisão de classes". Em 1968, a crise política nacional se torna, nas mãos do gaullismo, mais uma ocasião de realizar um ideal

---

[85] "Creio que vou renunciar. Não posso mais continuar a trabalhar nestas condições [...]. Entendam, não é possível que sejamos confrontados assim com um *fait accompli*. Escondem de nós coisas que são contadas a outros. Em razão disso, minha decisão está tomada, vou renunciar." Pompidou *apud* Jacques Foccart, "Le Général en Mai". *Journal de l'Elysée*, v. 2, 1968-9, Paris: Fayard, 1998, pp. 49-50.

bonapartista: o Estado como a única força política. Mas o preço pago por essa consolidação do poder estatal é uma mudança na sua imagem, ou melhor, uma revelação de sua verdadeira face. "O gaullismo tampouco é um regime como os outros", comentou Jean-Pierre Vernant à época. "Nascido de uma rebelião, ele suprimiu ou enfraqueceu todas as instituições representativas da democracia parlamentar que podem, nos períodos de crise grave, desempenhar um papel de intermediárias ou mediadoras entre o poder e o povo."[86] Para afastar a ameaça causada pela greve, à qual, agora, milhões de trabalhadores haviam aderido, o Estado gaullista não podia mais, em maio de 1968, promover o mito de que era o "unificador da nação", como fizera com sucesso no passado. Pelo contrário, teve que invocar uma unificação da burguesia; a burguesia teve que declarar seu caráter de classe; a política teve que ser suplantada pela dominação direta da burguesia. Se De Gaulle já não podia unir a nação, ele podia, pelo menos, unir as várias frações da burguesia. E, para isso, tais frações tinham que descer às ruas de Paris e se mostrar. Vernant nota: "De Gaulle, que não é general à toa, não deixou passar a ocasião. Quando chegou a hora, ele impôs sua própria estratégia, contestando o movimento de massa no mesmo terreno em que este havia se desenvolvido contra ele, a rua"[87]. Em 30 de maio de 1968, no dia seguinte a seu retorno do encontro com o general Massu em Baden-Baden (que calhou ser o dia de Joana d'Arc), uma convocação poderosa foi emitida a todas as diversas frações da classe média para se unirem contra o inimigo comum. Os pétainistas e *anciens résistants*, "toda a banda criminosa do gaullismo, seus administradores e tiras, o corpo parasita do regime que representa sua base social mais segura"[88], foram convocados pelas organizações gaullistas para formar os grupos de ação cívica chamados CDRs, Comités pour la Défense de la République, e manifestar-se a favor do regime. Mais de 300 mil manifestantes pró-"ordem" encheram a Champs-Elysées no comício de 30 de maio

---

86 Jean-Pierre Vernant *apud* Alain Schnapp e Pierre Vidal-Naquet, *Journal de la Commune étudiante, op. cit.*, p. 788.
87 *Ibidem*, p. 790.
88 Daniel Bensaïd e Henri Weber, *Mai 1968: une répétition générale*, Paris: Maspero, 1968, p. 208.

em apoio a De Gaulle. Nessa parada, gaullistas como Chaban-Delmas e Malraux deram as mãos a destacamentos da Occident; intelectuais como Raymond Aron marcharam ao lado da escória de vagabundos criada pelas guerras coloniais – sociedades secretas, polícia paralela, pistoleiros, pelegos, *anciens combattants* e capangas que haviam atendido ao chamado de De Gaulle. Os *slogans* que soaram em 30 de maio, "La France aux français", "Les Ouvriers au boulot" ou "Cohn-Bendit à Dachau", eram em si mesmos uma profunda indicação da ruptura que Maio de 68 causou na lógica dos papéis e posições atribuídas, a lógica da "polícia". Que os estudantes estudem, os trabalhadores trabalhem, os professores ensinem e a França seja francesa – eram os termos do apelo à ordem. Enquanto esses *slogans* eram entoados na rua naquela tarde, eles eram pontuados pelo conhecido sinal de buzina – três toques curtos, depois dois longos. Esse recurso mnemônico breve, mas poderoso, um tipo de trilha sonora de todo o regime gaullista, soava mais uma vez; o sinal rítmico de buzina que já havia significado "De-Gaulle au-pou-voir" em 1958, depois "Al-gé-rie fran-çaise" nos anos seguintes e "O-A-S vain-cra" posteriormente, agora era usado para significar "De-Gaulle n'est-pas-seul"[89].

Os toques ritmados da velha buzina nacionalista destinavam-se a abafar o que era, para as forças da ordem, o som mais aterrorizante de Maio de 68: os apitos e assobios dos operários da Billancourt que saudaram Georges Seguy, chefe da CGT, quando este lhes anunciou, em 27 de maio, os termos do acordo de Grenelle, negociado às pressas para tentar pôr fim à greve. A greve continuaria indefinidamente? Foram esses apitos, essa recusa continuada por parte dos trabalhadores, que impeliram De Gaulle para Baden-Baden nos braços de seu velho adversário. Diante do inimigo maior, como num espelho, os dois generais se abraçaram. Os dias finais de Maio de 68 passam muito rapidamente. No dia seguinte ao desfile do imenso comício pró-De Gaulle pela Champs-Elysées, da Concorde à Étoile, um novo e pitoresco personagem faz sua aparição: Raymond Marcellin, nomeado ministro do Interior em 31 de maio de

---

89 Viansson-Ponté, *Histoire de la république gaullienne*, op. cit., p. 648.

1968. Um personagem novo, mas de certo modo familiar – em Marcellin, o homem convocado para pôr um fim definitivo na insurgência dos anos 1960 e liquidar quaisquer sequelas de Maio, Maurice Papon encontraria um duplo apropriado, um perfeito encerramento para o capítulo que ajudara a abrir dez anos antes. Como Papon, Marcellin se destacara cedo em sua carreira, mostrando-se eficaz ao acabar com as greves de trabalhadores em 1947-1948, quando serviu como subsecretário de Estado. Um consumado homem de limpeza ("A vontade do país é a ordem")[90], caberia a Marcellin realizar o dito de De Gaulle de que "Nada mais deve acontecer, nem nas ruas nem nos prédios públicos"[91].

Se nada mais deve acontecer, então algo *estava* acontecendo. A hipertrofia do Estado nos anos imediatamente posteriores a Maio – anos de autoritarismo e repressão eliminados da representação agora dominante de um Maio afável, "contracultural" – fornece, pelo menos, um reconhecimento da magnitude do evento.

Raymond Marcellin foi o primeiro dos sociólogos de Maio de 68, e talvez o mais aplicado. Sua tarefa, como ele a descreveu, era executar uma "vontade política francesa" que tira sua força da "coesão social e não da luta entre classes ou categorias". Assim, escreve ele, "o seguinte princípio de justiça social deve ser aplicado com energia e perseverança: 'A cada qual seu lugar, sua parcela, sua dignidade'"[92]. A cada qual seu lugar: a distribuição de grupos e funções, rompida durante Maio, deve agora ser reconstituída, e é trabalho da polícia garantir a fabricação da ordem social. Nesse intuito, o primeiro ato de Marcellin após ser nomeado foi reunir a coleção mais completa possível dos cerca de 20 mil folhetos, documentos, revistas e textos do movimento de 68 e lê-los pessoalmente. Seu estudo, claro, tinha em vista a identificação, classificação e detenção maciça pela polícia de todos os *gauchistes* conhecidos e outros militantes – trabalhadores, estudantes etc. –

---

90 Raymond Marcellin, *L'Importune vérité*, Paris: Plon, 1978, p. 297.
91 Charles de Gaulle *apud* Comité d'Action Étudiants-Écrivains au Service du Mouvement, *Comité*, n. 1, out. 1968, p. 1.
92 Raymond Marcellin, *op. cit.*, p. 297.

que logo se seguiu. Em 6 de junho, ele já havia estabelecido uma lista de militantes, classificados segundo as organizações de extrema-esquerda a que pertenciam; também havia aperfeiçoado as operações em seu próprio campo, recriando o Bureau de Liaison, uma espécie de plataforma centralizada para todos os diversos ramos da polícia. Em agosto, publicou um panfleto sobre "grupos revolucionários organizados com vistas à tomada violenta do poder", evocando a presença significativa em Maio de "influências estrangeiras", cúmplices numa vasta conspiração internacional[93]. As cadeias logo se encheram com os primeiros presos políticos desde a Guerra da Argélia. Primeiramente, porém, elas precisavam ser esvaziadas de alguns ocupantes significativos, os antigos líderes da OAS. O perigo *gauchiste* pôs fim aos resquícios de divergência sobre a Argélia, e o governo, diante do perigo maior, estendeu a mão aos velhos generais de direita. Em 15 de junho de 1968, muitos dias depois de todas as organizações *gauchistes* serem declaradas ilegais, cerca de cinquenta assassinos condenados da OAS, entre eles generais de extrema-direita, incluindo Raoul Salan, que tentara o *putsch* contra De Gaulle, foram anistiados, autorizados a retornar à França ou soltos da prisão – o que não passou despercebido aos militantes na época. "Justamente quando ele [De Gaulle] lança uma caça às bruxas contra os estudantes e trabalhadores, que chama de 'elementos incontroláveis', ele liberta os fascistas Bidault, Salan, Lacheroy. E convoca a formação de grupos de ação cívica liderados pelos capangas (*barbouzes*) e ex-caras da

---

[93] Cf. Ministère de l'intérieur, "Les Objectifs et les méthodes des mouvements révolutionnaires", ago. 1968. Marcellin encontrou um apoiador entusiasmado dessas visões no autodenominado fascista Maurice Bardèche: "Certamente nada era menos improvisado que as rebeliões no Quartier Latin. Os grupelhos [...] eram financiados, informados e administrados por especialistas enviados do exterior [...]. Quem fornecia o dinheiro e as armas? Os elementos de uma conspiração existem, e o Ministério do Interior os tem à sua disposição [...]". Cf. Maurice Bardèche, "Comédie de la révolution", em: *Défense de l'Occident*, Paris: Nouvelles Éditions Latines, 1968, pp. 4-6.

OAS."[94] Protestos nas vias públicas foram proibidos por dezoito meses, todos os estrangeiros politicamente "não neutros" foram imediatamente deportados, e qualquer exibição de filme sobre a insurreição de 68 foi reprimida. Tendo dado grande importância aos folhetos revolucionários de Maio, Marcellin controlou assiduamente o que podia ser visto e o que podia ser dito sobre Maio daquele ponto em diante, tanto nas ruas como na imprensa. Foram anos de uma perseguição implacável aos vendedores de jornal, coladores de cartazes e cartunistas associados à imprensa radical de Maio; anos em que as publicações hostis aos Estados Unidos, como a revista *Tricontinental*, foram apreendidas; anos em que o menor *slogan* político hostil ao governo (ou assim considerado) levava à prisão; em que "insultar a polícia" se tornou uma acusação pela qual as pessoas eram levadas regularmente a julgamento[95].

Para muitos daqueles ativos no levante, o pós-Maio foi uma época sinistra, habitada por imagens fantasmagóricas do combate e uma sensação de vigilância contínua. Até o tédio e a melancolia do trabalho retomado relutantemente carregavam as marcas indistintas, mas indeléveis, da violência pregressa, já que os trabalhadores tidos pela administração como líderes políticos (*meneurs*) durante a greve foram transferidos para postos de trabalho mais penosos na fábrica ou simplesmente demitidos, e muitos jovens militantes procuraram evitar a prisão entrando na clandestinidade.

Durante uma conferência de imprensa dada em novembro de 1971, Marcellin resumiu sua filosofia do seguinte modo:

---

[94] Comité d'Action Travailleurs-Étudiants, "Les Élections: Que Faire?", folheto datado de 15 jun. 1968. Os dez grupos esquerdistas que foram dissolvidos pelo governo e tiveram suas publicações proibidas foram JCR, Voix Ouvrière, "Révoltes", o Comité de Liaison des Etudiants Révolutionnaires, UJC (m-l), PCMLF, o Parti Communiste International, a Fédération de la Jeunesse Révolutionnaire, a Organisation Communiste Internationale e o Mouvement du 22 mars. Marcellin, ao que parece, ficou particularmente orgulhoso da decisão de soltar os prisioneiros militares da OAS, comentando que "a libertação dos antigos membros da OAS produziu um efeito excelente". Jacques Foccart, "Le Général en Mai", *op. cit.*, p. 202.

[95] Para o relato mais completo da repressão no início da década de 1970, cf. Maurice Rajsfus, *Sous les pavés, la répression*. O autor atenta particularmente para a censura e as apreensões dirigidas nesses anos contra a imprensa radical, incluindo jornalismo, livros, peças de teatro e filmes, bem como para as formas de repressão postas em prática nos colégios.

Por tempo demais se pensou que resolver os problemas sociais e econômicos consertaria tudo. Não é o caso. Em períodos de distúrbio e insurreição, quando até as mais venerandas instituições hesitam e não desempenham mais seu papel, somente o Estado serve de fortaleza ou baluarte para a população contra as consequências de desordens mentais[96].

Os aspectos mais quantificáveis da filosofia de Marcellin sobre o Estado fortificado podiam ser avaliados no fim de seu regime em 1974: nada menos que 42 mil policiais foram acrescidos à força para a reconquista de Paris, suas fábricas e seus *campi* – um aumento de 50% em seis anos. O governo exibia um terror manifesto de qualquer novo ato nas ruas por parte dos cidadãos. Quando, por exemplo, um protesto contra a Guerra do Vietnã foi marcado para 15 de novembro de 1969, o governo proibiu a manifestação; mesmo assim, 11 mil manifestantes apareceram, e foram saudados por 12 mil policiais. Mas o novo Estado fortificado do pós-Maio era ainda mais insidioso porque era menos ligado ao velho visual paramilitar, a iconografia colorida dos *parachutistes* e das CRS, os visores e as *matraques*. A polícia era mais numerosa; qualquer um que tenha visitado Paris no início da década de 1970 recordará a concentração nos metrôs e calçadas de policiais armados, as peruas das CRS estacionadas a intervalos próximos e regulares por todo o centro da cidade. Mas havia também uma presença policial menos visível, menos facilmente identificável nas ruas. Uma das inovações de Marcellin eram os "policiais-estudantes": tiras escolhidos entre os novos jovens recrutas para seguir uma educação universitária em troca de informação sobre o que acontecia nos *campi*. A vigilância e a censura ganharam a primazia sobre o *matraquage*. Grupos de ativistas como o "Secours Rouge" foram fundados para tentar combater o terror policial ou o que um de seus lemas chamava de "a onipotência dos tiras (em seus múltiplos uniformes)". Sob o regime

---

96 Raymond Marcellin *apud* Comité de Vigilance sur les Pratiques Policières, *POLICE: Recueil de coupures de presse*, Paris: Charles Corlet, 1972, p. 64.

Pompidou/Marcellin, professores e professoras de colégio podiam ser despedidos ou suspensos por toda uma gama de crimes: distribuir um folheto aos estudantes, estar grávida e solteira, estudar em classe textos sobre homossexualidade, colar um cartaz anti-imperialista num corredor da escola[97]. Para Maurice Blanchot, escrevendo em julho de 1968, toda a atmosfera do pós-Maio, o clima cotidiano palpável de fortificação do Estado e sua paranoia, sua extensão em todos os campos da vida social, eram condensados na nova figura onipresente que circulava pelas ruas de Paris, o policial à paisana:

> Um sinal inconfundível: a invasão da rua pela polícia à paisana [...]. Eles estão em toda parte, em qualquer lugar que julgam suspeito, perto de cinemas, em cafés, até em museus, aproximando-se sempre que três ou quatro pessoas estão juntas conversando inocentemente: invisíveis, mas mesmo assim muito visíveis. Todo cidadão deve aprender que a rua não lhe pertence mais, mas somente ao poder, que deseja impor a mudez, produzir asfixia[98].

---

[97] Cf. Martine Storti, *Un Chagrin politique: De mai 68 aux années 80*, Paris: L'Harmattan, 1996, p. 117.
[98] Comité d'Action Étudiants-Écrivains, "La Rue", folheto datado de 17 jul. 1968. Relato atribuído a Maurice Blanchot, *Lignes*, n. 33, mar. 1998, p. 144.

2
FORMAS E PRÁTICAS

*Mais que qualquer outra coisa, Maio de 68 foi,
na minha visão, uma vasta aspiração à igualdade.*
Daniel Lindenberg

A crítica da especialização

Até que ponto a "tomada do poder" pelos militantes em 1968 – cujo fracasso constitui, em retrospecto, o que muitos ainda querem dizer quando falam do fracasso de Maio – foi uma narrativa ou uma agenda imposta preponderantemente pelo Estado? Até que ponto a "tomada do poder estatal" e o conjunto de problemas relacionados a esse objetivo eram uma fantasia centralizadora do próprio Estado, criada, sobretudo, na semana final de maio de 1968, quando De Gaulle, em seu discurso de 30 de maio, evoca a ameaça de violência estatal maciça e a intervenção do exército para impedir o que ele chama de "ditadura comunista" iminente na França? Nos últimos dias de maio, o tempo acelera de maneira acentuada; o Estado decide pôr fim à *chienlit* (baderna)[1] e impõe sua própria temporalidade. Vocês querem poder? Se milhares de vocês estão nas ruas, deve ser o caso. Ótimo, tentem tomá-lo do exército e seus tanques. Dadas as proporções militares extremas da reação de De Gaulle, vale recordar que os manifestantes nas ruas estavam desarmados e que, como Sartre

---

[1] "La réforme oui; la chienlit, non": um dos poucos comentários feitos por De Gaulle em maio sobre os eventos em curso na França. No século XVI, a palavra *chienlit* referia-se a uma máscara de carnaval; literalmente, claro, *chier-en-lit* [cagar na cama] evoca a ideia de conspurcar o próprio ninho. O dicionário *Larousse* lista o ano de 1968 como a primeira vez em que o termo foi usado para referir-se a uma "situação desordenada ou caótica". De Gaulle, contudo, não foi o primeiro a usar o termo no contexto de 68; tal honra, segundo Keith Reader e Khursheed Wadja, coube ao jornal semanal neofascista *Minute*, em 2 de maio: "Nós não abandonaremos a rua à baderna [*chienlit*] de arruaceiros [*enragés*]". Cf. Keith Reader e Khursheed Wadja, *The May 1968 events in France: Reproductions and Interpretations*, Londres: St Martin's, 1993, p. 3.

comentou depois, "Um regime não é derrubado por 100 mil estudantes desarmados, por mais corajosos que sejam"².

O militante Pierre Goldman está entre aqueles que lamentaram o fato de que os manifestantes nas ruas estavam desarmados:

> A revolta estudantil começou a crescer. O movimento que tinha estourado nos *campi* agora era engrossado pela presença determinante dos trabalhadores. Eles começaram uma greve geral. Eu estava animado, mas não posso esconder o fato de que percebia, naquela revolta, emanações obscenas. Parecia-me que os estudantes que se espalhavam pelas ruas, na Sorbonne, representavam a onda malsã de um sintoma histérico. Eles estavam satisfazendo seu desejo de história usando formas lúdicas e masturbatórias. Eu ficava chocado com o fato de que eles estavam usando o discurso e estavam contentes com isso. Estavam substituindo a ação pelo discurso. Essa tomada do poder era um poder imaginário. Minha opinião era que eles haviam cometido um grave equívoco quanto à tática do governo e que essa tática era sutil e eficaz. Eles pensavam que estavam em insurreição, em violência, mas eram paralelepípedos que eles estavam jogando, não granadas.
>
> [...] Não obstante, eu esperava que esse onanismo coletivo e delirante levasse a uma situação revolucionária. A presença dos trabalhadores – sua greve – era efetivamente de ordem diferente. Eu conhecia alguns militantes que estavam muito envolvidos na condução das lutas estudantis. Fui ver um deles, que pertencia ao Movimento 22 de Março, e lhe propus uma ação armada. Eu lhe disse que, apesar de tudo, a situação continuava pacífica e que ela tinha que explodir [...]. Ele me olhou como se eu fosse um louco, um mitômano [...].
>
> [...] De Gaulle foi para a Alemanha e voltou. Ele falou. O que ele disse era simples. Em seu discurso impiedoso, recordou que

---

2 Jean-Paul Sartre, *Situations VIII*, *op. cit.*, p. 194.

as forças que ele representava, a força em si, eram capazes de guerras e de história. Ele sentenciou seus adversários à impotência e ao sonho. À castração. Era um desafio e ninguém o aceitou. O poder escorraçou a imaginação. O festival tinha acabado[3].

Apesar de seu reconhecimento da "presença determinante dos trabalhadores" e do fato de que sua greve era de uma "ordem diferente" das atividades frenéticas e, em sua visão, delirantes dos estudantes nas ruas, Goldman estreita sua perspectiva para enfocar um confronto entre um Estado militar todo-poderoso e estudantes impotentes e masturbadores, à deriva num domínio puramente simbólico. Seu panorama não é muito diferente do de alguém no extremo oposto do espectro político: Raymond Aron. (Enquanto Goldman buscava incitar o movimento à insurreição armada, Aron, antigaullista confesso, marchou de braços dados com as forças gaullistas da ordem pela Champs-Elysées em 30 de maio.)[4] Como Goldman, a visão – famosa – de Aron sobre 68 era do "evento que acabou sendo um não evento"[5]. Nada aconteceu, em outras palavras. De fato, Aron foi o primeiro dos comentadores de Maio a declarar Maio um não evento. Aron e Goldman oferecem versões da conclusão do não evento que são espantosamente parecidas. Goldman: "De Gaulle foi para a Alemanha. Ele falou [...]. O festival tinha acabado". Aron: "O general De Gaulle falou por três minutos. O negócio inteiro estava acabado e a atmosfera mudou"[6]. Em ambos os relatos, De Gaulle retorna à fonte de sua força, o exército, a ameaça de uma situação militar é evocada e os estudantes evaporam-se no ar do imaginário.

Parece exato dizer agora que a ameaça militar do governo estava voltada menos aos estudantes nas ruas do que a produzir um con-

---

3 Pierre Goldman, *Souvenirs obscurs d'un juif polonais né en France*, op. cit., pp. 70-1.
4 Raymond Aron, *Mémoires: 50 ans de réflexion politique*, Paris: Julliard, 1983, p. 473.
5 *Idem*, *The Elusive Revolution*, op. cit., p. ix. O historiador Pierre Nora é talvez o mais recente comentador a reiterar a avaliação de Aron de que "nada aconteceu em 68" na conclusão de seu *Lieux de mémoire*: "Absolutamente nada tangível ou palpável ocorreu". "The Era of Commemoration", em: *Realms of Memory*, v. 3, Nova York: Columbia, 1998, p. 611.
6 Raymond Aron, *The Elusive Revolution*, op. cit., p. 25.

texto de crise em que as várias organizações sindicais, principalmente a CGT, pudessem recuperar o poder de que precisavam para efetivamente coagir os trabalhadores a aceitar rapidamente a resolução negociada às pressas, chamada de Acordos de Grenelle, depois que ela havia sido recusada pelos trabalhadores não apenas na Billancourt, mas na Citroën, Sud-Aviation, Rhodiaceta e outras empresas. Essa era a perspectiva adotada na época por um grupo de escritores e trabalhadores ativos no movimento: "De Gaulle está incitando a violência [...] nós não entraremos no processo [...] a greve deve continuar"[7]. Um operário da Renault concorda: "Caos e revolução, ele [De Gaulle] é o único que está falando desse jeito; nós não usamos essas palavras"[8]. E foi uma perspectiva reiterada com firmeza por uma operária, Anne-Marie Schwartch, quando anos depois, durante um painel de discussão numa das primeiras comemorações televisivas de Maio, ela insistiu que:

> o problema naquele momento não era fazer a revolução, mas sim que a CGT não entregasse a greve. [Voltando-se para Guy Hermier, deputado do PCF no painel com ela:] *Vocês* foram de oficina em oficina nas fábricas, de fábrica em fábrica, nos dizendo que os outros tinham voltado ao trabalho, dizendo que tudo estava acabado[9].

Na verdade, o que mais impressiona nos termos negociados entre a gerência e os líderes sindicais é a relativa pobreza dos ganhos para os trabalhadores em relação à amplitude do movimento. Uma porcentagem de trabalhadores franceses mais alta do que jamais ocorrera antes, em todos os setores e todas as regiões do país, esteve em greve pelo maior período na história da França. Mesmo assim, os principais resultados imediatos dos Acordos de Grenelle, negocia-

---

[7] Folheto, Comité d'Action Écrivains/Étudiants/Travailleurs, sem data, mas após 30 de maio.
[8] Operário da Renault citado no documentário *Mai 68*, de Gudie Lawaetz, 1974.
[9] "Mai: Connais Pas", episódio do programa de TV *Vendredi*, 13 maio 1983, prod. André Campana, FR3.

dos entre 25 e 27 de maio, foram um pequeno aumento do salário mínimo e a ampliação dos direitos sindicais nas fábricas[10].

A ameaça à qual o governo estava reagindo em maio-junho de 68 era menos a contestação violenta dos estudantes que almejavam "tomar o poder" do que o fato de que um turbilhão estudantil bastante inconsistente havia conseguido, graças à violenta repressão que sofreu nas mãos da polícia, amarrar o burro da insurgência a uma greve de massa. O que estava em jogo não era imediatamente a questão do poder estatal. A greve dos trabalhadores, ultrapassa as fronteiras das grandes confederações trabalhistas francesas e as expectativas de qualquer um dos vários partidos de esquerda, particularmente do Partido Comunista, chegou a ameaçar a própria existência dessas instituições e organizações. Como disse um trabalhador, "Somos nós que entramos em greve, não é mais ninguém que vai decidir por nós"[11]. Quando De Gaulle fez sua viagem de helicóptero à Floresta Negra para negociar uma nova aliança contra a ameaça comunista com Massu e o exército, essa ameaça já não existia mais. Um novo comunismo mais corrosivo havia se formado fora da estrutura do partido. O outro – o comunismo oficial – já sabia há muito tempo o momento de encerrar uma greve: no dia anterior à vitória. Focar a atenção no Quartier Latin, mesmo depois que as greves de massa começaram, em 14 de maio, era o elemento principal da estratégia do governo para isolar a violência nas ruas e pô-la em quarentena longe dos trabalhadores – contidos, em sua maioria, nas fábricas ocupadas. A decisão tomada em 11 de maio por Georges Pompidou, o primeiro-ministro de De Gaulle, de reabrir a Sorbonne aos estudantes dois dias depois, uma decisão fortemente criticada por seus assessores na época,

---

10 Daniel Cohn-Bendit estava certo ao avaliar "as grandes manobras de Grenelle" como "o maior estelionato [*escroquerie*] do século. Todos os poderes se juntaram para salvar seu próprio poder [...]. Pompidou salvando o PC e a CGT, Seguy sustentando os poderes constituídos antes de se afogar". Daniel e Gabriel Cohn-Bendit, *Le Gauchisme – remède à la maladie sénile du communisme*, Hamburgo: Rowohlt Taschenbuch, 1968, p. 142. Os trabalhadores ganharam muito menos com Grenelle do que em 1936, quando os Acordos de Matignon puseram fim às greves sem precedentes que seguiram a vitória da Frente Popular. Para uma análise detalhada dos termos dos Acordos de Grenelle, cf. Cornelius Castoriadis (vulgo Jean-Marc Coudray), *Mai 1968: La brèche: Premières réflexions sur les événements*, Paris: Fayard, 1968, p. 122.

11 Operário da Citroën citado no documentário *CA 13: Comité d'Action du 13ème*, Collectif Arc, jun. 1968.

por Aron logo em seguida, e castigada por De Gaulle como colaboracionismo ("C'est du Pétain", disse ele a seus assessores mais próximos)[12], foi, nesse aspecto, perfeitamente consistente com o objetivo global que Pompidou resumiria numa única frase: "Eu quis tratar o problema dos jovens separadamente"[13]. Depois que os estudantes fossem dissociados dos grevistas, cada grupo recairia nos confins de sua identidade "sociológica", e ambos perderiam: a greve seria contida como uma questão puramente salarial – o pão de cada dia; as demandas dos estudantes seriam redirecionadas e redefinidas como questões "educacionais". E a "violência" como qualidade passaria a pertencer apenas aos estudantes, e não aos trabalhadores pacíficos e ordeiros. "Antes de 13 de maio, a questão era, acima de tudo, garantir, circunscrevendo sua luta, que os estudantes não entrassem no Quartier Latin. Depois dessa data era, acima de tudo, fazer todo o possível para impedir que saíssem."[14]

Dada a estratégia do governo de separação e contenção, as formas e ações políticas mais eficazes que o movimento podia desenvolver eram aquelas que procuravam o que foi chamado alternativamente de "diálogo", "encontro", "revezamento", "aliança", "solidariedade" ou até "liga" (*alliage*) – o termo é de Jacques Baynac – entre os trabalhadores e estudantes. Consideremos dois exemplos da *prevenção* desse "encontro", um que transcorreu nas ruas e outro nas fábricas.

Em 24 de maio, uma multidão de cerca de 100 mil manifestantes tentou marchar da Gare de Lyon até a Bastille; um participante, Pierre Peuchmaurd, escreve:

> Todo mundo estava lá. Todos nós. A CGT também, mas sem faixas, diretores ou delegados. A *verdadeira* CGT e várias federações da CFDT e da FO. Pelo menos cinquenta por cento de trabalha-

---

12 Cf. Raymond Aron, *Mémoires, op. cit.*, pp. 475-8; De Gaulle, citado no documentário televisivo "La Dernière année du Général", um episódio da série *Les Brûlures de l'histoire* (prod. Patrick Barberis, 1995) que discute com alguma profundidade a estratégia de Pompidou de dissociar as demandas dos trabalhadores em greve das dos estudantes.
13 Georges Pompidou, *Pour rétablir une vérité*, Paris: Flammarion, 1982, p. 185.
14 "Le Mouvement de Mai: De l'étranglement à la répression", *Analyses et documents*, n. 156, 27 jun. 1968, p. 5.

dores [...]. Nós estávamos circulando e trocando folhetos. Um folheto muito bonito do Movimento 22 de Março dirigia-se aos trabalhadores que estavam em toda parte naquele dia: "Sua luta é a nossa" – sem dúvida, uma das melhores tentativas de definir por que estávamos todos ali[15].

Peuchmaurd menciona outro *slogan* do dia: "Nenhum sucesso é definitivo num regime capitalista". Mas um folheto assinado conjuntamente por todos os vários *comités d'action* é o que melhor captou o tom do protesto daquele dia:

> Não às soluções parlamentares em que De Gaulle sai e a administração fica.
> Não às negociações de cúpula que só prolongam um capitalismo moribundo.
> Chega de referendos. Chega de circo.
> Não deixem ninguém falar no nosso lugar.

Porém, à medida que os manifestantes se aproximavam de seu objetivo, eles eram barrados por uma muralha das CRS que os bloqueava antes da Bastille e os direcionava de volta para suas próprias barricadas no Quartier Latin, barricadas que, daquele ponto em diante, se podia ver claramente que foram toleradas tacitamente pelas forças da ordem como a única "expressão" viável ou apta do movimento estudantil. "Na Bastille, acabou. Uma mobilização policial de deixar zonzo [...]. Uma vitória no terreno até a retirada (*repli*) de volta para o Quartier Latin." Mais tarde, Peuchmaurd criticou o autoencerramento voluntário dos estudantes dentro da iconografia do gueto do Quartier Latin, falando dos "erros políticos [dos manifestantes]: especialmente o de retornar ao Quartier Latin, todos nós nos reagrupando lá como uns bundões, umas traças. Devíamos ter nos separado em pequenos grupos, saturado a cidade [...]. O outro erro foi não nos

---

15 Pierre Peuchmaurd, *Plus vivants que jamais*, Paris: Robert Laffont, 1968, pp. 115-6.

livrar a tempo do mito da barricada"[16]. O confinamento dos manifestantes dentro do gueto do Quartier Latin como uma tática deliberadamente escolhida pelo governo fica claramente visível desse ponto em diante nos últimos grandes protestos de 10 e 11 de junho[17].

O segundo exemplo concerne à prática da "ocupação de fábrica" por trabalhadores em greve, que havia sido inventada em 1936 e não havia sido usada novamente pelos movimentos operários até logo antes de 1968. A ocupação era vista, geralmente, como uma marca da força e seriedade da greve, já que significava um afastamento claro de formas gastas e artificiais como reuniões e petições, ou das greves "simbólicas" parciais que levavam a marca do movimento sindical e não mobilizavam mais os trabalhadores. "Ocupar as fábricas significa algo diferente de desfilar nas ruas para obter – ou muitas vezes não obter – exigências profissionais ou salariais: significa a vontade de ser mestre do próprio local de trabalho."[18] Será que o modelo de ocupação adotado pelas duas fábricas que desencadearam a greve, Sud--Aviation e Renault-Cléon, foi decalcado da ocupação da Sorbonne pelos estudantes, como sustentaram muitos *gauchistes*? Ou será que derivou da própria tradição dos trabalhadores, que remonta ao modelo histórico dos anos 1930 ou às greves mais recentes de 1966 e 1967 na Rhodiaceta, em Caen e alhures? É mais provável que a decisão de ocupar tenha sido tomada menos como imitação das táticas dos estudantes do que como reação à vacilação percebida, à fraqueza, até defecção, do governo. Mas, seja como for, a ocupação – na qual o diretor é sequestrado ou expulso ou às vezes autorizado a ficar dentro da fábrica ocupada – envolve a pressuposição de serviços como segurança, alimentação e organização do lazer pelos trabalhadores, e, portanto, é uma inversão clara da autoridade do diretor. "A ocupação é uma consolidação da greve de modo que a fábrica não funcione. É uma maneira

---

16 *Ibidem*, pp. 120-1.
17 Cf. "Le Mouvement de Mai: De l'étranglement à la répression", *Analyses et documents, op. cit.*
18 Panfleto anônimo, datado de 25 abr. 1968.

de proteger a greve."¹⁹ Defensores da ocupação a veem menos como assunção da responsabilidade pela fábrica como centro de produção do que como assunção da responsabilidade por um espaço não neutro, em que a classe oposta é constituída como um adversário: tomar posse das categorias lógicas que regem as instituições, e não das instituições em si. A ocupação, nesse sentido, assemelha-se à barricada estudantil: a classe dominante nunca está tão presente como no momento da ocupação; o inimigo nunca está tão claro como quando visto por cima da barricada. A ocupação, como a barricada, *revela* o conflito de classe, a relação com o adversário. Segundo a justificativa dada para a ocupação, a apropriação do espaço do poder dominante seria idealmente acompanhada por uma expansão do movimento dos trabalhadores para fora dos limites desse espaço.

Mas será mesmo? Talvez as ruas fossem um lugar melhor para a mistura, um lugar mais propício à expansão do movimento dos trabalhadores que as fábricas ocupadas. Porque, da forma como Maio de 68 foi consistentemente representado, é fácil esquecer até que ponto as ruas, a partir do começo de maio, *já* estavam misturadas. Conforme as batalhas de rua avançavam, os estudantes recebiam a adesão de números crescentes de jovens trabalhadores, sufocados pelo protocolo dos sindicatos, e de trabalhadores desempregados – um grupo cujo papel e enorme quantidade foi consistentemente menosprezado na época da insurreição, e mais ainda em representações subsequentes. Evelyne Sullerot aponta a maneira como a presença dos trabalhadores nas ruas era apagada pelo vocabulário usado pela mídia conservadora durante Maio ao relatar os eventos:

> Não se pode deixar de mencionar a cristalização de um vocabulário que viria a desempenhar um papel na orquestração de um medo avassalador e no isolamento dos estudantes. A palavra "barricada", por exemplo, era utilizada para designar uma pequena pilha de algumas mochilas e outros resíduos variados. "Estudantes"

---

19 Trabalhador citado em Daniel Vidal, "Les Conditions du politique dans le mouvement ouvrier en mai-juin 1968", em: Pierre du Bois (ed.), *Grèves revendicatrices ou grèves politiques?*, Paris: Anthropos, 1971, p. 514.

era um termo conveniente, que se justificou nos primeiros dias de maio. Mais tarde, houve um uso cauteloso de "não estudantes", uma forma discreta de evitar o uso de "trabalhadores". Os "não estudantes" eram sempre deixados numa terra de sombras misteriosa, onde eles recebiam a adesão do submundo (*pègre*) e dos arruaceiros (*katangais*), dependendo da ocasião. Até naquelas ocasiões em que estudantes autênticos eram um elemento ativo, mas não majoritário, na massa de manifestantes, o rádio continuava a dizer: "Os estudantes se refugiaram aqui", "Os estudantes retaliaram [...]" etc.[20]

O que era verdade nas ruas de Paris era verdade em outros lugares – e até mais. Em Nantes, Rennes e nas províncias, multidões de estudantes, trabalhadores e amiúde agricultores ocuparam as ruas por um período mais longo que em Paris[21]. A partir de 6 de maio, jovens trabalhadores e desempregados juntaram-se aos estudantes em Clermont-Ferrand e Grenoble; no protesto de 7 de maio em Toulouse era impossível distinguir estudantes de "não estudantes" ou de trabalhadores nas ruas[22]. Todavia, quando as greves de massa começaram, até que ponto a "ocupação das fábricas", uma prática que efetivamente continha muitos trabalhadores nas fábricas e os mantinha fora das ruas, serviu aos interesses de líderes sindicais de controlar e limitar uma greve que já tinha se "generalizado" sem a sanção da CGT? Não somente a ocupação ancorava os trabalhadores novamente em seu lugar adequado e habitual, prevenindo contatos com estudantes, mas o mais importante é que rompia a comunicação entre fábricas e de grande parte dos modos informais de transmissão de informação que eram usados durante os grandes protestos de rua entre os trabalhadores

---

20 Evelyne Sullerot, "Transistors and Barricades", em: Philippe Labro, *"This Is Only a Beginning"*, pp. 196-7. "Katangais" referia-se a um grupo particularmente feroz de lutadores de rua, rebeldes a qualquer disciplina ou organização, alguns dos quais diziam ter lutado como mercenários em Katanga.
21 Por isso a avaliação do governador da região Loire-Atlantique: "A situação parisiense era menos séria e menos significativa que a da Loire-Atlantique". *Apud* René Mouriaux *et al.* (ed.), *1968: Exploration du Mai français*, v. 1: *Terrains*, Paris: L'Harmattan, 1992, p. 255. Cf. também Danielle Tartowsky, "Les Manifestations de mai-juin 68 en province", no mesmo volume, pp. 143-62.
22 Pierre Hempel, *Mai 68 et la question de la révolution, op. cit.*, p. 51.

de diferentes setores, e até de diferentes regiões[23]. Com os trabalhadores seguros no local de trabalho – ainda que ele não funcionasse –, a ocupação pode ter reduzido qualquer extensão que poderia ocorrer via coordenação entre fábricas; pode ter bloqueado a comunicação que divergia da representação da greve pela liderança sindical. "Para o governo, como em certa medida para os sindicatos operários, é melhor que os grevistas estejam nas fábricas do que nas ruas."[24] E era melhor que os estudantes estivessem no Quartier Latin – mesmo que as universidades e *lycées* não estivessem operando – do que na Rive Droite. Quando os trabalhadores permaneciam enclausurados nas fábricas, os chefes sindicais podiam decidir com mais facilidade seus lugares, "setor por setor", controlando o monopólio da informação. Algo semelhante a essa interpretação pode ser extraído das observações da operária Anne-Marie Schwartch, citada anteriormente; ela também é dramaticamente validada por um dos raros documentos do "Maio operário" que nós temos: o curto documentário *La Reprise du travail aux usines Wonder*. Nessa breve filmagem, uma operária clama contra a decisão de retornar ao trabalho, gritando que a votação para encerrar a greve e retomar as atividades foi manipulada. Ao redor, três representantes da gestão patronal – *gros bras* – tentam "dar um jeito" nela: "Mas não", "Nós vamos negociar tudo isso depois". Como ela continua a recusar a versão deles do "fim da greve", os três homens ficam cada vez mais impacientes e crescem fisicamente em sua tentativa de pressionar a mulher de volta para a fábrica: "É uma *vitória*, você não entende?"[25].

As narrativas de Pierre Goldman e de Raymond Aron de Maio como uma tomada do poder fracassada giram em torno de duas escolhas diametralmente opostas. Esses polos – De Gaulle ou os

---

23 "As fábricas ocupadas devem ser abertas a todos os camaradas trabalhadores e estudantes para estabelecer contato de modo que possamos decidir juntos o que queremos." Folheto, Comité d'Action Travailleurs-Étudiants, sem data, mas após 15 maio 1968.
24 Panfleto "Le Syndicalisme à l'épreuve" *apud* Pierre Hempel, *Mai 68...*, *op. cit.*, p. 62. O principal motivo para o isolamento dos trabalhadores nas fábricas era "uma vontade deliberada, por parte da liderança sindical, de romper os laços". "Contribuer à la liaison travailleurs-étudiants", *Cahiers de Mai*, n. 3, 1º set. 1968, p. 3.
25 Jacques Willemont e Pierre Bonneau, *La Reprise du travail aux usines Wonder*, jun. 1968.

estudantes? Revolução ou psicodrama? Revolução ou histeria? Evento ou não evento? Revolução ou festival? Lúdica ou séria? Palavras ou ações? Tomar o discurso ou tomar o poder? Imaginário ou real? – acabaram fixando os termos de grande parte da discussão sobre 68 na forma de análises ou "julgamentos" do evento em si, bem como das voltas dadas pelo discurso teórico nos anos 1970. A temática do "poder", tanto em sua forma centralizada como em suas localizações e vicissitudes no nível mais micro, dominaria um certo foucaultianismo, por exemplo, e receberia plena divulgação da mídia em meados da década de 1970 nas diatribes dos Novos Filósofos. E o fascínio da mídia pela questão da "violência armada" dominaria a década de 1970 na Europa, com foco nas ações espetaculares de um grupo italiano e outro alemão, a Brigada Vermelha e a facção Baader-Meinhof, ambos derivados dos movimentos de 68.

Mas a verdadeira questão, creio eu, está em outra parte, fora dos parâmetros da revolução, fracassada ou não. Por que algo aconteceu em vez de nada? E qual era a natureza do evento que ocorreu? A atenção dada à problemática do poder apagou outro conjunto de problemas em tela em Maio, e na cultura da década de 1960 de modo mais geral, que podemos começar a agrupar sob o título de uma questão não menos política – a questão da igualdade. Quero dizer igualdade não em algum sentido objetivo de *status*, renda, função, nem da dinâmica supostamente "igual" de contratos ou reformas, nem de uma demanda ou programa explícito, mas sim de algo que emerge no curso da luta e é verificado subjetivamente, declarado e vivenciado no aqui e agora como o que é e o que não deve ser. Tal experiência está ao lado de "tomar o poder estatal", fora dessa história. A narrativa de uma tomada do poder desejada ou fracassada, em outras palavras, é uma narrativa determinada pela lógica do Estado, a história que o Estado conta para si mesmo. Para o Estado, pessoas nas ruas são sempre pessoas que já fracassaram na tomada do poder estatal. Em 1968, "tomar o poder estatal" não era somente parte da narrativa do Estado, mas exprimia o seu desejo informador de se completar – isto é, de assimilar totalmente o cotidiano a suas próprias necessidades. Limitar Maio de 68 a essa história, ao desejo ou fracasso de tomar um poder centralizado, circunscreveu a própria definição da "política", esmagando ou apagando, nesse processo, uma dimensão política dos eventos que poderia ter constituído a verdadeira ameaça às forças da ordem, o motivo de seu pânico. Essa dimensão estava numa subjetivação permitida pela sincronização de duas temporalidades muito diferentes: o mundo dos trabalhadores e o mundo dos estudantes. Estava na ideia central de Maio de 68: a união da contestação intelectual com a luta dos trabalhadores. Estava na verificação da igualdade não como um objetivo qualquer de ação, mas como algo que é parte integrante da ação, algo que emerge na luta e é vivido e declarado como tal. No curso da luta, foram desenvolvidas práticas que demonstraram essa sincronização, que atuaram para constituir um espaço-tempo comum – embora longe de ser consensual. E essas práticas confirmaram a irrelevância imediata da divisão do trabalho, que para Durkheim era nada mais e nada menos do que aquilo que mantinha a sociedade unida e garantia a continuidade de sua reprodução. Como tal, essas práticas formam uma intervenção na lógica e no funcionamento do capital tão direta quanto qualquer tomada do Estado, e talvez até mais.

A oposição (revolução ou festival, tomar o poder ou tomar o discurso) que dominou as discussões sobre Maio é falsa. Como comentou Bernard Lacroix, só porque muitas pessoas levaram um certo tempo para entender que Maio não anunciava uma "revolução" vindoura, isso não leva à conclusão de que ele inaugurou seu oposto, um "retorno ao individualismo"[26]. Em outras palavras, é errado concluir que, porque o movimento fracassou em tomar o poder estatal, ele era radicalmente indiferente à questão do poder ou o protótipo de uma forma de consciência do consumidor dos anos 1980. O foco no poder estatal centralizado não estava ausente de Maio; em sua discussão de Maio de 68 na Itália, Luisa Passerini descreve aspirações revolucionárias próximas daquelas dos franceses:

---

26 Cf. Bernard Lacroix, "À contre-courant: le parti pris du réalisme", *Pouvoirs*, n. 39, 1986, pp. 117-27.

Nós percebemos que, apesar de seu fascínio, a ideia de uma tomada do poder como o ataque ao Palácio de Inverno era arcaica, e nós não sabíamos qual forma a transferência do poder às classes oprimidas tomaria. Mas certamente seria necessário um empurrão, não poderia ser uma transição indolor[27].

Porém, mais central para as aspirações do movimento que qualquer "empurrão" era a realização de formas de democracia direta e auto-organização coletiva. Nessas formas e práticas está o começo, em si mesmo, de uma organização social diferente, de um objetivo universalizável do tipo geralmente atribuído a empreitadas revolucionárias ou, pelo menos, a seus primórdios.

A distinção que estou fazendo pode, talvez, ser ilustrada comparando uma tendência leninista a outra derivada das teorias de Rosa Luxemburgo. Ambas as tendências compartilham, como todos os grupos radicais em 68, um objetivo anticapitalista. Mas um partido leninista é, em essência, uma *intelligentsia* radical que diz "nós temos o direito de governar". Sua meta de "tomar o poder" é tão determinada por esse objetivo como pelo adversário que enfrenta: o Estado burguês. Na esperança de vencer esse adversário, o partido toma de empréstimo as armas e métodos do adversário; num tipo de fascínio pouco analisado, ele imita a organização do inimigo até nos mínimos detalhes. E se torna sua réplica fiel, particularmente na relação hierárquica entre os militantes e as massas de trabalhadores, reproduzindo a divisão social que é o fundamento mesmo da existência do Estado. Mas um aspecto dominante de Maio – mais próximo de Luxemburgo que de Lênin – enfocava, ao contrário, essa divisão social, evitando a hierarquia inerente ao leninismo e produzindo, assim, organizações que eram um efeito da luta:

> A rígida concepção mecânico-burocrática não pode conceber a luta, exceto como produto da organização num certo estágio de

---

27 Luisa Passerini, *Autobiography of a Generation: Italy, 1968*, Middletown: Wesleyan University Press, 1996, p. III.

sua força. Ao contrário, a explicação viva e dialética faz a organização emergir como produto da luta[28].

Da perspectiva de Luxemburgo, a destruição do regime capitalista e sua substituição pelo socialismo deve ser conduzida a partir de baixo, *à la base*, começando com a situação presente. O movimento deve adaptar-se continuamente às exigências políticas da situação, desenvolvendo práticas em contradição com o Estado burguês e, ao fazê-lo, criando o embrião da nova sociedade à qual ele aspira conforme avança. Um folheto anônimo datado de 1º de junho, intitulado "Nós continuamos o combate", expressa isso claramente:

> A ausência hoje de um líder à frente do nosso movimento corresponde a sua própria natureza. Não é uma questão de saber quem estará à frente de todo mundo, mas de saber como todo mundo formará uma só liderança. Mais precisamente, não é o caso de alguma organização política ou sindical preexistente à formação do movimento apropriar-se do movimento.
>
> A unidade do movimento não deve e não pode derivar da presença prematura de uma celebridade à frente dele, mas da unidade das aspirações de trabalhadores, agricultores e estudantes[29].

Em lugar nenhum o que chamo de tendência "luxemburguiana" ou situacional ficou mais aparente que no funcionamento da forma mais significativa inventada em Maio, os *comités d'action*. Pequenos grupos de talvez dez ou quinze pessoas, a maioria das quais não pertencia a nenhum grupo político pré-formado, começaram a se organizar – por profissão, em alguns casos; por bairro ou fábrica, em outros – depois que a greve geral começou em meados de maio, principalmente com o objetivo de fornecer auxílio material aos grevistas e produzir *agitprop* para estender a greve. Em 31 de maio, mais de 460 desses comitês existiam somente na região de Paris; "comi-

---

28 Rosa Luxemburgo, *The Mass Strike, the Political Party and the Trade Unions*, Nova York: Harper Torchbook, 1971, p. 64.
29 Folheto anônimo, "Nous continuons le combat", datado de 1º jun. 1968.

tês de ação" haviam aparecido em colégios (CALs) já em fevereiro. Além de seu compromisso com o poder para os trabalhadores, esses grupos compartilhavam uma hostilidade em reconhecer Pompidou como interlocutor político viável, uma relutância em serem "cooptados" pelas organizações tradicionais da política conservadora e, acima de tudo, uma definição de sua luta como anticapitalista: "A coordenação em *comités d'action* implementados nas fábricas, nos bairros, nos colégios e nos *campi* universitários, de militantes sindicais e não sindicais engajados no mesmo combate: um combate anticapitalista"[30]. Alguns comitês de bairro, como o do Marais, continuaram a existir por anos depois de Maio.

> Quando você pensa que nós mantivemos um "Comitê de Ação" vivo por quatro anos, com pelo menos trinta pessoas presentes na reunião semanal, sem secretária, sem escritório, sem mensalidades obrigatórias, sem um local de reunião confiável – só o dia da reunião era fixo! Nisso nós tivemos uma experiência libertária prodigiosa[31].

Em parte, os "comitês de ação" haviam surgido como resposta à pergunta de como melhor reter os desorganizados, a "massa" não filiada que tinha ido às ruas para as lutas e protestos. Como podiam essas pessoas ser catalisadas, organizadas? A resposta, obviamente, não podia assemelhar-se ao pesado aparato burocrático do Estado ou partido moderno; ao contrário, devia tomar a forma de um tipo de organização flexível, sem plataforma definida *a priori*, e seu funcionamento tinha que transcender a distinção entre liderança e atividade de massa. Os *comités d'action* tentaram e conseguiram criar nas fábricas e bairros formas de organização diferentes daquelas que funcionavam por adesão e eleição:

---

[30] Folheto sem data, "Projet de plate-forme politique des Comités d'Action".
[31] Denise *apud* Nicolas Daum, *Des révolutionnaires dans un village parisien, op. cit.*, p. 149.

Nosso funcionamento era muito diferente daquele dos partidos tradicionais ou "grupelhos" que alguns de nós conheciam. Nós não tínhamos nenhuma ideologia imposta, algo que permitia que as pessoas, sejam quem fossem, participassem de sua elaboração – pessoas que não estavam acostumadas a falar, que não tinham experiência política anterior, não tinham cultura política. Aquelas que eram mais politizadas tinham a oportunidade de confrontar suas análises com o ponto de vista de outras [...] os CA aproximaram pessoas de diferentes idades e diferentes meios sociais[32].

Nas palavras do Comité d'Action Étudiants-Écrivains:

Nós levamos nossa recusa ao ponto de nos recusarmos a ser assimilados pelos grupos políticos que alegam recusar o que recusamos. Nós recusamos a recusa programada por instituições da oposição. Recusamos que nossa recusa, amarrada e embrulhada, leve uma marca registrada[33].

Ou, nas palavras sucintas de um folheto, "O objetivo fundamental dos *comités d'action* é definir uma linha política comum de baixo para cima (*à partir de la base*)"[34].

A história dos comitês de ação e a maneira como seu funcionamento parecia responder ao que um folheto chamava de "a necessidade democrática fundamental das massas"[35] não correspondem à história política oficial ou à narrativa do poder estatal, seja tomado ou não. As comemorações oficiais de Maio tampouco têm muito a dizer sobre sua história, sobre o papel dominante desempenhado pelas

---

32 *Ibidem*, p. 145.
33 Comité d'Action Étudiants-Écrivains, depois atribuído a Marguerite Duras, "20 May 1968: Description of the Birth of Students-Writers Action Committee", em: *Green Eyes*, Nova York: Columbia University Press, 1990, p. 55.
34 *Bulletin de Liaison Inter-Comités d'Action (BLICA)*, 22 jul. 1968.
35 Folheto datado de 15 de maio, assinado "La Coordination de la région parisienne", *apud* Alain Schnapp e Pierre Vidal-Naquet, *Journal de la Commune étudiante, op. cit.*, p. 475.

mulheres, por exemplo, em seu funcionamento diário[36]. Mas sua existência é a melhor ilustração do que Luxemburgo chamava de "evolução dialética viva". Ao evocar Luxemburgo, não quero sugerir uma influência explícita ou consciente de suas ideias, ou das de qualquer outra pessoa, sobre o comportamento dos militantes de Maio. Acho impossível avaliar o papel desempenhado por ideias radicais ou teorias revolucionárias transmitidas do exterior na irrupção e evolução da insurreição. Para fazer isso, eu teria que acreditar que a consciência precede a ação ou que um movimento nasce de um modelo, um projeto, uma ideia ou conjunto de ideias, e não de uma luta – e eu não acredito nisso. A relação entre ideias e modos de ação política é sempre conjuntural ou situacional. No entanto, para a tendência que estou descrevendo, "luxemburguiano" me parece mais preciso que uma série de termos abreviados – "antiautoritário" ou "anarquista", por exemplo – frequentemente usados nos escritos sobre Maio, cujas conotações tendem para um tipo de individualismo caótico. Num movimento de massa, o que importa é a forma concreta que o movimento real assume e o significado que os indivíduos atribuem a suas ações. E o que mais impressiona ao revisitar, especialmente do ponto de vista atual, os documentos reais de Maio – os filmes e documentos que mostram as atividades dos comitês de ação nos colégios, para dar um exemplo – é o alto grau de organização e coordenação que prevalecia. Dentro de um movimento de massa, novas práticas e novos horizontes não podem ser separados. Novas práticas, como os comitês de ação, inventadas após 13 de maio e vividas no nível de novas relações sociais, só puderam se desenvolver porque a direção do movimento se ampliou e se ajustou. E a figuração de novos horizontes só pôde ser realizada porque novas práticas políticas estavam sendo inventadas.

---

36 As duas melhores fontes sobre os *comités d'action* de bairro mostram o papel igualitário desempenhado pelas mulheres. O documentário do Collectif Arc, *CA 13: Comité d'Action du 13ème* (jun. 1968), enfoca um dos comitês mais bem-sucedidos e seu envolvimento no apoio aos grevistas da fábrica da Citroën no 13º *arrondissement*. *Révolutionnaires dans un village parisien*, de Nicolas Daum, contém entrevistas realizadas vinte anos depois com membros do CA dos 3º e 4º *arrondissements*, um dos comitês mais duradouros. Cf. também "Journal d'un comité d'action de quartier", *Cahiers de Mai*, n. 3, ago.-set. 1968, pp. 13-6.

Assim veio o retorno, em toda a cultura de Maio, do que poderíamos chamar de temática da igualdade: superar a separação entre trabalho manual e intelectual, recusar a qualificação profissional ou cultural como justificativa para hierarquias sociais e sistemas de representação política, recusar toda delegação, minar a especialização – em suma, a ruptura violenta de papéis, lugares ou funções atribuídas. Começando por recusar os papéis ou lugares predeterminados pelo sistema social, o movimento de Maio pendeu, durante toda sua existência, para uma crítica da divisão social do trabalho. Aron teve o mérito de reconhecer a violência política contida nessa contestação quando escreveu: "A organização social se decomporá no dia em que os indivíduos se recusarem a aceitar a solidez e a divisão do trabalho, e se recusarem a submeter-se à ordem imposta por todos sobre todos"[37]. Há indícios de que um tipo de leninismo "pós-fato" emergiu em alguns militantes como parte da frustração e amargura associadas ao fim de Maio. Olhar para um momento depois que ele passou – um momento em que ministros, o primeiro-ministro e o presidente da República tinham vacilado e perdido a consistência, em que o governo se tornara uma sombra e quase se dissipara em fumaça ou pó, como a bruxa no *Mágico de Oz* – é levantar a questão, em toda a sua pungência, de uma oportunidade perdida, apesar do fato de que a noção de "tomar o poder estatal", para a maioria, não era central para o funcionamento de Maio. Escrevendo dez anos depois, um militante maoísta oferece a melhor descrição do conjunto complexo de emoções ambivalentes associadas ao fim de Maio e à derrota da esquerda nas eleições de junho, convocadas por De Gaulle, uma derrota eleitoral que importava menos naquela época do que o próprio fato de que tivesse havido eleições:

> Daí, veio junho. A direita se reergueu, a esquerda não tinha nada a propor em termos de ideologia – nem mesmo reformista [...]. Eu saí disso tudo com uma ideia: nunca fazer aquilo de novo, nunca tomar o poder de baixo para cima [*à la base*], nunca tomar o dis-

---

[37] Raymond Aron, *The Elusive Revolution, op. cit.*, p. 35.

curso sem tomar o poder. Fui subjugado por certa amargura e ressentimento contra a fragilidade de tudo que tínhamos feito. A questão de tomar o Poder (com "P" maiúsculo), o poder político – eu senti isso ainda mais forte porque nós tivemos a impressão de já ter esse poder nas ruas, de fazer o que gostávamos.

O fim dessa experiência foi muito doloroso. É por esse motivo que todos esses discursos que tendem para a tomada de poderes parciais, que propõem ideias de revoluções moleculares, me deixam extremamente cético. Eu amei profundamente Maio de 68 pelo seu aspecto antiautoritário, mas tive o sentimento profundo em junho de que o poder popular [*à la base*] não é o bastante. Sou bastante representativo de uma geração que oscilou constantemente entre os dois polos[38].

"O Vietnã é nas nossas fábricas"

Para os milhares de franceses de classe média ativos em 68, a emergência de uma nova subjetividade política passava pelo Outro, e a figura do Outro em 68 era, antes de mais nada, a do Outro que define a modernidade política: o trabalhador. Mas a subjetividade política que preexistia a Maio, para alguns militantes, datava de antes – como vimos, da Argélia –, e foi formada no eixo da identidade e de uma alteridade coletiva diferente, a identificação insolúvel ou impossível com o Outro colonial. "Para todos nós que entramos na política naquele período, o problema da descolonização imediatamente se tornou a maior preocupação, se não a única."[39] Para outros, o "terceiro-mundismo" do começo da década de 1960 trazia gradualmente para o foco as figuras do militante cubano ou do revolucionário vietnamita em suas lutas distantes: "Outros climas: Cuba e Vietnã. Como nós os escrutinamos, Cuba e Vietnã! O que podíamos conhecer sobre eles, o que podíamos entender, o que

---

38 Alain *apud* Bruno Giorgini, *Que sont mes amis devenus?, op. cit.*, pp. 88-9.
39 Emmanuel Terray, *Le Troisième jour du communisme, op. cit.*, p. 15.

podíamos fazer por eles, isto é, o que éramos incapazes de fazer"[40]. Na sua batalha contra os Estados Unidos, contra a dominação política e cultural mundial que os Estados Unidos exercem desde o fim da Segunda Guerra Mundial, o Vietnã tornou possível uma fusão dos temas do anti-imperialismo e anticapitalismo; uma justificativa teórica frouxa era fornecida pelo maoísmo. Todos os revolucionários estão envolvidos na mesma luta (*même combat*): trabalhadores franceses, vietnamitas do norte e até estudantes franceses têm o mesmo inimigo, a saber, o capitalismo imperialista. Assim, o maoísmo inicialmente atenuou a tradicional ênfase do P"C"F (como os maoístas escreviam às vezes) no proletariado francês, reconhecendo a possibilidade de haver outros agentes políticos – camponeses ou agricultores, por exemplo. A corrente teórica maoísta também reforçou a organização geopolítica terceiro-mundista do mundo num eixo Norte/Sul – gravado pela divisão internacional do trabalho. A luta de classes, apenas intermitentemente palpável no Ocidente, *já estava ali*, já estava acontecendo, no nível internacional, nas relações entre os países imperialistas e neocoloniais. A China maoísta exemplificava uma renovação terceiro-mundista da promessa de um socialismo revolucionário que tinha sido traída pela União Soviética. O editorial de abertura de *Révolution*, uma revista anti-imperialista publicada por Jacques Vergès entre 1963 e 1965, cujo primeiro número, em setembro de 1963, manifestou os sinais iniciais de uma corrente maoísta na França, dá um exemplo de como a luta de classes estava se configurando:

> A própria empreitada de libertação, de alcance sem precedentes, está sendo organizada. O proletariado não assume mais a figura trágica do operário, ele triunfou em um terço do globo. Ele tem impacto hoje sobre o destino do mundo: sua força não pode ser ignorada, e ele é reconhecido de um continente a outro [...]. A tarefa de *Révolution* é muito clara [...] auxiliar, no campo da informação, a consolidação da maior Frente Unida anti-imperialista

---

40 Pierre Peuchmaurd, *Plus vivants que jamais, op. cit.*, pp. 13-4.

possível [...]. Nós somos, de fato, os companheiros de viagem de todos aqueles que lutam[41].

Nos anos imediatamente anteriores a 1968, conforme a guerra se intensificava no Vietnã, e especialmente após dezembro de 1966, com o bombardeio estadunidense de Hanói, era o camponês norte--vietnamita, e não o operário do setor automotivo em Billancourt, que havia se tornado, para muitos militantes franceses, a figura da classe trabalhadora. Portanto, cronológica e teoricamente, o combatente vietnamita representava a figura de transição, a interface entre o Outro colonial "íntimo", o argelino do início dos anos 1960, e o trabalhador francês em 68.

Uma forte identificação com o Vietnã era comum entre quase todos os vários campos militantes franceses ativos em 68, como era na Alemanha, Japão, Estados Unidos e alhures. Como disse Sartre, "O impacto fundamental da guerra sobre os militantes americanos ou europeus foi sua extensão do campo do possível"[42]. A identificação era em parte simbólica – embates externos no lugar de embates políticos internos que ainda eram impossíveis de definir – e em parte muito pragmática, uma maneira de fazer as coisas começarem em casa. Porém, apenas a França e a Itália foram levadas a dar o salto conceitual ou fazer a relação com o Outro em casa, a passar da figura do militante camponês estrangeiro ao trabalhador nacional, a afirmar, junto com os operários da Fiat em greve em Turim, que "o Vietnã é nas nossas fábricas" ou, com os operários franceses da manufatura de relógios em Besançon, "Combate no *maquis* das fábricas da França!"[43]. (O termo *maquis* tinha uma conotação francesa: o quadro das atividades da Resistência durante a Segunda Guerra Mundial. Contudo, no final dos anos 1960, a conotação imediata era terceiro-mundista: as lutas de libertação nacional dos camponeses na Ásia, América Latina e África. Transformar as fábricas em *maquis*: trazer a luta para casa.) Os protestos estudantis alemães,

---

41 Jacques Vergès, editorial, *Révolution*, n. 1, set. 1963.
42 Jean-Paul Sartre, "Sartre par Sartre", em: *Situations IX*, Paris: Gallimard, 1972, p. 127.
43 *Slogan* citado em *Classe de lutte*, filme do Groupe Medvedkine, SLON-Iskra Production, 1968-9.

consideravelmente mais numerosos, violentos e concertados que os franceses, não suscitaram nenhuma reação ou levante simultâneo dos trabalhadores alemães. No caso dos franceses, como aconteceu essa relação? Ou, para fazer a mesma pergunta nas palavras do historiador Jean-Pierre Rioux: "O que se quer dizer com o *lien* (laço) ou *relais* (interface) que uniu o Maio estudantil ao Maio operário?"[44]. Para responder a essa pergunta, devemos primeiro examinar os locais e discursos que permitiram que a geografia de uma vasta luta internacional e distante – o "eixo Norte/Sul" – fosse transposta para a geografia vivida, os itinerários cotidianos, de estudantes e intelectuais em Paris no começo dos anos 1960. Os quase vinte anos de existência da livraria de François Maspero, La Joie de Lire, na rua Saint-Séverin, de 1956 a 1975, coincidem quase exatamente com o período de aproximadamente vinte anos – de Dien Bien Phu em 1954 e da conferência de Bandung, no ano seguinte, a algum momento em 1975 – em que a periferia se tornou o centro de interesse dos intelectuais europeus, e particularmente franceses. Nesses anos dominados pela decomposição dos impérios europeus, a livraria de Maspero e a imprensa assumiram a tarefa de representar a imagem de um mundo explodido, onde a Europa não era mais o centro. E, ao fazê-lo, La Joie de Lire tornou-se uma espécie de centro na vida de muitos militantes, um ponto de parada inevitável nas trajetórias cotidianas, um lugar onde, particularmente durante o período argelino, diversos periódicos censurados, documentos de Estado e livros banidos, como *La Question* de Alleg, bem como panfletos políticos estrangeiros, difíceis de achar ou efêmeros, podiam ser encontrados no andar de baixo; um lugar que não era apenas um ponto de encontro, nem mesmo, como Maspero o chamou, "o ponto de encontro de todas as contradições da esquerda"[45], mas simplesmente "a livraria mais animada de Paris"[46]. Era ali que muitos leitores encontravam as ferramentas para,

---

44 Jean-Pierre Rioux, "À propos des célébrations décennales du Mai français", *Vingtième Siècle*, n. 23, jul.-set. 1989, p. 57.
45 François Maspero, citado numa entrevista com Guy Dumur, "Maspero entre tous les feux", *Le Nouvel Observateur*, 17-23 set. 1973, p. 60.
46 Guy Dumur, em "Maspero entre tous les feux", *Le Nouvel Observateur, op. cit.*, p. 58.

nas palavras de Claude Liauzu, "levar em consideração o fato de que o Ocidente não era mais a medida de tudo"[47]. "O que mais me impressiona", comentou um frequentador da loja, "é a seriedade com que as pessoas olhavam e tocavam os livros"[48]; Jean-Francis Held também se refere ao "clima denso e austero" da livraria[49]. Mas ela também era sentida por muitos como um lugar acolhedor quando as demais ruas eram hostis, um lugar onde reuniões casuais e conversas improvisadas fora de qualquer quadro político determinado – seja partidário ou até "grupelhesco" – podiam acontecer, acima das facções e, sobretudo, acima das nacionalidades. A vida militante por volta de 1963 se concentrava num "triângulo mágico" formado pela Sorbonne (Jussieu, então, era apenas um projeto; Censier e Nanterre estavam na prancheta), pela nova localização parisiense da UEC na Place Paul-Painlevé, diante da Sorbonne, e pelas Éditions Maspero na rua Saint-Séverin, no fim do Boulevard Saint-Michel[50]. Livros que não podiam ser encontrados nas livrarias mais especializadas, como L'Harmattan (a palavra significa "o vento do Sul"), então localizada na rua des Quatres-Vents, ou na livraria do Partido Comunista, na rua Racine, podiam ser encontrados em La Joie de Lire, onde todas as correntes revolucionárias fluíam sem filtros. Martine Storti recorda uma típica trajetória militante em 1967:

> No fim do Boulevard Saint-Michel, na rua Saint-Séverin, passei longas horas na livraria das Éditions Maspero, um refúgio cultural e político para "revolucionários" [...] mais para baixo ficava a Mutualité para reuniões, e do outro lado, na direção de Saint-Germain-des-Prés, a rua de Rennes com o Hôtel de la Société de l'Encouragement pour l'Industrie Nationale, no número 44, onde eram realizadas reuniões com frequência. De tempos em tempos

---

47 Claude Liauzu, "Le Tiers-mondisme des intellectuels en accusation. Le sens d'une trajectoire", *Vingtième Siècle*, n. 12, out.-dez. 1986, p. 75.
48 Citado no filme *On vous parle de Paris: Maspero. Les mots ont un sens*, de Chris Marker, SLON Production, 1970.
49 Jean-Francis Held, retrato de François Maspero em: *Le Nouvel Observateur*, 24-30 ago. 1966, p. 26.
50 Jean-Paul Dollé, *L'Insoumis: Vies et légendes de Pierre Goldman*, Paris: Grasset, 1997, p. 39.

eu andava na direção dos Gobelins até Censier, uma espécie de anexo da Sorbonne aberto em 1965[51].

Censier, é claro, seria um laboratório importante em Maio para contatos entre trabalhadores e estudantes militantes. E La Joie de Lire ofereceria literalmente um refúgio para militantes feridos e gaseados que se espremiam pela sua porta em Maio, fugindo da polícia[52]. Porém, no começo dos anos 1960, as Éditions Maspero eram conhecidas, sobretudo, como outro "vento do Sul": a editora que seguia a ruína e o colapso do Império, que regularmente dava voz aos teóricos políticos e testemunhos sul-americanos, africanos e asiáticos, a editora que publicou pela primeira vez *Les Damnés de la terre*, de Fanon, com o prefácio de Sartre, assim como obras de Ben Barka, Giap, Cabral, Che Guevara, Malcolm X e outros. Teoria e testemunhos eram dados em igual distribuição, mas os leitores também encontravam em La Joie de Lire transversais complexas operando entre a política e a poética: Baudelaire ao lado de Lênin, Giraudoux com Marx, Michaud e Che. Foi principalmente por causa das Éditions Maspero e da direção editorial seguida por *Le Monde Diplomatique* e *Les Temps Modernes* nesses anos – essas três publicações compartilhavam muitos dos mesmos autores – que uma das grandes particularidades *gauchistes* daquela época se tornou uma evidência palpável: a teoria estava sendo gerada não na Europa, mas no Terceiro Mundo. Não apenas a figura de ação, o *freedom-fighter* camponês militante era um fenômeno do Terceiro Mundo – isso, afinal, era esperado segundo a divisão internacional do trabalho habitual,

---

51 Martine Storti, *Un Chagrin politique: De mai 68 aux années 80*, Paris: L'Harmattan, 1996, pp. 70-1.
52 A livraria foi alvo regular de bombardeios, ataques e vigilância nesse período: nas mãos da OAS durante o período argelino e nas mãos da polícia em 68. Um folheto assinado por Maspero e distribuído pela loja em setembro de 1968, intitulado "Em referência à polícia em frente à nossa livraria", diz em parte: "Em maio passado surgiram novos elementos: membros da força policial de uniforme jogaram granadas de gás dentro da nossa livraria superlotada, impedindo as pessoas de sair, batendo com porretes [*matraquant*] nas que conseguiam passar, provocando vários ferimentos graves [...]. Esse foi o ataque mais grave que nossa livraria sofreu em muitos anos: a piada é que ele foi cometido pela própria polícia. Hoje, a mesma polícia, usando o mesmo uniforme, montou uma patrulha em frente das nossas vitrines. Contra quem? Que fique muito claro que nós não temos nada a ver com essa palhaçada".

em que a Europa e o Ocidente são os pensadores e o resto do mundo são os artífices, os homens de ação. Mas "os condenados da terra" – Mao, Guevara, Fanon, Cabral e outros – haviam se tornado, nessa era de reviravolta *gauchiste*, os pensadores também.

A origem familiar de Maspero –, um avô egiptólogo, um pai sinólogo morto pelos nazistas – bem como sua própria trajetória política, que atravessou uma ruptura com *la gauche respectueuse* e com o PCF por conta da Argélia, ajudam a explicar a atenção que ele dava aos acontecimentos que transcorriam no Terceiro Mundo. Mas numa entrevista de 1973, ele relatou um evento específico, um grande "choque", como ele disse, que o fez dar uma guinada naquela direção. Maspero, que em meados da década de 1950 era estudante de etnologia e membro militante do Partido Comunista, compareceu ao primeiro festival de cinema etnológico organizado em Paris. Ali, ele assistiu a um filme de Jean Rouch sobre a caça ao hipopótamo entre os Dogon. O que abalou Maspero foi menos o filme em si do que a intervenção de vários africanos na plateia, criticando as dimensões "folclóricas" da obra; eles prosseguiram reclamando de uma lei de 1932, ainda em vigor, que lhes negava o acesso a uma câmera em seu próprio país sem aprovação do governo[53]. A anedota é significativa porque nos recorda um dos fatores mais importantes no desenvolvimento de uma perspectiva terceiro--mundista na França do pós-guerra: o imenso número de intelectuais africanos, caribenhos e asiáticos, muitos dos quais se tornariam clientes fiéis de La Joie de Lire, que viviam em Paris ou passavam longas temporadas na cidade naqueles dias. Para Maspero, foi a essa primeira experiência de "encontro" ou conjuntura – o filme de um etnógrafo francês e a crítica que ele gerou entre as "pessoas" que buscava representar – que ele atribuiu, mais tarde, o que se tornaria seu próprio compromisso de divulgar, tornar disponível, uma gama de obras nas quais as pessoas engajadas na luta política representavam a si mesmas. Em sua primeira livraria, a predecessora de La Joie de Lire na rua Monsieur-le-Prince, isso significava, sobretudo, estocar as primeiras obras publicadas pela Présence Africaine; depois, com a criação de sua

---

[53] Cf. "Maspero entre tous les feux", *Le Nouvel Observateur, op. cit.*, pp. 58-9.

própria editora em 1960, seria "dar voz" à FLN durante os anos da Argélia, editando revistas como *Partisans* e *Tricontinental* (cujas apreensões pelo governo implicaram casos judiciais demorados e onerosos para Maspero), publicando textos que permitiriam aos leitores "saber com alguma precisão o que se passa na cabeça de um revolucionário cubano ou militante negro norte-americano"[54], tudo na tentativa de "abrir tanto quanto possível as possibilidades de informação e discussão no coração dos movimentos de esquerda na França e no mundo"[55], e assim "criar os instrumentos para aqueles que desejam usá-los"[56]. A informação, para Maspero, era em si um ato de militância, pois sua mera existência era uma arma na batalha contra a inundação de "contrainformação" disseminada diariamente pela mídia burguesa – os jornais, televisão e rádio convencionais.

Em meados da década de 1960, a perspectiva terceiro-mundista que Maspero ajudou a tornar disponível aos leitores franceses tornou-se o meio, na sua visão, de reconceitualizar a situação nacional francesa. A revista *Partisans*, fundada por ele em setembro de 1961, mostra claramente essa trajetória. O editorial de abertura, em seu primeiro número, é assinado por Vercors, o grande romancista clandestino da Resistência e um dos fundadores de Les Éditions de Minuit, ainda usando seu *nom de guerre*. O editorial de Vercors situa a revista exatamente no surgimento do anti-imperialismo:

> [N]ós apoiamos, em especial, a Revolução argelina.
>
> Nós a apoiamos num contexto muito mais amplo, do qual ela é apenas um elemento: a emergência do Terceiro Mundo. Nós pensamos que nossa era, e provavelmente toda a segunda metade do século XX, será dominada pelo gigantesco fenômeno bruscamente inaugurado na China: o acesso das pessoas de cor à história política do mundo, e sua participação crescente em sua história econômica, cultural e social[57].

---

54 Maspero, citado no filme *On vous parle de Paris*, de Chris Marker.
55 Maspero *apud* Jean-Francis Held, *Le Nouvel Observateur*, 24-30 ago. 1966, p. 27.
56 Maspero *apud* "Le Long combat de François Maspero", *Le Nouvel Observateur*, 27 set. 1976, p. 56.
57 Vercors, editorial, *Partisans*, n. 1, set. 1961, p. 5.

Fortemente "terceiro-mundista", portanto, em sua orientação desde o início, *Partisans* começa, em meados da década de 1960, a participar dos diversos debates culturais que antecedem Maio; após 68, a revista mostra uma preferência marcada pelas questões sociais e políticas francesas. Falando em 1966, Maspero anunciou seu desejo de proporcionar, nos tipos de livro que publicava, mais análises da França e das lutas domésticas – mas somente na medida em que elas não fossem consideradas fenômenos locais. A França deve ser vista através de uma lente internacionalista:

> Se pretendemos, eu repito, publicar mais análises sobre a vida social e política francesa, eu ainda penso que "tudo está ligado" e que não se pode analisar o gaullismo, o capitalismo ou o sindicalismo na França de 1966 como se fossem fenômenos isolados do resto do mundo[58].

Tudo o que contava numa elaboração do pensamento de esquerda e extrema-esquerda, nos estudos sociais, econômicos e políticos escritos numa veia marxista – incluindo textos teóricos contemporâneos de Althusser, Rancière e Macherey, e a "redescoberta" de Paul Nizan, que aparece como um dos autores mais lidos entre os militantes franceses nos anos 1960 e 1970 –, seria editado ou reeditado na "Petite Collection Maspero", iniciada em 1967. Publicadas em capas pastel inconfundíveis, ao preço de 6,15 francos cada, as obras dessa série formaram os elementos de uma cultura política compartilhada; segundo todos os relatos, as pessoas simplesmente compravam (ou roubavam) cada livro da série assim que ele saía.

Durante e após Maio, professores universitários que castigavam o "anti-intelectualismo" dos ativistas estudantis, sua falta de respeito pela "cultura livresca", deixaram de ver o quanto os estudantes, que podiam não estar extraindo uma cultura intelectual da biblioteca da universidade e de suas leituras disciplinares obrigatórias,

---

58 Maspero *apud* Jean-Francis Held, *Le Nouvel Observateur*, 24-30 ago. 1966, p. 27. A maioria dos volumes acerca do Terceiro Mundo publicados na Petite Collection Maspero surgiu entre 1960 e 1968. Cf. Claude Liauzu, *L'Enjeu tiers-mondiste, op. cit.*, p. 37.

estavam, de fato, formulando uma cultura frequentando livrarias marginais, como La Joie de Lire e L'Harmattan[59].

> Hoje em dia não se faz ideia da intensidade da atividade intelectual da década de 1960, ligada à ideia da crítica do stalinismo, ao apoio aos movimentos de libertação dos povos, como dizíamos então. Era a época de *Arguments*, de *Socialisme ou Barbarie* e outras revistas, não só *Les Temps Modernes* e *Esprit*. Minha parca cultura política foi renovada, a reflexão teórica me parecia cada vez mais indispensável[60].

Ouvir hoje as conversas aleatórias na rua em Maio captadas por documentários como *Grands soirs et petits matins*, de William Klein, rapidamente dissipa qualquer estereótipo do estudante bronco ou ignorante dos anos 1960. Uma cultura de leitura – feita dos livros e revistas do marxismo crítico anti-stalinista que floresceu de meados da década de 1950 a meados da década de 1970 na França, junto com os textos terceiro-mundistas editados e traduzidos no mesmo período – parece, ao contrário, ter produzido uma amostra extremamente articulada de estudantes colegiais e universitários, versados nos assuntos mundiais, não xenófobos em sua visão e capazes de construir um argumento.

No documentário de 1970 de Chris Marker dedicado a Maspero, *On vous parle de Paris: Maspero. Les Mots ont un sens*, Maspero é mostrado fazendo uma divisão em três partes de sua definição de um editor. Um editor é definido primeiro pelo seu catálogo, pela seleção de livros que ele publicou. Mais importante, é definido pelos livros que não publicou – nessa categoria, Maspero diz estar particularmente orgulhoso de suas realizações. E, em terceiro lugar, ele é definido pelos livros que foram publicados por outras editoras em razão da existência das Éditions Maspero – porque essa editora criou um leitorado para certo tipo de livro que agora outras editoras agarram porque não querem que ele o consiga primeiro. Este último ele

---

59 Vladimir Fisera faz uma afirmação semelhante no programa documentário da BBC Radio 4, "Year of Dreams", transmitido em 20 e 24 jan. 1988, ed. David Caute, prod. David Levy.
60 Denise *apud* Nicolas Daum, *op. cit.*, p. 143.

chama de "meu famoso catálogo de livros que publiquei em outros lugares"⁶¹. A segunda categoria, os livros que ele escolheu não publicar, incluía milhares de títulos sobre Maio de 68. As editoras francesas eram "obscenas", "nauseabundas" após 68, nas palavras de Maspero, publicando "como porcos" sobre Maio; para elas, 100 mil pessoas na rua equivaliam a 100 mil compradores de livros. Numa avaliação exata e devastadora da onda verborrágica pós-Maio que atingiu as lojas apenas algumas semanas depois que a insurreição terminou, ele chama a maioria dos livros que saíram sobre Maio de "uma espécie de eterna autoglorificação do movimento estudantil": não é maravilhoso o que fizemos, não era demais nas barricadas? Maspero enxergou muito pouco naquela tendência que pudesse ser visto como construtivo ou informativo sobre lutas futuras ou presentes, "e você sabe que lutas futuras existem"⁶².

É impressionante que as Éditions Maspero tenham publicado poucos títulos sobre Maio. A editora limitou-se principalmente a obras e testemunhos sobre as greves nas fábricas – obras que permanecem, até hoje, entre as pouquíssimas fontes valiosas para a perspectiva ou as vozes de trabalhadores individuais no movimento de Maio. No filme de Marker, a câmera se demora sobre seus títulos: *Des Soviets à Saclay?*; *La Grève à Flins*; *La Commune de Nantes*; *Notre Arme, c'est la grève*⁶³. "Esse trabalho permanente e preciso de documentação e denúncia", disse Maspero numa entrevista de 1976, "essa atividade de espião, isso é o que me interessa"⁶⁴.

O seu foco no momento em que Maio irrompeu havia se deslocado da figura do outro colonial para a do trabalhador francês; a carreira de Maspero como editor e militante fornece um exemplo de um caminho que permitiu que esse deslocamento ocorresse durante a década de 1960 na França. A carreira de Chris Marker

---

61 Maspero *apud* "Le Long combat de François Maspero", *Le Nouvel Observateur*, 27 set. 1976, p. 56.
62 Maspero, citado no filme *On vous parle de Paris*, de Chris Marker.
63 *Des Soviets à Saclay* (1968); *Notre arme, c'est la grève (travail réalisé par un collectif de militants du Comité d'Action qui ont participé à la grève de Renault-Cléon du 15 mai au 17 juin 1968)* (1968); J.-P. Talbo (ed.), *La Grève à Flins*, Paris: Maspero, 1968; Yannick Guin, *La Commune de Nantes*, Paris: Maspero, 1969.
64 Maspero *apud* "Le Long combat de François Maspero", *Le Nouvel Observateur*, 27 set. 1976, p. 56.

fornece outro. Após trabalhar com um coletivo de cineastas e trabalhadores para produzir o *cinétract* sobre a greve na Rhodiaceta em 1967, *À bientôt, j'espère*, Marker e seu grupo decidiram estrear o filme que haviam feito praticamente ao mesmo tempo sobre o Vietnã, *Loin du Vietnam*, para um público composto de operários da Rhodiaceta em Besançon. (Noventa trabalhadores haviam sido demitidos após o fim da greve.) Na escolha do local de exibição do filme sobre o Vietnã e na sua própria textura – Marker incorporou clipes do filme anterior, sobre a greve, à película de *Loin du Vietnam* –, o contexto do anti-imperialismo, como aponta Celia Britton, foi inserido diretamente no contexto da militância industrial na França[65]. O operário da Rhodiaceta Georges Maurivard, que apresentou o filme na exibição, o fez com estas observações:

> Quais questões serão levantadas na tela?
> Questões sobre coisas acontecendo do outro lado do mundo? Sobre terríveis eventos a respeito dos quais não podemos fazer nada?
> Não!
> Será sobre nós.
> Sobre nossa atitude com relação aos eventos, é claro, mas principalmente sobre nossa atitude com relação ao mundo em que levamos nossas vidas.
> No Vietnã, estão em conflito duas potências que nós conhecemos muito bem: os ricos e os pobres, força e justiça, o domínio do dinheiro e a esperança de um novo mundo[66].

Na discussão entre a plateia e os cineastas realizada após a exibição, um dos membros do coletivo cinematográfico, Alain Resnais, articula o desejo de "ir além do Vietnã", como ele diz, mas na direção

---

65 A SLON (Société pour le Lancement des Œuvres Nouvelles) incluía Alain Resnais, Joris Ivens, Claude Lelouch, William Klein, Jean-Luc Godard e Agnès Varda, além de Marker. Cf. Celia Britton, "The Representation of Vietnam in French Films Before and After 1968", em: D. L. Hanley e A. P. Kerr (ed.), *May '68: Coming of Age, op. cit.*, Londres: Macmillan, 1989, pp. 163-81. E Sylvia Harvey, *May '68 and Film Culture*, Londres: BFI Publications, 1978.
66 *Apud* "Loin du Vietnam", *Cinéma*, jan. 1968, p. 37.

da França, para levantar a questão, por exemplo, de saber se possuir um refrigerador, para a sociedade norte-americana, necessariamente implica a destruição de outro país e, depois disso, a própria destruição. "Nós começamos com o Vietnã", diz ele, "para chegar a coisas que seriam quase inteiramente francesas [...], para mostrar, no fim, que é claramente o capitalismo em si que está em jogo"[67].

Formas e experimentos culturalmente militantes como os de Marker recordam que, acima de tudo, era em termos de relações de classe que os problemas do Terceiro Mundo eram colocados na França: soluções globais para os problemas do Terceiro Mundo só podiam ser encontradas na transformação radical do sistema mundial capitalista e sua substituição por uma nova ordem econômica. (O "terceiro-mundismo" anglo-saxão, segundo Yves Lacoste, tendia para uma atitude mais filantrópica e religiosa, derivada de noções de caridade cristã para com o mundo subdesenvolvido.)[68] Entre os militantes estudantis, um documento como a "Resolução política da primeira sessão do Primeiro Congresso da UJC (m-l)" (o grupo maoísta surgido em dezembro de 1966 entre os althusserianos da rua d'Ulm) revela a inseparabilidade da situação do Terceiro Mundo e dos trabalhadores no Ocidente. Aqui, o inimigo comum – o imperialismo estadunidense – permite uma passagem do "combatente vietnamita" diretamente para o "trabalhador francês"; a resolução tenta conectar a luta vietnamita com os problemas internos do Ocidente. Os princípios defendidos pelo grupo são:

> 1. Uma frente jovem unida contra o imperialismo estadunidense, o principal inimigo dos povos do mundo todo [...], um apoio poderoso, sem reservas, à guerra popular que nossos camaradas vietnamitas estão conduzindo vitoriosamente.

---

67 *Ibidem*, p. 48.
68 Cf. Yves Lacoste, *Contre les anti-tiers-mondistes et contre certains tiers-mondistes*, Paris: La Découverte, 1986, p. 17.

2. A formação de intelectuais revolucionários que se juntarão aos operários e trabalhadores, que instituirão novas formas de organização que tornarão possível a realização dessa tarefa[69].

A relação dos intelectuais franceses com o Outro vietnamita, engajado em sua luta permanente, é de "frente unida" e "apoio" irrestrito e poderia ser encaixada na categoria de uma unidade ou solidariedade revolucionária bastante simples, uma interdependência de frentes em que a solidariedade não é caridade. A história colonial da França no Vietnã, surpreendentemente, não é evocada; em vez disso, o imperialismo estadunidense contemporâneo torna "camaradas" os franceses e vietnamitas. A relação dos estudantes franceses de classe média com os "trabalhadores" na França, por outro lado, é mais complexa e mais localizada no futuro, num processo de "formação" e na invenção de formas inteiramente novas que acarretarão a junção ou ligação com (*se lier à*) o Outro enquanto trabalhador. A junção com o trabalhador parece exigir algo mais parecido com a articulação teórica das relações entre diferentes situações, ou melhor, a invenção de formas de prática que criariam essa articulação.

Entrando na toca do tigre

Quais eram essas formas? Por oferecer um terreno para o trabalho prático, seria o Vietnã que as proporcionaria. A UJC (m-l) clamou pela "solidariedade ativa" com os vietnamitas, oposta ao que eles consideravam a participação "puramente formal" do PCF no "Mouvement de la Paix": "a realidade puramente formal do Mouvement de la Paix era evidente: nenhuma ação centrada nas fábricas, bairros, colégios e *campi*, nenhuma agitação, nenhuma propaganda, nenhum trabalho militante"[70]. O grupo maoísta demarcou-se do PCF com seu lema: "FNL Vaincra" (a Frente de Libertação do Vietnã vencerá). O PCF, preo-

---

69 "Résolution politique de la 1ère session du 1er congrès de l'UJC (m-l)", *Cahiers Marxistes-Léninistes*, jan.-fev. 1967, p. 15.
70 Relato mimeografado das atividades do CVB para a assembleia de militantes em 7 out. 1967.

cupado sobretudo com a ameaça de uma guerra termonuclear, clamava meramente pela "Paz no Vietnã" em vez de uma vitória clara para a revolução. Porém, o mais importante foi que o grupo maoísta começou a promover um tipo diferente de organização política: o contato direto, deixando o território da universidade, organizando-se regularmente em moradias operárias, do lado de fora dos portões das fábricas, em cafés nos subúrbios de imigrantes – fora do Quartier Latin, ou seja, fora da definição do PCF do modo como a política devia ser conduzida.

Assim, o papel do Vietnã foi altamente sobredeterminado. O Vietnã, literalmente, forneceu a centelha inicial que detonou a violência estudantil. Pois Maio começa quando um estudante quebra uma janela do prédio da American Express na rua Scribe, em Paris, em 20 de março de 1968. Estudantes protestam contra a prisão dele e outros protestam contra a Guerra do Vietnã, na esteira da ofensiva do Tet; eis como irrompem os incidentes em Nanterre:

> Em relação aos *comités de base*, ao Comité Vietnam National, a todas essas operações – a linguagem era nova – o "Mouvement du 22 mars" nasceu ali mesmo. Você fazia parte do Movimento 22 de Março se fosse anti-imperialista, seja do CVN ou dos *comités de base*, pró-China, seja qual facção fosse[71].

(Vale lembrar que o nome "Movimento 22 de Março" era de inspiração cubana, calcado no nome que Castro deu a seu grupo de "Movimento 26 de Julho" após sua primeira ação insurrecional contra Batista, o ataque à fortaleza de Moncada, em 26 de julho de 1953.) Assim, o Vietnã lançou a ação nas ruas e também reuniu sob um guarda-chuva uma variedade de grupos – o CVN era dominado por trotskistas, o CVB por maoístas –, bem como militantes anteriormente sem filiação, trabalhando juntos. Ou seja, grupos que previamente tinham enfatizado "o narcisismo das pequenas diferenças" começaram a operar juntos como o que Jean Chesneaux chamou de

---

71 Mouvement du 22 mars, *Ce n'est qu'un début, continuons le combat*, Paris: Maspero, 1968, p. 17.

"uma confederação de tribos rebeldes". À medida que a situação no Vietnã piorava, à medida que tropas estadunidenses cada vez mais numerosas substituíam os assessores, a guerra servia para *revelar* os mecanismos profundos de uma sociedade capitalista altamente desenvolvida do ponto de vista tecnológico: ela ilustrava o exagero monstruoso das mesmas formas de opressão que existiam em estado apenas latente ou ocasional no Ocidente. Ao mesmo tempo, as práticas militares e políticas da Frente de Libertação do Vietnã, fundamentadas na raiva das massas populares no Vietnã e no apoio crescente da opinião internacional, tornaram-se "um modelo para todos os povos do mundo", como diziam os maoístas – especialmente porque estavam dando certo. Quando Sartre escreveu em 1972 que continuava convencido de que o Vietnã estava na origem de Maio de 68, ele não queria dizer simplesmente que os estudantes se colocaram ao lado da FNL em sua luta contra os Estados Unidos. Seu comentário sobre o efeito do Vietnã "estendendo o campo do possível" para os militantes ocidentais refere-se ao quão impossível parecia então que os vietnamitas pudessem enfrentar a máquina militar estadunidense e vencer, um sentimento repercutido nas inúmeras referências em textos maoístas à "exemplaridade" dos vietnamitas. "Todos os militantes sabem que as ideias que eles tinham na cabeça durante os combates de Maio vinham, em sua maioria, da prática do povo vietnamita."[72]

Teoricamente, "a luta dos povos oprimidos com o heroico povo vietnamita a sua frente"[73] oferecia uma perspectiva segundo a qual uma série de analogias podiam ser formadas entre o camponês estrangeiro e o trabalhador francês ocupando posições estruturalmente semelhantes em relação ao imperialismo capitalista, o "principal inimigo". Ambas eram lutas iniciadas "de baixo": a guerrilha revolucionária das pequenas nações do Terceiro Mundo contra o império militar-industrial estadunidense tinha sua contraparte nas *grèves sauvages* (greves não autorizadas) na Rhodiaceta e em Caen,

---

72 *Cahiers de la Gauche prolétarienne/La Cause du peuple*, n. 5, abr. 1969, p. 24.
73 *Ibidem*.

iniciadas brutalmente ou violentamente "de baixo", fora do – e cada vez mais contra – aparato sindical habitual. Como disse Mao na "Carta em vinte e cinco pontos", o "Terceiro Mundo" tornara-se o "olho do furacão" da Revolução mundial. "Um caminho reto leva das lutas de libertação dos povos à organização da insurreição popular nas metrópoles imperialistas"; assim dizia um folheto da Gauche Prolétarienne distribuído em Vincennes em 1972. Como explicou Lin Piao em "Vida longa à guerra vitoriosa do povo", a situação das "cidades sitiadas pelo campo" viria inevitavelmente a lançar fagulhas nas capitais imperialistas. "Nós acreditávamos que o futuro da revolução mundial dependia da vitória ou derrota dos vietnamitas. Após a vitória 'surpresa' da revolução cubana, o imperialismo estadunidense estava determinado a bloquear por qualquer meio, inclusive por intervenção militar maciça, o surto revolucionário em outras partes. A revolução e a contrarrevolução mundial estavam decidindo a luta no Vietnã."[74] O ponto em que as massas operárias da França, envoltas em suas próprias preocupações, passaram a identificar-se com o camponês vietnamita e ver o imperialismo estadunidense – e não os *patrons* da fábrica – como o "principal inimigo" era, provavelmente, muito superficial. Mas para os militantes e intelectuais, o Vietnã permitia a continuação e o desenvolvimento de uma posição comunista transgressora fora do PCF e à esquerda dele – um posicionamento que havia surgido, como discutimos anteriormente, em torno da Argélia. E, como vimos em nossa discussão da emergência de um núcleo de movimento estudantil radical no momento da Argélia, os estudantes e outros grupos sociais só podiam tornar-se politizados se as formas de organização e militantismo político então disponíveis fossem radicalmente reestruturadas.

De crucial importância, portanto, para a questão do elo entre o "Maio estudantil" e o "Maio operário" eram as formas e práticas organizacionais que se desenvolveram em torno da militância acerca do Vietnã – formas que procuravam desvencilhar-se da polí-

---

[74] Henri Weber *apud* Ronald Fraser, *1968: A Student Generation in Revolt*, Londres: Chatto and Windus, 1988, p. 114.

tica convencional dos aparatos centrais. Foram essas práticas que puseram os estudantes em contato direto e concreto com os trabalhadores e com outros fora da universidade – um tipo de "trabalho de campo" ou de excursão "no terreno" que abriu uma gama de novos "campos políticos" populares (*à la base*).

Os Comités Vietnam de Base (CVB), que começaram em 1967 e, em muitos casos, deram o fundamento para os *comités d'action* que depois surgiram em Maio, eram a organização militante mais significativa do novo tipo, que praticava justamente essa forma de deslocalização e desenvolvia um estilo político em ruptura consciente com a tradição.

> Nós aproveitamos o que podia nos servir da revolução cultural chinesa para tomar emprestadas formas de organização mais contraditórias e mais instáveis que aquelas que nos tinham sido legadas até aquele ponto pela tradição dos movimentos comunistas.
> Enquanto marxistas-leninistas, pensávamos em inovar radicalmente do ponto de vista da teoria e prática da organização. Nós queríamos construir um tipo de organização muito mais dialética[75].

Por trás de suas atividades estava o reconhecimento de que a divisão entre trabalho intelectual e manual era inseparável da projeção espacial ou do formato dessa divisão: o abismo que separava a cidade do campo e até o Quartier Latin dos *foyers* dos trabalhadores, concentrados em Saint-Ouen e mais além. "Nós sempre gravitamos em direção às *banlieues*."[76] Mas, em grande parte, esses comités pareciam ser a expressão de uma sensibilidade política espontânea (e com isso quero dizer que tomava a forma ditada pelas necessidades do movimento naquele momento), não formulada de cima para baixo nem produzida por aprendizagem dentro da teoria, mas elaborada em comum em certas "situações de laboratório" informais: em Toulouse, em Estrasburgo e alhures, e em grande parte nos colégios. "Não é verdade [sobre Maio de 68] que tudo começou do nada. Nos colégios havia

---

75 Robert Linhart, "Évolution du procès de travail et luttes de classe", *Critique communiste*, número especial, *Mai 68-Mai 78*, 1978, pp. 105-6.
76 Victor (Benny Lévy) *apud* Michèle Manceaux, *Les Maos en France*, Paris: Gallimard, 1972, p. 217.

vida política: os Comités Vietnam."⁷⁷ E dentro desses comitês, pouco a pouco, uma maneira de trabalhar juntos como grupo começou a tomar forma: a ideia de permitir tanta autonomia quanto possível no nível popular. O contato direto no terreno (*à la base*) e um certo literalismo levavam os maoístas, em particular, a dar prioridade às ações nos bairros operários. Regularmente, *détachements de banlieues* [destacamentos de periferia], como eram chamados, eram enviados para trabalhar entre os bairros industriais e a cidade:

> Nós o chamávamos de estilo de "trabalho de massa" (*travail de masse*) [...]. O ponto de vista que tínhamos era o seguinte: os estudantes eram uma parte importante da composição, mas deviam se aliar com as massas; se nós não nos aliássemos com as massas, não teríamos futuro. Aliados com as massas no sentido físico do termo[78].

Uma das primeiras resoluções maoístas clama por essa aliança:

> Ou os jovens e estudantes permanecerão dentro do quadro rígido dos colégios e *campi* universitários, isolados dos trabalhadores e suas lutas, e nesse caso sua revolta ficará empacada e não servirá à causa revolucionária. Ou, por outro lado, os jovens e estudantes desenvolverão um movimento, uma solidariedade concreta com os trabalhadores, e nesse caso a luta dos estudantes e jovens se fundirá com a da classe operária e dos trabalhadores, e será progressista, revolucionária[79].

Usando uma combinação de disciplina e improviso, regularidade assídua – "implantação" num bairro ou local específico – e inovação, o objetivo, num nível, era tentar integrar o problema do Vietnã à textura da vida cotidiana francesa da maneira como a Argélia, em razão do alistamento, da presença significativa de argelinos na

---

77 Yann *apud* Bruno Giorgini, *op. cit.*, p. 120.
78 Victor (Benny Lévy) *apud* Michèle Manceaux, *op. cit.*, p. 188.
79 Resolução da UJC (m-l) de 23 abr. 1968, *apud* Jean Moreau, "Les 'Maos' de la gauche prolétarienne", *La Nef*, n. 48, jun.-set. 1972, pp. 77-103.

França e dos ataques da OAS, havia sido vivenciada como inseparável da vida cotidiana francesa.

> Durante mais de um ano, como todos os outros CVBs, nós trabalhamos pacientemente para popularizar – com todos os métodos, de sinais explicativos e painéis a cartazes, sem falar nos folhetos e discussões – os aspectos fundamentais da libertação nacional empreendida pelo heroico povo vietnamita contra os agressores imperialistas estadunidenses e seus lacaios em Saigon[80].

Os comitês seguiam iniciativas centrais, mas acrescentavam a elas novos gestos concebidos para chamar a atenção, vendendo *Le Courrier du Vietnam*, apregoando folhetos e *slogans*, usando painéis, anúncios-sanduíche e cartazes nos muros: "Era essencial que não fôssemos confundidos com as pessoas pacíficas que vendiam *L'Huma-Dimanche*, que – um sinal da fraqueza insípida do PCF – haviam renunciado há muito tempo a qualquer energia combativa. Então, a cada semana, tentávamos inventar um novo truque para chamar a atenção sobre nós"[81]. Uma militante maoísta que depois trabalharia numa linha de montagem industrial recorda:

> Eu aprendi a ser militante no Comité Vietnam de Base do vigésimo *arrondissement*, onde eu morava. Vendendo *Le Courrier du Vietnam*, descobri o militantismo de rua. Eu inventava *slogans* que eu berrava a plenos pulmões nos ouvidos dos passantes que faziam suas compras; eu insistia em não recitar lições ou frases feitas. Essa era nossa política, na UJ, inventar os *slogans* nós mesmos e criar painéis que fossem os mais impactantes possíveis. Foi no CVB do meu bairro que eu conheci Jean-Claude, o futuro pai do meu filho, Fabien. Quando fui morar com ele, rompi com meus pais pela segunda vez[82].

---

80 "Une Rencontre entre un Comité Vietnam de Base parisien et une cellule du parti communiste du même quartier", na revista do CVB *Victoire pour le Vietnam*, n. 6, mar. 1968.
81 Jean-Pierre Le Dantec, *Les Dangers du soleil*, Paris: Les Presses d'Aujourd'hui, 1978, p. 84.
82 Danièle Léon *apud* Virginie Linhart, *Volontaires pour l'usine*, Paris: Seuil, 1994, p. 121.

Práticas maoístas como as atividades dos CVBs exibiam uma clara semelhança com os experimentos mais notórios de *établissement*, o nome dado à prática, comum entre os intelectuais nos anos anteriores e posteriores a Maio de 68, de assumir empregos em linhas de montagem. Ambas as práticas fundamentavam-se necessariamente num deslocamento, numa trajetória física, e não meramente textual ou teórica, para fora do espaço habitual da pessoa, na esperança de criar novas relações sociais *à la base*. Afinal, como Mao gostava de perguntar, como você pode pegar um filhote de tigre sem entrar na toca do tigre? Tais deslocamentos – "se jeter dans le monde" (jogar-se no mundo) era um *slogan*; ser "comme un poisson dans l'eau" (como um peixe na água) era outro – não eram exclusivamente maoístas; eles eram compartilhados por muitos militantes de Maio, incluindo os que começaram a enfocar politicamente pela primeira vez a figura do trabalhador imigrante. O Comité d'Action Bidonvilles (favelas) era um desses grupos:

> Muitas organizações privadas e semipúblicas "estão preocupadas" com as *bidonvilles*. Elas fornecem uma ajuda moral e material que, longe de contestar a existência da *bidonville*, permite que ela se perpetue e permaneça uma "reserva" de mão de obra barata.
>
> O Comité d'Action Bidonvilles faz contato direto com os habitantes das *bidonvilles*, não só para lhes levar comida, mas, acima de tudo, para pôr a sua disposição os meios de divulgação (cartazes, folhetos de autoria do grupo traduzidos em várias línguas) capazes de reforçar sua unidade diante da exploração do regime capitalista[83].

Maio de 68, de fato, marca a emergência na cena política do *travailleur immigré* (trabalhador imigrante) na sociedade francesa. Antes de 68, os partidos de esquerda eram relativamente silentes sobre a imigração, em parte porque os imigrantes não podiam ser mobilizados para fins eleitorais. O *campus* funcionalista em Nanterre, inaugurado em 1964 e construído no local das piores favelas de imigrantes fora de Paris, pro-

---

[83] Folheto, Comité d'Action Bidonvilles, 4 jun. 1968.

porcionou aos estudantes uma lição direta "vivida" de desenvolvimento desigual – uma experiência cotidiana que Henri Lefebvre, entre outros, nunca se cansou de observar que era a "causa" principal de Maio de 68. Os estudantes de Nanterre tinham que atravessar as favelas todo dia para ir à aula no seu novo *campus*. Mas aqueles que faziam o caminho de volta por dentro das favelas de imigrantes que cercavam o novo *campus* deram um passo decisivo. Grupos de extrema-esquerda, em maio e junho, atuaram como catalisadores de formas distintamente novas de expressão, representação e mobilização de trabalhadores imigrantes. A partir de 1970, greves de aluguel, greves de fome, ocupações de imóveis e outras lutas coletivas inéditas antes de Maio de 68 começaram a pôr os imigrantes em confronto direto com o aparato estatal[84]. Por pelo menos dez anos depois de Maio, grupos de extrema-esquerda forneceram um dos raros vetores de solidariedade com essas iniciativas.

Uma combinação peculiar de literalismo – a insistência no contato direto com os trabalhadores, desobstruído de qualquer mediação teórica ou sindical, na construção do entendimento por meio da prática – e utopia, antecipando, particularmente para os maoístas, o desaparecimento da distinção entre trabalho intelectual e manual, vivendo como se essa distinção já tivesse sido obliterada. Aqui, a figura sobredeterminada do "médico descalço" fornecida pela Revolução Cultural chinesa pode ser vista desempenhando um papel não menos importante que a figura do "combatente vietnamita" – um papel paradoxal, talvez, já que uma relação em grande parte fantasmática, baseada em muito pouco conhecimento empírico do que realmente estava transcorrendo na China, podia servir para inspirar um conjunto de experimentos empíricos, experienciais ou com base na realidade, de "ir ao encontro do povo", de viajar para o "outro lado" da sociedade, por parte dos que se chamavam de maoístas na França. Emmanuel Terray ofereceu o relato mais

---

[84] Cf. folheto "Projet de programme de lutte des travailleurs immigrés" (29 maio 1968); e Geneviève Dreyfus-Armand, "L'Arrivée des immigrés sur la scène politique", CNRS, Institut d'Histoire du Temps Présent, *Lettre d'information*, n. 30, jun. 1998; Yvan Gastaut, *L'Immigration et l'opinion en France sous la Ve république*, Paris: Seuil, 2000.

esclarecedor dos desejos que se cristalizaram naqueles dias em torno da figura do "médico descalço" como encarnação de uma crítica vivida da especialização. Seu relato é ainda mais incomum e valioso porque se afasta do paradigma narrativo habitual de autocrítica e autodenúncia que começou a ser invariavelmente adotado pelos maoístas desiludidos ao refletir, após 1976, sobre suas mistificações de juventude com a chamada sabedoria retrospectiva:

> Eu era, como muitos outros, um partidário fervoroso – na França – da Revolução Cultural. Mas não considero que isso seja um erro lamentável de juventude sobre o qual seria melhor se omitir hoje ou, ao contrário, fazer uma confissão ostentatória. Hoje eu sei, é óbvio, que a Revolução Cultural com a qual nós sonhamos e que inspirou parte da nossa prática política não tinha muito em comum com a Revolução Cultural vivida na China. Mesmo assim, não estou pronto para incluir minha antiga admiração na categoria de aberração mental. Na verdade, o poder simbólico da China maoísta operava na Europa, no fim dos anos sessenta, independentemente da realidade chinesa. "Nossa" Revolução Cultural estava muito longe disso, mas tinha o peso e a consistência daquelas representações coletivas que a sociologia e a antropologia estudaram por tanto tempo [...].
>
> Aquela erupção "democrática" [na China], inesperada, mas real, era associada a outra erupção "igualitária". Intelectuais e executivos [*cadres*] tinham que ouvir as massas e se pôr a serviço delas, e para isso tinham que compartilhar suas condições de vida. A China também conhecia um abismo particularmente profundo que separava os *cadres* da massa do campesinato, que é a regra em todos os países do Terceiro Mundo. No caso chinês, esse abismo era até mais aprofundado pelo efeito cumulativo da cultura confuciana e da cultura comunista, esta afirmando a superioridade da classe instruída e dos intelectuais, aquela a da vanguarda esclarecida. Nessas condições, quem poderia considerar insensato ou criminoso um programa para reabilitar os membros dos grupos sociais desprezados? Não era, ao contrário, admirável, num mundo caracterizado preponderantemente pela arrogância e desdém dos privilegiados com relação ao "povo"? Os "médicos descalços", as enfermeiras formadas às centenas ou os estudantes

de medicina que trocavam a cidade pelo campo constituíam, de alguma forma, o paradigma dessa vontade igualitária e populista[85].

As observações de Terray me sugerem que o maoísmo francês era, talvez, menos sobre a China do que sobre a formação de um conjunto de desejos políticos filtrados através de uma China em grande parte imaginada, um filtro que permitia a síntese de uma tradição utópica profundamente francesa para uma nova geração. Ao deslocar a atenção das forças de produção para as relações de produção, Mao procurou evitar a hierarquia burocrática dos soviéticos; ele também trouxe a divisão do trabalho resolutamente para o primeiro plano da análise social. Ao contrário de Marx, que via a tecnologia como uma libertação da divisão do trabalho, os maoístas viam a tecnologia trabalhando em conjunto com a divisão do trabalho para formar a base da desigualdade. O conhecimento técnico era uma mistificação, uma técnica para estratificar ou controlar os trabalhadores. A figura do médico descalço remonta a uma vertente rousseauniana, com ecos da antiga tradição utópica de Fourier ou de um ludita contemporâneo como Jacques

---

85 Emmanuel Terray, *Le Troisième jour du communisme, op. cit.*, pp. 19-20. As primeiras críticas influentes ao maoísmo francês foram elaboradas pelos situacionistas; cf. especialmente Hector Mandarès (ed.), *Révo. cul. dans la Chine pop.: Anthologie de la Presse des Gardes rouges*, maio 1966-jan. 1968, Paris: Union Générale d'Éditions, 1974, publicado numa série editada pelo situacionista René Viénet. Cf. também Simon Leys, *Les habits neufs du Président Mao*, Paris: Champ Libre, 1971. A autocrítica de ex-maoístas atingiu sua forma mais elaborada em Claudie e Jacques Broyelle, *Deuxième retour de Chine*, Paris: Seuil, 1977, e *Le Bonheur des pierres, carnets rétrospectifs*, Paris: Seuil, 1978; em *Deuxième retour*, Claudie Broyelle atribui o erro de seu texto anterior pró-maoísta sobre as mulheres chinesas, *La Moitié du ciel* (Paris: Denoël/Conthier, 1973), a uma primeira visita excessivamente rápida à China. Nenhum dos livros oferece um estudo coerente do sistema político chinês da década de 1970. Apoiam-se, ao contrário, em citações tiradas de Raymond Aron, Simon Leys e René Viénet para afirmar que o experimento chinês era apenas uma imitação barata da experiência soviética.
Terray não é o único que se recusa a fazer uma autocrítica de sua atração pelos conceitos maoístas; escrevendo em 1992, Jean Chesnaux afirma a relevância contínua das ideias maoístas para a análise da política global: "Eu continuo a pensar que, por mais que ele tenha se extraviado tragicamente, o maoísmo colocou questões fundamentais cuja pertinência ainda é mostrada pela situação não menos trágica do Terceiro Mundo hoje: as relações entre cidade e campo, a impossibilidade de generalizar modelos ocidentais e soviéticos de desenvolvimento, a geração quase espontânea de uma neoburguesia estatal nos países subdesenvolvidos, a maneira natural como os intelectuais se agarram a seus privilégios". Cf. seu "Réflexions sur un itinéraire engagé", *Politiques*, n. 2, primavera 1992, pp. 1-10.

Ellul[86]. Novas formas de criticar a divisão do trabalho em casa importavam mais que qualquer conhecimento real da situação política na China. Os maoístas franceses, por exemplo, pareciam ignorar alegremente as complexas rivalidades entre o Vietnã, apoiado pela União Soviética, e a China – rivalidades e circunstâncias políticas que levaram a relação de Ho Chi Minh com a China a se deteriorar drasticamente quando a Revolução Cultural começou, em agosto de 1966. Tais complexidades não impediram os maoístas franceses de continuarem amigos dos chineses e vietnamitas – "dois povos que são como os lábios e os dentes", como dizia um ditado maoísta. A capacidade de sustentar discursos tão contraditórios dentro de seu próprio discurso utópico – uma capacidade compartilhada por muitos naqueles dias – lhes permitiu apoiar sinceramente os vietnamitas, ao mesmo tempo que extraíam uma análise e um projeto da experiência chinesa. A análise veio da ruptura de Mao com a União Soviética e sua introdução do conceito de "guerra do povo"; agora, os sucessos da FLN argelina e da FNL vietnamita podiam ser pensados à luz de um novo socialismo revolucionário, distinto do experimento soviético desacreditado – muito antes de Soljenítsin –, um socialismo que podia renovar o movimento operário na França e no Ocidente, enterrado há décadas sob o stalinismo do PCF e uma longa série de capitulações social-democratas. A revolução chinesa apresentava-se como uma alternativa ao capitalismo e à modernização socialista representada pelo socialismo soviético. A noção fundamental de Mao do "povo" dava primazia à política, ampliando o campo político das "classes", indo além de sua estrita definição econômica e liberando-as do isolamento mútuo. O projeto era a supressão das contradições entre trabalho manual e intelectual, entre cidade e campo, e, por extensão, o desmanche de toda uma política burguesa fundada na divisão entre os que têm conhecimento e os que não têm, os que comandam e os que obedecem – toda

---

86 Cf. A. Belden Fields, *Trotskyism and Maoism: Theory and Practice in France and the United States*, Nova York: Autonomedia, 1988; e "French Maoism" em: Sohnya Sayres *et al.* (ed.), *The 60s without Apology*, Minneapolis: University of Minnesota Press, 1984, pp. 148-77. Ao narrar a história dos grupos maoístas na França, Fields faz observações sugestivas sobre as vertentes utópicas especificamente francesas dentro do maoísmo francês.

a política de delegação e representação que postula uma distinção clara entre sujeitos ativos e passivos. O projeto seria conduzido, por um lado, mediante uma imersão na dinâmica real dos processos político-econômicos e, por outro, mediante uma antecipação experimental projetada "do futuro", como diria Slavoj Žižek, nas relações concretas vividas com os trabalhadores no presente. O que um militante chamou de "aspectos maoístas, isto é, uma certa relação com a realidade"[87], podia ser detectado nesta descrição das atividades de um dos fundadores da UJC (m-l), Robert Linhart, muito antes de ele passar a trabalhar na linha de montagem da Citroën. Falando sobre uma colônia de férias comunista internacional que muitos jovens radicais franceses frequentaram na Argélia no verão de 1963, Tiennot Grumbach escreve:

> De todos os jovens intelectuais que foram para a Argélia, Linhart era o único que realmente tentava entender o que estava acontecendo. Ele fazia trabalho de campo nas cooperativas, comia com os argelinos, vivia com eles, tentava ajudá-los. Ele tinha um talento muito especial de ser capaz de construir teorias com base em fatos. Um entendimento claro da realidade. Você não fala sobre o que não conhece, e você só conhece o que fez, experimentou, verificou[88].

Os experimentos maoístas de "ir ao encontro do povo" desempenharam um papel importante nas trivializações posteriores de Maio. Os maoístas e intelectuais que assumiram empregos nas linhas de montagem industriais nos anos anteriores e posteriores a Maio – o processo conhecido como *établissement* – foram muitas vezes caricaturados mais tarde como o exemplo mais extremo de um modo de vida agora obsoleto ("militância"). Figuras de renúncia populista ou autonegação masoquista, o estereótipo do *curé rouge* (padre militante) está no polo oposto ao de outra figura igualmente estereotipada de Maio, o hedonista libertário. Cada estereótipo depende do outro para existir, como reflexos num espelho de parque de diversões. Em ambos os estereótipos, estão

---

87 Victor (Benny Lévy) *apud* Michèle Manceaux, *Les Maos en France, op. cit.*, p. 190.
88 Tiennot Grumbach *apud* Ronald Fraser, *op. cit.*, pp. 5-57.

em jogo os discursos correlatos de prazer e individualismo. Ao separar as duas esferas completamente, isto é, ao reforçar uma oposição entre, por um lado, o "princípio de realidade" de autoabnegação do maoísta que pratica a disciplina militante entre os trabalhadores na linha de montagem – uma zona que se presume totalmente isenta de prazer – e, por outro, um "caçador de aventuras" anarco-libertário puramente hedonista que se liberta dos grilhões da repressão burguesa, ambos os caminhos são abertos a uma versão igualmente hostil de Maio. No primeiro caso, Maio significava perder a identidade própria nas massas, numa renúncia quase religiosa, e perder a voz individual nas cadências da "linguagem militante", a *langue de bois*; no segundo caso, conforme a interpretação influente proposta por Gilles Lipovetsky, Alain Renaut e Luc Ferry em meados da década de 1980, Maio se torna a prefiguração do individualismo possessivo dos anos 1980, uma instância puramente lúdica de autoexpressão – no primeiro caso, a política, sem prazer e sem o eu; no segundo, o festival, só prazer e só o eu. Frequentemente, a divisão segue linhas "geracionais" entre os mais antigos e os mais novos da "geração de Maio": os estudantes mais velhos, cuja formação incluiu os anos da Argélia, contra os tipos mais jovens, mais "contraculturais", que vieram depois.

Porém, como deixam claro testemunhos como o de Martine Storti, a individualidade pode ser completada – e não submergida – pela coletividade, e uma experiência pode ser, ao mesmo tempo, séria e alegre (de fato, é mais provável na natureza das experiências revolucionárias coletivas que sejam ao mesmo tempo sérias e alegres ou lembradas como tal):

> Se eu não posso pretender comunicar o significado de Maio, posso contar o que fiz durante as semanas de maio e junho de 68 e dizer também que elas continuam para mim o arquétipo da felicidade pública [...]. Sem dúvida, cada pessoa viveu Maio a sua maneira. Meu Maio foi alegre e sério.
>
> Eu nem percebi toda Paris correndo para a Sorbonne, a última "moda" de lugar para estar. De fato, passei todos os meus dias na Sorbonne ou em Censier, mas estava correndo de uma reunião para outra, de uma assembleia geral para outra, e não tinha tempo de ver

as celebridades fazendo as suas do outro lado do quarteirão. O teatro Odeon ocupado era uma ação que não me dizia respeito, na minha cabeça, até parecia estar no limite da indecência.

Se eu estava consciente do que foi chamado de "Festival de Maio"? Sim, se for um festival protestar todo dia ou quase todo dia, ou acreditar que finalmente é possível mudar o mundo, compartilhar com outros essa esperança, e viver dia após dia nessa espécie de leveza do ser que eu descrevi antes. Não, se "festival" é querer "Tudo, agora mesmo" [*Tout, tout de suite*], ser convidado a "gozar sem entraves" [*jouir sans entraves*] ou dizer que "é proibido proibir" [*interdit d'interdire*]. Para ser franca, eu dava pouca importância a esses *slogans*; apesar de seu radicalismo aparente, eu os julgava pouco revolucionários. Eu pensava que a sociedade podia digerir esses desafios, mas não o desafio imposto por um *slogan* como "poder aos trabalhadores"[89].

O que é apagado desse estereótipo do "Festival de Maio" é a experiência que Storti decide expressar com os termos "felicidade pública": qualquer relação com o coletivo ou com modos em que o prazer, até o prazer da autoexpressão, não era visto ou vivenciado então como quis a visão da década de 1980 – como um fenômeno isolado, individualista. "Nós podíamos acreditar que éramos carregados pelo povo porque havia a greve geral, e todo mundo estava no movimento. Todo mundo estava vivendo além de seus limites intelectuais, emocionais e sensoriais: cada pessoa existia acima e além de si mesma."[90] O "acima e além" evocado nessa descrição é a formação do "um" que não é um eu, mas a relação do eu com o outro, o "um" que reúne a identidade e alteridade individual e coletiva de uma maneira não resolvida e insolúvel. É o "nós" que emerge quando se leva a sério a observação de Lucien Goldmann de que o pronome pessoal "eu", na verdade, não tem plural – "nós" não é o plural de "eu", mas algo totalmente distinto. Em sua vívida análise do rumor e

---

89 Martine Storti, *Un Chagrin politique*, *op. cit.*, pp. 88-9.
90 Adek *apud* Nicolas Daum, *op. cit.*, pp. 18-9.

comunicação durante a insurreição, Evelyne Sullerot evoca essa relação muito diferente entre o eu e outras pessoas, a interface do individual e do coletivo, examinando um objeto inesperado: uma fenomenologia peculiar do uso do rádio de transistor durante os protestos de rua em Maio. Ela discute os efeitos do que poderíamos chamar de uma comunicação puramente horizontal, instantânea e "paralela", que se desenvolveu algum tempo depois que a televisão havia sido desacreditada, depois que os jornais haviam sido ultrapassados pelos eventos, no momento em que sobrou apenas o rádio, alimentado por transmissores de ondas curtas operando em torno da cidade. "A ubiquidade de informações por meio dos transistores", observa ela, "parecia, na visão de muitos participantes, dotar todo indivíduo de sua própria autonomia de julgamento sem separá-lo da massa." Ela cita a descrição de um estudante:

> Em 6 de maio, eu estava em Denfert-Rochereau. De lá, fui para St.-Germain-des-Prés. Muitas pessoas tinham transistores. Era maravilhoso. Era a informação instantânea, e todo mundo podia elaborar sua estratégia pessoal. Eu senti que o indivíduo não era uma ovelha no rebanho. Ele estava pensando. Pessoas se aglomeravam para ouvir os transistores. Depois elas iam embora, e todo mundo formava sua própria opinião sobre o que ouviu, às vezes após uma rápida observação às pessoas que tinham ouvido junto: "Opa, é pra lá que eles estão indo! Vamos ver se a coisa está pegando lá. Não podemos deixar os caras sozinhos!". Ou: "Essa a gente pode pular", quando a gente não estava com vontade de entrar na briga. Basicamente, cada um formava sua própria opinião segundo seu temperamento e suas convicções. É claro que existia um espírito coletivo, mas não havia líderes. Cada pessoa era independente. Ouvindo o transistor, eu tinha a sensação de que estava mandando no jogo[91].

---

91 Evelyne Sullerot, "Transistors and Barricades", em: Philippe Labro, *"This Is Only a Beginning"*, *op. cit.*, pp. 183-4.

O governo desligou os transmissores de ondas curtas em 23 de maio, eliminando a difusão direta. Num nível mais geral, Fredric Jameson recordou com propriedade, e tristeza, a dinâmica entre o individual e o coletivo com estas palavras:

> Nos anos 1960 muitas pessoas perceberam que, numa experiência coletiva verdadeiramente revolucionária, o que passa a existir não é uma multidão ou "massa" sem rosto ou anônima, mas um novo nível de existência [...] em que a individualidade não é apagada, mas completada pela coletividade. É uma experiência que agora vem sendo lentamente esquecida, seus vestígios sistematicamente apagados pelo retorno de individualismos desesperados de todos os tipos[92].

No final da década de 1980, a versão dominante de Maio como um festival libertário de autoexpressão tinha distorcido algo que as observações de Storti exprimem muito claramente: que o "festival" ou prazer do clima daqueles dias não era o resíduo que fica quando a política foi subtraída, mas é, na verdade, parte integrante da ação política concreta. Como Storti, Jean-Franklin Narot liga esse prazer diretamente à aceleração temporal daqueles dias, aos acontecimentos imprevistos em espiral que alcançam os protagonistas e acabam por superá-los[93]. Maio e junho, insiste ele, tinham uma temporalidade própria, feita de acelerações súbitas e efeitos imediatos: a sensação de que as mediações e protelações haviam desaparecido. Não somente o tempo avançava mais rápido que no tempo congelado das burocracias, ele também superava a temporalidade lenta e cuidadosa que rege a estratégia ou o cálculo. Quando os efeitos das ações de alguém suplantam infinitamente suas expectativas, ou quando uma iniciativa local encontra ecos improvisados em cem lugares diferentes ao mesmo tempo, o espaço se comprime e o tempo passa mais rápido. Como Storti, Narot evoca um clima de "exaltação e exaustão":

---

92 Fredric Jameson, *Brecht and Method*, Londres: Verso, 1998, p. 10.
93 Cf. Jean-Franklin Narot, "Mai 68 raconté aux enfants. Contribution à la critique de l'inintelligence organisée", *Le Débat*, n. 51, set.-nov. 1988, pp. 179-92.

correr de um confronto para outro, esgotar-se numa assembleia geral após outra, estar sempre disponível e alerta para qualquer coisa que transcorresse em seguida – um alegre esgotamento do eu através da transformação das relações com os outros, através de sincronicidades não programadas e através da destruição de coisas, tornadas subitamente sem sentido na intensidade extrema daquelas mudanças sociais. (De fato, a insignificância, até a invisibilidade de coisas, de objetos, nas memórias pessoais daqueles dias, está presente num nível geral.) E, como Storti, Narot insiste que a alegria do esgotamento de si e a imediatez que ele se lembra de sentir, longe de suplantar a lógica do conflito, "seguia-o como uma sombra". Prazer e conflito estavam ligados. Em outras palavras, as interpretações da década de 1980 de Maio como uma "revolução fracassada", um festival "sem finalidade" ou "sem projeto" têm interesse, sugere ele, em deslocar o prazer do lugar onde ele realmente transcorria: no funcionamento de uma ordem social diferente que o movimento de Maio realizou, ainda que temporariamente, na invenção de novas formas de democracia direta. A lógica de Maio de ruptura ou conflito produziu um tipo de *fait accompli*: todas as mediações e instituições habituais, sejam sindicatos estudantis ou a Assembleia Nacional, não eram mais formas a ser meramente criticadas, expostas ou denunciadas; elas seriam tratadas, dali em diante, *como se já não existissem mais*. Todo o trabalho que podia então ser feito apesar dessas instituições, ou fora delas, ou no lugar delas, todo o trabalho de inventar formas que eliminavam a representação, que desfaziam as divisões que separavam diretores e subordinados, que permitiam que pessoas muito diversas começassem a trabalhar juntas para assumir suas condições de atividade e existência, todo o trabalho de produzir uma organização social totalmente diferente – esse trabalho *era* prazer.

Representações estereotipadas de um estilo de vida militante abnegado apagam ou ignoram um sentimento que surge com muita força como uma memória dominante em muitos relatos posteriores de ativistas: a saber, o prazer que se encontrava, às vezes, em simplesmente superar barreiras sociais numa sociedade profundamente compartimentalizada como a França, uma sociedade em que qualquer tipo de comunicação – e principalmente a subversiva –

não passa facilmente de um setor para outro. Uma das maneiras específicas por meio das quais as *coisas mudaram* durante as semanas da insurreição foi pela ocorrência frequente do que Narot chama de *rencontre*: reuniões que não eram nem mágicas nem míticas, mas simplesmente a experiência de esbarrar incessantemente em pessoas que as divisões sociais, culturais ou profissionais tinham impedido até então de se encontrarem, pequenos eventos que produziam a sensação de que essas mediações ou compartimentos sociais haviam simplesmente desaparecido. O relato de Storti não deixa de evocar a rotina da vida militante, rotina que se cristaliza para ela na agora obsoleta tecnologia do mimeógrafo [*ronéotype*], cuja experiência palpável toma conta dela anos depois em toda a sua riqueza sensorial e emocional (ela também escreve no final dos anos 1980) num dia em que encontra a *madeleine* proustiana de um estêncil não usado:

> E ali, dobrada no meio de todos aqueles folhetos, uma relíquia, um estêncil virgem que deve ter uns trinta anos. Eu tinha conservado seu cheiro, aquele cheiro de tinta, de papel carbono, um cheiro característico, ao mesmo tempo acre e doce, apimentado e açucarado, o cheiro das horas, dias, noites passadas mimeografando folhetos, com aquela ameaça de catástrofe, aquele medo de ver chegar o momento em que o estêncil se rasga em dois, porque você pôs tinta demais ou porque o mimeógrafo estava rodando rápido demais. Depois de tentar, no mais das vezes em vão, colar novamente os pedaços rasgados e rodar o mimeógrafo lentamente à mão, você tinha que se resignar a bater o texto num estêncil novo, usando dois dedos numa máquina velha[94].

Mas um prazer multiforme, de transgressão física e social, de novas amizades ou cumplicidades a ser ganhas, emerge em seu relato e nos de outros militantes. Isso é prazer, como Storti deixa claro, não como parte de uma demanda ou *slogan* revolucionário (*jouir sans entraves*) –

---

94 Martine Storti, *Un Chagrin politique, op. cit.*, p. 52.

ela suspeita desses *slogans* em Maio –, não o prazer perseguido como fim em si mesmo, nem mesmo necessariamente conceitualizado à época como prazer. O prazer de superar a compartimentalização – física e social – existe proporcionalmente à severidade da segregação social urbana da época; diálogos travados por meio dessa segregação transmitem uma sensação de transformação urgente, imediata, vivida não como recompensa futura, mas naquele momento mesmo. Robert Linhart, escrevendo em 1978, recorda: "Quinze anos atrás, as fábricas eram um mundo fechado, e tínhamos que ficar à espreita dos testemunhos"[95]. Outra militante que trabalhou numa linha de montagem industrial escreve que, antes de ela e outros intelectuais irem para dentro da fábrica, "os trabalhadores laboravam nos arrabaldes de Paris, e as fábricas pareciam tão distantes, tão inatingíveis, quanto a Argélia ou o Vietnã"[96]. Até Jean-Pierre Thorn, diretor do documentário *Oser lutter, oser vaincre* (Ousar lutar, ousar vencer) sobre a violenta greve em Flins, recorda uma infância e adolescência de pura segregação social: "Até 1968, eu não tinha consciência das fábricas ou da classe operária. Naquele momento, comecei a notar um mundo impressionante que existia em torno de nós, com o poder de levar o país à paralisia cessando o trabalho. Bandeiras vermelhas pendiam dos portões das fábricas. Eu tinha vinte anos, foi um choque"[97]. Claire, professora de colégio no centro de Paris em 1968, escrevendo dez anos depois, expressa a emoção que sentiu ao ver regras e barreiras sociais, que outrora pareciam insuperáveis, serem vencidas:

> Encontrei trabalhadores pela primeira vez. Eu nunca tinha visto um antes. Não estou brincando, nem mesmo no metrô [...]. Eu nunca tinha visto uma fábrica [...] e então, de repente, eu estava vivendo e trabalhando só com trabalhadores: os velhos tipos do Partido junto com caras mais jovens, imigrantes. As memórias, as únicas memórias reais de Maio de 68 que eu tenho não são dos protestos, mas das reuniões que aconteciam duas vezes por

---

[95] Robert Linhart, "Évolution du procès de travail", *Critique communiste, op. cit.*, p. 117.
[96] Jenny Chomienne *apud* Virginie Linhart, *op. cit.*, p. 102.
[97] Jean-Pierre Thorn *apud* Virginie Linhart, *op. cit.*, p. 191.

> semana nas casas dos trabalhadores. As fábricas estavam em greve, ocupadas, e nós nos reuníamos "para fazer teoria". E fazíamos teoria, do jeito que nós a fazíamos em 68 [...]. Eu me sentia bem. E pensava que tudo aquilo ia continuar. Eu não podia imaginar, tenho que admitir, que hoje eu não iria mais ver nenhum trabalhador de novo [...]. Nós fomos acolhidos sem qualquer problema na linha de piquete da fábrica, eles nos levaram para dentro das oficinas sem nenhum problema[98].

Outro militante recorda encontros semelhantes:

> Ao me tornar militante [...] entrei em contato com muitas outras pessoas, diferentes de mim socialmente [...] o calor humano que existia entre nós. Quando você é militante, tem algo que faz tudo valer a pena, é se ver de pé às 4h da manhã, quando está lindo lá fora, com um projeto comum que escapa às outras pessoas, com essa felicidade de estar em algum lugar onde você não deveria estar, esse tipo de cumplicidade[99].

E um "ganho secundário" muito real acompanha esses deslocamentos transgressores entre fronteiras sociais, essas viagens ao "outro lado": o prazer de deixar para trás seja lá o que for – todo um tecido de expectativas e hábitos petrificados que ancoram alguém a seu lugar ou papel estabelecido. Esse é outro prazer agora frequentemente esquecido, como apontam Jacques e Danielle Rancière, nas caracterizações *misérabilistes* pós-68 de militantes que "vão entre os trabalhadores":

> O intelectual devia despojar sua pessoa de tudo, em seu modo de falar ou de ser, que pudesse recordar suas origens – tudo que, em seus hábitos, o separasse do povo. Isso era um ideal contraditório que, considerado completamente em retrospecto, assimila-se a um

---

98 Claire (professora) *apud Libération*, 19 maio 1978.
99 Militante anônimo *apud* Bruno Giorgini, *op. cit.*, p. 50.

tipo de escoteirismo ou ascetismo. As pessoas naqueles dias não tinham problema em calcular o prazer e a dor relativos. Deixar velhos operadores do partido e jovens carreiristas para trás para encarregar-se conjuntamente de administrar as universidades e pintar o marxismo com suas últimas cores epistemológicas e semiológicas, para entrar na realidade de uma fábrica ou no ambiente amigável dos cafés e pensões de imigrantes não era, de forma alguma, tão deprimente (nós nos sentíamos deprimidos na hora de voltar). Servir o povo era, em certo sentido, apenas outro nome para o nojo sentido pela realização, de ambos os lados do púlpito professoral, de exercícios universitários. Assim, a transformação do intelectual podia ser vivida como uma libertação real[100].

Se o prazer era sentido sobretudo *après coup*, ou após o fato, se era sentido indiretamente, lateralmente e principalmente no momento doloroso da *reprise*, o momento de reintegrar-se aos próprios hábitos ou meio, nem por isso ele era menos forte. Entre os relatos de *établis*, intelectuais e militantes que às vezes passaram anos trabalhando em fábricas, encontra-se muito pouco de outro aspecto do clichê *misérabiliste*, aquele que apresenta os militantes "virando nativos" ou sofrendo de um tipo de *vouloir être ouvrier*, ou vontade de realmente se tornar um trabalhador. Tampouco se encontram vestígios de uma narrativa mais utópica de um "devir" deleuziano – devir-animal, devir-máquina, devir-trabalhador –, o desejo de metamorfose. Ao contrário, como insiste um *établi*: "A única coisa que me interessava era encontrar trabalhadores para garantir a interface política. Acima de tudo, eu não queria me pôr no lugar deles"[101]. "Para nós, *l'établissement* nunca foi uma medida de purificação; era uma medida política."[102] "Eu me sentia bem na fábrica; não tinha ido para lá para esquecer minha condição de intelectual,

---

100 Danielle Rancière e Jacques Rancière, "La Légende des philosophes (les intellectuels et la traversée du gauchisme)", *Les Révoltes Logiques*, número especial, *Les Lauriers de Mai ou les Chemins du Pouvoir, 1968-1978* (1978), p. 14.
101 Nicole Linhart *apud* Virginie Linhart, *op. cit.*, p. 119.
102 Georges (operário-engenheiro) *apud* Michèle Manceaux, *op. cit.*, p. 63.

mas para que pessoas de origem diferente se encontrassem. Eu queria trabalhar no interior e, acima de tudo, não queimar minhas pontes assim que chegasse."[103] E por vezes, como quando Maio irrompeu, havia a descoberta de que a distância que separava o trabalhador do estudante não era tão grande assim:

> Maio de 68 aconteceu. O mundo estudantil já estava longe depois daqueles poucos meses passados na fábrica. Após o protesto de 13 de maio, a Renault entrou em greve; no dia 15 ou 16, a ocupação da nossa fábrica foi decidida [...]. Uma verdadeira guerrinha dentro dela, que durou seis semanas [...]. Eu estava mais à vontade naquela atmosfera já que, naqueles dias, os operários "estavam se tornando intelectuais" e nós estávamos nos encontrando na metade do caminho das nossas respectivas trajetórias. Jovens operários da fábrica estavam indo às barricadas e à Sorbonne[104].

Talvez, como sugeriu Daniel Bensaïd, todos os aparatos simbólicos do início de Maio – os protestos pseudoinsurrecionais, as florestas de bandeiras pretas, as barricadas, as ocupações dos *campi* –, todas essas transposições inspiradas pelas tradições operárias devam ser entendidas como um conjunto semântico, uma linguagem com a qual o movimento estudantil procurava dirigir-se aos trabalhadores por cima das cabeças dos líderes burocráticos, para criar uma comunicação entre dois mundos que até então haviam sido fechados um para o outro, para atingir a classe operária através de um longo processo de círculos concêntricos. Até um *slogan* como "CRS = SS", entoado por estudantes já em 3 de maio, quando somente gendarmes tinham sido chamados à Sorbonne e as CRS ainda não haviam aparecido, podia ser lido como um ato de conjuração. Os estudantes, num certo sentido, estavam "procurando encrenca", já que as CRS ainda não estavam ali, estavam acelerando a situação ou levando-a ao ponto de ebulição. Mas eles também estavam interpelando os trabalhadores,

---

103 Yves Cohen *apud* V. Linhart, *op. cit.*, p. 181.
104 Danièle Léon *apud* V. Linhart, *op. cit.*, p. 123.

que tampouco estavam presentes, e o faziam usando a linguagem dos próprios. Pois o *slogan*, na verdade, não era criação dos estudantes. Tinha sido usado primeiro pelos mineiros durante a greve de 1947-1948, logo após a criação das CRS pelo Ministério do Interior socialista, que usou as novas forças para reprimir a greve[105].

Depois que a greve geral começou, em meados de maio, o Comité d'Action Travailleurs-Étudiants no bairro de Censier atribuiu-se a tarefa específica de fomentar laços entre a universidade e as fábricas. Censier estava, de certo modo, fora do caminho batido dos jornalistas, atraídos aos grandes anfiteatros de delírio verbal: a Sorbonne e o teatro Odeon. Documentos do trabalho constante do grupo de Censier em maio e junho confirmam a existência de uma cooperação entre jovens trabalhadores e estudantes durante a greve. Mas em Censier, o deslocamento funcionava no outro sentido: os estudantes não iam ao encontro dos trabalhadores, os trabalhadores vinham até os estudantes. Enormes possibilidades materiais atraíram quantidades de trabalhadores a Censier, aos locais centrais abertos a qualquer hora, os mimeógrafos, a mão de obra constantemente disponível para ligações, impressões, discussões. Era um espaço distinto da vida sindical dentro das fábricas, onde os trabalhadores podiam esbarrar contra proibições inexplicáveis, reticências, controles, vigilâncias e manobras de toda sorte. Coletando relatórios, destacando mensageiros, fornecendo comida e auxílio material aos grevistas, Censier tornou-se um centro de coordenação e ligação cuja eficácia, às vezes, era real. Sua existência impede qualquer rejeição irônica à mitologia "trabalhista" atribuída com frequência a Maio, assim como solapa a visão de que a greve se desenvolveu de modo autônomo ou puramente acidental ao mesmo tempo que o movimento dos estudantes.

A retórica de Censier marca uma evolução no movimento de Maio. No começo de maio, quando De Gaulle disse que os manifestantes criavam uma *chienlit* (baderna), um famoso cartaz da Beaux-

---

105 Cf. Michelle Zancarini-Fournel, "'L'Autonomie comme absolu': une caricature de Mai et des années 68", *Mouvements*, n. 1, nov.-dez. 1968, pp. 138-41. Cf. também Daniel Bensaïd e Henri Weber, *Mai 1968: Une répétition générale*, Paris: Maspero, 1968, pp. 142-3.

-Arts reagiu imediatamente ao insulto com uma imagem de De Gaulle e as palavras "La chienlit, c'est lui!" – jogando o epíteto de volta, em outras palavras, na cara dele. Em 25 de maio, o ministro do Interior Fouchet escalou a retórica gaullista ainda mais, referindo-se à "*pègre* [ralé, gentalha, submundo] cada vez mais numerosa, essa *pègre* que sai rastejando das profundezas de Paris e que é verdadeiramente raivosa, que se esconde atrás dos estudantes e briga com loucura assassina [...]. Eu peço que Paris 'vomite' a *pègre* que a desonra"[106]. O jornal do Partido Comunista, *L'Humanité*, rapidamente adotou um vocabulário idêntico: "Durante toda a noite, em vários distritos de Paris, encontra-se uma ralé duvidosa, uma *pègre* organizada cuja presença contamina os que a aceitam e, mais ainda, os que a solicitam"[107]. O vocabulário e a iconografia da Comuna de Paris, completo com os fetiches da representação naturalista, volta à vida: os trabalhadores, as classes baixas, são as feras selvagens, a escória suja, escondida atrás dos respeitáveis estudantes, contaminando-os como parasitas sórdidos, responsáveis por epidemia e contágio. Censier escolheu reagir imediatamente com um folheto que adotava o epíteto e recusava a zoologia social por trás dele: "Se aqueles no poder consideram aqueles que estavam nas barricadas com os estudantes como *la pègre*, então nós, trabalhadores, empregados, operários e desempregados, nós somos *la pègre*"[108]. Por volta do mesmo momento, outro comitê de ação, que incluía Marguerite Duras, Maurice Blanchot e Dionys Mascolo, escreveu um folheto semelhante: "Nós, que participamos das ações atribuídas à chamada *pègre*, afirmamos que somos todos baderneiros, somos todos *la pègre*"[109]. A estratégia adotada por ambos os comitês era ampliar a disjunção entre o ser social e a constituição do grupo político. Tal como o *slogan* "Somos todos judeus alemães", ao desnaturalizar *la pègre*, ao afrouxar os laços que vinculam a palavra a suas conota-

---

106 Christian Fouchet *apud Le Monde*, 25 maio 1968.
107 *Apud L'Humanité-Dimanche*, 26 maio 1968.
108 Comité d'Action Travailleurs-Étudiants/Censier, "L'Escalade: Après la CHIENLIT, la PÈGRE [...]", folheto sem data, mas após 26 maio 1968.
109 Comité d'Action Écrivains/Étudiants/Travailleurs, folheto, 26 maio 1968.

ções sociológicas, a palavra – seja judeus alemães ou *pègre* – torna-se disponível como uma nova identidade ou subjetividade política. Ao adotar o nome impróprio, o nome agora se aplica a um grupo que não é sociologicamente identificável: o folheto desfaz a legitimação – seja do ministério ou do Partido Comunista – que distribui lugar e função. Ele propõe uma definição não naturalista de política e conflito. A *pègre* torna-se a construção discursiva da relação de um eu com um outro – o que Rancière chamaria de outra "identificação impossível": sujeitos políticos agindo no abismo ou intervalo entre duas identidades, nenhuma das quais pode ser assumida.

Experimentos militantes como os realizados em Censier ou como a prática maoísta do *établissement*, em sua vontade de saltar por cima ou contornar sistemas de representação que produziam ou definiam imagens do trabalhador para a classe média, mostram uma consciência aguda do domínio da representação como um dos fatores determinantes da desigualdade. Outra prática desse tipo era a *enquête* (averiguação ou investigação), iniciada pelos maoístas em 1967 e realizada com trabalhadores e agricultores de porta em porta, em mercados, em frente de entradas do metrô e em aldeias da *France profonde*. A *enquête* originou-se da recusa dessa representação mítica ou transcendental que fazia da "classe operária" um bloco unido indiferenciado. (François Maspero também marcou sua resistência contra qualquer representação prometeica ou transcendental do "Terceiro Mundo" ao recusar-se a maiusculizar a expressão "tiers-monde" em qualquer uma de suas publicações.) O que não se sabia sobre a experiência direta dos trabalhadores – ou também pequenos agricultores arrendatários – podia-se descobrir "indo ao encontro do povo", aprendendo com ele, com a ação prática e a atenção às circunstâncias locais, isto é, não com textos teóricos. O modelo maoísta de marxismo punha mais ênfase nas condições locais e circunstâncias históricas – a situação – que nos textos canônicos. Os escritos de Mao sobre o elo necessário entre teoria e prática, a necessidade, como diz ele, de "descer do cavalo para colher as flores", deram um impulso ao Quartier Latin, onde eles eram lidos não tanto como doutrina teórica, mas mais frequentemente como um convite para deixar os livros e a cidade para trás:

Nós devemos partir das condições reais dentro e fora do país, província, condado ou distrito, e extrair delas, como nosso guia para a ação, leis que lhes são inerentes e não imaginárias, isto é, precisamos encontrar as relações internas dos eventos que estão ocorrendo em torno de nós. E para fazer isso, não devemos contar com a imaginação subjetiva, com o entusiasmo momentâneo, com livros sem vida, mas com fatos que existem objetivamente; devemos nos apropriar do material em detalhe e, guiados pelos princípios gerais do marxismo-leninismo, tirar conclusões corretas dele[110].

Outro ímpeto do Quartier Latin veio, talvez, do prazer que se tinha, como sugere vividamente um folheto maoísta, em simplesmente "deixar para trás as querelas vãs dos *grupelhos*, aquelas discussões intermináveis que *não se apoiam na experiência concreta*"[111]. Em sua preocupação de atingir a heterogeneidade do mundo proletário, as *enquêtes* maoístas parecem agora o reflexo distorcido da outra investigação porta a porta da classe operária, a pesquisa de mercado (*enquête de consommation*), que era realizada naqueles mesmos anos e foi imortalizada no romance *Les Choses* (1965), de Georges Perec. Se a pesquisa de mercado interpelava o trabalhador como consumidor, uma categoria social já quantificável, no fim dos anos 1960, em subgrupos segundo hábitos de consumo e gostos, a investigação maoísta procurava, ao contrário, "o ponto de vista das massas", definido pela sua dupla oposição ao "ponto de vista do capital" e ao do PCF-CGT, revisionista por natureza. As pesquisas de mercado podem ser vistas como herdeiras de toda uma história de estudos sociológicos ou voltados para políticas de governo sobre os trabalhadores e seus hábitos, que remonta, pelo menos, a meados do século XIX. *Enquêtes* empreendidas com vistas a regular lares insalubres considerados

---

110 Mao Tsé-Tung, "Reform Our Study", maio 1941, em: *Selected Works of Mao Tse-tung*, v. 3, Pequim: Foreign Languages Press, 1965, pp. 22-3.

111 "Pour un travail correct parmi les étudiants", diretiva mimeografada da UJC (m-l), *apud* Patrick Kessel, *Le Mouvement "maoïste" en France: Textes et documents, 1968-1969*, v. 2, Paris: Union Générale d'Edition, 1978, p. 31 (itálico no original).

"perigosos" para a saúde pública, por exemplo, ou a estudar epidemias, ganharam uma espécie de rigor científico mais para o fim do século. Mas as informações coletadas por essas investigações novecentistas sobre os pobres atendiam de imediato às preocupações de regulação social, permitindo que os investigadores classificassem os trabalhadores ou os pobres em agregados distintos e categorias sociais definidas. A observação higiênica, como mostrou Andrew Aisenberg, atendia aos interesses da regulação policial[112]. A *enquête* maoísta, por outro lado, reivindicava uma derivação chinesa que a libertava, pelo menos em tese, dessa história; sob a mesma palavra, eles buscavam uma prática diferente, subversiva. A imersão "na escola das massas" fazia com que o papel do intelectual não fosse o de sociólogo, higienista, professor ou líder leninista de vanguarda, mas, na melhor hipótese, o de parteira: trazendo à luz aspirações revolucionárias existentes em estado latente, encorajando sua expressão, depois sintetizando-as e devolvendo-as na forma de propostas políticas. "Sans enquêtes, pas de droit à la parole" [Sem investigação, não há direito à palavra][113]. Recolha notícias da luta, escreva-as, devolva-as sob nova forma, circule-as, reproduza-as, torne-se o veículo. Os pressupostos teóricos devem ser postos de lado, na espera paciente de que uma linha política se desprenda diretamente das representações dos trabalhadores de suas próprias condições, problemas, aspirações, desejos, de suas próprias vozes disparatadas. "Nada, com efeito, pode ser entendido 'espontaneamente': para entender, deve-se investigar [*enquêter*]."[114] Os trabalhadores que entraram em contato com maoístas nas fábricas divergiam na sua avaliação do sucesso da prática. Um trabalhador dá uma avaliação positiva de seu encontro com os maoístas na fábrica:

---

[112] Entre as primeiras dessas *enquêtes* sociológicas estão a de Eugène Buret, *De la misère des classes laborieuses en Angleterre et en France*, publicada em 1840, e a de Honoré Frégier, *Des classes dangereuses dans la population des grandes villes et des moyens de les rendre meilleures*, publicada em 1850. Para uma discussão mais ampla dessa literatura e seu desenvolvimento na última parte do século, cf. Andrew Aisenberg, *Contagion: Disease, Government, and the "Social Question" in Nineteenth-Century France*, Stanford: Stanford University Press, 1999, especialmente pp. 156-64.
[113] Mao Tsé-Tung, "Preface and Postscript to *Rural Surveys*", mar. e abr. 1941, em: *Selected Works*, v. III, p. 13.
[114] *Garde rouge*, n. 5, abr. 1967.

> Vieram trotskistas também. Mas eles eram diferentes dos maoístas porque os trotskistas traziam um folheto: "Trabalhadores são explorados porque [...]", com citações de Marx, números de página, *O capital* etc. – era tudo incrivelmente teórico, não entendíamos uma palavra! Os maoístas, por outro lado, tomavam como ponto de partida o que nós lhes contávamos. Eles não sabiam de nada antes de falarmos com eles. Não chegavam com ideias prontas ou folhetos. Eles ouviam o que dizíamos e depois faziam um folheto com base nisso. Nós ficamos realmente impressionados com isso[115].

Outro trabalhador, no entanto, discorda: "Nas fábricas, não há realmente nesse ponto muita diferença entre trotskistas e maoístas. Na verdade, para os colegas, tudo isso é *gauchiste*"[116]. Um antigo *établi* recorda um impasse comunicacional – mas que não impediu uma amizade de se desenvolver: "Eu tinha começado na Citroën. Eu ficava falando e falando. Um dos trabalhadores de quem continuei amigo admitiu para mim dois anos depois que, quando eu falava naquela época, ele não entendia uma palavra do que eu dizia. Deve-se dizer que nós usávamos uma linguagem maoísta, tirada direto do Pequeno Livro Vermelho"[117].

Cahiers de Mai, uma revista dirigida por Daniel Anselme, Jean-Louis Peninou e Marc Kravetz, que teve trinta números entre 1968 e 1973, emergiu da prática dos *comités d'action* e da *enquête* e procurava, particularmente depois de Maio de 68, oferecer um tipo de plataforma para novas ideias expressas nas lutas recentes e em curso nas fábricas e no campo. Um artigo publicado nessa revista em 1970, "Le Rôle politique de l'enquête", oferece a melhor análise da prática como uma potencial demonstração ou verificação de igualdade, a construção de um espaço comum. Logo de início, a *enquête* militante é definida por oposição às formas existentes da "sociologia dos trabalhadores". A coleta de informações e compilação de documentos

---

115 Georges (operário da Citroën) *apud* Michèle Manceaux, *op. cit.*, p. 77.
116 Patrick (operário da Renault) *apud* Michèle Manceaux, *op. cit.*, p. 93.
117 Gérard *apud* Bruno Giorgini, *op. cit.*, p. 50.

pelo sociólogo constitui os trabalhadores como objeto de estudo e coloca o sociólogo no exterior da situação estudada, uma distribuição hierárquica de lugares e funções conforme ao que nós chamamos antes de lógica da polícia. A *enquête*, por outro lado, coloca o projeto sob direção e controle dos trabalhadores, que discutem e elaboram um texto inicial frase por frase. A *enquête* cumpre, assim, o papel político de *reagrupar* os trabalhadores em torno de um projeto, a produção do texto atuando como uma força unificadora que inicia ou sustenta o processo de autoformação do grupo, reforçando a consciência do grupo de sua própria existência enquanto tal. Logo, em sua produção, a *enquête* assemelha-se a qualquer um dos experimentos de autoria coletiva "de baixo para cima" que proliferaram naqueles anos, dos *cinétracts* da SLON ou dos coletivos cinematográficos de trabalhadores do Groupe Medvedkine em Besançon à produção de muitos panfletos anônimos militantes – experimentos que relegaram não apenas o sociólogo, mas também o potente teórico individual e o diretor de cinema como *auteur*, definitivamente, ao confinamento solitário da produção burguesa de cultura e conhecimento. Depois que o texto da *enquête* ganha existência, ele pode ser um instrumento de propaganda e agitação e, mais importante, pode ser um instrumento da ligação *entre* fábricas, tão frequentemente menosprezada, ou até ativamente bloqueada, pela "comunicação vertical" dos líderes sindicais. Uma das "revelações" das *enquêtes* no sentido de uma necessidade ou demanda frequentemente expressa pelos trabalhadores *era* exatamente essa ligação: a comunicação entre oficinas numa determinada fábrica, entre as fábricas da mesma região, da mesma indústria. Além disso, a *enquête* diminui a segregação entre os militantes fora da fábrica e os que estão dentro. Nas palavras de outro jornalista militante:

> O *enquêteur*, claro, não pode ser neutro. Não existe instrumento neutro [...]. Ouça até o fim: só então a *enquête* começa a ganhar todo seu significado. Porque até o fim significa não se contentar com as primeiras respostas [...]. Então, você enxerga melhor com quem e por que está lutando, você descobre as cicatrizes e tumores, você não fala mais de "revolução" com estereótipos, ideias

prontas, afirmações triunfalistas, mas com toda a força explosiva que as palavras representam quando o imaginário e o real como vivido no dia a dia servem de base para as palavras[118].

A *enquête* militante procurou diferenciar-se, como prática, da representação discursiva dos trabalhadores por um sem-número de pessoas que arrogavam a si essa tarefa – sociólogos, delegados sindicais, teóricos políticos, até jornalistas militantes bem-intencionados –, sobre cujas atividades os trabalhadores usavam amiúde o verbo *parachuter*. (Os agricultores de Larzac preferiam o termo "cometa" para referir-se às aparições súbitas de breve duração e sem seguimento por parte de forasteiros bem-intencionados.)[119] Assim, um operário da Citroën reclama do delegado do PCF que chega na fábrica, "parachute son discours et s'en va" (joga seu discurso "de paraquedas" e vai embora)[120]. Outros operários contestam a representação de sua greve em "textos ajuntados às pressas por jornalistas militantes que vêm de Paris", comentando que "quando os militantes são jogados de paraquedas numa greve, é duvidoso que seu trabalho tenha êxito"[121]. Esses textos mostram uma ausência do "movimento real como foi desenvolvido, a maneira como se desenvolveu, os problemas que enfrentou [...], nenhuma reflexão concreta sobre a luta, [que é] relegada ao fundo, atrás de análises abstratas e gerais". As conotações militares do verbo *parachuter*, de aventura heroica – o ataque ou resgate vertical "vindo de cima", o ataque súbito e breve –, conjuram velhas associações com os *parachutistes* das guerras coloniais, muitos dos quais encontraram trabalho como agentes de segurança nas fábricas. Mas elas também apontam adiante, para a época dos "parachutistes" humanitários dos anos 1980, os "Médicos Sem Fronteiras" (muitos dos quais ex-maoístas), que saltam em situações de emergência, praticando o que alguns

---

118 Philippe Gavi, *Tout*, n. 2, 8 out. 1970.
119 Cf. Catherine Fabienne e Raphael Fabienne, "Larzac: Lutte contre l'armée et luttes de classes", *Les Cahiers du Forum-Histoire*, n. 5, jan. 1977, p. 14.
120 Trabalhador citado no filme *Citroën-Nanterre, Mai-Juin 1968*, Collectif Arc, 1968.
121 "Le Rôle politique de l'enquête", *Cahiers de Mai*, n. 22, jul. 1970, p. 12.

chamaram, depreciativamente, de "política da ambulância", ignorantes da situação em que pousaram. A *enquête* tem que ser o resultado de uma "imersão prolongada", não só um "mergulho", na igualdade horizontal de um projeto compartilhado, e não uma comunicação vertical vinda de cima. Ela deve resistir a toda unidade idealista artificial ou arbitrária, assim como deve resistir à distinção entre "o essencial" e "o acessório", característica de todos os empirismos: cada pessoa tem algo a dizer, ninguém é negligenciado ou julgado insignificante. Ela deve praticar uma ratificação da diversidade e um respeito escrupuloso por ela.

As ilusões da representação

O que acontece com o militante depois que a militância arrefece e o militante deve tornar-se novamente jornalista, cineasta, teórico ou organizador sindical? Será que sua relação com "o povo" ou "o trabalhador" inevitavelmente se tornará a de um *parachutiste*?

Durante o que Pierre Macherey chamou de "a época particularmente agitada e difícil" dos anos imediatamente posteriores a Maio, a crítica da divisão do trabalho e dos problemas correlatos de igualdade que tinha sido fundamental para o movimento de Maio tendeu, na sua maior parte, a se perder, esmagada por problemas relacionados à questão da "tomada do poder" (institucional e armada) – mas não inteiramente. Nos debates em torno da divisão do conhecimento nas escolas e universidades, vestígios da temática de Maio continuaram a se manifestar. Referindo-se a sua própria situação na universidade nos anos 1970, Macherey recorda um clima de fadiga e, muitas vezes, discussões políticas amargas, de reuniões intermináveis em que jovens instrutores lutavam para manter ou alcançar algum grau de ação em meio à maciça modernização giscardiana do sistema universitário:

> Retrospectivamente, é muito difícil lembrar e, *a fortiori*, tentar fazer com que aqueles que não o viveram pessoalmente entendam a que ponto, num nível puramente emocional, aqueles anos eram con-

fusos e avassaladores. Como, apesar do poderoso retorno da reação em suas formas mais diretas, tudo ou quase tudo ainda parecia possível, mesmo que o futuro aberto da nossa imaginação fosse de fato engolfado por uma massa de incertezas. Afinal, mesmo sem saber que direção tomar, nós ainda pensávamos que estávamos indo para algum lugar[122].

Mas foi acima de tudo naquelas atividades que lidavam diretamente com a questão da representação, da representação do povo pelo intelectual – a saber, o jornalismo e a historiografia –, que novos experimentos continuaram a ser feitos nos meses e anos posteriores a Maio de 68. Para muitos militantes daquela época, a experiência de Maio significava não perder de vista o problema da comunicação direta com os explorados e sua história, e o esforço contínuo de construir novos meios de compreensão (portanto, de luta) entre grupos diferentes. Conforme os coletivos militantes se desmanchavam, se reagrupavam e ganhavam outras configurações, tentando encontrar novos espaços e direção para a luta, alguns militantes foram atraídos para a realidade das lutas em curso – e realidade queria dizer o jornalismo revolucionário. Jornalistas militantes escolados na *enquête* nas fábricas, como Jean-Louis Peninou, Jean-Marcel Bouguereau e Françoise Fillinger, gravitaram dos *Cahiers de Mai* para o novo jornal radical *Libération*, nascido timidamente em maio de 1973 e avançando lentamente sob os auspícios de Sartre; a eles se juntaram outros militantes que haviam escrito para *Action*, o jornal que foi publicado em maio e junho e era vendido por um "preço mínimo" – como no caso de muitas publicações militantes, podia-se pagar mais, caso se quisesse – de 50 centavos, ou para o jornal maoísta *La Cause du Peuple*, cujo último número foi publicado

---

[122] Pierre Macherey, *Histoires de dinosaure: Faire de la philosophie, 1965-1997*, Paris: Presses Universitaires de France, 1999, p. 74.

em setembro de 1973[123]. *Libération*, cujo manifesto inicial, de inclinação maoísta, proclamava seu propósito utópico de "ajudar o povo a tomar a palavra", via-se, pelo menos inicialmente, segundo o desejo de alguns de seus fundadores, como um tipo de "escritor público" coletivo: "A informação vem do povo e retorna ao povo". Para promover o jornal, Sartre concordou em ir ao rádio pela primeira vez desde a campanha de difamação lançada pelo governo contra o Manifesto dos 121 durante a Guerra da Argélia. No programa, ele descreveu a aspiração do jornal à democracia direta: "Nós queremos que os atores de um evento sejam aqueles que consultamos, queremos que sejam eles que falem"[124]. Michel Foucault, que esteve envolvido nas primeiras discussões de *Libération* sobre as novas formas jornalísticas a serem inventadas que convocariam a voz do povo, queria experimentar pessoalmente "uma crônica da memória dos trabalhadores"[125]. A democracia direta caracterizaria também o funcionamento cotidiano do jornal: as decisões editoriais tinham que ser debatidas e compartilhadas coletivamente; qualquer um que trabalhava no jornal recebia o mesmo salário – 1.500 francos por mês em 1974, quase nada acima do salário mínimo; e todo mundo devia compartilhar igualmente as tarefas de redação e produção física. Nos meses e anos que se seguiram, *Libération* se tornaria uma espécie de escala ou casa de passagem para literalmente centenas de militantes que trabalharam por períodos de duração variada em seu escritório num bairro operário do 19º *arrondissement*. Era, como um deles descreveu, "um jeito de não voltar às fileiras [...] de estar num lugar onde você podia, diariamente, ajudar a promover certo número de ideias, dar testemu-

---

123 *Action*, que tinha uma primeira página destacável que podia ser colada na rua como cartaz, era conhecido pelos seus *slogans* e cartuns, frequentemente de Siné: "Debout les damnés de Nanterre!" [De pé, condenados de Nanterre], "Les chiens de garde aboient toujours de la même façon" [Os cães de guarda latem sempre do mesmo jeito], "La Rue vaincra!" [A rua vencerá]. Em maio e junho, quando outras revistas e jornais foram paralisados pela greve, *Action* era lido para informações cotidianas, junto com os doze números de *L'Enragé*, o "boletim oficial" dos eventos. (O segundo número de *L'Enragé* tinha uma capa de Siné que dizia simplesmente "Grève général".) Na segunda metade de 1968, *Action* foi uma das publicações declaradas ilegais particularmente perseguidas pelo governo, em parte por causa de seu rápido crescimento de 100 mil exemplares de cada número para 550 mil.
124 Jean-Paul Sartre, programa de rádio "Radioscopie", 7 fev. 1973.
125 Cf. Didier Eribon, *Michel Foucault*, Paris: Flammarion, 1989, pp. 267-8.

nho de lutas, defender causas"¹²⁶. Enquanto alguns, como o diretor Serge July, ficaram no jornal até os dias de hoje, muitos outros partiram por discordar das concessões e viradas de casaca cometidas pela administração ao longo dos anos; outros ainda, como Sartre, simplesmente perderam interesse no jornal à medida que ele se tornou mais estabelecido e convencional.

Entretanto, independentemente do que o jornal se tornou, para os leitores de seus primeiros números, especialmente os das províncias, que se sentiam isolados ou ilhados no clima político aterrorizante do pós-Maio e que, muitas vezes, tinham grande dificuldade para obter um número, o *Libé* oferecia uma continuidade, uma conexão com os eventos recentes; era um sinal tangível de que algo havia de fato acontecido em Maio de 68.

A história do *Libération* é conhecida: sua ascensão da origem maoísta humilde para tornar-se o que um de seus próprios jornalistas chamou de "o Pravda da nova burguesia"¹²⁷ segue o caminho familiar de uma instituição contracultural rumo ao conservadorismo¹²⁸. *Libération* viria a desempenhar um papel central na produção e circulação dos tropos e imagens através dos quais Maio foi progressivamente transcodificado. Mas para muitos outros militantes que saíam da experiência de Maio e suas sequelas, o problema da relação entre o intelectual e "o povo", da memória popular e da voz do povo, podia ser abordado de uma forma melhor num nível teórico e prático alhures, dentro do campo da história e da historiografia. Ao retornar ao passado e a um novo exame do discurso, experiência e prática dos trabalhadores, os aspectos utópicos de Maio podiam ser prolongados, e as frustrações de Maio e suas sequelas podiam ser examinadas e avaliadas. Uma nova prática histórica insubmissa podia continuar o desejo de 68 de dar voz aos "sem-voz", de contestar o domínio dos especialistas. Enquanto as teorias que viriam a dominar a década de 1970 – o estruturalismo e o pós-estruturalismo – prosse-

---

126 Martine Storti, *Un Chagrin politique, op. cit.*, p. 132.
127 A expressão é de Guy Hocquenghem, *Lettre ouverte, op. cit.*, p. 15.
128 Cf. especialmente François-Marie Samuelson, *Il était une fois "Libération"*, Paris: Seuil, 1979, e Jean-Claude Perrier, *Le Roman vrai de Libération*, Paris: Julliard, 1994.

guiam com o que Fredric Jameson chamou de sua "incansável missão de busca e destruição contra o diacrônico", outro tipo de trabalho, derivado diretamente da experiência de 68, estava sendo mantido dentro e nos arredores da disciplina da "história oficial". É para isso que precisamos olhar – e não para os sociólogos ou os filósofos do desejo, como Lyotard ou Deleuze, frequentemente invocados para incorporar o legado de Maio à produção intelectual – para encontrar alguns dos experimentos políticos mais interessantes e radicais acerca da questão da igualdade.

A conjuntura era rica em obras de historiadores individuais, como Michelle Perrot, que estava completando seu longo estudo, *Les Ouvriers en grève*, quando os eventos de Maio irromperam; anos mais tarde, ela escreveria:

> Minha decisão de fazer a história dos trabalhadores está enraizada naquela conjuntura [...], tomar a classe operária como objeto de minha pesquisa parecia uma maneira de me juntar a eles, ou de servi-los, contribuindo para seu conhecimento e reconhecimento [...], escrever aquela história para a universidade, que a ignorava, que até obscuramente a desprezava [...].
>
> [Parecia] uma empreitada digna do esforço e uma forma de solidariedade[129].

Alain Faure apresentou seu *mémoire de maîtrise* à Faculdade de Letras de Nanterre em 1970; publicado depois como *La Parole ouvrière*, seu tema era a classe operária e o movimento popular no começo da década de 1830. Numa série iniciada por Maspero, chamada "Actes et mémoires du peuple", Alain Cottereau publicou uma nova edição de um texto de 1870 de Denis Poulot, *Le Sublime ou le travailleur comme il est en 1870 et ce qu'il peut être*, com um prefácio de viés *gauchiste* que, segundo Cottereau, "podia ser lido não só pelo público habitual, mas

---

129 Cf. Michelle Perrot, "L'Air du temps", em: Pierre Nora (ed.), *Essais d'ego-histoire*, Paris: Gallimard, 1987, p. 286. Cf., dela também, *Les Ouvriers en grève*, 2 v., Paris: Mouton, 1974.

também pelos trabalhadores militantes"[130]; o prefácio analisava o texto de Poulot em termos da resistência dos trabalhadores e suas estratégias contra a exploração. Mas três revistas que surgiram depois de Maio, simplesmente em virtude de serem esforços coletivos, enraizados na prática, alheios à academia, de pesquisa, autoria e tomada de decisão conjunta, estão talvez mais intimamente ligadas aos eventos políticos de 68 do que as obras de estudiosos individuais. Para cada uma dessas revistas – *Le Peuple Français*, *Les Cahiers du Forum-Histoire* e *Les Révoltes Logiques* – a "revolta" ou contestação era apresentada como a premissa central com que os historiadores deviam começar suas investigações. Cada uma, de maneira distinta, procurou romper com uma certa tradição de elitismo acadêmico, pesquisa individual e história institucional política para criar uma história diferente, proveniente de uma política de esquerda. E embora as três revistas ocasionalmente publicassem anúncios umas das outras em suas páginas e interagissem de tempos em tempos em entrevistas e debates[131], as diferenças muito reais que separavam essas três intervenções na escrita da história são mais reveladoras que quaisquer semelhanças que elas possam compartilhar. As diferenças surgiam em torno de três temas amplos: a figura do trabalhador ou do "povo", o papel do historiador e a relação entre passado e presente.

Le Peuple Français, uma resenha de história popular, foi iniciada em 1971 por alguns antigos membros do *comité d'action* de Nanterre, um grupo dominado, principalmente, por pessoas na extremidade inferior da hierarquia acadêmica: *maîtres-auxiliaires* (professores substitutos) e instrutores de *lycée*. Seu populismo ("Nós escrevemos para o povo"), ancorado num estilo legível, altamente acessível ("o que significa, antes de mais nada, que nós nos forçamos a escrever de modo simples")[132], era explícito; seu leitorado – entre 5 mil e 7 mil

---

[130] Alain Cottereau *apud* "Au sublime ouvrier: Entretien avec Alain Cottereau", *Les Révoltes Logiques*, n. 12, verão 1980, p. 32.
[131] Cf., por exemplo, "Le Peuple Français", uma análise crítica da revista em *Les Cahiers du Forum-Histoire*, n. 7, out. 1977, pp. 41-6.
[132] Editorial, *Le Peuple Français*, n. 24, out.-dez. 1976, p. 3. Os dois nomes no expediente da revista são Gilles Ragache e Alain Delale.

assinantes – atingia um alto nível em parte porque a dedicação da equipe à eficiência e ao trabalho duro, sem secretariado ou pessoal administrativo, mantinha o preço de cada número baixo (4 francos). A revista contava com um número significativo de trabalhadores (20 a 25%) e agricultores (10%) entre seus leitores.

Porém, apesar de suas origens, *Le Peuple Français* dava poucos sinais da sublevação *gauchiste* em curso, além de questionar a ideia de que "o historiador" deve ser alguém profissionalmente certificado como tal: "Nós somos, do nosso próprio modo, 'pesquisadores', mas é um trabalho que qualquer um pode fazer"[133]. Se o coletivo questionava os pressupostos de competência sobre o historiador fora da academia, deixava solidamente implantados todos os pressupostos prevalecentes em torno do objeto de sua pesquisa: "le peuple français". O próprio título da revista refletia a fé do coletivo num "povo" francês homogêneo, produto de um processo centralizador incontestado de integração nacional. (*Le Peuple Français*, como tal, não mostrava interesse por *le peuple breton* ou *le peuple flamand*, por exemplo.) Era o povo com "P" maiúsculo, imutável em seu heroísmo e representado nos artigos da revista num pequeno conjunto de poses familiares: sofrendo opressão brutal ou, em contraste, herói de um épico glorioso, emergindo da mina, fábrica ou palhoça sob o estandarte de uma bandeira coletiva. Às vezes, o povo aparecia com vestes mais antropológicas, empenhado em atividades repetitivas, folclóricas, cotidianas. *Le Peuple Français* resistia ativamente a qualquer reformulação teórica dessa noção de povo, uma categoria tão ambígua e, no entanto, monolítica, que todo mundo – de Pétain, passando pelo PCF e pelo desdobramento gaullista da imagem mítica forjada na Resistência, até Giscard – podia reivindicá-la e usá-la como um apoio seguro e legitimador para seu discurso político. Nessa área, para *Le Peuple Français*, Maio de 68 fez pouca diferença; a única diferença entre seu modo de representação e o modo tradicional podia ser detectada nos leves matizes de sentimentalismo maoísta, resquícios de *La Cause du Peuple*, que às vezes transpareciam em suas margens.

---

133   *Ibidem*, p. 4.

Le Peuple Français tampouco fez qualquer tentativa de evitar a propensão natural dos historiadores para "aninhar-se" ou instalar-se em territórios do passado como se fossem zonas distintas e autônomas, com pouco ou nenhum impacto sobre as preocupações presentes. Na verdade, o aninhamento era encorajado. Assim, enquanto a revista cobria uma gama extremamente vasta de temas e períodos históricos, ela parava logo antes de se aventurar na Quarta ou Quinta República, e só raramente propunha alguma conexão ou relação entre eventos passados e preocupações presentes. Não era necessário ser um especialista para escrever história, mas o leitor logo se tornava, lendo as páginas de *Le Peuple Français*, um especialista no passado, isto é, no conhecimento histórico do passado como um circuito fechado ou fim em si mesmo. Uma estrita divisão do trabalho, em outras palavras, subsistia, separando o papel técnico e, no fim das contas, altamente pedagógico do historiador – de recolher e fornecer informações sobre o passado – daquele do militante, engajado na reflexão e análise política atuais. "Não há uma boa teoria sem um bom conhecimento dos fatos"[134], afirmava o coletivo, mas o processo interminável de chegar aos fatos, ao que parece, fez o horizonte da teoria recuar indefinidamente.

O coletivo *Forum-Histoire* nasceu de grupos anti-Guerra do Vietnã e anti-imperialistas (CVB e CVN) baseados nos departamentos de história e geografia em Jussieu; portanto, ao contrário dos outros dois coletivos, foi formado dentro do meio universitário dos historiadores profissionais. Embora a revista, cujo primeiro número foi publicado em janeiro de 1976, funcionasse como um coletivo – os participantes se organizavam em grupos de trabalho em torno de tópicos como "Argélia" ou "história e ambiente" –, apenas um nome, o do então sinólogo e maoísta intermitente Jean Chesnaux, aparece no expediente como diretor da publicação. O subtítulo que orna a capa da revista, "L'histoire, pour quoi faire?" (Para que serve a história?), anunciava a intenção do coletivo de realizar, enquanto historiadores, uma crítica ideológica de sua própria função, segundo,

---

134 Coletivo *Le Peuple Français apud* "Une Société sans mémoire?", *Vendredi*, 23 nov.-6 dez. 1979, p. 11.

como eles dizem, "uma inspiração chinesa"[135]. Seu primeiro editorial declarava a linha que seguiriam: "*Forum-Histoire* constitui-se como um grupo de ação política no terreno da história [...] para ajudar na transformação da relação com o passado"[136]. Menos explicitamente preocupados que o grupo de *Le Peuple Français* com a questão de a quem cabe escrever a história, *Forum-Histoire* centrava sua investigação na função da história escrevendo a si mesma: por que estudar o passado?

A resposta que eles encontraram era que o estudo do passado era perfeitamente sem sentido, a menos que fosse realizado como uma reação às demandas do presente:

> A divisão do trabalho (quando eu preciso conhecer o passado, pergunto a um historiador qualificado), que parece evidente para um bom número de intelectuais, nos parece perigosa na maioria dos casos: ela cria e mantém uma separação fatual entre os que, por meio de sua profissão, podem ter acesso ao conhecimento e os que verdadeiramente precisam desse conhecimento hoje, no nível de sua vida cotidiana. Essa separação é instituída porque o que motiva o conhecimento intelectual é totalmente estranho à vida real das pessoas: os historiadores escrevem livros porque terminaram uma tese, porque são pesquisadores, porque precisam de dinheiro ou porque gostam de fazer isso: na melhor hipótese, historiadores de esquerda escrevem a história do movimento operário, mas o curso que seguem deriva mais deles que das necessidades atuais da luta dos trabalhadores[137].

Numa entrevista, Chesnaux comentou: "A maneira como os historiadores aceitam pôr de lado suas próprias divergências com a sociedade contemporânea em prol, digamos, de sua pesquisa sobre o século XVIII [...] [mostra que eles] aceitam como normal uma separação radi-

---

135 Jean Chesnaux *apud* "Une Société sans mémoire?", *Vendredi, op. cit.*, p. 11.
136 Editorial, *Les Cahiers du Forum-Histoire*, n. 1, jan. 1976, p. 2.
137 Editorial, *Les Cahiers du Forum-Histoire*, n. 5, jan. 1977, p. 2.

cal entre passado e presente"[138]. O grupo *Forum-Histoire* mostrava um completo desdém pelos debates dentro do discurso histórico concebido como ciência – aquelas polêmicas meramente técnicas sobre categorias como a *longue* ou *moyenne durée*, por exemplo. Ao contrário, eles se esforçavam para criticar a prática social dos que, como eles, escreviam história. A questão não era como escrever história, mas qual passado para qual futuro? A não ser que a questão fosse abordada de saída, na visão deles, a história não podia aspirar a ser nada mais que uma mercadoria produzida por especialistas e disponibilizada a diferentes consumidores, estes últimos interpelados segundo níveis variados de passividade e incompetência.

Por conseguinte, o grupo *Forum-Histoire* dispôs-se a desfazer as três separações seguintes, que eles julgavam definir a prática histórica tradicional: o passado e o presente; o estudo do passado e a prática política no presente; e os historiadores e os que são objeto (ou sujeitos) da história. O passado deve servir para alimentar a ação e a análise política hoje – não formando um elo mecânico ou contínuo com o presente, mas ajudando a esclarecer precisamente o que *não* é contínuo, o que está disponível somente agora para o novo. Estudar o passado deve nos ajudar a ver a contingência do presente em toda a sua imediatez, e não à luz de esquemas repetitivos ou categorias epistemológicas cuja certeza nunca pode ser demonstrada. "Pensar o passado politicamente para pensar o presente historicamente"[139] – ou seja, pensar o presente como algo que pode mudar. *Forum-Histoire* fazia pouco caso do revivalismo do folclore praticado por *Le Peuple Français*, bem como de sua construção monolítica do "povo" e de sua canalização de momentos heroicos do passado como meio, na melhor das hipóteses, de "levantar o moral" no presente.

Como *Les Révoltes Logiques* e a maioria das outras publicações radicais, *Forum-Histoire* (ao preço de 8 francos por número) teve dificuldade em se manter; na verdade, François Maspero assumiu a publicação e distribuição da revista. Cerca de 4 mil exemplares de cada número

---

138 Jean Chesnaux *apud* Christian Descamp, "Jean Chesnaux, historien du présent et de l'avenir", *Le Monde Dimanche*, 4 set. 1983, p. 4.
139 *Ibidem*.

eram publicados. Todavia, problemas mais graves, oriundos da própria prática do grupo, começaram a deixar claro que, embora eles tivessem conseguido questionar as três separações e livrar-se do peso morto de certas tradições historiográficas, eles tinham, na sua própria avaliação, fracassado em oferecer uma "outra história". Seu encontro com os agricultores e trabalhadores de Larzac em meados dos anos 1970, então engajados no que estava se materializando como um dos levantes populares mais significativos da época, foi um caso exemplar.

Em 1971, o governo francês decidiu expandir um campo militar na região agrícola relativamente pobre, isolada e despovoada de Larzac, no *département* Sud-Aveyron, com a justificativa de que o ato contribuiria para a atividade comercial na região e para a defesa da Europa. Os agricultores do platô se revoltaram, e começou um confronto entre o exército e os agricultores – incluindo os agricultores tradicionais extremamente pobres, que mantinham cultivos de subsistência, e os agricultores maiores, "modernistas", proprietários de terras. O confronto duraria dez anos. Logo um terceiro grupo, de *paysans installés* ou um tipo de *établis*, que se transplantaram para a região vindos de outras origens sociais e passaram a dedicar-se à atividade agrícola, começou a chegar para apoiar o movimento, ocupando – muitas vezes ilegalmente – a terra que o exército queria anexar para seus propósitos e entrando em prédios de propriedade do exército. José Bové, um desses *paysans installés*, chegou no platô em julho de 1976 e nunca mais saiu. Em 1973, ocorreu o primeiro de vários ajuntamentos imensos de apoiadores do movimento; como observou um participante, era provavelmente a primeira vez que mais de 100 mil pessoas de toda a França se reuniam num determinado lugar, por qualquer motivo. Enquanto isso, o movimento travava o que os maoístas gostavam de chamar de "guerra prolongada", dez anos de batalhas jurídicas obstinadas e inventivas destinadas a estragar os planos do exército. A certa altura, em 1978, um grupo de agricultores fez o caminho a pé de Larzac a Paris junto com ovelhas que eles levaram para dentro do tribunal. A força do movimento estava na diversidade de pessoas e ideologias disparatadas que ele congregou: ativistas antimilitares e pacifistas (objetores de consciência); separatistas da região occitana; partidários da não violência; revolucionários que almejavam derrubar o Estado burguês; anticapitalistas, anarquistas e outros *gauchistes*, assim como ecologistas. Quando Mitterrand foi eleito em 1981, sentiu-se impelido a fazer um gesto em direção à esquerda radical, que tinha trabalhado tão duro para salvar Larzac, e manteve a promessa que ele mesmo havia feito no platô de Larzac em 1974: o exército foi obrigado a abandonar o projeto de extensão.

Entre os vários esforços para contrapor-se ao pressuposto dominante dos militares de que a extensão se justificava porque o platô era uma região morta e subpovoada, estava a criação da Larzac-Université, um lugar onde habitantes locais, militantes e agricultores, bem como parisienses e outros forasteiros, podiam reunir-se para organizar seminários e outros projetos culturais e educacionais. Em 1976, um grupo de *Forum-Histoire* juntou-se a historiadores da região e não historiadores – trabalhadores e agricultores locais – para realizar um seminário sobre a história local, a dos agricultores e trabalhadores na vizinha Millau. Desde o início, diferenças de expectativa dividiram os grupos participantes: os historiadores regionais, por exemplo, de viés tradicionalista, viam o seminário como um esforço para entender melhor a região Sud-Aveyron; os historiadores de *Forum-Histoire*, por outro lado, tinham o objetivo mais teórico de usar a luta em curso em Larzac como meio para pensar o passado politicamente e permitir que as massas populares se reapropriassem elas mesmas da história, sem depender dos historiadores profissionais. Numa série de artigos francos publicados em sua revista, *Les Cahiers du Forum-Histoire*, o coletivo analisou as incertezas, decepções e fantasias que se chocaram antes e durante o seminário[140]. Os parisienses, por exemplo, estranhos à região, tendiam a formar um grupo fechado; os não historiadores não falavam muito com os historiadores. O grupo de Millau, muito ativo na preparação do seminário, recuou à medida que ele avançava. Na verdade, os agricultores de Larzac e os trabalhadores de Millau, que deveriam estar no coração da empreitada, deixaram-se entrevistar

---

140 Cf. os artigos agrupados sob o título "Le Stage d'histoire de Larzac-Université", *Les Cahiers du Forum-Histoire*, n. 5, jan. 1977, pp. 3-27; e "'Faire de l'histoire' [...] avec les paysans du Larzac. II", *Les Cahiers du Forum-Histoire*, n. 6, maio 1977, pp. 50-4; minha discussão do encontro entre historiadores e agricultores nesta seção baseia-se nos relatos desses números.

para as *enquêtes*, mas participaram apenas raramente do seminário em si, talvez por causa do conflito com seus horários de trabalho.

No fim, ao que parecia, os parisienses haviam idealizado excessivamente suas próprias ideias teóricas e o movimento de Larzac. Eles chegaram com uma concepção do movimento, então com cinco anos de duração, derivada de livros, filmes e artigos; nessa versão, 103 agricultores, unidos num modelo de organização democrática, haviam rompido com um passado reacionário para empreender um combate prolongado e radical contra a autoridade do Estado, para que pudessem continuar vivendo do mesmo jeito que sempre viveram. Sua batalha contra o exército era a luta mítica da vida contra a morte. Eles eram abertos aos recém-chegados, a todas as pessoas marginais que, atraídas pela sua luta, tinham cortado as amarras e ido viver no platô; eles acolhiam os imensos ajuntamentos de milhares e milhares de pessoas que vinham lhes prestar apoio; e aliavam-se ativamente com outras pessoas em luta, especialmente com os operários da Lip, então engajados numa greve prolongada em Besançon, com os irlandeses e com os esforços de autodeterminação de outros povos nativos.

Ao contrário, o que os parisienses ficaram estupefatos de encontrar quando realmente foram a Larzac foi um grupo de agricultores que estavam hesitantes, profundamente desgastados e cansados pelos anos de batalha, tentados pelo compromisso, dominados pelos grandes agricultores da área – os agricultores "notáveis" do platô, que haviam se tornado os porta-vozes autonomeados do movimento. Ou seja, eles encontraram um grupo de agricultores seriamente divididos. Se os agricultores de Larzac acolhiam os tipos contraculturais, os marginais que abriam caminho até o platô, eles eram menos acolhedores para com aqueles semelhantes a eles, outros trabalhadores agrícolas que queriam mudar-se para lá; se eles se aliavam com outras lutas, tendia a ser com aquelas que não estavam ao lado: os trabalhadores em greve na Millau vizinha reclamaram que não tinham recebido um apoio entusiasmado de seus vizinhos agricultores.

Quanto aos intelectuais, os agricultores tendiam a considerá-los fornecedores do único tipo de participação política que seu "métier" permitia: o de apoio incondicional ao que eles – os agricultores – decidiam sozinhos. Era precisamente o tipo de apoio que os agricultores pareciam relutantes em dar aos trabalhadores de Millau. Ou seja, embora acolhessem o apoio e a animação que os forasteiros traziam, eles mostravam pouco ou nenhum interesse pelo seminário de história e pelo tema: o seu próprio passado. Dadas as urgências imediatas de sua luta contra o exército e as divisões entre eles, os agricultores não estavam muito preocupados em "ter uma apreensão" de seu passado nem em relacionar esse passado à batalha política presente. A maior parte deles falava apenas do presente ou dos cinco anos que tinham transcorrido desde que sua batalha começara. Eles estavam preocupados em saber se deviam ou não negociar com o exército.

As pessoas de *Forum-Histoire* viram-se cada vez mais confusas quanto a seu papel. Com efeito, o experimento de Larzac insistia em manter separado o que sua teoria tentava reunir: uma história local e viva do passado e as implicações contemporâneas, essencialmente políticas, da luta em Larzac; história profissional e prática viva. Eles viram aquilo que podiam fazer ser cada vez mais dominado pelas preocupações do presente, e passaram a produzir uma série de *enquêtes* baseadas em conversas, numa tentativa de entender a situação que evoluía a sua frente. Eles não tentaram ser sociológicos, não conceberam as chamadas amostras representativas e não adotaram uma máscara de objetividade pseudocientífica na realização das entrevistas. Dessas *enquêtes* surgiu um conjunto de temas ou problemas relacionados à divisão entre agricultores tradicionais e agricultores modernizantes – os que tinham investimentos significativos e grandes propriedades na área, e administravam fazendas com empregados agrícolas. Esses problemas, por sua vez, levaram o coletivo a ampliar sua análise de Larzac e vê-lo não simplesmente como uma luta defensiva contra o exército, mas como um lugar onde questões fundamentais sobre o desenvolvimento capitalista da agricultura estavam sendo colocadas e debatidas.

A história, como tal, havia saído do quadro. Não só o presente era o ponto de partida para sua empreitada, mas eles descobriram que estavam cada vez mais chegando aí. Eles tinham parado de "trabalhar sobre" e começado a "trabalhar com": a história se dissolvera inteiramente na prática política. E certamente conseguiram recusar a erudição histórica como fim em si. "Mas nós paramos naquele ponto; não sabíamos como definir uma pesquisa histórica alternativa, alimentada pelo presente, porém exigente e rigorosa."[141] E sua tentativa de combinar uma crítica radical da história dominante com as vozes da história "do povo" tinha, em larga medida, fracassado.

> A contribuição dos "historiadores selvagens" foi muito importante para alimentar nossa crítica da história dominante e seu elitismo profissional, para mostrar que a divisão entre a história e o presente – a luta política – não era inelutável. Mas éramos nós que os chamávamos de "historiadores diferentes"; não era do interesse deles, de modo algum, definir-se dessa forma[142].

Em certa medida, o encontro entre o grupo *Forum-Histoire* e os agricultores de Larzac, um encontro marcado por expectativas equivocadas, surpresas, frustrações e reajustes de cada lado, produziu o tipo de complexidades vividas que o terceiro – e, teoricamente, mais ambicioso – dos coletivos de história, *Les Révoltes Logiques*, dispôs-se a investigar como tema escolhido. Oriundos, em sua maioria, de uma formação em filosofia e não em história – o grupo evoluiu, em parte, de um seminário de filosofia dado por Jacques Rancière em Vincennes sobre as práticas dos trabalhadores –, os membros do coletivo *Révoltes Logiques* não queriam, como *Forum-Histoire* assumidamente não estava conseguindo fazer, escrever "uma outra história"[143]. Eles queriam romper ou interrogar as categorias epistemológicas e representações que serviam para fundamentar o discurso histórico, particularmente o discurso que, como o da história social, se propõe a

---

141 Jean Chesnaux *apud* Christian Descamp, "Jean Chesnaux, historien du présent et de l'avenir", *Le Monde Dimanche, op. cit.*, p. 4.

142 Jean Ahmad e Jean-Michel Dominique, "Pourquoi cessons-nous de publier *Les Cahiers du Forum-Histoire?*", *Les Cahiers*, n. 10, nov. 1978, p. 57.

143 Os membros iniciais do coletivo incluíam Jean Borreil, Geneviève Fraisse, Jacques Rancière, Pierre Saint-Germain, Michel Souletie, Patrick Vauday e Patrice Vermeren. Cerca de 2.500 exemplares de cada número eram publicados. Quando o último número da revista foi lançado em 1981, o coletivo tinha recebido a adesão de Serge Cosseron, Stéphane Douailler, Christiane Dufrancatel, Arlette Farge, Philippe Hoyau, Daniel Lindenberg e Danièle Rancière.

contar a história do "outro" privilegiado da modernidade política: o trabalhador. De onde vêm as representações do trabalho e dos trabalhadores geradas pelos historiadores sociais, e o que elas escondem?

O coletivo tirou seu nome de um verso de um poema em prosa de Arthur Rimbaud, "Démocratie", escrito logo após o fim da Comuna de Paris. No poema, Rimbaud parodia o discurso de uma classe burguesa volúvel e imperialista, expandindo-se da metrópole para as "terras lânguidas e olentes", "alimentando", como diz o poema, "a prostituição mais cínica" e "destruindo toda revolta lógica". Após a derrota sangrenta da Comuna, agora diante do "lodaçal", como Rimbaud chamou alhures, da classe média francesa que consolidava o ímpeto colonial que a impeliria por muitas décadas, como podia um futuro diferente ser imaginado? Como muitas das *Iluminações*, "Démocratie" evoca a consequência emocional angustiante da repressão da revolução, a experiência vivida das possibilidades políticas que se fecham, o desmantelamento ou enfraquecimento das concepções utópicas de mudança – um conjunto de percepções e experiências certamente compartilhadas pelo coletivo *Révoltes Logiques* quando, na esteira de Maio de 68, eles procuraram Rimbaud em busca de um nome[144]. As "revoltas" do título anunciam os objetivos abertamente políticos (em oposição aos históricos ou filosóficos) da revista, sua tentativa de prolongar, de outras maneiras, as energias revolucionárias e democráticas da revolta recente de que eles tinham participado e de contrapor-se à reabsorção em curso no pós-Maio da política na sociologia, que dominava então a cena intelectual. Era uma reabsorção, na visão do coletivo, que só podia resultar em algo como uma crítica "radical" de uma situação imutável. O título da revista também ecoava o lema do grupo maoísta Gauche Prolétarienne, ao qual alguns membros do coletivo haviam se associado: "On a raison de se révolter"

---

[144] O título de Rimbaud, "Démocratie", faz alusão ao deslizamento ideológico do termo já na sua época: ele tinha sofrido uma modificação profunda durante o Segundo Império, quando foi apropriado pelo regime imperial em oposição ao regime burguês – o imperador alegava ter devolvido ao povo sua soberania. Cf. minha *Emergence of Social Space: Rimbaud and the Paris Commune*, Minneapolis: University of Minnesota Press, 1988, pp. 152-3.

(Temos razão de nos revoltar) – um *slogan* em que a indeterminação do pronome francês "on" indica a medida em que o processo de subjetivação revolucionária tinha se aberto, se disponibilizado a qualquer coletividade, até virtual. Esse lema, claro, também foi tomado por Sartre, Philippe Gavi e Benny Lévy (vulgo Pierre Victor) como título de sua conversa de 1974, publicada em livro pela Gallimard em sua coleção "La France sauvage", uma nova coleção lançada naquele ano, com um manifesto que dizia: "queremos nos basear nos fatos e retornar a eles perpetuamente [...] como um caminho pelo qual uma possível filosofia da liberdade pode ser alcançada"[145]. A parte de Sartre no lucro das vendas do livro (uns 30 mil francos) foi destinada por ele para financiar o *Libération* com a corda no pescoço[146]. E *Les Révoltes Logiques*, tanto no título quanto no próprio projeto, traz algumas marcas de um "não evento" fantasmagórico de meados dos anos 1970, a série televisiva *O significado da revolta no século XX*, que devia ter sido produzida usando o itinerário intelectual de Sartre como foco. Rancière, Philippe Gavi, Simone de Beauvoir e mais uns oitenta pesquisadores e historiadores trabalharam por cerca de um ano nos estágios iniciais do projeto, a ser dirigido por Roger Louis, um repórter de televisão que estava entre os que se demitiram da ORTF durante sua longa greve em maio e junho de 1968. Pequenas equipes de historiadores, militantes e estudiosos se organizaram e foram pesquisar tópicos específicos, como a revolta feminista ou a revolta dos trabalhadores. Daniel Lindenberg, que mais tarde se juntaria ao coletivo editorial de *Les Révoltes Logiques* na década de 1980, ficou encarregado de preparar um estudo sobre Paul Nizan para a série de TV: "Nós imediatamente investimos uma quantidade considerável de trabalho", conta ele, "certos de que o projeto seria realizado"[147]. Todavia, no fim das contas, a série, à qual Chirac fora abertamente hostil desde o início, também deve ter parecido controversa para a televisão estatal. A pretexto de dificuldades técnicas e financeiras – o governo

---

145 *Apud* Simone de Beauvoir, *Adieux: A Farewell to Sartre*, Nova York: Random House, 1984, p. 68.
146 Cf. Annie Cohen-Solal, *Sartre: A Life*, Nova York: Pantheon, 1987, p. 486.
147 Daniel Lindenberg *apud* Annie Cohen-Solal, *op. cit.*, pp. 504-5.

procurou até sugerir que Sartre estava tentando tirar um lucro financeiro pessoal da série –, o projeto foi cancelado, o que levou Sartre e outros a organizar uma conferência de imprensa intitulada "O problema da censura na televisão".

O nervosismo com que o Estado viu o projeto televisivo da "História da revolta" e seu filósofo protagonista, Sartre, contrasta fortemente com a exibição entusiasmada na televisão, no começo dessa mesma década, dos rostos e discursos dos Novos Filósofos. O contraste dá uma noção de quais tipos de *gauchistes* eram aceitáveis nos anos Giscard e quais não eram. Porém, se o projeto televisivo acabou fracassando, ele ajudou a nutrir o grupo formado principalmente por maoístas que fundou o Centre de Recherche sur les Idéologies de la Révolte; foi esse centro que, por sua vez, publicou *Les Révoltes Logiques*. O objetivo da revista, como o coletivo escreveu no primeiro número, era "interrogar a história que começa com a revolta e a revolta que começa com a história". Mas o adjetivo "lógicas" no título da revista chama a atenção para outro conjunto de problemas: os que surgem na escrita histórica da interação entre duas lógicas interdependentes, a lógica do historiador e a lógica de seu objeto de estudo. Segundo a lógica do historiador, a verdade está em dados sobre o passado transformados em conhecimento, e no conhecimento transformado em lições ("as lições da história") para hoje. Segundo a lógica do objeto (que, na verdade, é apenas outra versão da lógica do historiador), a verdade está numa autêntica "cultura da classe operária" na qual marxistas e empiristas acreditam (ou ambos os grupos juntos, como em *Le Peuple Français*), uma verdade inscrita nos trabalhadores que eles mesmos não conseguem conhecer ou articular, assim como não podem evitar incorporá-la e manifestá-la ao olho treinado do historiador. O que está errado nesse quadro?, perguntava *Les Révoltes Logiques*.

Em sua declaração de abertura, o coletivo exprimiu uma espécie de desejo utópico, com ecos de um maoísmo anterior, de revelar "outra memória", uma memória popular ou "pensamento de baixo para cima", livre de mediação e ligada à capacidade do povo de efetivamente representar-se ou escrever sua própria história. Era uma capacidade que todas as convenções do historicismo e todos os "tipos" sociais, antropológicos e econômicos através dos quais a classe operária era identificada e classificada, louvada ou denegrida, serviam apenas para ocultar. Mas primeiro, *Les Révoltes Logiques* dispôs-se a enumerar todos os tipos de empreendimentos históricos ou escavações da memória popular que eles não imitariam nem realizariam. A história estatal ou oficial meramente afirma a capacidade heroica dos senhores: "[Ela] não conhece nenhuma revolta de operários ou camponeses. Nem de mulheres ou minorias nacionais". A história em voga – a da escola dos *Annales* – é castigada pela sua visão de uma história imóvel e de um "povo" igualmente imóvel que se contenta em deixar para a elite a tarefa da mudança histórica. A história *gauchiste* ou do Partido oferece uma simples "metafísica" da revolta; numa caracterização presciente do fenômeno dos Novos Filósofos que estava apenas começando, os *gauchistes* que se libertaram de Marx são vistos pelo coletivo como tendo caído na metafísica do desejo ou da religião. A "literatura popular" – o tipo de memória codificada em cantigas e lendas folclóricas e tutelada por guardiões da memória folclórica ocupados em proclamar a pureza, a autenticidade e a impermeabilidade do folclore a influências externas – é vista como nada mais que um repositório das representações e estereótipos do povo que *Les Révoltes Logiques* estava procurando desfazer. Eles tampouco viam seu projeto refletido no tipo de "história do discurso" praticada pelo contemporâneo talvez mais próximo de seus próprios objetivos, Michel Foucault. Eles disseram que não queriam escrever história do discurso, mas analisar a articulação *entre* discursos e práticas. Para Foucault, que o coletivo entrevistou em um de seus números, as práticas discursivas eram sempre as do poder; por isso, ele (e ainda mais seus seguidores, como Michel de Certeau) permaneceu trancado num esquema mecanicista constituído pela gangorra do poder e da resistência popular. Ao entrevistá-lo, o coletivo formulou uma crítica de Foucault em torno das seguintes perguntas: a análise das técnicas do poder não torna o poder absoluto ao pressupor que ele sempre esteve ali, perseverando diante da ação de guerrilha e das táticas de resistência igualmente perseverantes das massas? E isso não serve para evitar a verdadeira questão colocada pelo poder, a saber, a quem ele serve e com que propósito[148]?

Tendo dispensado os modos reinantes de se escrever história, o coletivo definiu seu projeto nestes termos:

> *Révoltes Logiques* deseja simplesmente ouvir novamente o que mostra a história social, e ressituar, em seus debates e no que está em jogo, o pensamento de baixo para cima. O intervalo entre as genealogias oficiais da subversão – por exemplo, "a história do movimento operário" – e suas formas reais de elaboração, circulação, reapropriação, ressurgência.
> A disparidade das formas de revolta.
> Suas características contraditórias.
> Seus fenômenos internos de micropoderes.
> O que é inesperado nela.
> Com a simples ideia de que a luta de classes não deixa de existir só porque não se conforma com o que aprendemos sobre ela na escola (ou através do Estado, do Partido, do *grupelho*) [...].
> *Révoltes Logiques* [...] tentará seguir os caminhos transversais da revolta, suas contradições, sua experiência vivida e seus sonhos[149].

Como tal, o passado seria abordado transversalmente a partir do presente para encontrar a pré-história de certo número de problemas contemporâneos perceptíveis no intervalo entre o movimento operário organizado e o discurso e forma efetiva de sua luta. Seria papel do passado fornecer lições para o presente? *Les Révoltes Logiques* rejeitava qualquer relação pedagógica entre passado e presente, qualquer concepção do passado como um conhecimento que pode ser extraído na forma de lições ou histórias edificantes. Eles não procuraram fazer uma reconstituição histórica na forma de um

---

[148] Cf. "Pouvoirs et stratégies: entretien avec Michel Foucault", *Les Révoltes Logiques*, n. 4, 1977, pp. 89-97.
A crítica a Foucault feita pelo coletivo Révoltes Logiques assemelha-se à de Nicos Poulantzas um ano depois. Cf. seu capítulo "Towards a Relational Theory of Power" em: *State, Power, Socialism*, Londres: Verso, 2000, pp. 146-53.
[149] Editorial, *Les Révoltes Logiques*, n. 1, inverno 1975.

relato. Nem eram propensos a sistemas ou lições como modo de expressão. O passado não ensina nada. "Deixem as lições àqueles que fazem uma profissão da revolução ou um comércio de sua impossibilidade."[150] Se o passado não dá lições ao presente, então por que estudá-lo? A "lição" da história, na melhor das hipóteses, é "reconhecer o momento de uma escolha, do imprevisível, não tirar da história nem lições nem exatamente explicações, mas o princípio de uma vigilância com relação ao que existe de singular em cada apelo à ordem e em cada confronto"[151]. O passado permite uma certa vigilância no presente, a capacidade de saber quando uma escolha deve ser feita, uma escolha que é contingente e singular, e não o produto de estruturas repetitivas ou determinações. Rupturas em vez de continuidades, indivíduos singulares em vez de aglomerados estatísticos, o que as pessoas disseram em vez do que foi dito em seu nome: "O que nos interessa [...] é que a história seja a todo momento uma quebra, a ser interrogada apenas *aqui*, apenas politicamente"[152]. *Les Révoltes Logiques* propõe-se a escrever a particularidade da revolta, sua "outra memória".

O que é, então, essa "outra memória", e onde ela pode ser encontrada? Para *Les Révoltes Logiques*, ao contrário, digamos, do coletivo *Forum-Histoire*, ela se situava nos arquivos e especificamente nas palavras, no discurso, de homens e mulheres individuais – palavras que podem ser ouvidas ou escutadas apenas na medida em que se toma literalmente a noção do trabalhador como sujeito. Como o que os trabalhadores dizem e fazem é ativo, propício à liberdade? As palavras em si são parte da luta – não as palavras de pessoas que falam "pelas" massas, mas simplesmente pessoas falando. É nessa balbúrdia que os historiadores sociais chafurdam para chegar à verdade estatística dos trabalhadores, ou eles a ignoram porque ela não se conforma a qualquer uma das várias naturezas essenciais do trabalhador: amor pelo ofício, ódio ao ofício, solidariedade, comuni-

---

150 *Ibidem*.
151 Editorial, *Les Révoltes Logiques*, n. 5, primavera-verão 1977, p. 6.
152 Coletivo Révoltes Logiques, "Deux ou trois choses que l'historien social ne veut pas savoir", *Le Mouvement Social*, n. 100, jul.-set. 1977, p. 30.

dade, e assim por diante. Encontrar pessoas do passado como iguais significa conferir a sua balbúrdia, seus textos e suas ações tanta atenção quanto se daria às palavras dos intelectuais burgueses, de ontem ou de hoje. E significa prestar atenção especial à retórica das vozes nos arquivos que não "soam como" trabalhadores, que demolem os pressupostos que temos sobre os trabalhadores, as vozes dos que poderiam, em sua imitação do discurso burguês, por exemplo, ser relegados por outros historiadores ao *status* de "traidores da classe".

> O trabalhador que, sem saber escrever, tenta fazer rimas à moda do dia é talvez mais perigoso para a ordem ideológica existente que um que entoa canções revolucionárias [...]. Com a introdução – por mais limitada, por mais ambígua – do sentimento estético no universo dos trabalhadores, o fundamento de toda a ordem política é questionado[153].

Prestou-se demasiada atenção nas coletividades dos trabalhadores e não o bastante em suas divisões; enfocou-se demais a cultura dos trabalhadores e não suficientemente seus encontros com outras culturas, seus deslocamentos e uniões por sobre as linhas de classe. Esses momentos de encontro, como o encontro complexo de trabalhadores e intelectuais em 68, ou de historiadores e agricultores em Larzac, foram instâncias do que outros poderiam ser tentados a conceitualizar como "contaminação" cultural ou "a infiltração de valores burgueses". Mas foram os encontros com pessoas diferentes deles – e não o halo da identidade compartilhada – que permitiram que um sonho de mudança florescesse. Em sua busca de contradição e destinos singulares, não sur-

---

[153] Jacques Rancière, "Le Bon temps ou la barrière des plaisirs", *Les Révoltes Logiques*, n. 7, primavera-verão 1978, p. 30. Esse ensaio, assim como outro anterior em *Les Révoltes Logiques* sobre as Exposições Universais e o prefácio de Cottereau ao *Le Sublime* de Poulot, foi incluído num volume editado por John Moore, Adrian Rifkin e Roger Thomas intitulado *Voices of the People: The Social Life of "La Sociale" at the End of the Second Empire*, Londres: Routledge and Kegan Paul, 1988. O livro contém uma introdução geral muito informativa de Thomas.

preende que o lugar e o discurso de mulheres novecentistas – trabalhadoras e intelectuais – emergissem nas páginas da revista como um tópico privilegiado, nem que uma importante teórica feminista como Geneviève Fraisse tenha começado a escrever sobre mulheres e feminismo como membro do coletivo.

Assim, no centro da crítica de *Les Révoltes Logiques* estaria todo o empreendimento representado por uma revista como *Le Peuple Français* – que eles consideravam incorporar todas as tendências empiristas e positivistas da esquerda que eles estavam tentando desmantelar. O projeto de *Le Peuple Français* não era nada mais que uma acumulação de detalhes para saber mais sobre o que nós já sabíamos. No fim das contas, os historiadores das condições sociais – sociólogos do passado – excluem a ideia de que as coisas poderiam ser radicalmente diferentes. Sua homenagem à classe operária encobre outra mensagem bem diferente: apeguem-se a sua identidade coletiva, fiquem no seu lugar, ajam como trabalhadores – isto é, ajam da maneira como nós pensamos que os trabalhadores agem.

Mas dar o tipo de atenção que *Les Révoltes Logiques* propunha às particularidades do discurso dos trabalhadores implicava um esmiuçamento excepcionalmente paciente e demorado dos arquivos em busca de especificidade, e uma leitura atenta de textos amiúde obscuros. Se *Forum-Histoire* acabou perdendo sua apreensão do passado e dissolveu-se no ativismo cotidiano, *Les Révoltes Logiques*, por outro lado, corria o risco de se perder nos arquivos. Sua tarefa exigia uma imersão profunda e prolongada em arquivos altamente específicos de trabalhadores franceses do século XIX – com frequência, arquivos que ainda não haviam sido examinados. Não apenas é preciso ser um arquivista alerta e paciente para encontrar as vozes ignoradas porque não se conformam com representações padronizadas dos trabalhadores, é preciso quase ser um historiador melhor que os historiadores. Embora suas ambições teóricas os tenham impedido de seguir a rota empirista dos fatos pelos fatos, as mesmas ambições teóricas pareciam pedir um tipo de hiperempirismo: a recusa de conceitualizar ou generalizar. A revista continuou, em sua maior parte, ancorada à especificidade radical de destinos singulares, de momentos inabituais, rarefeitos ou escondidos – os apartes das lutas dos trabalhadores. Implicações teóricas tão radicais e fecundas que se poderia esperar que excedessem um local específico permaneceram enraizadas naquele local em virtude dos arquivos, correndo o risco, já que a revista limitava a comparabilidade ou relutava em estender a busca para fora da França, por exemplo, de um tipo de excepcionalidade.

Quando efetivamente se afastavam dos arquivos dos trabalhadores novecentistas, eles o faziam na direção do presente. Nessa escrita, a história aparece menos como um arquivo do que como um laboratório que permite a exploração e crítica do discurso e da prática política contemporânea. Quando, em 1978, o grupo dedicou-se a analisar os resquícios e a memória de Maio na vida francesa, as atividades de muitos de seus próprios camaradas e antigos camaradas, e a retraçar o destino de uma certa ideia de política "de baixo para cima" associada a Maio e outrora compartilhada, o número especial de *Les Révoltes Logiques* que resultou em *Les Lauriers de Mai* tornou-se talvez o texto mais sério que temos sobre a memória de Maio por ocasião de seu décimo aniversário.

Les Lauriers de Mai é um documento tocante, em parte porque seus autores se recusam a arrogar-se o papel daqueles que sabem a verdade sobre 68 – a genuína doutrina revolucionária, digamos, ou os verdadeiros desejos políticos das massas – e, no entanto, pela mesma medida, eles se recusam a enxergar-se na versão hegemônica emergente de sua história, propagada principalmente por ex-*gauchistes* reformados, Novos Filósofos, atarefados recodificando os elementos anti-stalinistas do *gauchisme* nas celebrações do capitalismo liberal. O zelo com que a memória dos eventos de Maio de 68 foi distorcida tinha fornecido, inicialmente, o ímpeto para a decisão do coletivo de trabalhar para recuperar outras "interrupções" perdidas no passado. Ele os tinha levado, como sugeriu Donald Reid, a combater uma leitura da história que relegaria tais "interrupções" ou tentativas utópicas de viver ou pensar num mundo diferente a uma lista de numerosos fracassos ou desvios – com o efeito, se não o propósito, de repreender qualquer um que tentasse fazer algo semelhante[154]. Tendo mergulhado nas interrupções do século XIX, eles se dedicavam agora a escrever a consequência dessa interrupção, que era Maio; sua própria história recente seria outro tipo de "memória histórica alternativa". Retraçar os vários caminhos *gauchistes* trilhados nos dez anos desde Maio, dos Novos Filósofos ao Partido Socialista, de *Libération* à CFDT, significava inevitavelmente, para o coletivo *Révoltes Logiques*, realizar um tipo de autoanálise também, "uma interrogação de nós mesmos [...] sobre as razões de nossa intolerância a certos discursos e práticas". Sem pretender alcançar uma objetividade científica ou verdade superior, o coletivo procurou distanciar-se de seus colegas *gauchistes* aos quais Maio havia conferido uma nova legitimidade política – seja sindical, intelectual ou jornalística – que fazia deles agora, dez anos depois, os administradores de um patrimônio.

A tentativa do coletivo de aludir a "outra memória" de Maio ou de mantê-la viva encontrou obstáculos imediatos, até antes da publicação. *Les Lauriers de Mai* deveria, originalmente, ter sido publicado como número especial de *Les Temps Modernes*. Contudo, o artigo de fundo – uma leitura altamente controvertida do fenômeno emergente dos Novos Filósofos, que situava o esforço deles em entronizar-se como a nova *intelligentsia* pós-68 nas práticas da Gauche Prolétarienne maoísta e nas frustrações do pós-Maio – foi julgado inaceitável pelo conselho editorial de *Les Temps Modernes* – conselho que incluía, então, alguns ex-membros da Gauche Prolétarienne (entre eles, Benny Lévy) para quem essa leitura de sua história compartilhada deve ter parecido controversa, se não ofensiva.

A dificuldade de fazer valer uma versão de sua própria história recente é mencionada também num artigo em *Les Lauriers de Mai* que analisa a trajetória de *Libération*, o cotidiano cuja origem ("*Libération*,

---

154 Donald Reid fez essas observações acerca do trabalho de Jacques Rancière, o escritor mais intimamente associado a *Les Révoltes Logiques*, numa mesa-redonda da qual ele, Linda Orr, Lloyd Kramer e eu participamos sobre Rancière na conferência desse historiador francês em Vancouver em 1995. Cf. a excelente introdução de Reid à tradução inglesa de *La Nuit des prolétaires*, de Rancière: *The Nights of Labor*, Philadelphia: Temple University Press, 1989. Cf. também a introdução que escrevi para a minha tradução de *Le Maître ignorant*, de Rancière: *The Ignorant Schoolmaster*, Stanford: Stanford University Press, 1991.

que não era um jornal maoísta, mas fora lançado por maoístas")[155] e aspirações iniciais de exprimir a voz do povo lembravam tanto as do coletivo *Révoltes Logiques*. Intitulado "*Libération*, mon amour?", o artigo propunha-se não somente a ler a história institucional do *Libé* segundo as transformações do lema "on a raison de se révolter", mas a ler o jornal em si como ativamente engajado num projeto de escrever a história. "Nós não podíamos ficar indiferentes à representação que o *Libé* faz dessa história [do *gauchisme*], que é, em grande parte, a nossa."[156] Se o jornal era uma parte vital da história do movimento e do pós-68, ele estava se tornando rapidamente nada menos que um dos principais veículos – se não o principal – na produção da representação popular dessa história.

Para evitar escrever da perspectiva do consumidor insatisfeito, o coletivo *Révoltes Logiques* realizou uma *enquête* com cinco funcionários do *Libé*, incluindo o diretor Serge July, um ex-tipógrafo e redator, B. Mei, e um dos coautores, com Sartre, de *On a raison de se révolter*, Philippe Gavi. O artigo, baseado em suas observações, começa dando rapidamente o veredito de que os objetivos *gauchistes*-populistas do jornal de ser, como proclamou um de seus primeiros números, a voz do povo anônimo, da "França de baixo, a França dos conjuntos habitacionais, dos campos e fábricas, do metrô e do bonde", fracassaram completamente em 1977. O *Libé* era então analisado de acordo com as três coisas que se tornou: uma empresa jornalística, uma instituição cultural e um aparato ideológico. Se antes alguém se tornava jornalista por ser militante, agora se tornava jornalista por profissão. A pressão de publicar um número todo dia contribuiu para uma situação em que as tarefas compartilhadas por todos nos primórdios do jornal agora eram claramente demarcadas e atribuídas: uma divisão clara entre edição (realizada de dia, majoritariamente por homens) e produção (trabalho noturno, quase inteiramente feito por mulheres) foi reafirmada, junto com outros aspectos tradicionais da divisão do trabalho. Uma anedota "de baixo para cima", isto é, do ex-tipógrafo, dá uma imagem clara:

---

155 Jean-Paul Sartre *apud* Simone de Beauvoir, *Adieux: A Farewell to Sartre*, op. cit., p. 373.
156 Pierre Saint-Germain, "*Libération*, mon amour?", *Les Révoltes Logiques*, número especial, *Les Lauriers de Mai*, 1978, p. 59.

> Um dia quisemos inserir quatro páginas sobre o processo de produção do jornal num número [...]. Eles não podiam tolerar que quiséssemos simplesmente contar o que acontece no jornal: tivemos que brigar, alguns deles até ameaçaram se demitir se isso fosse publicado [...]. O que os irritou foi a ideia de uma perspectiva sobre o jornal que não era a deles. Para eles, isso não era uma análise política do jornal[157].

O ponto de inflexão ou momento emblemático nesse processo de profissionalização voltada para o mercado foi, para Gavi, a entrada do diretor Serge July no *Club de la Presse* de *Europe 1* em algum momento de 1976. A ex-jornalista do *Libé* Martine Storti concorda. Embora seja impossível para ela fixar uma data precisa no que era, na verdade, um deslizamento progressivo por parte do jornal da militância para o jornalismo, ela também destaca a importância do dia em que July anunciou que tinha sido convidado a integrar as conferências de imprensa de domingo, que reunem a "nata" da imprensa francesa. Até aquele ponto, o jornal tivera pouco a ver com a "política dos políticos". E se uma pessoa representasse ou encarnasse o *Libé* para o mundo exterior, Storti e outros se preocupavam, na época, que isso pudesse ser uma fresta na porta para o *star system* e outros aspectos insidiosos da personalização[158]. Será que o *Libé* não se tornaria ligado, na mente das pessoas, a determinado rosto, o rosto do "patrão" ou "dono", que se pensa comumente ser uma necessidade à frente de toda empresa? Por volta dessa época, July começou também a publicar seus editoriais assinados no jornal; Gavi comenta: "Pôr um editorial na primeira página do *Libé* que não é assinado pelo jornal, mas pelo diretor do jornal, é recuar para uma forma que é própria dos políticos".

---

157 Pierre Saint-Germain, "*Libération*, mon amour?", *Les Révoltes Logiques, op. cit.*, p. 61.
158 Cf. Martine Storti, *Un Chagrin politique, op. cit.*, pp. 128-64. Storti conta que, quando membros da equipe sugeriram se revezar com July comparecendo às reuniões de domingo do clube, ele insistiu que a regra do clube era que a mesma pessoa tinha que comparecer toda semana. Mais tarde, membros da equipe descobriram que isso não era verdade.

As razões para a evolução do *Libé*, na visão de Storti, eram claras: o cansaço de viver à margem, o desejo de pôr fim ao militantismo, a vontade de reconhecimento social, a necessidade de criar um jornal que vendesse mais. Mas a evolução em si estava sendo escondida atrás de vários álibis por pessoas que conseguiam posar de guardiãs do templo que elas mesmas estavam demolindo. No fim da década de 1970, quando Storti saiu do jornal, "a fidelidade a uma causa era tomada por cegueira ideológica, a ação militante por ativismo imbecil, enquanto a reconciliação com a sociedade passava por libertação dos tabus políticos"[159].

O convite feito a July por jornalistas profissionais era uma indicação de que o *Libé* entrara para as fileiras dos jornais sérios, que era reconhecido, como apontam os autores de "*Libération*, mon amour?", por outras instituições a ponto de se esperar que desempenhasse um determinado papel, um determinado instrumento musical atribuído a ele na orquestra da imprensa conservadora francesa. Cada jornal que aspira a ser um bom produto deve cumprir sua tarefa na divisão de competências; ao *Libé* caberia a tarefa de especializar-se no *off-beat*, no marginal, o trabalho de criar um tipo de enclave cultural para a esquerda. Sua tarefa seria mapear todos os fragmentos contraditórios e caminhos individuais tomados na desintegração do *gauchisme* nos vários movimentos sociais dos anos 1970 e mais além, na ascensão do consenso "liberal-libertário" – a descrição presciente de July em 1978 da ideologia do jornal – dos anos 1980. E como ele tinha que se tornar puramente um jornal de "informações", que descrevia a realidade contraditória que via, em vez de analisá-la com vistas a transformá-la, a equipe tinha que se tornar menos um coletivo que trabalhava para produzir um mínimo de pensamento comum do que um grupo de indivíduos um tanto aleatórios. Assim, o papel desempenhado pela página do "Correio dos leitores" tinha que se tornar, na visão dos autores de *Révoltes Logiques*, um álibi para o objetivo anterior de "dar voz ao povo": o *Libé* abria suas páginas aos leitores sobretudo nos momentos precisos em que o jornal não queria tomar posição por si

---

159 Martine Storti, *op. cit.*, p. 163.

mesmo, quando um tópico específico como o estupro também se tornara controverso, ou quando a morte de membros do grupo Baader-Meinhof na Alemanha provocou um mal-estar na equipe editorial do *Libé* acerca de sua antiga militância esquerdista. Ao contrário, tópicos que se poderia pensar que suscitariam uma opinião por parte do jornal são abordados, segundo B. Mei, cedendo à "opinião popular":

> Quando têm que tomar posição, eles passam a bola para o leitor.
> No caso Baader, foi significativo: para manter certa distância e também não parecer aliados a eles, nós nem os criticamos, nem os apoiamos. Veio uma pilha de cartas raivosas: de repente, decidiu-se fazer uma página dupla de cartas dos leitores para restabelecer o equilíbrio. Dessa forma, estaríamos dizendo: emocionalmente, o *Libé* apoia o grupo de Baader, mas o critica politicamente.

Por volta do mesmo momento em que *Les Révoltes Logiques* publicou *Les Lauriers de Mai*, Serge July escreveu um famoso editorial no *Libération* em 3 de maio de 1978, chamado "Ras l'mai" (Cansei de Maio); numa entrevista, ele fez comentários no sentido de que o jornalismo tinha que se tornar o principal modo de expressão da época, substituindo a literatura e a filosofia, e que o jornalista tinha que se tornar o novo intelectual[160]. O diretor-fundador do *Libération*, Jean-Paul Sartre, sentiu-se obrigado a responder, caracterizando como absurda a visão de July do jornalista. Na mesma entrevista de 1979, Sartre também mostrou uma considerável reserva com relação ao que o jornal se tornara, sugerindo que a razão que se costumava dar para sua saída de um papel ativo no jornal em 1974, a saber sua saúde, não era a história real. "Eu pensava que *Libération* podia ser parte do meu trabalho, isto é, que eu trabalharia nele e que ele seria melhor. Hoje, *Libération* ainda existe. É um jornal que não é ruim [...]." Quanto ao estilo, que Sartre queria outrora ver se desenvolver numa nova linguagem "escrita/falada", a tradução escrita do discurso popular, o da

---

[160] Cf. a entrevista de Paul Thibaud com July, "De la politique au journalisme: *Libération* et la génération de 68", *Esprit*, n. 5, maio 1978, pp. 2-24.

faxineira, do operário ou do estudante – o estilo do jornal tal como existe é, na sua visão, meramente "pueril". "*Libération* conta a verdade esquerdista. Mas não se sente mais a verdade por trás dele. Há um bom trabalho, mas não se sente mais a revolta."[161]

Libération, é claro, ainda existe. A duração das três revistas radicais de história, no entanto, foi muito mais curta. Os três coletivos publicaram seu último número entre o fim dos anos 1970 e o começo dos 1980, sucumbindo, em parte, por conta das dificuldades financeiras de manter viva uma pequena revista num momento de perspectivas intelectuais e políticas cambiantes[162]. Em seu penúltimo número, *Les Révoltes Logiques* publicou um SOS urgente, um apelo por assinaturas, para a combalida *Le Peuple Français*, cuja determinação de manter um preço baixo diante de custos de produção crescentes dinamitou suas finanças. Por dez anos, menos de dez pessoas se encarregaram da edição, impressão e circulação da revista, sem ajuda secretarial nem apoio da mídia, partidos políticos ou instituições financeiras, contando, essencialmente, com uma rede de amigos para se manter. "Hoje temos dívidas em vez de salários."[163] Na página seguinte do mesmo número, *Les Révoltes Logiques* imprimiu seu próprio pedido de ajuda, seu próprio apelo por assinaturas na forma de um autoitinerário. Eles lembraram aos leitores que a revista nascera em 1975 "das ilusões e desilusões do pós-68" e da recusa das diferentes formas de retornar às tradições que essas desilusões frequentemente induziram. A noção de um enorme abismo temporal e político separando o clima ideológico de 1981 do momento da criação da revista meros seis anos antes é palpável no editorial. Em 1975, a pesquisa política, artística e histórica estava florescendo; novos veículos para o pensamento criativo surgiam quase todo dia. Talvez em 1975, observa o coletivo, esses esforços de pesquisa já estivessem vivendo sob a ameaça de ser esma-

---

161 Jean-Paul Sartre, entrevista a François-Marie Samuelson, *Les Nouvelles littéraires*, 15-22 nov. 1979, apud Jean-Claude Perrier, *Le Roman vrai de Libération, op. cit.*, p. 161.
162 *Les Cahiers du Forum-Histoire* acabou em 1978; *Le Peuple Français*, em 1980 (com alguns do coletivo criando outra revista semelhante chamada *Gavroche*); e *Les Révoltes Logiques*, em 1981.
163 *Les Révoltes Logiques*, n. 13, inverno 1981, p. 104.

gados pelos novos "imperialismos teóricos e comerciais". Mas se isso era sabido naquela época, não importava; não tinha impedido que o coletivo realizasse seu trabalho à margem do discurso histórico oficial, interrogando as certezas desse discurso. "Após tatearmos juntos cinco anos por esse caminho, recebemos sinais de interesse e incentivo que por vezes acalmaram nossas incertezas. Mas também sentimos que o 'outro lado' da contradição estava avançando muito mais rápido do que nós." Agora, em 1981, os sinais eram evidentes. "As condições ideológicas e comerciais atuais deixam muito pouco espaço para a circulação de um trabalho cuja natureza fragmentária e forma interrogativa o excluem da arena do lucro. Jornalistas competentes não têm mais tempo de lembrar aos leitores a existência de 'pequenas' revistas, e cada vez menos livrarias estão dispostas a estocá-las."

O grupo *Cahiers du Forum-Histoire* chegara a um impasse semelhante dois anos antes. Em seu décimo e último número, o grupo discutiu suas razões para cessar a publicação da revista. Como no caso das outras duas revistas, o nível de assinaturas não havia crescido significativamente. E o grupo relutava em adotar qualquer uma das soluções ou acomodações que eles viam outras revistas radicais empregar. Eles não queriam, por exemplo, seguir o exemplo de *Hérodote*, a revista radical fundada por Jean Dresch e outros geógrafos militantes logo após 1968. Depois de alguns números hesitantes, *Hérodote* orientou-se deliberadamente para um leitorado de geógrafos profissionais, impondo-se com sucesso como a revista profissional rival dos *Annales de Géographie* (*Hérodote* existe até hoje). Os *Cahiers* não queriam confinar-se a um leitorado de historiadores ou outros profissionais do conhecimento. E dada a falta autoproclamada e cultivada de coesão ideológica dentro do grupo, eles não podiam pretender ser a expressão de uma tendência ideológica definida, como *Dialectique* e outras revistas procuravam ser. Seu compromisso com a autoria coletiva anônima dos artigos tampouco lhes permitia ir na direção do que eles viram *Les Révoltes Logiques* se tornar, uma "revue d'auteurs"[164]. Eles ainda eram muito atraídos por uma crítica da espe-

---

164 Jean Ahmad, "Pourquoi cessons-nous...", *Les Cahiers, op. cit.*, p. 57.

cialização – sua própria e de seu suposto leitorado – mas, depois de dez números, não conseguiram atingir um público amplo nem estender seu grupo de trabalho inicial de qualquer maneira significativa além dos confins do "gueto" da universidade em Jussieu.

Empreitadas coletivas cuja criação estava intimamente ligada a determinada história política e a um clima de expansividade e possibilidade não conseguiram, ao que parece, escapar da história quando esse clima arrefeceu ou desapareceu. Nenhuma das revistas, em seu tema, "refletia" seu momento diretamente; elas estavam, afinal, preocupadas com a história e a questão do passado. Mas, por sua natureza, mostraram-se extremamente vulneráveis às vicissitudes de seu tempo. A existência efêmera, mas real, desses projetos mostra que eles eram, em todos os sentidos da palavra, situacionais – ou seja, implicados no presente, ligados às demandas e restrições imediatas do momento, sem acesso a nenhuma das proteções institucionais que conseguem, às vezes, afastar essas demandas e restrições. Uma enorme tristeza e confusão acompanhavam a tentativa, no número final das revistas, de lidar com o problema de sua própria *duração*, com o problema da duração ou continuidade de práticas políticas espontâneas e coletivos criados num momento que agora, ao que parecia, havia passado. Mas também há indicações de que, para alguns militantes, o difícil processo de transferir energia para um novo local, uma nova empreitada, já estava em curso.

> Posso arriscar desagradar os paleoleninistas entre nós, mas será que a permanência de uma estrutura "organizada" é realmente o objetivo principal e condição primária da pertinência política? Talvez seja o contrário. Será que a "estrutura" não deve ceder assim que possível, assim que deixa de cumprir uma função positiva e corre o risco de se tornar um fim em si, devorando pessoas e sua energia? [...] Saber quando parar não é necessariamente admitir o fracasso ou a impotência – muito pelo contrário![165]

---

165 *Ibidem*, p. 58.

3
OUTRAS JANELAS, MESMOS ROSTOS

Represálias e julgamentos

Na borda da esplanada da fábrica, no ponto onde a fábrica se funde com a rua e onde a luta econômica se transforma em luta política, uma jovem operária da usina da Wonder Battery, em St. Ouen, grita que não vai "voltar para aquela prisão", que não vai entrar no ritmo da linha de novo, que a votação para encerrar a greve foi manipulada. Estamos em meados de junho de 1968, logo após a assinatura dos Acordos de Grenelle, logo antes do fim das greves, logo antes que tudo retorne ao normal – o último momento entre a incerteza e a certeza da decepção. A mulher está vestindo um cardigã branco fino; seus braços estão cruzados com força a sua frente. Outras figuras, na maioria homens, a cercam: o delegado da CGT, o dono da fábrica, o *lycéen* maoísta, o chefe do pessoal. Muitos deles tentam convencê-la, dizendo "que é importante saber quando acabar uma greve", que ganhos significativos foram obtidos ou serão obtidos logo, em algum momento no futuro. A mulher continua com seus gritos de recusa; outros trabalhadores podem ser vistos no fundo, preenchendo lentamente a entrada da fábrica. Com o que ela podia estar sonhando?

La Reprise du travail aux usines Wonder (A retomada do trabalho nas usinas Wonder), uns dez minutos de película documentária filmada por dois estudantes de cinema que amarraram uma câmera no capô de sua *deux-chevaux*, estudantes cuja própria instituição, o IDHEC, estava em greve, e que portanto podiam sair num tipo de *enquête* na periferia industrial de Paris em meados de junho. Sua filmagem é talvez o documento mais marcante dos anos de 68¹. Ela é resultado de um encontro puramente contingente entre o mundo do cinema e o mundo do trabalho: é só porque os trabalhadores estão ao ar livre, na esplanada da fábrica, que eles podem ser filmados – o espaço da produção, dos operários trabalhando, sempre foi proscrito para as câmeras pela administração da fábrica. É só quando eles não estão trabalhando que os trabalhadores podem ser filmados. Em 1995, um jovem cineasta, Hervé Le Roux, teve a ideia de usar esse breve documentário de 1968 para uma *reprise*, como ele intitulou seu próprio filme – uma segunda tomada. *Reprise* retrata os esforços de Le Roux para encontrar a mulher da película original uns trinta anos depois – anônima, desconhecida, uma figura trêmula, poderosa, mas efêmera, no centro de algumas imagens em preto e branco dos anos 1960. Usando o objetivo de encontrar a mulher como desculpa para entrar, armado com a câmera, na vida cotidiana das pessoas, ele se encontra e conversa com os outros personagens que aparecem na filmagem – colegas de trabalho da fábrica, na maioria, mas também os líderes sindicais, o *établi* maoísta – depois de mostrar novamente a cada um a filmagem como uma forma de mobilizar sua memória. O filme consiste nas histórias e associações que cada um conta sobre o que as imagens provocam.

Por que tantas das tentativas recentes mais interessantes de considerar a história dos anos 1960 e sua relação com o presente fazem uso do gênero policial? Estou pensando não somente em Le Roux, mas nos exemplos mais óbvios do gênero do romance policial: Jean-François Vilar, Didier Daeninckx e Francis Zamponi, cujos textos já apareceram neste estudo, assim como alguns dos de Jean-Patrick Manchette². Le Roux explica sua escolha de formas desta maneira:

---

1   Jacques Willemont e Pierre Bonneau, *La Reprise du travail aux usines Wonder*.
2   Cf., em especial, Jean-François Vilar, *Bastille tango*, Paris: Presses de la Renaissance, 1986, e *C'est toujours les autres qui meurent*, Paris: Actes Sud, 1997; Didier Daeninckx, *Meurtres pour mémoire*, Paris: Gallimard, 1984, e *Le Bourreau et son double*, Paris: Gallimard, 1986; Francis Zamponi, *Mon colonel*, Paris: Actes Sud, 1999, e *In nomine patris*, Paris: Actes Sud, 2000; Jean-Patrick Manchette, *Nada*, Paris: Gallimard, 1972. Cf. também uma coleção altamente desigual de 1988 de curtos textos ficcionais sobre Maio-Junho de 1968, *Black Exit to 68*, que inclui obras de Daeninckx e Vilar, bem como outros autores de *polar* como Jean-Bernard Pouy e Thierry Jonquet; somente a história de Vilar, "Karl R. est de retour", vale a leitura.

> A investigação [*enquête*] era o fio condutor que me divertia e me permitia brincar com o espectador [...], brincar com códigos do filme policial que iluminam um material um tanto pesado feito das experiências que as pessoas trouxeram para o filme: suas condições de vida, condições de trabalho eram difíceis [...], assim, a investigação como um meio de aliviar o material. O que me permitiu evitar a sociologia era passar tempo com as pessoas [...]³.

O que interessa Le Roux – tanto quanto o passado, ao que parece – é o aqui e agora da vida cotidiana nas *banlieues* nos anos 1990, cuja representação contemporânea é quase inteiramente limitada a chavões sensacionalistas no noticiário da noite. Sua aposta é que os espectadores parisienses de classe média, que raramente veem aquele modo de vida, se é que o veem, podem ser induzidos, por assim dizer, a encontrar os efeitos intoleráveis do desenvolvimento desigual em suas próprias imediações (imediatas, sim, mas tão longe agora, histórica *e* geograficamente, quanto a Argélia ou o Vietnã) pela atração do enredo mais tradicional e eficaz de investigação: *chercher la femme*. "O filme tinha que ser a investigação, e é o que ele era."⁴

Porém, ao se dispor a fazer um tipo de *enquête*, uma história de detetive, Le Roux acaba fazendo algo na linha da velha *enquête* maoísta: o sonho de dar voz ao povo. Seu filme é mais uma tentativa de enfrentar o problema corrente da comunicação direta com os explorados e sua história. A estrutura policial é uma pista falsa; a ficção de localizar a mulher é o mecanismo que lhe permite ganhar acesso às pessoas, criar uma espécie de projeto compartilhado. Seu efeito mais importante é permitir que o cineasta praticamente desapareça, é impedir qualquer narrativa interpretativa predominante – seja como voz em *off* ou como tese *a priori* – de estruturar o material que ele obtém. Até a montagem, insiste Le Roux, não é destinada a produzir "verdade" a

---

3   Hervé Le Roux *apud* Serge Toubiana, *Cahiers du Cinéma*, fev. 1997, p. 51.
4   Hervé Le Roux *apud* Serge Toubiana, *Cahiers du Cinéma*, *op. cit.*, p. 50. Afirmei algo semelhante sobre o trabalho de Daeninckx no meu texto "Watching the Detectives" em: Francis Barker *et al.* (ed.), *Postmodernism and the Re-reading of Modernity*, Manchester: University of Manchester Press, 1992, pp. 46-65, reimpresso em Niall Lucy (ed.), *Postmodern Literary Theory*, Londres: Blackwell Press, 1999.

partir da justaposição de duas descrições conflitantes, digamos, da mesma situação: o fim da greve ou as condições de trabalho na Wonder. "Meu objetivo não era estabelecer a verdade de maneira contraditória, mas dar às pessoas a chance de falar. Eu não tinha nenhuma tese objetiva a provar."[5] As histórias que ele coleciona tomam o lugar de uma representação sociológica – números, fatos, estatísticas – que estruturaria as vidas contadas: vidas que emergem no curso do filme, como as de meninas levadas aos quatorze anos de idade por suas mães para trabalhar sem interrupção na linha de montagem, até chegar o momento em que pudessem se aposentar.

Em novembro de 1995, em meio a sua filmagem, greves de larga escala por parte dos trabalhadores dos transportes e outros setores levaram a França novamente a uma paralisia. A distância não podia ser maior entre o projeto de Le Roux e a representação da greve na televisão cotidiana francesa, em que as vozes dos trabalhadores são ouvidas apenas por uns segundos, se é que o são, enquanto um coro dos mesmos "especialistas" aparece, entrevistado longamente toda noite no noticiário, avaliando a greve como "fantasmática", "irracional" ou "arcaica".

No filme de Le Roux, vemos repetidas vezes trechos da filmagem anterior: a jovem mulher como pura recusa, como a impossibilidade de tolerar o momento após a experiência do fermento revolucionário. Quando a vida foi vivida de modo diferente, e quando parece que ela poderia ter continuado a ser vivida de modo diferente, quando tudo isso está sumindo e a existência ameaça cair novamente na rotina massacrante – "la bonne ornière", como Rimbaud a chamou, ele que a conhecia bem, "a boa e velha rotina" –, como isso pode ser tolerado? A romancista Leslie Kaplan, que trabalhou numa fábrica durante e após 1968, evoca as sórdidas sequelas do fim da greve, quando os trabalhadores retornaram ao trabalho em meio à insatisfação geral, numa imagem que vai longe em capturar a atmosfera e experiência daquele período altamente variável – alguns meses? Cinco anos? Trinta anos? – conhecido como "pós-Maio":

---

5 Hervé Le Roux *apud* Serge Toubiana, *Cahiers du Cinéma, op. cit*, p. 51.

> Aquela impressão de um cadáver impossível de matar, um cadáver apodrecido que não para de voltar, isso é o que nós sentíamos após a greve em relação à sociedade como um todo – tudo aparecia dessa forma sinistra[6].

Ao repetir a filmagem original, em câmera lenta, em trechos curtos, em quadros congelados, com muito mais frequência do que é realmente necessário para a transmissão de informação, a intolerabilidade daquela *reprise* anterior – *reprise* no seu sentido mais habitual, de retomar e fazer as mesmas coisas de novo após uma interrupção – insinua-se na nossa memória. Naquela *reprise*, nós somos levados a lidar com o segundo significado, bastante violento, da palavra: algo inicialmente tomado ou vivenciado pelos trabalhadores durante a interrupção do trabalho que era a greve (*prise de pouvoir? prise de parole? prise de conscience?*) agora é retomado impositivamente pelas forças da ordem e perdido, talvez irrecuperavelmente.

Anteriormente, no seu romance, Kaplan evoca a maneira como o momento suspenso da greve geral permite, ainda que apenas por um instante, a percepção de outras vidas possíveis, um vasto território inexplorado de possibilidade:

> Algo inapreensível, algo difícil de apreender, que estava ali durante a greve e a ocupação. Algo está em vias de acontecer, algo está acontecendo: só aquilo, o sentimento daquilo [...]. Que algo deve vir de fora para te encontrar, para te surpreender, para te levar embora, para te levantar, para te desfazer, está ali, é agora, nós estamos do lado daquilo, estamos com aquilo, sentimos a pressão e criamos aquilo, tudo está acontecendo, tudo pode acontecer, é o presente, e o mundo se esvazia e se enche de novo, e os muros se afastam, eles são transparentes e se afastam, se separam, desaparecem, abrem espaço, e é agora e agora e agora [...]. O amor pode criar esse sentimento, ou a arte; ele é raro de se sentir em sociedade, onde somos quase sempre confrontados com um tipo

---

6 Leslie Kaplan, *Depuis maintenant: Miss Nobody Knows*, Paris: P.O.L., 1996, p. 83.

de inércia obrigatória, onde a atividade que desenvolvemos, a atividade que podemos desenvolver, anda quase sempre de mãos dadas com o doloroso sentimento de suas limitações. Mas durante a greve, nós podíamos tocar aquilo com nossos dedos, esfregar nossas mãos nas suas costas[7].

Que a mulher na filmagem de 68 se revele perdida, difícil de localizar, é explicado no curso do filme de Le Roux: ela trabalhava, ao que parece, na oficina mais insalubre da Wonder, onde o trabalho – com piche e produtos químicos – era tão intolerável que as pessoas não ficavam muito tempo; elas iam para outras fábricas. Mas a presença fantasmagórica da mulher como pura recusa, momentaneamente no centro do nosso olhar, sugere um tipo de condenação histórica pela qual 68 em si se torna espectral, partilhando a espectralidade e inapreensibilidade peculiar do passado recente nas mentes daqueles que tiveram esse passado. Preservado e flutuando, como a mulher, num estado de proximidade, mas também muito distante no tempo, 68 parece sempre (especialmente na documentação visual, muito mais poderosa que a escrita) estar acontecendo em outro mundo, numa era distinta. Aconteceu em nossa própria época ou no século XIX de Zola? ("Zolescas" e "novecentistas" são palavras que ocorrem amiúde nos testemunhos no filme de Le Roux para descrever as condições de trabalho na Wonder nos anos 1960.) A filmagem original na Wonder – tão breve que mal chega a ser uma narrativa – não conta a história de pessoas "antropológicas" preexistentes, a "classe operária", que, no curso de sua existência oprimida, se ergue em conjunto e vem dizer não. Ao contrário, mostra a mulher, "o povo", se quiser, passando a existir na pura fatualidade de sua recusa. E é essa versão do povo que é difícil localizar agora – surgindo como um fantasma no filme de Le Roux para desestabilizar o presente, perturbar seu esquecimento. Pois é somente na sua "fatualização" que "o povo" aparece – rompendo todas as várias narrativas e representações que antropólogos, historiadores sociais e sociólogos mobilizam para categorizar um evento desses.

---

7   *Ibidem*, pp. 61-3.

Reprise é, de certa maneira, mais interessante que as intenções declaradas de seu diretor. Numa entrevista, Le Roux sugere que ele estava tentando criar continuidades na memória social dos trabalhadores, rompida pela vasta reestruturação industrial que eliminou empregos em regiões como St. Ouen, onde só de metalúrgicos havia cerca de 40 mil, que viviam e trabalhavam ali no final da década de 1960[8]. Se for o caso, sua empreitada incorpora mais um sentido da palavra *reprise*: o reparo ou recostura de um tecido, tapando os buracos para tornar o tecido inteiro novamente. Essa é uma metáfora bastante tradicional para os objetivos de uma noção bastante tradicional de memória dentro da história social. Mas até dentro desse modelo de cuidadosamente "reinjetar a memória" no grupo social antropológico em questão, de modo a firmar sua identidade vacilante – a *reprise* como retecelagem dos fios que foram cortados entre as gerações –, surgem certos problemas, para o historiador e para a costureira. O reparo sempre aparece. Os melhores momentos do filme de Le Roux são aqueles em que ele mostra as descontinuidades entre passado e presente, criando um palimpsesto ou sobreposição dos dois momentos temporais em que nenhum deles tem prioridade, em que cada qual tem validade igual, em que nenhum momento é elevado à posição de julgar ou criticar o outro. Certamente, o passado no filme não é mobilizado como solução para o *malaise* presente – e nenhum dos personagens assistindo a si mesmo no passado reage dessa maneira. Mas o presente tampouco é construído, como invariavelmente ocorre nas representações da mídia dominante do período pós-guerra, particularmente as da década de 1980, como "a consumação de todos os tempos".

Como um exercício de escrever uma história possível dos anos 1960, *Reprise* assemelha-se às melhores tentativas recentes de documentar o movimento de Maio como um movimento de massa: *Mai en héritage*, de Elisabeth Salvaresi, e *Des révolutionnaires dans un village parisien*, de Nicolas Daum. Ambos os livros foram publicados em 1988 a tempo para o vigésimo aniversário de Maio, ambos por pequenas editoras obscuras;

---

[8] Cf. Hervé Le Roux *apud* Serge Toubiana, *Cahiers du Cinéma, op. cit*, pp. 50-5. E o artigo de Emmanuel Burdeau sobre o filme no mesmo número, "Lettre à une inconnue", pp. 47-9.

ambos, no momento em que surgiram, aparentemente quase iconoclastas no contexto da produção literária habitual sobre Maio daqueles anos, que estava preocupada, acima de tudo, em exorcizar qualquer passado militante. O experimento de Daum é o que tem mais semelhança formal com o de Le Roux. Como o cineasta, sua etnografia foi originalmente circunscrita por uma organização: não uma fábrica, no caso de Daum, mas a estrutura descentralizada dos membros do *comité d'action* que surgiu em meados de maio nos 3º e 4º *arrondissements* em Paris e continuou suas operações, sob várias formas, até 1972. Daum, que foi membro do *comité*, localizou cerca de vinte de seus membros originais – operários, artistas, professores, engenheiros, de idades muito variadas – e registrou suas entrevistas com eles. No capítulo final, vários de seus entrevistados passam a entrevistar o próprio Daum. Militantes anônimos, nem celebridades nem mártires, pessoas inseridas, naquela época, na textura da atividade cotidiana popular de bairro – são vozes que, em meados da década de 1980, tinham praticamente desaparecido de qualquer versão de 68, eclipsadas pelos que se tornaram *post facto* as estrelas, líderes e porta-vozes do movimento. Será que tudo que sobrara de 68 era um conhecimento sobre 68 no qual alguns, e somente alguns, eram autorizados a tornar-se especialistas? Que Daum estava consciente de seu método como um ataque deliberado ou intervenção no nível genérico das estratégias de personalização, recuperação e espetacularização que passaram a reger a representação de Maio fica patente em suas observações introdutórias:

> Temo que eu possa frustrar alguns leitores [...] com minha incapacidade de preceder estas entrevistas com algo na linha de: "Uma quarentona esfuziante, ela me recebe cercada por seus gatos num *loft* perto do velho bairro de Halles, regando sua coleção de cactos. Ela não mudou nada, com seus olhos risonhos e cabelo encaracolado". Ou: "Casado, pai de família, ele trabalha na administração, onde é responsável pelo recrutamento". Esse tipo de detalhe redutivo e insignificante permanecerá um mistério insignificante, porque Adek não é somente um pintor, J.-P. não é apenas um médico etc.; eles mesmos o dizem, eles são muitas outras coisas *também*. Além disso, são pessoas privadas; nenhuma delas ocupou a dian-

teira da cena midiática, não havia líder, elas ficaram conhecidas (e como!) no seu bairro, mas permaneceram anônimas[9].

Eles são muitas outras coisas *também*. Assim como nos anos 1960 eles nunca foram Protagonistas com "P" maiúsculo, nunca na primeira página, nunca símbolos de sua geração (na verdade, desmentindo, com suas idades muito variadas, a própria noção de uma "geração" – o alicerce privilegiado das representações da década de 1960 firmemente enraizadas em meados da de 1980), nunca militantes profissionais, nunca "exemplares". As pessoas que Daum entrevista são parte da massa de camaradas que compunham a estrutura das assembleias gerais, que trabalhavam na frente dos portões de fábrica e em quaisquer iniciativas descentralizadas e *comités d'action*. Le Roux também seguiu, em seu filme, uma estratégia representacional semelhante com as pessoas que entrevistou: "tentar respeitar suas palavras, dando a cada um tempo suficiente para aparecer em sua complexidade, suas contradições, nunca reduzindo um protagonista a um rótulo social (capataz, operário) ou político-sindical (o trotskista, o maoísta, o CFDTista, o CGTista, o comunista) [...]"[10]. Mas Daum teve mais sucesso que Le Roux em mostrar pessoas que são *outra coisa também* – o que talvez não surpreenda, dada a maneira relativamente aleatória com que as pessoas de várias procedências aderiam ao *comité d'action* e o abandonavam, em comparação à determinação de fábrica e profissão. Os sindicalistas de Le Roux, por exemplo, em sua maioria, falam o *discours syndical*; os trabalhadores que ele entrevista falam, em sua maioria, como trabalhadores; a fábrica lhes atribui seus papéis – exceto durante a greve, é claro, mas a greve está acabando. As pessoas incluídas no volume de Daum, ao contrário, são o resultado de um encontro contingente ocorrido vinte anos antes; até a "origem" espacial do bairro que elas compartilham não as naturaliza subsequentemente nada semelhante à "voz do Marais". Embora seu terreno de ação fosse o Marais, o que as aproximou ou afastou era muito mais

---

9   Nicolas Daum, *Des révolutionnaires dans un village parisien, op. cit.*, p. 15.
10   Hervé Le Roux, *Reprise: Récit*, Paris: Calmann-Lévy, 1998, p. 151.

aleatório; Antoine, por exemplo, segue uma garota na chuva que ele pensa que está indo a certa reunião política que ele está tentando achar; acaba, em vez disso, no *comité d'action*, e fica lá – por anos. Como observa outra pessoa entrevistada por Daum, "A coesão era independente dos indivíduos que a compunham: quando alguém chegava, era integrado; se alguém fosse embora, não era importante, porque o importante era a mistura cultural"[11].

Contra a imagem dominante do militante profissional (ou ex-militante profissional) prevalecente nos anos 1980, Daum oferece este lembrete de uma experiência coletiva:

> Contudo, assim como todos nós sentíamos estar na corrente geral em Maio de 68, eu tenho igualmente a impressão, agora, de estar totalmente na contracorrente da ideologia dominante. É a única nostalgia que eu tenho de Maio de 68: o que estávamos fazendo não era realmente militantismo, era um modo de vida, não havia diferença entre vida e militantismo, não havia quebra entre eles. Em casa havia amigos que ficavam quase toda noite. Havia uma relativa harmonia entre o que se dizia e o que se fazia[12].

Essas observações evocadoras fornecem a melhor descrição que encontrei do que é vivenciado quando o imaginário político se torna o tecido diário da vida das pessoas. Elas dão precisão à noção da práxis como uma experiência do cotidiano aliviado de suas diversas misérias e restaurado à riqueza – o dia a dia fundido com a política como o lugar onde as divisões causadas pela alienação podem ser reparadas, onde a lenta e profunda ruptura entre o cotidiano e o não cotidiano,

---

11 Adek *apud* Nicolas Daum, *op. cit.*, p. 24. O pertencimento fluido aos comitês de ação é capturado num relatório interno de outro comitê, o Comité d'Action Étudiants-Écrivains, publicado originalmente em 1969 como texto coletivo, mas atribuído depois a Marguerite Duras: "Às vezes vem alguém que nunca vimos antes; volta oito dias seguidos, depois nunca mais. Às vezes vem alguém que nunca vimos antes, e continua vindo. Às vezes vem alguém que nunca vimos antes – onde ele acha que veio? –, lê o jornal, e some para sempre. Às vezes vem alguém que nós nunca vimos antes, volta alguns dias depois, daí a intervalos cada vez menos espaçados e, então, de repente, fica [...]". "20 May 1968: Description of the Birth of the Students-Writers Action Committee", em: Marguerite Duras, *Green Eyes*, Nova York: Columbia University Press, 1990, p. 55.

12 Adek *apud* Nicolas Daum, *op. cit.*, p. 27.

entre o público e o privado, entre a vida militante e a vida comum é vivida como abolida. O que pode ser percebido nessas poucas frases é o que Henri Lefebvre quis dizer quando falou de "dia a dia transformado": a criação de uma cultura que não é uma instituição, mas um modo de vida, reproduzindo, por algum tempo, suas próprias condições na atividade de um grupo que toma nas mãos seu papel e sua vida social. A atividade política não aparece mais como uma esfera distinta e separada, isolada da vida social: cada pessoa pode, ali onde ele ou ela vive e trabalha, preparar o nascimento de outro futuro. A especialização – o domínio "natural" dos especialistas – é baseada na separação das esferas; aqui, o social foi reconfigurado para eliminar essa separação, para recusar categorias naturalizadas de *expertise*.

No livro de Elisabeth Salvaresi, nenhum princípio unificador além de seu ativismo em Maio de 68 orienta as pessoas incluídas nas entrevistas. Ao contrário de Daum ou Le Roux, ela entrevista algumas pessoas conhecidas – Guy Hocquenghem, Christine Fauré, Serge July – bem como pessoas anônimas e ela mesma na forma de um "autoitinerário". Seu objetivo é um palimpsesto feito de "seus sonhos e pesadelos de hoje [...] confrontados menos com suas ideias do passado do que com o fantasma delas mesmas aos vinte anos de idade"[13]. Como Le Roux, Salvaresi caracteriza seu trabalho como uma *enquête* no sentido de uma investigação policial, embora, mais uma vez, o que surge seja talvez mais próximo do impulso *gauchiste* de chegar à "voz de baixo", o testemunho não mediado:

> Assim, ler a *enquête* pode parecer a própria investigação, algo que consistiu em horas e dias passados interrogando algumas pessoas sobre suas memórias dos outros: e fulana? Você se lembra dela? Você ainda a vê? Você teve notícias dela? A busca começou a tomar a forma de um trabalho de detetive, pulando de um pedaço de informação para outro para encontrar fulana, cujo nome, às vezes incompleto, às vezes só um sobrenome, emergira nas periferias de uma entrevista, acompanhado por uma imagem, uma cena de um

---

13   Elisabeth Salvaresi, *Mai en héritage*, Paris: Éditions Syros/Alternatives, 1988, p. 18.

episódio de 68. Esse tipo de *enquête*, que avança por verificação cruzada, é ao mesmo tempo fastidiosa e fascinante. Tive prazer nisso, e mais uma vez espero que esse prazer seja compartilhado[14].

Não obstante, uma razão para o uso recorrente do tropo ou gênero policial por escritores preocupados com a década de 1960, como Vilar, Salvaresi ou Le Roux, pode agora ser proposta: o passado recente, ao que parece, foi perdido ou ocultado, talvez até confiscado. O crime consiste nesse confisco, o crime de excluir, ou de fazer um grupo – os especialistas – tomar o lugar de um movimento de massa. E é um crime que permite que prevaleça a higiene da ficção nacional contemporânea, da ordem social atual. O objetivo de descobrir o que foi perdido, ou de nomear os criminosos ou forças responsáveis pelo ocultamento, é menos dar aos franceses uma "imagem" rival ou versão diferente de seu passado, uma versão alternativa de 68, do que desfamiliarizar e reestruturar sua experiência de seu presente.

A mídia conservadora, preocupada com suas próprias reconstruções comemorativas – de 68 e, o mais importante, do bicentenário da Revolução Francesa, no ano seguinte –, deu pouca ou nenhuma atenção aos livros de Salvaresi e Daum quando eles apareceram em 1988. E o prazer, do tipo evocado por Salvaresi – seu próprio como o do leitor –, é um afeto ausente do tom predominantemente mórbido desses "eventos organizados" que são as comemorações televisivas, até quando o "prazer" ou a "imaginação" são fortemente tematizados como uma demanda capital de Maio, se não for a única[15]. Consideremos, por exemplo, *Le Procès de Mai*, exibido em 1988, apresentado por um ex-militante da UEC, cofundador dos

---

14 *Ibidem*, pp. 219-20.
15 Isso é particularmente verdadeiro para um programa como "68 dans le monde", um episódio da série televisiva *Les Dossiers de l'écran*, exibido na Antenne 2, 2 maio 1978. No contexto de uma pesquisa internacional de insurreições na década de 1960, a seção francesa enfoca inteiramente o "delírio verbal", a demanda por imaginação figurada pelo grafite poético; o Maio francês é caracterizado como uma "revolta em estado puro", "uma revolução sem projeto". Esse programa leva a tendência geral do formato de comemoração televisiva de ocultar os trabalhadores em prol dos estudantes e do Quartier Latin a seu ponto mais extremo, não fazendo absolutamente menção alguma à greve.

Médicos Sem Fronteiras, personalidade onipresente na mídia e organizador, mais recentemente, da missão das Nações Unidas no Kosovo, Bernard Kouchner[16].

Como seu título deixa claro, *Le Procès de Mai* foi organizado vagamente no formato de um julgamento completo, com um acusado, argumentos de acusação e defesa e um júri. Dispensando até o mínimo de festividade que um "festival-com-data-fixa" como uma comemoração supostamente suscitaria nos espectadores, o programa adotou o modo muito mais sombrio do processo: julgar Maio de 68. Julgar e sentenciar? Seja como for, ter a última palavra – algo que é impossível para um historiador, mas não para um juiz –, a avaliação final, emitindo um juízo ético segundo a eterna divisão entre bem e mal sobre um evento reformulado agora como um crime, e daí tirar lições dessa história, na forma de máximas ou morais a seguir na vida. Não basta que Maio seja uma revolução "elusiva" (Aron) ou impossível; agora, deve tornar-se um crime. Aqui, é claro, não é o confisco ou ocultamento de Maio que constitui o crime, mas Maio em si. Reunido na plateia do estúdio está um grupo de jovens interpelados como "júri": eles – a geração de 88, presumivelmente – é que são convocados para julgar a geração de 68, personificada por Kouchner na postura agora familiar de "autocrítico", desempenhando os papéis de promotor e acusado no julgamento de seu passado e do de inúmeros outros que ele supostamente incorpora. Uma introdução com imagens e voz em *off* pinta o cenário para o evento de 68: uma França "dinâmica e próspera" – vistas do Concorde, grandes navios e automóveis – com um "líder de prestígio", rica e pacífica, com muito pouco desemprego. Corte para vistas de automóveis virados em chamas no Quartier Latin. O que aconteceu? "Quelle mouche a piqué la jeunesse française?" [Que bicho mordeu a juventude francesa?]

Tomada idiomaticamente, a pergunta, tal como expressa, sugere meramente uma suscetibilidade inexplicável por parte de estudantes

---

16 *Le procès de Mai*, apresentado por Bernard Kouchner, prod. Roland Portiche e Henri Weber, exibido na Antenne 1, 22 maio 1988.

privilegiados ou mimados vivendo no colo da prosperidade. O que podia estar incomodando os jovens franceses? Mas ela também remete às atividades dos estudantes como inexplicáveis, exceto quando vistas como resultado da transmissão de um vírus externo: a política como uma febre transmitida pelo ar ou por insetos, que contamina de fora, um retorno dos tropos usados amplamente pela mídia conservadora nos anos 1960: "Febre tomou Quartier Latin" (*France-Soir*, 11 de maio de 1968); o "vírus Cohn-Bendit" (*Aurore*, 13 de junho de 1968). A primeira resposta à pergunta é proposta pelo próprio Kouchner, o apresentador (e, felizmente, médico). Kouchner oferece uma interpretação estritamente culturalista ou de "estilo de vida", lembrando ao "júri" as dimensões arcaicas da França dos anos 1960; seus exemplos são os códigos vestimentários vigentes nos colégios e a falta de acesso ao controle de natalidade. "A vida", diz ele, "também estava indo rápido." A França estava se industrializando rapidamente, e "nós nos esquecemos de falar uns com os outros". "Nós tivemos que parar por um momento, mesmo que fosse em cima de uma barricada, para conseguir falar uns com os outros." A distância que separa o velho dito maoísta de que "A revolução não é um jantar de gala" dessa imagem de uma conversa pacífica e conciliatória não podia ser maior. Aqui, a barricada, longe de figurar uma contestação ou divisão, parece ser o que *permite* que o diálogo terapêutico aconteça.

Na seção seguinte do programa, "Os excessos de Maio", os altos preços pagos pela França por conta da revolta são mostrados e analisados por especialistas. Na verdade, a própria noção de "excesso" indica a necessidade de um conhecimento especializado que possa avaliá-lo à luz dos objetivos do movimento. O primeiro desses "excessos" lida com a desorganização sofrida pela universidade, e é presidido por Annie Kriegel, ex-professora de história em Nanterre e ex-comunista que virou anticomunista. Kriegel afirma que o discurso de Maio de 68 que desqualifica o conhecimento e a formação escolar atrasou a modernização da universidade francesa em "quinze a vinte anos". Acompanhadas por uma trilha sonora indistinguível de um lamento fúnebre, aparecem imagens de uma sala de aula de pernas para o ar em Nanterre; a câmera focaliza uma única frase de grafite escrita no quadro-negro: "Je rêve d'être un imbécile" [Meu sonho é ser um imbecil]. Estamos em Pequim ou Paris? Kriegel torna a comparação explícita: "Aconteceu algo aqui que se parece com a Revolução Cultural chinesa", afirma ela. As pessoas esqueceram as cenas excruciantes de humilhação, os momentos horríveis em Nanterre, quando "homens de saber" foram literalmente arrastados na lama.

Passando ao próximo excesso, o "ultrafeminismo", uma ex-militante feminista, como ela enfatiza reiteradamente, agora jornalista do *Libération*, Annette Lévy-Willard, é trazida para descrever os primeiros dias do movimento das mulheres como uma época em que elas decidiram que não precisavam de homens para viver, que seriam *como eles* e "mostrariam que têm colhões". Do ponto de vista de sua maturidade no fim dos anos 1980, a senhora Lévy-Willard passa a lamentar tais excessos, que levaram, como ela conta, incontáveis mulheres a sofrer porque não tiveram filhos, mulheres que agora eram divorciadas ou se viam sozinhas e infelizes. Ela segura uma cópia do novo livro que acabou de publicar; *zoom* no título: *Moi Jane, cherche Tarzan* (Eu, Jane, procuro Tarzan).

O feminismo claramente representa um problema para a orientação ideológica do programa, já que certo tipo de afrouxamento dos rígidos papéis familiares e dos costumes que restringiam o comportamento sexual precisa ser levado a desempenhar o papel de um ganho ou resultado positivo significativo de Maio, e, presumivelmente, as mulheres devem ter tido algo a ver com essa mudança. De fato, a grande maioria das imagens do programa como um todo lida com homens e mulheres, a vida dos casais, as relações sexuais de adolescentes nos colégios. Para esse fim, outro *ancien combattant*, o trotskista Henri Weber, que virou representante do Partido Socialista, aparece no fim do programa para contestar a descrição que Lévy-Willard faz do feminismo. Para apoiar sua interpretação de Maio como um grande movimento libertário e democrático, Weber proclama a liberdade sexual e o MLF (Mouvement de Libération des Femmes) não somente como resultados de 68, mas como suas maiores realizações, que levaram a "uma sociedade modificada para melhor". (Uma médica é chamada para certificar que agora, graças a 68, os membros da família reconhecem um ao outro como seres sexuais.) Mas a lógica da exposição do programa é bem clara. O libertário Weber, falando com a voz do Partido Socialista, que pretende ser o herdeiro do espírito de Maio, leva crédito pelo movimento feminista, ao mesmo tempo que a "feminista radical" renega seu antigo radicalismo e se desculpa por ele. De fato, as desculpas da mulher precedem a recuperação e a reformulação dessa história política pelo ex-militante, não como política, mas como "uma modificação necessária da sociedade". Necessária, presumivelmente, porque aconteceu, porque fazia parte do desdobramento mecânico, evolucionário do destino social. A política deve ser extirpada para permitir que o grande (e inevitável) movimento de avanço da modernização cultural seja celebrado: Maio é uma continuidade, não uma ruptura. Para a comemoração, o passado não é outro, mas está num *continuum* necessário com o presente.

A violência, outro "excesso de Maio", apresenta problemas até mais espinhosos que o feminismo; o programa decide lidar com eles de modo bastante apressado. A seção sobre a violência é muito breve; de fato, as únicas imagens de violência mostradas são *closes* de manchetes do jornal maoísta *La Cause du Peuple* e fotografias de industriais sequestrados ou confinados em fábricas ocupadas durante o início dos anos 1970. A violência é situada inteiramente do lado dos insurgentes e mostrada como se tivesse ocorrido apenas durante o período *gauchiste* do pós-Maio. Não aparece nenhuma imagem que retrata a violência policial ou estatal, a pré-história colonial de Maio, a violência por parte de potências imperialistas como os Estados Unidos ou os confrontos brutais entre as CRS e os operários em Flins e Sochaux, em que trabalhadores e um estudante colegial ativista morreram nas mãos da polícia. O programa até evita qualquer menção à violência de rua em Maio. O Estado, como tal, é mostrado como eternamente passivo, desprovido de agência – como se a agência só pertencesse àqueles que agem contra a autoridade. As formas de violência estatal que acabei de mencionar constituíram, na verdade, a maior parte das imagens das comemorações do décimo aniversário, como *Histoire de Mai*, de André Frossard. Contudo, na época do vigésimo aniversário, no auge da grande contrarreforma liberal dos anos 1980, a agência do Estado desapareceu e a violência tornou-se simplesmente um desvio "marginal" minoritário ou extremista do começo dos anos 1970.

A voz em *off* que apresenta a breve seção sobre a violência é uma boa ilustração da maneira como a comemoração, ou julgamento, dos vinte anos de Maio é usada como prelúdio à comemoração do bicentenário da Revolução Francesa no ano seguinte. A expressão da voz em *off* "O terror tem início na virtude" situa a violência política do *gauchisme* da década de 1970 - os raptos e sequestros de donos de fábricas, os diversos tribunais populares, as sabotagens industriais, bombardeios e outras represálias que proliferaram no começo dos anos 1970 - como o lamentável "desvio terrorista" ocorrido após um bom começo. O "joli mois de mai" [belo mês de maio] - a conversa feliz evocada por Kouchner - derrapava, assim, para fora e além de si mesmo nesses desvios infelizes. O modelo narrativo obviamente foi emprestado de uma das várias interpretações de François Furet sobre a Revolução Francesa - cada uma das quais, apesar de suas mútuas relações contraditórias e às vezes confusas, encontra uma expressão, de alguma maneira, no programa. O problema de comemorar uma revolução é este: por mais anódino que seja o formato da comemoração - que não evoca nada mais que uma lembrança passada a limpo e perfumada, cuidadosamente guardada numa gaveta -, mesmo assim ele conjura uma memória, e por isso até uma cápsula do tempo fortemente orquestrada e controlada, como a comemoração de 1968 nos anos 1980, corre o risco de fugir ao controle e despertar demônios, simplesmente por seu reconhecimento formal de que algo aconteceu, de que um evento ocorreu. Se nada aconteceu, como pode haver uma comemoração? Mas se um evento aconteceu, então provavelmente alguém, em algum momento e em algum lugar, decidiu jogar uma pedra, alguém em algum lugar escolheu parar de trabalhar. As comemorações do passado recente, particularmente quando são dominadas por antigos ativistas (mesmo que arrependidos), não podem recorrer unicamente a um sobrevoo sociológico que encaixa o evento numa narrativa cultural *post facto* de modernização, de modo que o evento comemorado desapareça inteiramente numa transição suave e sem fratura para a modernidade. Depois que foram expurgados de seus elementos "extremistas", limpos de suas várias utopias - suas aspirações contra a família, contra o casal – e quarentenados seguramente em sua reserva de uma vida privada burguesa recém-reforçada, a liberdade sexual e o movimento de mulheres podem ser aproveitados nessa narrativa simplesmente como tendências favoráveis ao desdobramento de uma transformação pacífica. A violência, ao que parece, não pode ser tratada dessa forma. Às vezes, o programa apresenta a violência *gauchiste* dos anos 1970 como algo que deve ser repudiado para salvar um Maio afável, virtuoso, assim como Furet, em vários momentos de suas interpretações da Revolução Francesa, é levado a repudiar 1793, o governo jacobino e o Terror, para louvar o 1789 da Declaração dos Direitos do Homem. Mas até essa estratégia, às vezes, não é suficiente, e o desenrolar do programa sugere, no fim das contas, que o final dos anos 1980 é uma dessas épocas. Em seu texto de 1978, *Penser la révolution française*, Furet apresentou uma interpretação da Revolução Francesa em que o regime do Terror era analisado como o destino necessário e inevitável de qualquer política revolucionária. Nessa visão mais totalizante, o terror sempre se infiltra *retroativamente* em qualquer impulso de mudança social sistêmica. Assim "o terror tem sua origem na virtude": o próprio *pensamento* de mudança leva diretamente, inexoravelmente, a uma série de totalitarismos. Assim como o Terror era o destino necessário de 1789, o totalitarismo soviético e o Gulag, séculos mais tarde – e até Pol Pot! –, eram o destino necessário da Revolução Francesa; Stálin já estava vivo em Robespierre. E a violência *gauchiste* dos anos 1970 era o desfecho necessário da insurreição de Maio.

Mais tarde em sua carreira, Furet apresentaria outra revisão de sua análise da Revolução Francesa. Na versão final, a Revolução é recontextualizada como a invenção não da revolução socialista, mas da moderna cultura política democrática[17]. Mas a seção sobre a violência em *Le Procès de Mai* deve mais ao discurso de Furet no fim da década de 1970, segundo o qual o Gulag é visto como a inevitável

---

17 Cf. Sunil Khilnani, *Arguing Revolution: The Intellectual Left in Postwar France*, New Haven: Yale University Press, 1993, particularmente os capítulos 5 e 6, para uma excelente análise das várias versões da Revolução Francesa por Furet e do contexto político e intelectual de sua produção.

essência ou desfecho da política revolucionária. A reinterpretação agressiva da Revolução Francesa por Furet no âmbito da historiografia acadêmica deu, nas palavras de Sunil Khilnani, "um imprimátur histórico crucial"[18] aos ex-*gauchistes* conhecidos como Novos Filósofos, que estavam envolvidos, então, em proclamar um discurso mais histriônico do Gulag no nível da mídia de massa. Furet e os Novos Filósofos, com efeito, trabalharam juntos para coproduzir e disseminar o novo vocabulário crítico centrado no termo "totalitarismo", uma doxa *ready-made*, segundo a qual os "excessos" da Revolução Francesa são nomeados como o território onde os discursos e práticas totalitárias se enraízam. A filiação jornalística próxima de Furet no final da década de 1970 era com um semanário de massa, *Le Nouvel Observateur*, a revista que apadrinhou Soljenítsin e fez com que os Novos Filósofos atingissem pela primeira vez um leitorado de massa. Era também o semanário que se tornou, durante a década de 1970, a revista predileta dos que queriam "distanciar-se" de seu passado revolucionário. Mas outras revistas mais acadêmicas também desempenharam um papel em disseminar o novo discurso. A revista *Esprit*, por exemplo, dedicou dois números especiais, em torno da mesma época, para estabelecer, sob o título "o retorno da política", a equação revolução = comunismo = totalitarismo[19].

Perto do fim do programa, um economista, Michel Albert, é trazido para oferecer um diagnóstico especializado da indústria francesa, notavelmente semelhante ao diagnóstico de Annie Kriegel do estado da universidade, e que se baseia fortemente numa evocação implícita do panorama da Revolução Cultural chinesa. No esquema de Albert, o declínio industrial francês é resultado de 68 e começa com ele; Maio de 68 fez a indústria francesa recuar "dez anos ou mais". Segundo qual linha de base? Aparentemente, aquela fornecida pela experiência japonesa – as imagens mostram linhas de montagem japonesas limpas e eficientes, um exemplo de modernização econômica correta e bem-sucedida. Essas imagens são justa-

---

18 *Ibidem*, p. 124.
19 Cf. *Esprit*, jul.-ago. 1976 e set. 1976.

postas a outras da fábrica francesa Usinor nos anos 1970, ocupada por trabalhadores e envolta em faixas relacionadas à greve. Robôs, e não trabalhadores, são vistos operando as linhas de montagem japonesas – a imagem do bom trabalhador, que pode trabalhar noite e dia sem reclamar: uma forma perfeita de racionalidade.

Le procès de Mai está realmente mais preocupado com o pós-Maio, e em mobilizar os ganhos do movimento feminista dos anos 1970 para difamar a violência *gauchiste* ou operária que também fez parte dos mesmos anos. A essa "violência" se credita um atraso ou descompasso generalizado no desenvolvimento da universidade e da indústria – questões de interesse vital, pode-se presumir, para a geração de 88, que enfrentava um alto nível de desemprego. Como a Revolução Francesa numa interpretação de Furet, Maio de 68 é uma violência feita ao curso natural e evolucionário do progresso rumo ao liberalismo, da qual a sociedade francesa emerge deformada, correndo para recuperar sua modernização perdida. Assim, *anciens combattants*, como Kouchner e Weber, que ainda precisam salvar uma versão parcialmente positiva de Maio, reivindicam uma versão do movimento feminista, concebida essencialmente como uma reabilitação do privado contra os excessos do público que ajudou a pôr o florescimento do indivíduo de volta nos eixos. Nessa base, bem como na base do "bate-papo amigável em cima da barricada", o programa pode sustentar que Maio promoveu a modernização cultural e a agenda liberal de uma maneira salutar. Segundo essa narrativa, Maio não deve conter vestígio algum de uma dimensão política, marxista ou utópica. Kriegel e Albert, por outro lado, que têm menos interesse pessoal, afirmam que Maio fez a França recuar, criando obstáculos ou deficiências que atrasaram as reestruturações necessárias após 1973, quando veio o começo da crise econômica. Ironicamente, talvez, mais estrago foi feito à memória de Maio por aqueles que, preocupados em fazer valer uma interpretação sociocultural à custa de uma interpretação política, alegam ser defensores de Maio.

E qual é o veredito dos jovens? É extremamente difícil saber, já que o programa escolhe, na maior parte do tempo, ouvir um "especialista" sobre a juventude dos anos 1980, em vez dos jovens reunidos para esse propósito[20]. Isso tampouco surpreende, já que o principal objetivo do programa é menos uma avaliação de Maio do que a criação e certificação de "experts" que são especializados nessa tarefa. Laurent Joffrin, autor de um livro, *La Génération de '86*, escrito na esteira dos protestos de massa de 1986 por estudantes acerca da educação, diz ao júri que eles, os jovens de hoje, são pragmáticos e conservadores, desconfiados da política e da ideologia. É assim que reagem os estudantes no "júri", dizendo que os ativistas da década de 1960, na sua avaliação, "quebraram todas as barreiras"; eles mesmos, por outro lado, serão inteligentes e procurarão a harmonia. Do ponto de vista dos jovens de hoje, 68 parece "ideológico demais"; os jovens de hoje, conclui Joffrin, compõem uma "geração *moral*", preocupada com valores clássicos, democráticos e, acima de tudo, morais, como "o direito à educação".

É difícil imaginar o que os jovens convocados para ser membros do júri – eles foram escolhidos provavelmente porque são a geração "ética" de Joffrin – ou o espectador ordinário de TV em casa deviam pensar e sentir. Eles já tinham sido, ao mesmo tempo, surrados e tornado inadequados pelo passado. Kouchner, em especial, é dado a adotar um tom sentimental-heroico, mas ao mesmo tempo pedagógico. A certa altura, ele diz ao júri: "A cada vinte anos, perseguir um sonho é necessário! *Tudo* mudou em 68!". Ao mesmo tempo, a geração mais nova é elogiada por ter uma sensibilidade moral e um pragmatismo de que seus predecessores temerários careciam. O "julgamento" que o programa deveria promover é, na verdade, anestesiado. Uma batalha de memórias não é uma troca de argumentos, uma discussão cuja consequência seria estimular uma reflexão por parte do público; é mais uma voz que sufoca as outras. Para esse fim, o programa usa volume alto e

---

20 Os produtores de *Le Procès de Mai* parecem ter aprendido uma lição com um programa de entrevistas/comemoração anterior, de 1983, "Mai: Connais Pas", de André Campana, que também levou estudantes ao estúdio, mas de maneira muito menos controlada, mais improvisada. O problema que Campana enfrentou foi que os estudantes, de colégios técnicos, eram curiosos demais e faziam perguntas demais sobre os eventos de 68, perguntas que, em sua maioria, ficaram sem resposta, pois Campana parece perder o controle do programa. O programa de Campana é um dos únicos na TV que mostrou a filmagem da "fábrica Wonder". Ele também apresenta Daniel Cohn-Bendit afirmando que 1968 foi uma "revolução sexual" mundial.

silêncios eloquentes em vez de argumentos arrazoados; suas imagens fortes conjuram afetos e emoções em vez de entendimento. Os jovens dos anos 1980 são inferiores ou superiores (às vezes, ambos) aos jovens do passado – mas nunca são iguais. A preocupação com desemprego e educação, grande no final da década de 1980, é alimentada pelo discurso do programa de "descompasso": 68 fez a França sair do trilho do desenvolvimento econômico e da modernização universitária, e o resultado é que os jovens de hoje não acham emprego. A política radical (incorporada por Lévy-Willard) leva ao infortúnio pessoal ou (incorporada por Kouchner) a uma carreira lucrativa de guru da mídia altamente visível e assessor do Estado. Ressentimento, inveja, inadequação, gratidão, desprezo, dó, tédio: uma gama de emoções provocadas com base numa relação hierárquica (inferior e/ou superior) com o passado, nenhuma das quais (com a possível exceção do tédio) é uma emoção política. Maio e seus espectadores têm direito a praticamente qualquer coisa, ao que parece, salvo à política.

Se eu me detive por tanto tempo sobre *Le Procès de Mai*, é porque ele oferece um inventário impressionantemente rico da doxa, estratégias narrativas, mecanismos retóricos e personalidades em obra na versão revisionista dominante de 68 – cuja lenta sedimentação veio crescendo desde meados da década de 1970, mas cuja forma só atinge a perfeição no clima político do final da década de 1980. Muitas das estratégias narrativas e tropos – "autocrítica", por exemplo, ou o conceito de "geração", que sustenta toda a estrutura do programa – tornaram-se onipresentes primeiro em gêneros escritos: ensaios e jornalismo impresso, principalmente. Com efeito, "autocrítica" e "geração" tendem a operar em conjunto: "geração" só é mobilizada como conceito quando os autonomeados guardiões da memória de Maio *precisam dela* para generalizar seu próprio repúdio de Maio em alguma narrativa coletiva autocrítica que relata a transição do entusiasmo cego à difamação sistemática. Mas o formato do documentário/comemoração televisiva certamente facilita sua realização formal perfeita. Em nenhum outro lugar, para dar um exemplo óbvio, a "encarnação da verdade" fornecida pelo corpo do ex-*gauchiste* envelhecido, como porta-voz e relíquia da história de 68, podia ser tão plenamente realizada – certamente não no texto escrito. E em nenhum outro lugar os interesses e opiniões daqueles que tinham, àquela altura, se tornado os funcionários e guardiões da memória oficial podiam coincidir tão exatamente com os interesses e opiniões das elites do governo e empresas proprietárias da mídia. A televisão exige que as ideias sejam expressas com concisão, e "Je rêve d'être un imbécile" e "Moi Jane, cherche Tarzan" são ideias concisas. Ideias ou expressões como essas, que são legíveis demais, elementares demais, traem a atividade intensa de um imaginário social que instala agressivamente símbolos ostensíveis da ortodoxia desejada. Grande parte do poder da televisão reside, como Noam Chomsky nunca se cansa de ressaltar, em atos simples como a seleção inicial de tópicos e o modo como certos tópicos dentro dos escolhidos são enfatizados e enquadrados. Por que, por exemplo, as mulheres de classe média são enfatizadas e os trabalhadores representados apenas negativamente[21]? O destaque dado às mulheres e ao gênero em *Le Procès de Mai* era completamente novo na história de 68 na televisão, mas isso não significava, de maneira alguma, que as "perspectivas das mulheres" ou as próprias mulheres estivessem no controle da produção na década de 1980, nem que o "gênero" fosse uma preocupação consciente ou explícita em 68. Nenhuma das produções televisivas de 1978, por exemplo, enfoca ou sequer menciona as mulheres ou o gênero de qualquer forma, apesar de serem, cronologicamente, muito mais próximas das sublevações do MLF no começo dos anos 1970[22]. Em minha leitura dos documentos de Maio-Junho de 68, especificamente, as mulheres ativistas nos *comités d'action*, nas ruas ou nas fábricas tendem a se identificar como uma série de coisas – trabalhadoras, membros de diferentes grupelhos ou tendências políticas, judias alemãs, a *pègre*, ativistas ou cidadãs –, mas não como mulheres *per se*. No repertório dos aproximadamente 350 cartazes produzidos pelo Atelier

---

21 Excetuadas as fotografias de fábricas ocupadas e industriais sequestrados incorporadas à narrativa do atraso econômico da França, o tema dos trabalhadores é tratado apenas brevemente, não pelos próprios trabalhadores, mas por outro especialista, um líder sindical da CFDT, René Bonety, que tinha ajudado a negociar os Acordos de Grenelle. Bonety qualifica 68 de "explosão útil".
22 Refiro-me aqui a programas comemorativos como *Mai 68 5 ans après* (Claude Lebrun, 1973), "68 dans le monde" (*Les Dossiers de l'écran*, A2, maio 1978) ou *Histoire de Mai* (André Frossard e Pierre-André Boutang, 1978), assim como a documentários sérios como *Le Droit à la parole*, de Michel Andrieu (1978).

Populaire des Beaux-Arts em maio e junho, apenas um tem uma representação de uma figura feminina – e é Marianne, a República[23]! No movimento de Maio-Junho, em outras palavras, a diferença de gênero não parece ter sido vivenciada de maneira consciente. E quando o movimento feminista começou, no início da década de 1970, e as mulheres passaram a fazer demandas baseadas no gênero de uma nova forma, não está claro se essas demandas eram vistas pelos militantes masculinos da época como compatíveis com "o movimento de 68". (Muitas mulheres, é claro, viam essas demandas como completamente compatíveis, "em conformidade com" 68.)[24] Tudo isso sugere novamente que, para uma narrativa dos anos 1980 que tenciona fazer de 68 um momento originário na "conquista da autonomia", uma certa versão altamente higienizada do movimento feminista, narrada como parte integrante de um retorno à "vida privada", é mais compatível com esses objetivos ou pode lhes servir com mais eficiência do que a temática da luta de classes ou do anti-imperialismo. A não violência é usada para caracterizar o movimento de libertação das mulheres tal como a violência caracteriza, essencialmente, os movimentos de insurreição contra a propriedade burguesa ou a colonização. As lutas pelas mulheres e pelos homossexuais na década de 1970, que só se tornaram realmente lutas de massa na medida em que tiveram êxito em tornar "políticas" questões que antes eram consideradas "privadas" (aborto, sexualidade), são recuperadas a serviço da ideologia burguesa dominante contra a qual elas foram travadas.

Certos tópicos não são meramente negligenciados, mas ativamente marcados para amnésia, apagados dos registros. É o caso de uma das manipulações mais chocantes de *Le Procès de Mai*, que

---

23 Cf. Jean-François Vilar, "Les Murs ont la parole", *Rouge*, 9 maio 1978, pp. 8-9.
24 Para uma discussão dos primeiros momentos do movimento feminista e sua relação com o *gauchisme* e a atmosfera política de 68, cf. Geneviève Fraisse, "La Solitude volontaire (à propos d'une politique des femmes)", *Les Révoltes Logiques, Les Lauriers de Mai*, pp. 49-58. O historiador Robert Frank concorda com minha noção de que o gênero está ausente como categoria em Maio-Junho de 1968: "Um novo combate desse tipo, o das mulheres, por exemplo, gerado pelas grandes evoluções do pré-68, está praticamente ausente da cena em 1968, e reaparece só mais tarde num quadro modificado por 68". Em: Michelle Zancarini-Fournel *et al.* (ed.), *Les Années 68: le temps de la contestation*, Bruxelas: Éditions Complexe, 2000, p. 16.

ocorre logo no início do programa. Kouchner, que acabou de louvar a "ousadia de sonhar" da geração de 68 num tom de grande autossatisfação, muda abruptamente, e brevemente, para a postura de autocrítica. "Mas nós estávamos contemplando nosso umbigo, esquecemos o mundo real, não vimos o que estava acontecendo no resto do mundo, estávamos voltados para nós mesmos." Ele continua, muito mais triunfante: "Não sabíamos o que iríamos descobrir nos anos seguintes: o Terceiro Mundo, a miséria".

Numa tacada só, Kouchner assume o poder de eliminar toda uma dimensão do movimento: sua relação com as lutas anticoloniais e anti-imperialistas em lugares como Vietnã, Argélia, Palestina e Cuba, para onde o próprio Kouchner viajou no começo dos anos 1960, no intuito de entrevistar Castro para a revista comunista estudantil *Clarté*. Kouchner promoveu uma limpeza maciça do terreno para que ele e seus amigos pudessem "descobrir" o Terceiro Mundo dez anos depois, como os primeiros exploradores coloniais de terras virgens. Todo um mundo desaparece – a Guerra do Vietnã, a iconografia de Che, Mao e Ho Chi Minh, os esforços de editores como Maspero –, ou seja, um Terceiro Mundo militante ou combativo, para que outro possa ser heroicamente "descoberto" anos depois: o Terceiro Mundo como figura no discurso dos direitos humanos, do qual Kouchner emergiu, naquela época, como um dos principais porta-vozes. Os "condenados da terra" de Fanon, como o nome de uma agência política emergente, foi essencialmente reinventado: o novo Terceiro Mundo ainda é condenado, mas sua agência desapareceu, deixando somente a miséria de uma vítima coletiva da fome, das enchentes ou dos aparatos estatais autoritários[25]. Toda a subjetivação política que tomou forma entre alguns franceses a respeito da Guerra da Argélia é aniquilada.

---

25 Essa é uma das áreas em que um programa como *Le Procès de Mai* mostra uma distância política nítida de produções televisivas de 1978 como "68 dans le monde", com suas imagens de abertura da Argélia, Palestina, Biafra e Vietnã. Mas até os programas que não adotam uma perspectiva internacionalista asseveram uma conexão clara entre eventos no Terceiro Mundo e o levante em Paris: uma produção belga de 1973, *Mai 68 5 ans après*, de Claude Lebrun, afirma, com razão, que um protesto contra a Guerra do Vietnã iniciou tudo. Do mesmo modo, o longo documentário de André Frossard e Pierre-André Boutang, *Histoire de Mai*, exibido pela primeira vez em 1978, dá ao Vietnã um papel causal na narrativa dos eventos franceses.

Esse é o perigo de uma situação em que alguns poucos atores de um evento de massa receberam a autoridade, com base nesse ativismo, de negar ou repudiar aspectos do evento segundo as necessidades do momento presente. O perigo é agravado, claro, quando se permite que essas mesmas poucas vozes se tornem, nesse processo, os intérpretes mais ouvidos do evento. Ver 68 através do quadro das comemorações televisivas produzidas a cada dez anos é encarar o fato de que velhos princípios *gauchistes*, como "la base doit emmener la tête" (literalmente, a base deve conduzir a cabeça) ou "Não deixe os alto-falantes falarem por você" – princípios que regeram o movimento – não são válidos em sua comemoração, pois os mesmos "porta-vozes de uma geração" aparecem reiteradamente. As tentativas por parte dos estudantes de "fugir do gueto estudantil" em Maio tampouco são refletidas na concentração praticamente uniforme das comemorações no "Maio estudantil" e no Quartier Latin, à custa da greve geral ou dos eventos que ocorreram fora de Paris. À medida que os porta-vozes autonomeados envelhecem, mudando de roupagem ideológica segundo o espírito da época, "o que aconteceu", e não apenas a avaliação dos efeitos do evento, também muda. A própria natureza do evento – seus contornos, objetivos e aspirações – torna-se passível de revisão. O que quer que Bernard Kouchner, André Glucksmann ou Daniel Cohn-Bendit pensem em determinado momento é proleptiamente atribuído a 68, "o que o movimento realmente significava". O que quer que eles tenham se tornado em suas vidas pode ser projetado retrospectivamente em Maio, em que as sementes, pelo menos, de sua transformação atual podem agora ser encontradas – não é incrível? "Não é irrelevante que alguém como André Glucksmann, cujo caminho político não é 'solitário', mas trilhado em solidariedade com uma geração, tome essa posição [...]."[26] *Libération* foi o que mais se especializou nesse tipo de expressão, que permite que os "erros" autoconfessados ou o entusiasmo redescoberto de alguns transbordem de seus contornos para se tornarem os de uma geração inteira. Na expressão de Kouchner, "Nós não sabíamos então o que

---

26 *Apud Libération*, 24 nov. 1983.

viríamos a descobrir mais tarde", os membros pertencentes ao "nós" provavelmente continuaram constantes: uma "geração" petrificada e incômoda, que se arrasta da mesma cegueira e ignorância para as mesmas revelações, das mesmas ingenuidades para uma lucidez igualmente monolítica: milhares e milhares de pessoas cujas paixões, ferimentos, realizações e frustrações políticas Kouchner pode expressar e incorporar com confiança – o tempo todo, ao que parece. É o seu "nós", o "nós" geracional: uma trajetória apresentada na forma de um drama vivido outrora que se tornou destino. Nós não sabíamos então o que sabemos agora. Ou, talvez, "nós" não soubéssemos então o que "nós" esquecemos agora: não deixe ninguém falar no seu lugar.

Antiterceiro-mundismo e direitos humanos

Para os ex-esquerdistas do fim da década de 1970 e início da de 1980 que procuravam se realinhar com os valores do mercado, o problema representado pelo "terceiro-mundismo" é mais ou menos este: o que deve ser feito com o período de vinte anos – de meados dos anos 1950 a meados dos 1970 – ao qual o nome de "terceiro-mundismo" pode ser dado para significar um foco informado pela divisão internacional do trabalho e longa tradição de colonialismo? Como podemos entender um período de vinte anos (o eixo Norte/Sul) que não se encaixa na narrativa histórica agora dominante, aronista-furetista ou da Guerra Fria, da marcha inevitável da França rumo ao liberalismo? Como podem o vocabulário e os elementos dessa narrativa ("totalitarismo", "Gulag"), manejados como porretes terminológicos de 1975 em diante por ex-*gauchistes*, ser usados para moldar ou refrear esses vinte anos recalcitrantes, nos quais parecia que *outra coisa estava acontecendo*, submetendo-os novamente às restrições disciplinares da narrativa mestra? Será que os anos de sublevação colonial e adesão à subjetividade política por parte dos "condenados da terra" – o que Sartre, escrevendo em 1964, chamou "o evento mais significativo da segunda metade deste século: o nascimento do nacionalismo entre os povos da África e Ásia"[27] –, será que esses acontecimentos são, agora, apenas um parêntese nessa narrativa? Um erro? Uma nota de rodapé? Uma ilusão? Um desvio? Será que a tentativa de relacionar as implicações da independência argelina – por meio do anticolonialismo radical associado a pensadores franceses e francófonos como Sartre, Vergès, Debray, Fanon, Memmi e Maspero – a uma alternativa esquerdista na França tem interesse meramente arqueológico ou histórico nesse ponto? Será que o efeito do bloco de tempo representado pelos anos de descolonização sobre a "narrativa histórica mestra" é algo semelhante ao que Annie Kriegel diz do efeito de 68 sobre a universidade francesa? Ou seja, um fator de atraso, algo que "atrasou" a "percepção" do totalitarismo, percepção que *devia* ter ocorrido para os franceses no momento da invasão soviética da Hungria em 1956, mas que foi adiada até 1975, quando Soljenítsin foi traduzido e os Novos Filósofos começaram a falar de dentro de sua garagem de ilusões perdidas? Será que o "terceiro-mundismo" representa simplesmente outro contratempo ou atraso, a perda de anos cruciais em que o totalitarismo poderia ter sido enfrentado?

Problemas franceses contemporâneos, como a ascensão de várias formas de neorracismo focadas na figura do imigrante, o *status* nebuloso dos habitantes de territórios franceses como Nova Caledônia e Guadalupe, para não falar do de alguns habitantes dos arredores de grandes cidades francesas, sugerem que a página da Argélia e dos anos 1960 ainda não foi virada. Mas o esforço envidado pela parte da esquerda ansiosa para livrar-se de uma identidade fortemente baseada em sua rejeição do capitalismo – o esforço de ter encerrado a questão, de dar uma sentença de morte a seu passado, conservando, ao mesmo tempo, alguma aura vagamente esquerdista desse passado que lhes outorgaria mais poder para dar essa sentença de morte –, tudo isso mostra o obstáculo que o terceiro-mundismo representava.

Com efeito, as observações de Kouchner no programa de televisão proclamam vitória numa batalha ideológica que ele e outros

---

27 Jean-Paul Sartre, "Les Grenouilles qui demandent un roi", em: *Situations V*, Paris: Gallimard, 1964, p. 155.

ex-*gauchistes* estavam travando na imprensa popular há dez anos para desmantelar o "terceiro-mundismo" dos anos de 68. Seus esforços constituíram um verdadeiro *matraquage* midiático. A crítica do "tiers-mondisme" foi iniciada, originalmente, por Jacques Julliard, Kouchner e alguns outros como uma polêmica ruidosa nas páginas de Le Nouvel Observateur em 1978, que foi publicada em um volume, *Le Tiers-monde et la gauche*, pela Seuil no ano seguinte. O "antiterceiro-mundismo" encontrou sua mais concertada e alentada expressão em *Le Sanglot de l'homme blanc* (1983), do ex-*gauchiste* Pascal Bruckner, publicado numa série editada por um ex-maoísta, Jean-Claude Guillebaud. Em 1985, os Médicos Sem Fronteiras organizaram uma grande conferência dedicada ao debate. Quando *Paris-Match* pegou o bonde andando, decidindo dedicar uma extensa cobertura à conferência com um artigo espalhafatoso, intitulado "Les Impostures du tiers-mondisme" ("Nós sabíamos que o terceiro-mundismo, a doutrina que alega que a prosperidade no Ocidente foi constituída à custa dos países pobres, era fraca e vulnerável. Mas não esperávamos que o *coup de grâce* [golpe de misericórdia] viesse dos 'Médicos Sem Fronteiras'")[28], alguns observadores começaram a sugerir que o leitorado ao qual *Paris-Match* se dirigia era composto preponderantemente por franceses que pensavam que havia árabes, asiáticos e africanos demais vivendo na França[29].

Embora o debate, que transcorreu em sua maior parte na mídia popular, fosse altamente sensacionalista e representasse em si mesmo o último estágio da construção pós-68 do "intelectual midiático" a partir dos destroços de sua militância prévia, ele era, não obstante, num certo grau, um debate. E embora pudesse ser visto como apenas mais uma versão melancólica da ladainha dos ex-*gauchistes*, "o Deus que fracassou" – como outro passo, em outras palavras, no caminho doloroso que levou a "geração perdida" de Maio de volta à adoção da sociedade que ela outrora condenava –, pelo menos parecia haver dois lados ali. De um lado estavam os antiter-

---

28 Patrick Forestier, "Les Impostures du tiers-mondisme", *Paris-Match*, 22 fev. 1985, p. 3.
29 Cf. Yves Lacoste, *Contre les anti-tiers-mondiste et contre certains tiers-mondistes*, Paris: La Découverte, 1985, p. 6.

ceiro-mundistas: Jacques Julliard, ex-defensor da independência argelina, editor de *Le Nouvel Observateur* e futuro membro da Fondation Saint-Simon[30], Bernard Kouchner e outros médicos de Médecins Sans Frontières, Pascal Bruckner, outros *gauchistes* reconvertidos como Jean-Pierre Le Dantec, ex-editor de *La Cause du Peuple* e ativista da autonomia bretã, e anticomunistas sortidos como Emmanuel Leroy-Ladurie. Representando uma posição oposta, que podia ser caracterizada como afirmativa da validade continuada de uma análise baseada no imperialismo, estavam correspondentes estrangeiros como Guy Sitbon, o geógrafo Yves Lacoste, o especialista em cultura islâmica Claude Liauzu e o economista Samir Amin.

Jacques Julliard, que inventou o debate no nível da mídia de massa, simplesmente dá continuidade, em seu próprio ensaio, a uma agenda tornada familiar pelos Novos Filósofos: ele estende o mapa do Gulag para incorporar todo o "Terceiro Mundo". "Na África não haverá socialismo, exceto um socialismo totalitário."[31] De um lado vive o Ocidente, com sua liberdade e civilização; do outro, todos os que não vivem como nós, isto é, o Gulag. Julliard também adota a voz profética favorecida pelos Novos Filósofos, a que prevê com confiança o "fim" (de vários "velhos dogmas") e, ao mesmo tempo, o "retorno" (da "democracia", do "mercado", da "ética" – ou, nesse caso, dos "direitos humanos"). O tom profético tem a vantagem de

---

[30] A Fondation Saint-Simon, criada em 1982, era um cruzamento entre um *gentleman's club* ao estilo britânico (embora não restrito a homens) e um instituto de pesquisa. Presidido por François Furet até sua morte, o clube serviu de lugar de encontro para intelectuais e "tomadores de decisão" do governo. Seus setenta a oitenta membros incluíam notáveis da mídia, das grandes empresas e das várias disciplinas de ciências sociais. Na verdade, a existência do "clube" é indicativa da rede intrincada que se desenvolveu entre esses três domínios no novo contexto ideológico dos anos 1980. Como a revista *Le Débat*, ele ajudou a facilitar uma imagem reabilitada do intelectual como "especialista" e assessor de políticas públicas. Seus membros incluíam muitos dos autores responsáveis por produzir a linha revisionista de Maio de 68, incluindo Gilles Lipovetsky, Luc Ferry, Alain Minc (tesoureiro da fundação) e Serge July. O clube chegou ao fim em 1999.

[31] Cf. Jacques Julliard, "Le Tiers-monde et la gauche", *Le Nouvel Observateur*, 5 jun. 1978; reimpresso em: Jean Daniel e André Burgière (ed.), *Le Tiers-monde et la gauche*, Paris: Seuil, 1979, pp. 36-40. Julliard também publicou um livro coletivo intitulado *Regards froids sur la Chine* (1976) que foi um dos primeiros sinais da ruptura de muitos intelectuais franceses com o maoísmo. Mais recentemente, Julliard foi um apoiador entusiasta da Guerra do Golfo, de Maastricht e do plano de Juppé que provocou as greves de novembro-dezembro de 1995.

permanecer suspenso entre o constatativo e o performativo, fornecendo, assim, tanto uma descrição do novo mundo quanto uma prescrição para tornar o mundo conforme ao que diz a descrição proposta. O socialismo africano e (por extensão!) todo o socialismo terceiro-mundista, escreve Julliard, são e *nunca poderão ser outra coisa a não ser* "totalitários" (ou até "tirânicos" ou "sanguinolentos"). Dada essa inevitabilidade sinistra – o discurso dos Novos Filósofos nunca se destacou pela sua leveza –, a esquerda europeia não pode fazer nada senão denunciar o "poder" no Terceiro Mundo, no intuito de apoiar pessoas como indivíduos oprimidos pelo Estado-nação totalitário, e de aderir à Internacional dos Direitos Humanos. "É verdade que existem dois lados opostos no Terceiro Mundo. Mas eles não são os lados estadunidense e soviético. Eles são os do Estado que tortura e o das pessoas martirizadas."[32] O tempo de ações ou análises políticas, ao que parece, já passou; não podemos fazer mais nada a não ser auxiliar as vítimas do desastre humano e natural.

Em sua resposta crítica a Julliard, o jornalista Guy Sitbon nota que o vocabulário que Julliard mobiliza para descrever os regimes do Terceiro Mundo apresenta uma semelhança assombrosa – quase palavra por palavra – com os termos que os velhos colonialistas costumavam usar durante as lutas de libertação nacional para descrever o que seriam os futuros governos independentes, caso a independência acontecesse. Na esteira da descolonização, as ex-colônias, para Julliard, reverteram-se a seu antigo estado pré-colonial de miséria, selvageria e barbárie. De fato, o Terceiro Mundo pré e pós-independência parece suscitar os mesmos *shibboleths* imperialistas; a retórica dos "direitos humanos", seja da boca de Jimmy Carter nos Estados Unidos ou de Jacques Julliard na França, apresenta uma semelhança assombrosa com velhas canções repisadas sobre a missão moral do colonialismo, com os velhos mitos imperiais de terras inabitadas (inabitadas, pelo menos, por seres falantes, articulados) aguardando a chegada salutar do Ocidente. Estaria Julliard sugerindo que o colonialismo era melhor para as

---

32 Jacques Julliard, "Le Tiers-monde et la gauche", *Le Nouvel Observateur, op. cit.*, p. 38.

pessoas colonizadas que a independência? Se for o caso, diz Sitbon, ele deveria procurar o cara da OAS que costumava espancá-lo no Quartier Latin, no começo dos anos 1960, para parabenizá-lo pela sua clarividência[33].

Foi *Le Sanglot de l'homme blanc*, de Pascal Bruckner, que forneceu uma espécie de manual do antiterceiro-mundismo. Recorrendo à psicologia, Bruckner escavou o que ele via como a culpa e renúncia europeia diante do mundo pobre sofredor, um conjunto de afetos e reações deslocadas que ele resume sucintamente como "o masoquismo imbecil do terceiro-mundismo". Os europeus deveriam livrar-se do jugo de seu complexo de culpa e auto-ódio, ele aconselha, e retornar a um eu fortificado e a uma Europa fortificada de valores: "A Europa é nosso destino, nossa sina. Mais do que nunca, nós nos desenvolvemos como indivíduos através do respeito de suas fronteiras, suas tradições e sua integridade territorial"[34]. Ele continua:

> O apelo ridículo de Frantz Fanon era "ir além" da Europa [...]. É impossível "ir além" da democracia. Se os povos do Terceiro Mundo quiserem se tornar eles mesmos, eles devem tornar-se mais ocidentais [...]. [A Europa] é a única cultura que foi capaz de ver a si mesma através dos olhos de outros (mesmo que suas percepções possam ser equivocadas). Como nunca houve dúvida sobre sua identidade, ela pôde conceder muito a outras culturas[35].

Se Fanon é ridículo, deve sê-lo muito mais o autor do prefácio de Fanon, Jean-Paul Sartre, o velho terceiro-mundista, aliado e companheiro de viagem de estudantes como Bruckner em 68. O prefácio de Sartre a *Les Damnés de la terre* em 1961, junto com seu prefácio a *Aden Arabie* de Nizan no ano anterior, ambos publicados por Maspero, constituem os "manifestos" do terceiro-mundismo na França. (Maspero vendeu mais de 24 mil cópias de *Aden Arabie*.) A ambiva-

---

33 Cf. Guy Sitbon, "Le Temps des méprises", *Le Nouvel Observateur*, 10 jul. 1978; reimpresso em: Jean Daniel e André Burgière (ed.), *op. cit.*, pp. 73-6.
34 Pascal Bruckner, *The Tears of the White Man: Compassion as Contempt*, Nova York: Free Press, 1986, p. 156.
35 *Ibidem*, pp. 142-3 (tradução modificada).

lência convulsiva mostrada por Bruckner e outros ex-*gauchistes* para com Sartre sugere que uma das motivações para o ataque concertado ao "terceiro-mundismo" pode ser, em parte, a reivindicação "geracional" costumeira de destruir sistemas intelectuais precedentes, a fim de instalar-se no seu lugar, pois era com Sartre, obviamente, que todo o *élan* utópico de Maio e do pós-Maio tinha sido vivido e compartilhado.

O geógrafo Yves Lacoste usa a história para desfazer o discurso psicologizante de Bruckner, recordando uma pré-história ausente do seu relato. O "terceiro-mundismo" dos anos 1960, nos lembra ele, surgiu, em parte, como uma reação crítica às maciças campanhas de ajuda lançadas pelos Estados Unidos no fim da Segunda Guerra Mundial em prol de países "subdesenvolvidos" – um termo inventado por essas campanhas de ajuda – que eles consideravam estar em perigo de se tornar comunistas após alcançar a independência[36]. As campanhas de ajuda aos países pobres foram uma das consequências diretas da Guerra Fria que começou em 1947. O discurso terceiro-mundista, longe de denotar masoquismo ou auto-ódio em sua atenção à desigualdade e desequilíbrio entre nações ricas e pobres, era uma nova maneira agressiva de acusar o sistema capitalista – empresas multinacionais, programas de ajuda dos Estados Unidos ou da Europa ocidental, todo o aparato neoimperialista que culminou no Vietnã. Os terceiro-mundistas não se sentiam "pessoalmente" responsáveis pela miséria do Terceiro Mundo, como afirma Bruckner; ao contrário, eles estavam ativamente apontando o dedo para aqueles – os militares, líderes estatais, grandes empresas – que julgavam ser responsáveis.

Os argumentos dos antiterceiro-mundistas Jean-Pierre Le Dantec e Kouchner são substancialmente indistinguíveis dos de Julliard. Mas eles têm interesse retórico, já que todos adotam o gênero da autobiografia coletiva, "geracional", para condenar as ilusões do que Kouchner chama de "nossa geração terceiro-mundista"[37], para casti-

---

36 Cf. Yves Lacoste, *Contre les anti-tiers-mondistes et contre certains tiers-mondistes*, pp. 25-8.
37 Bernard Kouchner, "Les Bons et les mauvais morts", *Le Nouvel Observateur*, 3 jul. 1978; reimpresso em: Jean Daniel e André Burgière (ed.), *op. cit.*, pp. 44-51.

gar aquele momento em que, segundo Le Dantec, "nós acreditamos ingenuamente [...]", "nós estávamos cegos [...]" e "nós inventamos o Terceiro Mundo"[38] (!). O coro deles é o dos cegos que agora conseguem ver o real com horror, o daqueles que se livraram do sonho ou da ilusão à luz inclemente da realidade. Obviamente, é difícil imaginar como uma nova autoridade pode ser fundada numa antiga cegueira – por que se deveria confiar no juízo atual de alguém suscetível de ter se enganado tão redondamente no passado? Guy Hocquenghem, ativista em 68 e teórico gay, ofereceu a primeira e melhor análise do que ele viu, com razão, como a dimensão estilística ou ritualística das narrativas de conversão e crônicas de desencanto que surgiam aos borbotões entre seus antigos camaradas – os que, a partir de meados da década de 1970, se apressaram em vender a um preço alto a confissão de seus erros. Embora pretenda ser o homem que viu os horrores da política de seu século e renunciou corajosamente a suas ilusões, o convertido está participando, na verdade, de um rito ou cerimônia que marca sua própria reagregação social. As "lições da história", o conteúdo das ideias exprimidas, aponta Hocquenghem, são álibis para o que é de fato uma iniciação. Assim, o gesto na direção da autocrítica (um gênero maoísta revisitado) e da autoflagelação é inevitavelmente combinado com uma forte dose de autocongratulação ("Nós inventamos o Terceiro Mundo!" – Le Dantec; "Nós descobrimos o Terceiro Mundo!" – Kouchner). O ponto de partida deve ser incessantemente relembrado para ser negado, pois é o heroísmo do ponto de partida que vai garantir um papel não medíocre – talvez até de estrela – no mundo pós-*gauchiste*. A autocrítica torna-se o melhor tipo de propaganda para essas pessoas. E o "nós", que faz da trajetória de conversão um destino coletivo inevitável, transforma essa manifestação renegada, supostamente "dissidente", de livre pensamento num embargo de qualquer desvio da narrativa por outra pessoa, tornando-a pouco mais que um resíduo de alguma era pré-histórica, como

---

[38] Jean-Pierre Le Dantec, "Une Barbarie peut en cacher une autre", *Le Nouvel Observateur*, 22 jul. 1978; reimpresso em: Jean Daniel e André Burgière (ed.), *op. cit*, pp. 40-4.

se ainda fosse "cega". Ele elimina a experiência de todos esses indivíduos, para dar só um exemplo, para quem a dificuldade e a dor do pós-Maio foram vividas não como uma conversão, mas como um deslocamento ou sequência de deslocamentos necessitados pela inércia do real: os que se afastaram da militância sem jamais renegá-la ou repudiá-la. E, obviamente, elimina os que continuaram, de algum modo, militantes. Como observou Jean-François Vilar já em 1978, quando a primeira onda de comemorações estava se formando, "aqueles para quem Maio não foi nem uma surpresa divina nem uma ameaça extrema, mas simplesmente um estágio numa longa luta, não foram convidados para as comemorações"[39].

É o horror de se ver inelutavelmente preso, contra sua vontade, no "nós" geracional dos coveiros e *poseurs* que alimenta o ataque de Hocquenghem em 1985 a alguns de seus antigos camaradas, *Lettre ouverte à ceux qui sont passés du col Mao au Rotary* (Carta aberta àqueles que trocaram o colarinho Mao pelo Rotary):

> "Geração" – por anos eu jurei não pronunciar essa palavra; eu a achava, instintivamente, repugnante. Eu não gosto da ideia de pertencer a esse bloco coagulado de decepções e nepotismos, algo que só se percebe e sente como tal no momento da traição maciça da maturidade. A gente só se torna uma geração depois de se retrair como o caracol para dentro da concha ou como o prisioneiro confesso para dentro da cela; o fracasso de um sonho, as camadas de rancor e amargura, os restos insolúveis de um antigo levante são chamados de "geração". Aqueles que, hoje, estão passando de seus 30 anos atrasados a seus 50 anos precoces são o sedimento, o sal amargo da desilusão[40].

Hocquenghem precisa usar a palavra "geração" porque é o que seus antigos camaradas de fato se tornaram em meados dos anos 1980 – ou seja, não em sua contestação na década de 1960, mas somente

---

39 Jean-François Vilar, "Le Temps des fossoyeurs", *Rouge*, 11 maio 1978, p. 10.
40 Guy Hocquenghem, *Lettre ouverte à ceux qui sont passés du col Mao au Rotary*, Paris: Albin Michel, 1986, pp. 15-6.

depois, em seu *effacement* conjunto de uma dimensão contestatória, seu apagamento de qualquer diferença entre ideologias e seu relato dessa história específica. Tornar-se uma "geração" é parte integrante do ato de renúncia e do ato de narração retrospectiva: criar a si mesmo como a estrela de sua própria história. Hocquenghem aponta que, simplesmente trocando umas letras, a palavra "geração" [*génération*] se torna "renegação" [*rénégation*], algo que, para ele, é menos uma questão de fatos ou ideias do que uma questão de forma, de *ethos*. Em outras palavras, já no final da década de 1970, o desencanto do pós-Maio tornou-se, com a aparição (ou fabricação) da "geração perdida", um gênero literário, com todas as suas figuras obrigatórias e tropos retóricos. A narrativa de conversão do pós-Maio como forma é apenas uma versão extrema da narração burguesa retrospectiva do romance novecentista descrita por Sartre. Um narrador olha para trás a uma grande distância para os eventos turbulentos de sua juventude. "Havia dificuldade, com certeza, mas essa dificuldade acabou há muito tempo [...], a aventura era uma breve perturbação que tinha acabado. Ela é contada do ponto de vista da experiência e sabedoria; ela é escutada do ponto de vista da ordem."[41] Nem o autor – o exemplo de Sartre é Maupassant – nem o leitor desses romances correm qualquer risco. No final do século, o evento é passado, catalogado, entendido e contado por uma burguesia estabilizada que viveu através de 1848 e da Comuna e que está confiante, como os ex-*gauchistes* da década de 1980 (escrevendo, deve-se dizer, a uma distância cronológica muito menor que a dos narradores de Sartre!), que "nada mais vai acontecer". A "geração" recém-formada de Hocquenghem é composta dos homens que se ajudaram mutuamente a transformar sua desilusão em ouro, que se tornaram diretores de jornal, paladinos do poder nuclear, capitalistas recentes, "ideólogos profissionais do realismo" e "apoiadores do que existe". Hocquenghem oferece o retrato compósito deles: "Ele tem o nariz de Glucksmann, o charuto de July, os óculos redondos de Coluche, o cabelo comprido de Bizot, o bigode de Debray, a camisa aberta de

---

41 Jean-Paul Sartre, *What Is Literature?*, Nova York: Braziller, 1965, p. 134.

BHL e a voz de Kouchner"[42]. Um único corpo corporativo, cujas características físicas assumiram uma certa qualidade grotesca por força da exposição midiática onipresente. Foi a esquerda, aponta ele, e não a direita a responsável pela desvalorização generalizada da utopia. Diante de sua ansiedade de não só se livrar das ilusões passadas, mas de desprezar o passado em si, ele sugere que se pode concluir apenas que não são os erros, ilusões ou mistificações que eles vilipendiam, mas o desejo de uma mudança sistêmica radical.

"Terceiro-mundismo" era um nome para esse desejo. Lendo os argumentos antiterceiro-mundistas disseminados durante a década de 1980, é difícil lembrar a realidade no centro do terceiro-mundismo, uma realidade que não é mencionada em lugar algum por Julliard, Bruckner ou Kouchner: as 3 mil toneladas de bombas despejadas a cada minuto no Vietnã pelos Estados Unidos durante três anos[43]. Teriam sido as lutas que surgiram contra a agressão ocidental naqueles anos um erro? O império francês deveria ter sido defendido? O apelo de Bruckner por um retorno à Europa e aos valores da Europa, nos quais os direitos humanos se fundem com o Ocidente e encontram abrigo nele, foi rapidamente ecoado por dois outros ex-*gauchistes* em livros de 1985: *La Défaite de la pensée*, de Alain Finkielkraut, e *La Bêtise*, de André Glucksmann, seguidos rapidamente por um terceiro em 1987, *La Barbarie*, de Michel Henry. O título de Henry declara sucintamente o que o mundo além da Euro--América havia se tornado nessas obras, uma força invasora contra a qual permanecer vigilante é agora a vocação de um pequeno grupo de elite, a saber, os intelectuais ocidentais. Para Finkielkraut, a batalha já está perdida: "A barbárie acabou conquistando a cultura", enquanto Glucksmann lança um argumento vigoroso para a necessidade de rearmar a Europa em defesa da "civilização"[44]. O termo

---

[42] Guy Hocquenghem, *op. cit.*, p. 17.
[43] Estatística tirada do *Washington Post*, citada em *Le Monde*, 12 abr. 1972.
[44] Cf. Alain Finkielkraut, *La Défaite de la pensée*, Paris: Gallimard, 1985, p. 165; e André Glucksmann, *La Bêtise*, Paris: Grasset, 1985. Recentemente, a retórica da necessidade europeia de oferecer um bastião da civilização contra a barbárie foi usada por Daniel Cohn-Bendit em debates televisivos para justificar o bombardeio do Kosovo.

"barbárie", favorecido por esse grupo de escritores, foi usado pela primeira vez dessa maneira por Bernard-Henri Lévy em 1977, em *La Barbarie à visage humain*. Sua reiteração invoca a antropologia evolucionária de Gustave Le Bon, para quem o "bárbaro" constitui um estágio que, embora não precisamente qualificado de inumano, é, não obstante, nitidamente subdesenvolvido do ponto de vista moral. Em todos esses livros, os remédios propostos para a identidade em crise são aqueles que foram propostos outrora para cada nação: a Europa deve retornar a si mesma, a seus valores, sua tradição, suas fronteiras, e reunificar sua essência. Todo o etnocentrismo dos colonizadores retorna num elitismo que desqualifica o não Ocidente, uma vez mais, sob a forma de uma oposição maniqueísta entre barbárie e cultura. Ao intelectual ocidental cabe a tarefa de salvaguardar a diferença inefável entre os dois, um papel nada incompatível com a construção do "bárbaro" ou habitante de qualquer lugar fora do Ocidente como objeto de piedade ou compaixão, carente de ajuda humanitária do Ocidente.

É claro, não é preciso voltar tão longe até Le Bon para a figura do "bárbaro" como a alteridade absoluta. Uma manifestação muito mais recente aparece na figura dos estudantes e trabalhadores insurgentes em 1968, como caracterizados por Raymond Aron: "um surto de bárbaros que não têm consciência de sua barbaridade"[45].

Logo, o que está operando no discurso antiterceiro-mundista do começo da década de 1980 é uma transformação tripartite. Primeiro, ao dar em troca (e lucrar com) sua experiência prévia com a contestação, os ex-*gauchistes* são autorizados a ressurgir nas vestes imperiais do "dissidente-intelectual oficial", um termo usado pela primeira vez por Jacques Rancière em sua análise das manifestações iniciais dessa manobra, realizada com grande alarde e sucesso pelos autoproclamados Novos Filósofos em meados da década de 1970. (Seu discurso pode soar mais ou menos assim: "Nós somos apenas indivíduos que emprestamos nossa voz aos oprimidos, aos excluídos, não podemos fazer nada a não ser falar em prol daqueles privados

---

45 Raymond Aron, *Elusive Revolution, op. cit.*, p. 4.

de discurso. Nós mesmos somos uma minoria perseguida e censurada" – e isso apesar de seu acesso privilegiado e exploração completa de toda forma da mídia burguesa: jornalismo, editoras, televisão, rádio.) Segundo, o outro colonial ou terceiro-mundista dos anos 1960 é reconfigurado e transformado de combatente e pensador militante e articulado em "vítima" por uma defesa dos direitos humanos estritamente identificados como direitos da vítima, direitos dos que não têm meios para defender seus direitos ou criar uma solução política para seus problemas. Assim, o interesse que o Terceiro Mundo desperta no Ocidente está, agora, em proporção inversa a sua força política, a sua capacidade de construir seu próprio futuro ou de ter qualquer impacto remoto sobre o nosso. O *páthos* da vítima fixa a atenção nos efeitos da crise imediatamente em curso, bloqueando qualquer análise dos processos que levaram a essa crise; uma retórica da emergência reforça a paralisia do pensamento. O trabalho paciente e minucioso de documentar o contexto histórico e político dos oprimidos e de criar os meios pelos quais suas vozes poderiam ser ouvidas analisando seu próprio contexto e expressando suas aspirações políticas – o trabalho narrativo associado a Maspero e outros – agora está muito longe no passado. A nova figuração da vítima ocorre num regime de pura atualidade criado pela retórica da emergência, um eterno presente que não somente priva a vítima de sua própria história, mas a remove da história em si. Na nova política da emoção, sujeito e objeto são descritos em termos diferentes e, mais que isso, perversos, nos quais os objetos da relação – as vítimas – possuem qualidades distintas, e distintivamente menos iguais, que os sujeitos do Ocidente. De fato, chamá-la de política da emoção é um tanto equivocado. Afinal, em que medida a figura do sofrimento – a nova figura genérica da alteridade nos anos 1980 e 1990, que aparece toda noite nas telas de televisão do Ocidente – pode levar, por si mesma, a uma política? Serão a piedade e a indignação moral emoções políticas?

 O que está em jogo, então, é uma terceira transformação, uma mudança na relação do intelectual francês com o "outro" terceiro-mundista, que assume a forma de uma retirada da política para o campo da ética. O terceiro-mundismo do começo dos anos 1960 resultou numa relação política com o "outro", na medida em que esse engajamento – aberto a absorver as ideias e aspirações do outro – se baseava numa desidentificação ou quebra com os sistemas e padrões de fidelidade que fundamentavam antigamente a identidade das pessoas, com o Estado francês, por exemplo, ou com o Partido Comunista. A nova relação ética com a alteridade funda-se, ao contrário, num fortalecimento, até hipertrofia da identidade – do Ocidente, de seus valores, do intelectual como porta-voz profissional dos sofredores, que agora, dentro do regime contemporâneo da representação da vítima humanitária, por definição *não podem* falar e só conseguem obter visibilidade dentro da lógica altamente sobredeterminada da estética e do *marketing*. A nova relação envolve atos quase militares de resgate e a aterrissagem de emergência de médicos – "comandos de jaleco branco", nas palavras de Claude Liauzu[46] – em situações perigosas. A expressão de Liauzu sublinha a maneira como os médicos paraquedistas eram frequentemente indistinguíveis de seus predecessores *parachutistes* coloniais, a maneira como pretextos humanitários, às vezes, mascaravam o caráter colonial enganador das intervenções de resgate nos "hot spots" do Terceiro Mundo. É um passo curto da reafirmação do moralismo eurocêntrico à justificação dessas aventuras neocoloniais que a expansão do capital pode exigir – talvez passo nenhum[47], pois somente uma diferença de grau, e não de essência, separa a intervenção militar da humanitária. O imperativo moral usado para defender o direito à interferência humanitária rapidamente transmuta esse direito numa obrigação e depois, até mais rapidamente, numa obrigação que deve dispor de toda a força de uma intervenção armada. Ao reabilitar os valores da "liberdade" e dos direitos humanos e um antiestatismo frenético, a França tem, mais uma vez, o direito (e o dever) de intervir no Chade, como fez em 1983,

---

46 Cf. Claude Liauzu, *L'Enjeu tiers-mondiste: Débats et combats*, Paris: L'Harmattan, 1988, e "Le Tiers--mondisme des intellectuels en accusation", *Vingtième Siècle*, n. 12, out.-dez. 1986, p. 73-80, para o melhor resumo e crítica do *matraquage* do "antiterceiro-mundismo".

47 É a tese de Jean-Pierre Garnier e Roland Lew, elaborada em seu ensaio "From the Wretched of the Earth to the Defence of the West: An Essay on Left Disenchantment in France", *The Socialist Register*, 1984, pp. 299-323.

com total apoio de Kouchner e André Glucksmann[48]. Do mesmo modo, Reagan e os Estados Unidos devem ser instados, como numa petição assinada por Bernard-Henri Lévy junto com os maoístas convertidos Jacques e Claudie Broyelle em *Le Monde*, em 21 de março de 1985, a manter e aumentar sua ajuda aos Contras na Nicarágua. Hocquenghem, em sua *Lettre ouverte*, foca grande parte de seu ataque escorchante a seus antigos camaradas de 68 no que ele chama de novo "moralismo guerreiro" e nas fantasias militaristas dos ex-*gauchistes*. O surgimento de médicos como Kouchner, que prescrevem a dose correta de direitos humanos e bombas, pode ser atribuído, sugere ele, a crises não resolvidas de masculinidade que sobraram do pós-Maio. Através das aventuras que as situações de emergência oferecem, um suplemento de masculinidade viril durona, uma nova aura, era acrescentado à imagem física do intelectual. (Mais uma vez, a imagem física de Sartre oferece o melhor contraste.) Foi a mesma *intelligentsia*, nota Hocquenghem, que se juntou em torno da instalação de mísseis Cruise na Europa ocidental no início dos anos 1980 e do afundamento do Rainbow Warrior pela França em 1985.

Filósofos na televisão

O antiterceiro-mundismo é, num certo sentido, apenas uma *reprise* e uma continuação do episódio dos Novos Filósofos, que causou tanto impacto em meados da década de 1970 na composição da paisagem política francesa. Mais conhecidos pelo seu antimarxismo radical e sua introdução do "Gulag", no que Peter Dews chamou de seu veloz deslizamento degenerativo da terrível realidade histórica ao pseudoconceito e ao *slogan*[49], a relevância dos Novos Filósofos

---

48 Cf. "Tchad, l'engagement à reculons", *Libération*, 12 ago. 1983. Os números do *Libé* em agosto e setembro de 1983 estão cheios de manchetes ("*Paras* franceses nas linhas de frente"; "Belo como um *para* novo" [*Beau comme un para nouveau*]) e fotos que celebram o retorno do *parachutiste* francês.

49 Cf. Peter Dews, "The *Nouvelle Philosophie* and Foucault", *Economy and Society*, v. 8, n. 2, maio 1979, pp. 127-71. Esse ensaio, junto com outro de Dews, "The 'New Philosophers' and the end of Leftism", em: Roy Edgley e Richard Osborne (ed.), *Radical Philosophy Reader*, Londres: Verso, 1985, pp. 361-84, são a melhor análise crítica do fenômeno dos "Novos Filósofos" disponível em inglês.

para nós está em sua fabricação bem-sucedida de uma certa representação de si mesmos, como o surgimento, dez anos após o evento, da primeira "verdadeira voz de Maio de 68". É por intermédio deles que a palavra de ordem de 68, "igualdade", é definitivamente mudada para "liberdade". Assim, nas palavras de Michel Le Bris, ex-editor de *La Cause du Peuple* e subsequentemente um Novo Filósofo menor, uma nova experiência de liberdade foi "vivida" em Maio de 68, mas não podia ser "pensada" ao mesmo tempo. Agora, uma década mais tarde, a "consciência retornou a si mesma" – uma maneira eficiente de dispensar as ambiguidades, frustrações e acontecimentos políticos dos anos 1970 – e o pensamento dessa liberdade pode emergir nas obras de ninguém menos que os Novos Filósofos[50]. A "geração", como descrita por Hocquenghem, o "nós" desenganado que não precisa especificar quem ele inclui, nasce bem a tempo do décimo aniversário para confiscar a memória de Maio; ele se consolidaria a tempo para o vigésimo.

Do meio para o fim da década de 1970, quando os Novos Filósofos começaram a ocupar um lugar central na cena midiática e intelectual francesa, era difícil ver que seu alvo a ser liquidado era realmente Maio e a memória de Maio. Afinal, Maio não era seu alvo anunciado, era apenas um item no seu currículo, ainda que importante, pois era seu passado de militantes que garantia sua legitimidade como analistas sociais e lhes dava a autoridade moral de que precisavam para amparar seus pronunciamentos políticos atuais. Seus erros políticos confessos de Maio – mesmo que em alguns casos, especialmente o de Bernard-Henri Lévy, os erros tinham primeiro que ser inventados para ser confessados[51] – eram apenas o suplemento da verdade e da virtude, bem como uma recertificação do *effet de réel* no presente. Seu alvo explícito, na verdade, parecia ser muito maior e ambicioso que Maio: o Gulag – "descoberto" pelos franceses, com ajuda de uma tradução francesa de Soljenítsin, em 1974. Reivindicando o papel de profetas e perseguidores do marxismo, eles passaram a armar uma crítica do

---

50 Michel Le Bris, Entrevista, em: J. Paugham (ed.), *Génération perdue*, Paris: Robert Laffont, 1977, pp. 93-4.
51 "O jovem Bernard-Henri Lévy era um sujeito brilhante sobre quem posso testemunhar que ele nunca foi nem marxista nem maoísta." Dominique Lecourt, *Les Piètres penseurs*, op. cit., p. 76.

marxismo por meio de um uso semi-histérico do porrete terminológico "totalitarismo". Esse termo analiticamente amorfo e elástico era confundido intencionalmente em seu discurso com a categoria teórica da "totalidade", um conceito com um rico passado filosófico. Para Lukács, por exemplo, a "totalidade" significava simplesmente que existe um quadro da realidade contemporânea fornecido pela economia mercantil que não pode ser relativizado, mesmo que não for sempre vivenciado exatamente da mesma maneira por todo indivíduo ou grupo em todas as épocas. Sartre usava o termo filosófico "totalidade" para referir-se à maneira como "percepções, instrumentos e matérias-primas estavam ligadas e fixadas umas em relação às outras pela perspectiva unificadora de um projeto"[52]. Ao fundir a "totalidade" com o "totalitarismo", os Novos Filósofos puderam afirmar que qualquer análise "totalizante" ou sistêmica, ou mesmo qualquer pensamento vagamente utópico, carrega dentro de si, de modo congênito, as sementes do Gulag. E como qualquer tentativa de mudança social produz o Gulag, não há nada melhor que possa ser imaginado do que a maneira como somos agora.

Por que a publicação do livro de Soljenítsin na França teve uma ressonância tão poderosa? Antes de 1974, os campos stalinistas não eram desconhecidos; testemunhos de Trótski, Victor Serge e outros estavam disponíveis e foram lidos na França[53]. Os campos eram conhecidos, mas não ganharam o *status* emblemático do Gulag. Por que aquilo que já tinha sido revelado em 1936, e depois em 1947, quando David Rousset denunciou o universo dos campos, e de novo em 1956, por ocasião do relatório Kruschev, adquiriu o *status* de uma revelação chocante em 1974 – uma revelação tão chocante que um verdadeiro coro de ex-cegos se ergueu (Glucksmann, Lévy, Leroy-Ladurie), proclamando sua visão milagrosamente restaurada pelo livro de Soljenítsin? A diferença no impacto, afirmaram os defensores de Soljenítsin, era atribuível à diferença no gênero. Porque era,

---

52 Cf. Fredric Jameson, "On Cultural Studies", em: John Rajchman (ed.), *The Identity in Question*, Nova York: Routledge, 1995, p. 267.
53 Cf. a discussão por Daniel Bensaïd e Alain Krivine do que eles chamam de "efeito Gulag" em *Mai si!*, Paris: PEC-La Brèche, 1988, pp. 74-80.

como indicava seu subtítulo, "um ensaio de investigação literária", e não um tratado ou o relatório de um político, o *Arquipélago Gulag* de Soljenítsin podia ser proclamado como uma obra que oferecia algo que as estatísticas abstratas e análises secas não podiam mostrar: a representação da vítima individual do sofrimento humano. Artigos de esquerdistas atormentados em *Les Temps Modernes*, escreveu Bernard-Henri Lévy em 1978, não podem ter o mesmo efeito sobre a consciência política popular que o *Arquipélago Gulag*, e isso, a seu ver, não era surpreendente. Tais artigos "carecem do aspecto de mito, de ficção, de simbólico que torna possível que o Mal, que não pode ser pensado, possa ser representado"[54]. Para os Novos Filósofos, a figura do sofrimento individual podia, então, ser mobilizada para mostrar a primazia da dimensão ética ou moral sobre a política, a superioridade da revelação sobre a cognição, assim como o valor superior dos modos estéticos de representação sobre o cientificismo ou a racionalidade das ciências sociais. Foi essa mortalha de fria racionalidade – todos os fatos e números sobre os campos, todas as informações que existiam antes de Soljenítsin – que, de fato, ajudou a sufocar os gritos das vítimas. A figura do sofrimento individual, batizada "o plebeu" nos escritos de André Glucksmann, evoluiria rapidamente, nos anos 1980, para a figura da vítima faminta no discurso dos direitos humanos.

Mesmo assim, a superioridade, para seus fins, da estética da ficção sobre o tratado fatual não explica por que o grupo de intelectuais insurgentes que veio a ser conhecido como os Novos Filósofos precisava de Soljenítsin naquele momento, por que o totalitarismo tinha que ser denunciado naquele momento por pessoas que mal haviam pensado nele até então. Afinal, a tradução do *Arquipélago Gulag* para outras línguas e situações nacionais – Estados Unidos, Alemanha, Itália – não desencadeou, de forma alguma, os tipos de repercussões e a torrente midiática que ocorreram na França. A resposta, como já sugeri, está na necessidade de pôr fim à memória de Maio de 68, a necessidade de fazer de todas aquelas discussões e

---

54 Bernard-Henri Lévy *apud* J. Paugham (ed.), *Génération perdue, op. cit.*, p. 176.

ações políticas a expressão de uma imensa ilusão coletiva, relegada definitivamente a um passado remoto.

O "encaixe" fortuito entre a retórica de urgência sensacionalista dos Novos Filósofos, a imagem que construíram de si mesmos como personalidades dissidentes *beau ténébreux*, perseguidas ou românticas, e as demandas da mídia de condensação e espetacularização não passaram despercebidas na época. (Uma piada que circulava em Paris em meados dos anos 1970 dizia que o único critério para ser um Novo Filósofo era ficar bem na televisão.) O destaque midiático extático dos primeiros pronunciamentos dos Novos Filósofos – cada vez mais bem situados como indivíduos à frente de vários órgãos de rádio e edição – tendia a enquadrar a forma tomada por qualquer crítica de seu discurso e recuperá-la no espetáculo serializado dos anos 1970, intitulado "o julgamento do marxismo pelos intelectuais franceses". Assim, os autores de uma das primeiras críticas, *Contre la nouvelle philosophie*, que tentaram, equivocadamente, refutar os Novos Filósofos no nível das ideias, viram-se arrastados imediatamente para um espetáculo, aparecendo antes de saber o que estava acontecendo como convidados em *Apostrophes*, debatendo no ar e ajudando impensadamente a "Nova Filosofia" a alcançar uma espécie de substância ou legitimidade como escola de pensamento[55]. (*Apostrophes*, onde as carreiras de tantos futuros "intelectuais midiáticos" foram lançadas, teve sua primeira exibição em janeiro de 1975.) Gilles Deleuze entrou na briga relutante, mas com vigor, anunciando que o conteúdo de pensamento dos Novos Filósofos era, numa palavra, "nulo" – um conteúdo vazio ou *travail de cochon* [trabalho de porco] estruturado sobre binários grosseiros e sem sentido (lei/rebelião, poder/dissidência, bem/mal), com cuja vacuidade era impossível debater. O conteúdo, de qualquer modo, era desimportante, afirmou ele; não era isso que estava sendo encenado. O único objeto de seu discurso era a afirmação de um tema megalomaníaco autoimportante de enunciação, o "nós" desenganado, um sujeito coletivo baseado, antes de mais nada, num repúdio de Maio de 68:

---

55 Cf. François Aubral e Xavier Delcourt, *Contre la nouvelle philosophie*, Paris: Gallimard, 1977.

o tema que já estava presente em seus primeiros livros: o ódio de 68. Era saber quem conseguia cuspir melhor em 68. Foi em função desse ódio que eles construíram seu tema de enunciação: "Nós, que fizemos Maio de 68 (??), nós podemos dizer a vocês que foi uma estupidez, e que não vamos fazer isso de novo". Um rancor contra 68, é só isso que eles estão vendo[56].

Ódio, talvez, mas será que o passado não podia ter alguma serventia, será que o feno não podia ser transformado em ouro? Podia a herança de Maio ser assumida e negada ao mesmo tempo? O clima político de meados da década de 1970 oferecia uma gama de razões possíveis para livrar-se de um passado *ancien militant* que se tornara cada vez mais incômodo: as campanhas eleitorais vindouras de 1977 e 1978, a emergência, na Alemanha e na Itália, da figura do "terrorista" com quem eles não queriam ser confundidos. Críticos como Robert Linhart e Dominique Lecourt não demoraram a apontar a maneira como a ideologia oficial da dissidência montada pelos Novos Filósofos equivalia a um "rearmamento moral do capitalismo", desviando a atenção das massas de trabalhadores argelinos nos arrabaldes das cidades francesas para o drama de uns poucos cientistas e intelectuais conhecidos, os dissidentes da Europa oriental[57]. Porém, no número especial de *Les Révoltes Logiques* publicado para coincidir com o décimo aniversário de Maio, *Les Lauriers de Mai*, Danielle e Jacques Rancière, que compartilharam com vários dos Novos Filósofos a trajetória política partindo de Althusser através do maoísmo do pós-Maio, ofereceram a análise mais nuançada do fenômeno dos Novos Filósofos. Não permitindo que seu argumento fosse determinado pelo estilo altamente polêmico dos Novos Filósofos, nem caindo numa retórica denunciatória de "traição" e "oportunismo", como aquela manejada com tanta verve poucos anos depois por Guy Hocquenghem, esses autores afastaram-se do nível do

---

56 Gilles Deleuze, "À propos des nouveaux philosophes et d'un problème plus général", suplemento de *Minuit*, 24 maio 1977.
57 Cf. Robert Linhart, "Western 'Dissidence' Ideology and the Protection of Bourgeois Order", em: *Power and Opposition in Post-revolutionary Societies*, Londres: Ink Links, 1979, pp. 249-60; Dominique Lecourt, *Dissidence ou révolution?*, Paris: Maspero, 1978.

debate empedernido rumo a um foco historicizante e dialético nos deslocamentos e viradas do movimento maoísta e sua relação com os intelectuais nos anos cruciais que se seguiram a Maio. Eles se concentraram, em outras palavras, nas condições de possibilidade do passado francês imediato que permitiram que surgisse algo como os Novos Filósofos e sua marca de conservadorismo ético. Seu artigo (assim como o resto do número de *Les Révoltes Logiques* sobre Maio, e uma crítica anterior de André Glucksmann por Jacques Rancière) é praticamente o único, na literatura daquele período na França, que tenta uma história intrincada e informada do passado recente, uma história crítica que, embora não participe das poses e repúdios da "geração perdida", esmera-se em situar esses repúdios.

Os Rancière afirmam que a invocação pelos Novos Filósofos do palco da história mundial e de sua própria desilusão (ligada à "descoberta" do Gulag) não é a motivação para seus pronunciamentos, mas seu álibi – um álibi, em parte, para sua incapacidade de lidar com o passado recente na França. Esse passado inclui não somente Maio, mas os anos que levaram as lutas imediatas de 68 na França a uma conclusão por volta de 1973; isto é, depois que o assassinato, em 1972, por um agente de segurança, do operário maoísta da Renault Pierre Overney não suscitou qualquer protesto de massa por parte dos trabalhadores, depois que as grandes ondas das lutas dos trabalhadores sumiram e as duas organizações da extrema-esquerda se dissolveram, seja por autodissolução (a Gauche Prolétarienne), seja ao mudar de linha (a Ligue Communiste Révolutionnaire). Para os Rancière, a emergência dos Novos Filósofos equivalia a uma *reprise* perversa e distorcida do sonho *gauchiste* de unir a voz do intelectual ao discurso do povo; como tal, ela só podia ser entendida examinando-se as vicissitudes complexas da relação entre os intelectuais e o povo – a ascensão e queda da temática da igualdade – que estiveram na dianteira em Maio. No nível mais básico, os Novos Filósofos representavam os intelectuais que, segundo a velha expressão maoísta, desceram outrora de seus cavalos em Maio para colher as flores, mas que estavam firmes de volta na sela, reivindicando novamente a especificidade e o prestígio de uma categoria social que Maio rompera e questionara. E ao restituir à categoria do intelectual o prestígio e a especificidade que haviam sido abalados por Maio, eles estavam ressuscitando aquela concepção do social que os tinha autorizado. Claude, um dos membros do *comité d'action* entrevistado por Nicolas Daum em seu livro de 1988, fornece uma descrição vívida do papel dos intelectuais nos eventos de Maio-Junho. Dito simplesmente, eles não tinham papel algum:

> De qualquer forma, os intelectuais, em Maio de 68, eram como todo mundo, eles pegaram o bonde andando, foram para as ruas ao mesmo tempo que todo mundo. Após o movimento de massa eles podiam escrever todas as análises que queriam, mas não tinham previsto absolutamente nada, como tampouco a CGT ou De Gaulle[58].

Os intelectuais, em outras palavras, não tinham um lugar específico em Maio, não tinham um papel de destaque; eles eram como todo mundo, parte da multidão, a *pègre* – não representavam um corpo corporativo ou profissional maior, não se autodesignavam intelectuais. Como todo mundo, eles não representavam uma categoria social concreta, mas meramente um agente operando junto com outros agentes, na rua, inscritos no mesmo projeto. De fato, foi a recusa de se identificarem como intelectuais que motivou suas ações, um ponto reiterado, muitos anos depois, por Maurice Blanchot:

> Quando alguns de nós tomaram parte no movimento de Maio de 68, tínhamos a esperança de nos preservar de qualquer pretensão à singularidade, e de certa forma conseguimos não ser considerados excepcionais, mas iguais a todo mundo. A força do movimento antiautoritário era tal que tornava fácil esquecer as particularidades, e não permitir que os jovens, os velhos, os desconhecidos, os demasiado conhecidos, fossem distinguidos uns dos outros, como se, apesar das diferenças e controvérsias incessantes, cada pessoa se reconhecesse nas palavras anônimas escritas nos muros – palavras que, mesmo por acaso tivessem sido elaboradas em comum, nunca eram, no fim, proclamadas como palavras de um autor, pois eram

---

58 Claude *apud* Nicolas Daum, *op. cit.*, p. 172.

de todo mundo e para todo mundo, em todas as suas formulações contraditórias. Mas isso, claro, foi uma exceção[59].

E, realmente, foi uma exceção; nos três ou quatro anos que se seguiram a Maio, os militantes *gauchistes* operaram num contexto muito diferente, definido igualmente pelo deperecimento das esperanças de uma combatividade de massa nas fábricas e uma severa repressão estatal da atividade política sob Pompidou e Marcellin. (No outono de 1970, só da ex-GP [Gauche Prolétarienne] foram presos mais de sessenta militantes.) Foram anos, em outras palavras, de fracassos políticos, emergência de novas contradições internas e um novo endurecimento de atitude dentro da ação militante. A necessidade de entrar na clandestinidade, por exemplo, depois que certos grupos políticos foram declarados ilegais, ajudou a provocar o retorno de algo semelhante ao profissional político; estruturas autoritárias, ou pelo menos hierárquicas, foram reintroduzidas nas organizações militantes que resistiram a elas até esse ponto. A ascensão do militante profissional tendia a definir a política, mais uma vez, como uma esfera separada, especializada – uma definição compartilhada pelas democracias burguesas e partidos leninistas. Assim, um sintoma da recomposição do poder nas organizações militantes era a separação crescente entre um conjunto de verdades ou corpo de conhecimento, aquele ao qual as pessoas que têm responsabilidades dentro da organização têm acesso e que é mantido secreto entre elas, e outro conjunto de verdades, para "os outros". Foi nesse contexto belicoso que começou a surgir uma oportunidade para os intelectuais reassumirem um papel específico e autônomo, emprestando seu prestígio ou notoriedade enquanto intelectuais para proteger e promover diversas causas militantes, que incluíam organizar-se contra a repressão policial, por exemplo (o *Secours Rouge*), ou a favor de tribunais de justiça populares, difundir a causa de militantes sob julgamento, apoiar imigrantes ou investigar as condições das prisões – uma gama de atividades militantes cuja escala e persistência acarretou a introdução de uma coluna intitulada "Agitations" no diário *Le Monde* (publicada até

---

59 Maurice Blanchot, *Les Intellectuels en question*, Paris: Fourbis, 1996, p. 60.

1973). O caso mais conhecido disso, obviamente, foi a assunção por Sartre da editoria de *La Cause du Peuple* depois que seus editores, Jean-Pierre Le Dantec e Michel Le Bris, foram detidos, acusados de crimes contra o Estado e incitação ao roubo, incêndio e assassinato, e condenados à prisão. Do mesmo modo, Simone de Beauvoir tornou-se editora titular de *L'Idiot International* para proteger sua difusão. O objetivo aqui para o intelectual não era o velho modelo de "falar pelo" povo, mas simplesmente garantir – protegendo o jornalismo revolucionário atingido pela censura e apreensão por Marcellin – o acesso à expressão de múltiplas e variadas vozes de comunidades exploradas, a "voz popular". Era essa voz que, para Sartre, escrevendo sobre sua relação com os maoístas e *La Cause du Peuple* em 1972, "a classe burguesa não queria ouvir. Ela tolerava que os revisionistas lhes falassem sobre as massas, mas não que as massas falassem sobre si mesmas sem ligar se eram ouvidas ou não"[60]. Às vezes, a mobilização do que Jean Chesnaux chamou de *intellectuels de service* [intelectuais de plantão] equivalia a uma corretagem puramente icônica de seu prestígio por militantes profissionais que não se preocupavam em envolver aqueles cujos nomes eram usados na preparação de certa atividade, nem em informá-los do que estava em curso[61]. Mas exa-

---

60 Jean-Paul Sartre, Introdução, em: Michèle Manceaux, *Les Maos en France, op. cit.*, p. 10.
61 Jean Chesnaux, "Gadgets éphémères, slogans oubliés, 'militants' effrontés", texto mimeografado de 1973, "destinado exclusivamente à circulação interna dentro do movimento de esquerda". Assim, em maio de 1971, por exemplo, um militante africano da Gauche Prolétarienne foi ameaçado de deportação; os intelectuais que foram mobilizados para defendê-lo ocupando um escritório de imigração só souberam mais tarde que o militante tinha sido "punido" por trair a GP e expurgado; nenhuma explicação foi oferecida aos que tinham se oposto a sua deportação e cuja presença tinha valido à GP três linhas em *Le Monde* na coluna "Agitations". No fim de 1971 e começo de 1972, um grupo de intelectuais parisienses, incluindo Chesnaux e Jean-Pierre Faye, mobilizou-se para apoiar as lutas maoístas contra acidentes de trabalho nos estaleiros de Dunquerque. (Cf. Jean-Pierre Faye e Groupe d'Information sur la Répression, *Luttes de classes à Dunkerque*, Paris: Galilée, 1973.) Eles fizeram três viagens ao local sem conseguir determinar se existia ou não um nível de massa na luta dos trabalhadores locais atrás dos maoístas "sob os holofotes". Para Chesnaux, pelo menos, para quem os maoístas já tinham provado uma sensibilidade real em suas relações com as massas, uma criatividade revolucionária e um talento para localizar novas arenas de luta, uma certa amargura começou a instalar-se com respeito a essas novas formas de "elitismo populista", os badulaques e sigilos empregados por militantes cada vez mais "profissionalizados". Como muitos militantes naquele momento, Chesnaux gravitaria para o que os maoístas chamaram demasiado facilmente de lutas "secundárias" – mulheres, movimentos regionais, Larzac –, movimentos que, na verdade, tinham uma base popular muito maior.

minar o valor político de várias frentes ou lutas não é, para os Rancière cinco anos mais tarde, o interesse primário. Seu foco está no papel do *intellectuel de service*, um papel que, ao devolver a autonomia e especificidade ao intelectual na luta militante, ironicamente abriu a porta para que o intelectual reassumisse seu *status* tradicional pré--Maio. Foi através dessa porta aberta que os Novos Filósofos se espremeram em bando após 1975: o intelectual ou filósofo renascido como sujeito unificado (na verdade, um falso coletivo, o "nós" geracional composto de "eus" individuais), dotado de autoridade – na verdade, dotado até de mais autoridade que eles jamais poderiam ter reivindicado: a autoridade de serem os fazedores da história e sismólogos do futuro.

Se os Novos Filósofos incorporaram a restauração do intelectual em sua posição pré-Maio de paladino da liberdade contra a dominação, foi com diversas modificações importantes. Quando um velho intelectual humanista "sartriano" assumia uma voz universal para "falar pelo povo", ele ou ela o faziam reconhecendo as contradições (e martirizando-se por elas) entre as aspirações dos intelectuais e as dos diferentes movimentos populares. A dominação, na análise pré-Maio, era concebida em termos de classe. O intelectual sartriano pré--Maio era "inassimilável em todo lugar", dilacerado por contradições e dissensões perpétuas, forçado a viver à margem das classes desfavorecidas sem nunca poder juntar-se a elas. "Não é dizendo que eu não sou mais pequeno-burguês", escreveu Sartre em 1965,

> que o intelectual pode juntar-se aos trabalhadores. Mas é, ao contrário, pensando: eu sou pequeno-burguês; se para resolver a minha contradição eu passei para o lado da classe operária e dos camponeses, nem por isso deixei de ser pequeno-burguês. Simplesmente, ao me criticar e me tornar cada vez mais radicalizado, posso recusar, centímetro por centímetro – sem que isso interesse a mais ninguém a não ser a mim mesmo – meu condicionamento pequeno-burguês[62].

---

62 Jean-Paul Sartre, *Plaidoyer pour les intellectuels*, em: *Situations VIII*, *op. cit.*, p. 421.

Os Novos Filósofos, por outro lado, em virtude de terem "descido do cavalo" e se unido ao povo em revolta, proclamavam ter superado todas essas contradições numa unidade ou união harmoniosa e vagamente espiritual com as massas populares, partilhando com elas o lugar de "não poder" num mundo onde não há mais a dominação de classe contra classe, mas sim cisões em polaridades éticas extremas: poder e resistência, Estado e sociedade civil, bem e mal. Sua militância passada também lhes confere a função de "encarnar o real" de uma maneira à qual o velho intelectual humanista de estilo sartriano nunca aspirou. Peter Dews foi quem melhor mostrou a maneira como os Novos Filósofos, em sua batalha contra certo tipo de marxismo, usaram um vocabulário de poder foucaultiano convenientemente vago, "com seu abandono da análise de classe em prol da visão de um complexo de forças que continuamente se desagrega e recompõe"[63]. Se o poder é um tipo de corrente homogênea, que circula indiscriminadamente através do corpo social, então a questão nunca é de quem é o poder ou para qual propósito, como aponta Dews, já que o "propósito" do poder só pode ser sua própria expansão. A extensão do conceito de poder a todas as relações sociais o esvazia de qualquer conteúdo político. "A mudança aparentemente radical acarretada pela descoberta de que, já que as relações de poder estão em toda parte, 'tudo é política', foi rapidamente seguida pela descoberta de que a revolução pode não ser mais desejável, e que nós estamos, por conseguinte, 'vivendo o fim da política.'"[64] Estrategistas da revolução ideológica como André Glucksmann, autor do texto *Stratégie de la révolution*, de 1968, são transformados em teóricos da revolução espiritual, e Maio se torna proleptcamente o momento fundador dessa genealogia. Torna-se, em outras palavras, um momento de transformação individual, espiritual, na origem, agora, da virada ética do pensamento francês que ainda hoje está conosco.

Embora nenhum dos textos dos Novos Filósofos tenha perdurado como trabalho filosófico, foi provavelmente *La Cuisinière et le mangeur des hommes*, escrito por Glucksmann em 1975, que lançou as fundações

---

63 Peter Dews, "The *Nouvelle Philosophie* and Foucault", *Economy and Society, op. cit.*, p. 165.
64 *Ibidem*, p. 166.

para essa transformação espiritual, ao introduzir uma nova "lenda do povo" com quem o intelectual poderia efetiva e misticamente se unir[65]. O "plebeu" eternamente sofredor, nos escritos de Glucksmann, era poderoso em virtude de sua impotência política, sua fraqueza dramática, sua resistência que, em seu desespero, ganha uma aura de espiritualismo ou até de graça divina. De fato, era sua incapacidade de produzir suas próprias estruturas ou organizações políticas – algo que o teria inevitavelmente comprometido nos enleios do "poder" – que garantia a pureza imaculada e natural de sua vontade inocente de resistir. Como "o proletariado" para o intelectual marxista, o "plebeu" oferecia uma lenda do povo que "garantiria o rigor de nosso discurso e nossa ação"[66]; isto é, o intelectual ainda podia ser autorizado em seu discurso por "aqueles de baixo". Mas ao autorizar seu discurso com o sofrimento do distante prisioneiro do Gulag russo, Glucksmann tornou-se a voz dos que nunca o contradiriam, a voz daqueles destinados a (e louvados por) permanecer, precisamente, sem voz para sempre. Pois o plebeu, como a pura essência da rebelião, é neutralizado assim que fixa para si um objetivo positivo, assim que entra nas ambiguidades da ação política. Na análise de Rancière, Glucksmann criou um discurso construído sobre o silêncio das massas, sobre seu grito plangente e patético. O *páthos*, como nos lembra Kenneth Burke, aumenta em proporção direta à desarticulação ou mudez percebida da vítima. Como tal, a autoridade de Glucksmann funda-se em nada mais que a voz solitária do intérprete das massas.

Assim, o "julgamento do marxismo" e o discurso sobre o Gulag serviram a muitos propósitos, dos quais o primeiro e mais importante foi efetuar a conversão de certos *gauchistes* e permitir que adquirissem um papel proeminente na nova cena pós-Maio do poder intelectual. As referências aos dissidentes do bloco oriental servem, principalmente, para acertar as contas com seu próprio passado. E mais, sua alegação de ocupar o lugar impotente da "dissidência", não

---

65 Cf. André Glucksmann, *La Cuisinière et le mangeur des hommes: essai sur les rapports entre l'État, le marxisme et les camps de concentration*, Paris: Seuil, 1975. Vinte mil exemplares desse livro foram vendidos no ano em que ele saiu.

66 Jacques Rancière, "La Bergère au goulag", *Les Révoltes Logiques*, n. 1, inverno 1975, p. 108.

alinhado com partidos políticos e situado transcendentalmente fora do Estado, lhes permitia negar o poder e o privilégio muito reais de que eles já tinham começado a usufruir em suas posições dentro da indústria de comunicações. Mas ela também os salvou de ter que enfrentar as frustrações, decepções e contradições crescentes que eles encontraram em sua própria experiência militante depois de Maio: contradições entre o povo imaginado e o povo encontrado, contradições entre a hierarquia militante e a dinâmica da contestação democrática. São essas desilusões, sugerem os Rancière, muito mais que um despertar tardio para os horrores do marxismo, que estão no cerne da leitura de Soljenítsin por Glucksmann. Falar pelo plebeu silente num campo russo distante era certamente mais fácil que todas as dificuldades em torno da representação com que os militantes se depararam ao negociar uma conjuntura entre as lutas estudantis e as lutas populares; a figura do "plebeu", como aponta Rancière, por significar a negatividade ou recusa que cada um de nós leva dentro de si, permite "uma liquidação por simples negação do objeto e aspirações das lutas, bem como de todos os problemas encontrados: em vez de uma reflexão sobre a vontade de suprimir a rigidez dos lugares sociais, aparece uma crítica da crítica marxista da divisão do trabalho"[67]. Por meio da página em branco que é o "plebeu", os Novos Filósofos simplesmente suprimem as divisões que apresentam obstáculo a seu próprio domínio, chegando enfim à conclusão de que a divisão do trabalho – com todas as suas hierarquias e limitações intrínsecas das capacidades das pessoas – é uma coisa boa.

O preço pago por adquirir seu novo papel de encarnação de um Maio (recém-espiritualizado) foi, obviamente, a história do próprio movimento de Maio. Afinal, um efeito nítido do fenômeno dos Novos Filósofos foi retardar qualquer tentativa ou realização de investigações concretas acerca do movimento:

> Mostrar a revolução socialista como uma ideia enfiada na cabeça dos trabalhadores por mestres-pensadores com fito de dominação

---

67 Danielle Rancière e Jacques Rancière, "La Légende des philosophes", *Les Révoltes Logiques, op. cit.*, p. 24.

universal é, talvez, a melhor maneira de não mais se questionar sobre o conteúdo dos movimentos populares, suas raízes e seus ideais, nem a história das origens populares dos movimentos revolucionários, nem as ilusões e desilusões formadas no encontro entre os intelectuais revolucionários e as lutas populares. Talvez o que esteja em jogo na crítica *gauchiste* do marxismo seja muito menos a questão da opressão no Oriente ou a ameaça do poder marxista aqui do que a liquidação – no sentido jurídico – da história de Maio e do pós-Maio[68].

Ao liquidar essa história, os dez anos que separam Maio de sua reescrita se evaporam, deixando para trás pouca coisa além da reformulação revisionista de Maio como uma transformação espiritual/cultural – cuja boa índole e pluralidade elásticas ainda podem ser afirmadas quando necessário e moldadas para qualquer propósito que seja útil nos anos vindouros.

Do antitotalitário ao neolibertário ao neoliberal – a política continua consistente, desde a primeira aparição dos Novos Filósofos, na década de 1970, até sua *reprise* na de 1980: o apoio verbal aos "marginais" sem voz, acompanhado de um compromisso profundo com o liberalismo burguês. E embora nenhuma de suas obras individuais tenha perdurado, o tom retórico que eles aperfeiçoaram – que vai da indignação fronteiriça da histeria a uma inflexão mística muda – continua a dominar as proclamações e asserções dos intelectuais midiáticos na França de hoje. Enquanto os Novos Filósofos, em sua primeira encarnação, trabalharam para desmontar e, enfim, substituir a figura do trabalhador pela do plebeu eternamente sofredor e silente, os antiterceiro-mundistas dos anos 1980 – muitos dos quais eram as mesmas pessoas – apoderaram-se da figura do outro colonial, transformando suas características nas da criança adotável, do povo-objeto, que necessita de um resgate de emergência. Todo um novo imaginário do Terceiro Mundo entra em jogo à medida que o

---

68 *Ibidem*, p. 22.

trabalho meticuloso de restabelecer suas credenciais morais após 68 traz frutos para muitos *gauchistes* reformados. Mas o novo Terceiro Mundo imaginário não é, como sugeri, completamente novo, mas sim uma *reprise*: a descoberta da aventura humanitária e da política da ambulância remobiliza tropos colonialistas neorromânticos, os velhos temas da partida e de deixar para trás a Europa cinzenta. Operações de resgate em situações extremas – enchentes e fome – oferecem a única escolha "pura", não contaminada pela política, assim como a única vítima "pura". No entanto, até na época, alguns críticos notaram que as denúncias do totalitarismo terceiro-mundista por parte da *intelligentsia* midiática eram quase invariavelmente dirigidas contra regimes de esquerda: o Chile de Pinochet e o ataque de Reagan a Granada, por exemplo, não suscitaram apelos de intervenções de emergência.

Quando Hocquenghem escreveu seu panfleto contra os ex-maoístas que se alinharam com o poder em 1985, ele foi uma das poucas vozes críticas virulentas num clima de consenso intelectual avassalador patrocinado pela mídia. Na entrevista que ele deu para a coletânea de Elisabeth Salvaresi apenas dois anos depois, a possibilidade do tipo de crítica que havia feito em seu livro, disse ele, praticamente desapareceu:

> Tudo mudou. Quando escrevi aquele livro, havia um debate no nível das ideias. As pessoas que decidiram renunciar ao *gauchisme* sentimental e às utopias de sua juventude se julgavam obrigadas a legitimar sua mudança. Foi por isso que pude escrever o livro: porque existiam editoriais, artigos, textos dessas pessoas, os Bizots, os Julys, os Kouchners [...] alegando, por exemplo, serem contra as revoltas no Terceiro Mundo. Ainda havia uma briga, e seu repúdio tomou uma forma ideológica, a de uma verdadeira cruzada, que durou de 1977, a era dos Novos Filósofos, até 1984. Depois disso, não há mais qualquer debate [...]. Eles se sentem mais fortes – e o são – e por isso não têm mais inimigo algum. No fim, isso representa um tipo de calma ideológica [...]. Não que eles tenham revisto suas ideias militaristas, pró-empresariais. Mas

simplesmente não sentem mais a necessidade de militar com a mesma energia por essas ideias[69].

Hocquenghem descreve uma situação em que as ideias e o poder de expressá-las se tornaram coincidentes, em que a doxa – o conjunto relativamente sistemático de expressões, palavras, quadros e imagens que fixam os limites para o que é pensável e dizível – sobre Maio agora está firmemente instalada. A atitude crítica ou até sua possibilidade – a alma de 68 – estava perdida naquele momento. A conversão entusiástica de alguns ex-*gauchistes* aos valores do mercado foi disfarçada com sucesso de revolução "cultural" ou "espiritual", e Maio, ao que parece, pode ser renarrado agora como o momento fundador dessa trajetória. Em 1988, em *Le Procès de Mai*, Kouchner não precisa mais reconhecer o terceiro-mundismo de seu passado e do de muitos outros – e muito menos combatê-lo ou tomar distância dele. Ele pode, simplesmente, construir a história como se isso nunca tivesse acontecido.

---

69 Hocquenghem *apud* Elisabeth Salvaresi, *Mai en héritage*, *op. cit.*, pp. 23-4.

4.
O CONSENSO
E SEU DESMANCHE

Conforme o vigésimo aniversário de Maio de 68 se aproximava, a lista minguante de testemunhas, reduzida a uns poucos porta-vozes autorizados, a corrosão do esquecimento e a desinformação em curso em representações como *Le Procès de Mai* haviam transformado Maio num certo enigma. Desencarnado, cada vez mais vago em seus contornos, e plural, até rudimentar, em seus objetivos, estava mais disponível ao tratamento como um fenômeno puramente discursivo: um conjunto de ideias, e não um evento político; um espírito ou *éthos* desencarnado, e não uma forma social alternativa. Mas se era um enigma, ainda era um enigma *necessário*. Na condição de principal ponto de referência na memória coletiva francesa recente, o papel flutuante de Maio em qualquer narrativa da história francesa do pós--guerra o destinava a ser ancorado, de uma vez por todas, numa relação de continuidade genética com o presente e com as exigências políticas do momento. No final da década de 1970, ex-*gauchistes*, muitos deles ex-maoístas, promoveram uma imagem de Maio como o ponto de origem de uma revolução puramente espiritual ou "cultural" – uma "Revolução Cultural" ideologicamente muito distante da Revolução Cultural na China, que outrora dominava seus pensamentos. Baseando-se nessa interpretação, Maio agora tinha que ser prolepticamente reformulado como o precursor dos anos 1980 – um presente caracterizado pelo retorno ao "indivíduo", o triunfo das democracias de mercado e uma lógica correlata ligando a democracia necessariamente ao mercado e à defesa dos direitos humanos.

Assim, Gilles Lipovetsky, membro do grupo de novos "novos filósofos" que surgiu na época do vigésimo aniversário para propor uma versão um pouco mais refinada da leitura moral proposta pelos ex-*gauchistes*, afirmou que "sob o sinal da revolução, 'o espírito de 68' só prosseguiu na tendência opressora de privatização das existências". Ele continua: "Não somente o espírito de Maio é individualista, mas ele contribuiu à sua maneira [...] para apressar o advento do individualismo narcisista contemporâneo, completamente indiferente aos grandes fins sociais e combates de massa"[1]. Maio, em outras palavras, ajudou a criar uma era atemporal e eterna, da qual até a ideia da descontinuidade e mudança histórica foi expulsa, com a única exceção da descontinuidade que distingue esse presente agora indefinido do indivíduo daquele passado agora definitivamente arcaico, que antes permitia a possibilidade da descontinuidade e mudança histórica e até exibia casos dessas mudanças. Completamente desterritorializado, Maio se funde ao estágio do capitalismo que nega quaisquer estágios históricos sucessores. Ao dar origem a uma pós-modernidade suave e sem fraturas, a geração de 68, com efeito, fez de si mesma a última geração.

Atores ou agentes continuam; pode um "espírito" continuar? Na verdade, não – o espírito se manifesta, se mostra, e porque o espírito se mostra, o curso que ele segue é predeterminado. Maio não é mais um caso de atores que fazem escolhas ou de pessoas que falam de maneiras específicas em contextos específicos, e sim o caso de um "espírito" etéreo que recebeu o poder expansivo de se estender como um magma ilimitado, mas necessário, dos anos 1960 aos 1980, unindo as duas eras num contínuo narrativo de progresso na longa marcha do individualismo democrático. Fazer de algo chamado o "espírito de Maio" o protagonista da narrativa é primeiro atribuir a Maio, sem qualquer justificativa clara, certos "efeitos" sociais do presente, e depois fazer desses efeitos a essência de Maio, efetivamente recuperando essa essência. Longe de constituir uma ruptura, Maio, nessa visão, se torna "um momento de adaptação na modernidade de um capitalismo dormente, um momento de autorregulação"[2]. Maio se torna a limpeza de primavera do capitalismo.

Somente poucos comentadores observaram a genealogia fantástica e a teoria peculiar da história que foram propostas numa visão

---

[1] Gilles Lipovetsky, "'Changer la vie' ou l'irruption de l'individualisme transpolitique", *Pouvoirs*, n. 39, 1986, pp. 98-9.
[2] A expressão é de François Dosse. Cf. "Mai 68, mai 88: les ruses de la raison", *Espaces Temps*, n. 38/39, número especial, *Concevoir la Révolution. 89, 68, Confronts*, 1988, pp. 45-9.

de Maio como promotor do individualismo contemporâneo, contribuindo ativamente para a privatização das existências. Em seu nível mais básico, era uma genealogia na qual, como sugeriu Jean-Franklin Narot, a mera sucessão temporal tomou o lugar das relações históricas causais. O que vem antes é a causa; o que vem depois é o efeito ou o produto: as características dos anos 1980 estão em 68 porque 68 veio cronologicamente antes, logo, deve tê-las engendrado[3]. Opera aqui uma filosofia da história segundo a qual o passado só existe para justificar e magnificar melhor o presente.

Apesar, ou talvez por causa, dessa causalidade distorcida, a visão lipovetskiana de Maio alcançou praticamente um consenso na década de 1980 – seus vestígios ainda estão hoje entre nós, nas sugestões contemporâneas de que a tecnologia da Internet ou a "revolução da comunicação" atual estão, de algum modo, em continuidade direta com ou foram "prefiguradas" pelos anos 1960. O consenso, no significado literal do termo, significa um acordo com base na evidência, nos dados sensoriais da situação, mas são precisamente os "dados sensoriais" que estão ausentes da interpretação proposta numa versão ou outra por Lipovetsky, Alain Minc, Luc Ferry e Alain Renaut nos anos 1980[4]. O consenso, de fato, depende dessa ausência, do acordo de ignorar os dados sensoriais. Durante as comemorações do vigésimo aniversário na televisão, por exemplo, muito pouco podia ser visto de Maio; o filme documentário da violência de rua exibido em 1978 não foi mostrado na televisão em 1988. Sem provas visuais ou auditivas, os embates políticos frontais de Maio, o antigaullismo feroz e a greve geral de 9 milhões de pessoas podiam muito bem nunca ter acontecido. E apesar da ênfase da interpretação consensual na importância de Maio para engendrar o individualismo contemporâneo, seus autores não demonstravam a menor curiosidade sobre os grupos ou indivíduos que atuaram nos levantes de Maio. Nenhuma tentativa foi feita em suas

---

3   Cf. Jean-Franklin Narot, "Mai 68 raconté aux enfants", *Le Débat, op. cit.*
4   Cf. a teoria de Alain Minc do *capitalisme soixante-huitard* em *L'Avenir en face*, Paris: Seuil, 1984; Gilles Lipovetsky, "Changer la vie...", *Pouvoirs, op. cit.*, e *L'Ere du vide*, Paris: Gallimard, 1983; Luc Ferry e Alain Renaut, *La Pensée 68*.

obras para examinar o que os atores desse período pensavam, o que eles queriam fazer, que palavras usavam, que significados atribuíam a suas ações. Não é muito mais fácil a tarefa do filósofo de produzir o "significado" de um evento quando as vozes de seus atores estão ausentes? A especulação abstrata produzida a tamanha distância do discurso e das práticas dos atores de Maio só pode resultar numa abstração a serviço da abstração. O resultado deprimente e, muitas vezes, atordoante, é uma plena "hegemonia da palavra, uma circularidade do comentário"[5], nas palavras do historiador Jean-Pierre Rioux, quando ele avaliou o estado da questão acerca do discurso sobre Maio no fim da década de 1980. Com a matéria ou materialidade de Maio apagada, os argumentos giram sobre si mesmos em círculos, e a prova da natureza conciliatória desse período se torna, como Isabelle Sommier aponta com muita argúcia, o consenso que foi alcançado sobre *aquela* interpretação[6].

Se os atores conseguem, ainda que frouxamente, recuperar sua própria narrativa, "a artimanha da História" está ali para puxar o tapete debaixo deles. Os resultados de suas ações foram exatamente o oposto do que vocês pretendiam! Pobres imbecis! Vocês pensavam que estavam agindo em conflito contra o capitalismo, mas através da vitória de uma "artimanha da História" anarquista, seus esforços foram um (e talvez o) passo crucial na realização da síntese pacífica de todas as relações sociais (econômicas, políticas e culturais) sob a égide do mercado. Se vocês não tivessem feito nada (como, por exemplo, os noruegueses ou os espanhóis, que não tiveram um 68), a modernização capitalista ainda teria garantido os resultados (de estilo de vida ou culturais) que vemos em torno de nós atualmente. As mulheres ainda teriam passado a usar calças, em vez de saias, assim como fizeram na Noruega e na Espanha; os franceses ainda

---

[5] Jean-Pierre Rioux, "À propos des célébrations décennales du mai français", *Vingtième Siècle, op. cit.*, pp. 49-58.
[6] Cf. Isabelle Sommier, "Mai 68: Sous les pavés d'une page officielle", *Sociétés Contemporaines*, n. 20, 1994, pp. 63-82.

teriam começado a se "tutoyer"⁷ sistematicamente. Mas por terem sido tão obtusos a ponto de ter agido para tentar solapar ou suprimir o capitalismo, vocês acabaram apressando-o!

Régis Debray, de uma posição ideológica supostamente diferente, já tinha, dez anos antes, à época do décimo aniversário de Maio, usado o mesmo enredo narrativo segundo o qual tudo é combinado por trás das costas dos atores, nos bastidores, por assim dizer, onde a "artimanha do capital" se arrasta, maquinando continuidades e repercussões que escapam necessariamente ao conhecimento dos atores. De fato, a modernização capitalista, como o sujeito ou protagonista da narrativa um tanto depreciativa de Debray, tem todas as falas e manipula todo o poder do enredo. A artimanha do capital usa as aspirações e a lógica dos militantes contra eles mesmos, produzindo exatamente o resultado que os atores não desejam: abrir a França ao modo de vida norte-americano e aos hábitos de consumo no estilo norte-americano. É interessante que a caracterização de Debray dos objetivos de Maio é idêntica à de Lipovetsky: "a emancipação do indivíduo". Bem-sucedido nesse objetivo, Maio realmente acaba desfazendo as restrições que estavam retardando a extensão da lógica mercantil por todo o campo social na França. Maio, nas palavras de Debray, foi o "berço de uma nova sociedade burguesa"⁸.

A versão de Lipovetsky é bem semelhante:

> A revolução sem um projeto histórico. Maio é um levante *cool*, sem mortes, uma revolução sem revolução, um movimento de comunicação tanto quanto um confronto social. Os dias de Maio, do outro lado da violência das noites quentes, reproduzem menos o esquema das revoluções modernas fortemente articuladas em torno de implicações ideológicas do que prefiguram a revolução pós-moderna da

---

7   O verbo francês *tutoyer* [tutear] indica o uso do pronome pessoal da segunda pessoa do singular, *tu*, para dirigir-se oralmente ou por escrito ao interlocutor com familiaridade, em vez do pronome pessoal da segunda pessoa do plural, *vous*, usado com interlocutor singular ou plural para marcar respeito. [N.T.]
8   Cf. Régis Debray, *Modeste contribution aux cérémonies officielles du dixième anniversaire*, Paris: Maspero, 1978. Trechos traduzidos como "A Modest Contribution to the Rites and Ceremonies of the Tenth Anniversary", *New Left Review*, 1ª série, n. 115, maio-jun. 1979, p. 46.

> comunicação. A originalidade de Maio está em sua espantosa civilidade: em todo lugar acontecem discussões, o grafite floresce nos muros [...], a comunicação é estabelecida nas ruas, nos anfiteatros, nos bairros e nas fábricas, em todo lugar onde geralmente faltava. Tratava-se de libertar o indivíduo dos milhares de alienações que pesam todo dia sobre ele [...]. Uma libertação do discurso [...], Maio de 68 já é uma revolta personalizada, uma revolta contra a autoridade repressora do Estado, contra a separação burocrática e as restrições incompatíveis com o livre desenvolvimento e crescimento do indivíduo[9].

É interessante notar de passagem como grande parte do tropo da "civilidade" (aqui, uma *espantosa* civilidade) ou "conciliação" – a conversa pacífica de Kouchner em cima das barricadas – baseia-se na negação, muitas vezes explícita, das mortes reais que ocorreram em maio-junho, sem falar nos numerosos suicídios nos anos seguintes. Embora o número de mortes seja pequeno segundo alguns padrões – sete, na contagem recente de um historiador –, é impressionante como os comentadores, começando com Raymond Aron, retomado aqui por Lipovetsky e mais recentemente por Pierre Nora, reiteram consistentemente a falsidade de que "ninguém morreu em 68"[10].

Ao que parece, ninguém morreu, e o "indivíduo", essa entidade plenamente formada com conhecimentos, desejos e crenças, é "libertado" e engendrado por Maio para tornar-se, daqui em diante, a uni-

---

9 Gilles Lipovetsky, *L'Ère du vide, op. cit.*, pp. 244-5. Pierre Nora adota essencialmente a interpretação de Lipovetsky, com uma ligeira alteração, nas seções finais de seu *Lieux de mémoire*: "[Foi] o verdadeiro nascimento da 'sociedade do espetáculo', que os 'eventos' de Maio tinham o propósito expresso de derrubar". "The Era of Commemoration", p. 611.

10 Michelle Zancarini-Fournel dá o número de sete mortes em "L'Autonomie comme absolu", p. 139. Lipovetsky de novo: "Sem mortes ou traidores [...] Maio de 68 apresenta-se como uma 'revolução' suave", citado em "'Changer la vie' [...]", p. 94; Raymond Aron, escrevendo em 1983: "Entre os dias históricos, os de 68 foram os únicos que não derramaram sangue; os franceses não mataram uns aos outros", citado em Bernard Pivot e Pierre Boucenne, "15 ans après Mai 68: Qui tient le haut du pavé?", *Lire*, n. 93, maio 1983, p. 20; Pierre Nora: "Depois que acabou, todo mundo se perguntou o que tinha realmente acontecido em termos de ação revolucionária, de história no sentido hegeliano, escrita com letras de sangue. Não só não houve revolução, mas nada tangível ou palpável aconteceu". "The Era of Commemoration", em: *Realms of Memory, op. cit.*, p. 611.

dade básica de prova. O "indivíduo" garante a ausência de ideologia: o "eu" que se supõe portador de um nível maior de autenticidade em sua oposição ("o indivíduo contra o sistema" é a condensação de Renaut e Ferry de Maio, idêntica à de Lipovetsky e Debray) a qualquer "nós", este último tornado agora inevitavelmente burocrático, ideológico e repressor, uma figuração do Estado ou do Partido (e *não*, vejam só, da empresa).

A "comunicação" livre ou lateral – a palavra ocorre três vezes nesse breve trecho – entre indivíduos funde-se, para Lipovetsky, com a livre circulação no mercado; é por meio do tropo dominante da "comunicação" e seus cognatos (civilidade, libertação do discurso, livre troca) que as energias de Maio se veem subordinadas à lógica de mercado dos anos 1980. Mas o que Lipovetsky quer dizer com a libertação do discurso? Baseando-se no clichê comum do "delírio verbal" de Maio – derivado, principalmente, do grafite que Lipovetsky evoca neste trecho –, Maio como um festival de autoexpressão lúdica se torna o *frère semblable* do consumismo dos anos 1980. As interpretações de Maio na década de 1980, como a de Lipovetsky, recorriam fortemente ao grafite à custa de qualquer outro "texto" ou prova documental. Reduzir a linguagem de Maio a algumas expressões poéticas – "É proibido proibir" ou "Embaixo dos paralelepípedos, a praia" – facilita consideravelmente a assimilação de Maio a uma visão social da década de 1980 de uma sociedade sem conflito arcaico nem confronto social.

No entanto, se novas formas de contato e solidariedade existiram em Maio entre pessoas anteriormente separadas, não foi, claro, graças à mídia, mas o resultado da destruição ativa de formas de mediação que haviam mantido, até então, as pessoas numa segregação forçada. Em outras palavras, se o breve uso por militantes em Maio da mídia *reconvertida* num momento em que os órgãos habituais da comunicação "vertical" ou burguesa – a imprensa conservadora, a televisão estatal, os porta-vozes oficiais do governo, toda a ordem de classe específica encarnada pelo Estado – foram tirados de circulação, se essa subversão criativa pôde ser reescrita nos anos 1980 como uma prefiguração da harmonia superior da interação dos egoísmos particulares que compõem um mercado, então talvez seja melhor retornar à observação de Sartre de que o poder dos estudantes não estava em sua tomada do discurso, mas em sua recusa dela. A recusa do discurso era tanto uma parte da cultura de Maio quanto a sua tomada. Afinal, foi a recusa de negociar com o Estado por parte dos insurgentes ("nenhum diálogo entre *matraqueurs* e *matraqués*"), a recusa do que um folheto chamou de "a *sedução* fedorenta do diálogo"[11], que acelerou o desconcerto e terror do Estado; afinal, a negociação teria mantido o conflito dentro dos limites tolerados pelo sistema. Os ex-militantes arrependidos, palavreando nos programas de comemoração vinte anos depois, nesse sentido literalmente se voluntariaram para o diálogo com o Estado que fora recusado naquela época. Num texto escrito logo após os eventos, Sartre desenvolveu o tema da "recusa do discurso" discutindo a crítica dos estudantes ao que nós costumávamos chamar nos Estados Unidos – não há um equivalente adequado em francês – a questão da "relevância". Ele se refere à impaciência deles com o nível metadiscursivo da análise cultural, o empilhamento de mediações e interpretações culturais – ou seja, a crença na capacidade da cultura de proporcionar soluções: "palavras que comentam outras palavras, e assim por diante ao infinito"[12]. Como um funcionário no ofício da palavra, a recusa do estudante de produzir "discurso sobre discurso" equivale à recusa de falar enquanto estudante. É o mesmo que entrar em greve: o silêncio delicioso da fábrica quando os trabalhadores desligam suas máquinas ou os apupos e vaias dos trabalhadores em Billancourt respondendo aos termos das negociações de Grenelle. Recusar-se a falar enquanto estudantes ou a exprimir os interesses dos estudantes ("Nós não tínhamos interesse nos assun-

---

11 Folheto datado de cerca de 20 maio de 1968, assinado "Les Enragés de Montgeron" e intitulado "Le Crachat sur l'Offrande!". O trecho diz: "Na *sedução* fedorenta do 'diálogo' nós reconhecemos a máscara derradeira usada pela repressão-recuperação. O hálito fétido por trás de um sorriso pegajoso – trapaça policial reciclada: a mão estendida prolonga a *matraque* enquanto a cultura espetacular petrificada de ontem e de hoje asfixia com muito mais certeza que o gás lacrimogêneo. CUSPAM NA OFERENDA!". Apud Alain Schnapp e Pierre Vidal-Naquet, *Journal de la Commune étudiante, op. cit.*, p. 580.
12 Cf. Jean-Paul Sartre, "La Jeunesse piégée", em: *Situations VIII, op. cit.*, pp. 239-61.

tos estudantis")[13] é uma parte necessária para exigir, ao contrário, que se fale a linguagem dos assuntos *comuns*, a linguagem que é a prerrogativa zelosamente guardada dos profissionais. É um passo necessário para arrancar a política dos que têm monopólio sobre ela e que fazem dela seu *métier*. Foi precisamente recusar-se a agir enquanto estudantes, a recusa de exigir *des gommes et des crayons* [borrachas e lápis], que enfureceu o ministro do Interior Raymond Marcellin. Escrevendo em 1969, ele relata informações sigilosas que obteve "numa das últimas reuniões dos 'comitês de ação' *lycéens*, [uma reunião] organizada em torno de quatro temas. Qual era o primeiro tema? A reforma dos *lycées* ou da universidade? Não, a luta contra o imperialismo"[14]. A reação de profissionais como Marcellin – De Gaulle, Pompidou e equipe, e sua polícia – ao questionamento da esfera da política especializada por parte dos estudantes e trabalhadores não se parecia, em nenhuma acepção do termo, com uma "espantosa civilidade" ou um momento quase habermasiano de comunicação transparente, nem com a falsa universalidade do humanismo liberal. A esfera da comunicação não se abre sozinha. Abri-la ao número mais ou menos grande de pessoas que não têm acesso ao discurso é simbolicamente, se não fisicamente, violento, e sofre de toda a violência da especificidade da ação política. Os estudantes procuravam muito menos "expressar-se" do que inventar um nome que pudesse abarcá-los junto com os trabalhadores e agricultores como excluídos dos assuntos de governo.

Como deixa claro até um exame dos mais perfunctórios dos folhetos coligidos por Schnapp e Vidal-Naquet, os estudantes e trabalhadores em Maio entregaram-se a essa luta usando a linguagem da vulgata marxista então dominante: uma linguagem que falava de um mundo social dividido entre, de um lado, a burguesia e, do outro, o proletariado. A linguagem de Maio é a linguagem desses folhetos, de pequenas publicações em revistas amiúde efêmeras, de

---

13 Jean-Marc Bougereau reitera essa afirmação no programa televisivo "Paris, 24 mai 1968", da série *Histoire d'un jour*, prod. Maurice Dugowson (1985), e novamente no programa de rádio da BBC "Field of Dreams".
14 Raymond Marcellin, *L'Ordre public et les groupes révolutionnaires*, Paris: Plon, 1969, p. 49.

textos mimeografados de todo tipo de grupos e organizações cuja impressão desbotada mostra o desgaste do estêncil e cujo *páthos* aumenta na proporção do número de erros de ortografia, os textos dos comitês de ação de bairro e fábrica que muitas vezes sobreviveram muito além de Maio – a linguagem de suas reuniões, de suas discussões intermináveis e muitas vezes confusas.

> Por isso eu guardei tudo, como se fosse impossível para mim me livrar desse lixo pesado e incômodo que acumulei durante anos. Como se fosse vital que eu conservasse os folhetos, cartazes, revistas, brochuras, boletins [...]. E é. Porque se eu não tivesse esses pedaços de papel, como é que eu teria prova de que esses anos realmente existiram, de que eles foram realmente vividos por mim e por outros, por milhares de outros e não apenas pelos poucos "revolucionários" mais ou menos arrependidos, mais ou menos amnésicos que, tendo se tornado estrelas da mídia nos anos 1980, se arrogaram o monopólio da representação e do que era dito sobre esses anos[15].

Num documentário exibido na televisão em 1978, mas que não foi mostrado em 1988, pode-se ouvir discussões no pátio da Sorbonne, debaixo de enormes retratos de Mao e Guevara, entre jovens e velhos debatendo o valor dos conselhos de trabalhadores; pode-se ouvir *lycéens* exigindo não o direito de se expressarem como "indivíduos", mas de serem livres para organizar-se nas escolas em apoio aos colegas estudantes expulsos por circularem um texto de *Le Déserteur* nos colégios[16]. Até os comentadores favoráveis à interpretação de Maio como "libertação do discurso", como Michel de Certeau, são forçados a admitir que essa "libertação" ocorreu dentro dos limites estritos de um vocabulário muito escasso: "Os 'contestadores' eram, muitas vezes, critica-

---

15 Martine Storti, *Un Chagrin politique*, op. cit., p. 53.
16 Cf. "Les lycéens ont la parole", episódio documentário de *Dim Dam Dom*, prod. Pierre Zaidline (1968). Será o texto em questão a canção de Boris Vian contra a Guerra da Argélia ou o "romance" de Jean-Louis Hurst [Maurienne] com esse título, publicado pela primeira vez pela Minuit em 1960? Seja qual for, ambos os textos tinham sido apreendidos e censurados pelo governo.

dos por se expressarem com meios intelectuais muito limitados. 'Duas dúzias de palavras': sociedade de consumo, repressão, contestação, o qualitativo, capitalismo e outras tantas. O fato é exato"[17]. E é tão verdadeiro que um Daniel Cohn-Bendit constrangido, aparecendo na televisão na década de 1980 e forçado a comentar um filme dele mais jovem falando numa reunião a linguagem de 68, é obrigado, em sua vontade de distanciar-se de sua encarnação anterior, a inventar na hora um novo *slogan*: "Sous la langue de bois, le désir" (Por baixo do discurso político estereotipado, o desejo)[18]. Falando agora na nova *langue de bois* da "geração perdida", ele continua: "Nossas ideias estavam certas, mas nosso discurso era falso, era a *langue de bois*". Em outras palavras, as expressões marxistas estereotípicas que se usava eram somente o conteúdo manifesto; o significado latente era o desejo e a autoexpressão individual, a verdade escondida, o significado escondido de Maio, esperando para estourar. A linguagem esquerdista de classe, que era de fato o discurso e veículo do movimento, deve ser ignorada como algo que *impedia* o Maio mais autêntico de emergir – o Maio da alma, do desejo individual e da espiritualidade. A linguagem real dos anos 1960 deve ser esquecida ou negada, porque o que realmente se queria dizer, só poderia ser expresso mais tarde, na nova linguagem dos anos 1980.

Uma vantagem de eliminar ou deixar de considerar a linguagem dominante de Maio é que a porta se abre então ao ventriloquismo explícito: pode-se substituir ou emprestar a linguagem que se quiser aos atores de Maio. O exercício mais bizarro desse tipo de ventriloquismo, que surgiu durante a hipocrisia dos anos Mitterrand, é o panfleto de Luc Ferry e Alain Renaut, *La Pensée 68*, sobre o qual ficamos tentados a parafrasear Mary McCarthy e dizer que tudo no título é uma mentira, incluindo "La". Especialmente "La". O "La" implica, erroneamente, que o evento teve uma coerência e unidade, e até mais erroneamente, um "pensamento" correspondente. (O nome desse pensamento, aliás, é "anti-humanismo": o subtítulo do livro,

---

17 Michel de Certeau, *The Capture of Discourse*, Minneapolis: University of Minnesota Press, 1997, pp. 29-30.
18 Daniel Cohn-Bendit, citado em "Paris, 30 mai 1968", parte 2 do documentário de Dugowson.

"Essai sur l'anti-humanisme", uma descrição mais precisa de seu conteúdo, sem dúvida teria vendido menos.) Até hoje, um jovem curioso sobre os fundamentos intelectuais do movimento poderia ser tentado pelo título ou pela linda gravura vermelho-vivo de Fromanger na capa a escolher esse livro. Mas os autores não elucidam em lugar nenhum a relação entre o título e o subtítulo do livro, ou entre os eventos políticos de 1968 e a tendência intelectual chamada "anti-humanismo" (um "tipo ideal" compósito de pensamento representado pelo trabalho de quatro dos que os autores chamam de *philosophistes*: Derrida, Lacan, Foucault e Bourdieu) que eles estão preocupados em denunciar. Renaut e Ferry tinham que ignorar a relação biográfica desses pensadores com Maio, e com razão, já que, como apontaram Dominique Lecourt e outros, os pensadores escolhidos por Renaut e Ferry ficaram todos mudos diante de 68[19]. Derrida, por exemplo, mostrou a mais extrema reserva durante os eventos, e Foucault, na Tunísia, nem estava presente para a insurreição[20]. Pierre Bourdieu, que seria extremamente ativo e central na organização dos intelectuais para apoiar os trabalhadores durante as greves de novembro-dezembro de 1995 na França, não mostrou, segundo Christine Delphy, um dos membros de sua *équipe de travail* em 1968, o mesmo nível de iniciativa ou solidariedade política em Maio. Em outras palavras, ele não "embarcou no trem da história"[21]. Louis Althusser, um pensador anti-humanista inexplicavelmente não tratado por Renaut e Ferry, estava hospitalizado durante Maio e, como Cornelius Castoriadis

---

19 Cf. Dominique Lecourt, *Les Piètres penseurs*, especialmente pp. 38-51. Lecourt oferece uma crítica aprofundada de *La Pensée 68*, afirmando que "nunca houve unidade de pensamento entre os grupos que desencadearam Maio [...]. Foi somente após o fato, quase vinte anos depois, que pensadores em busca de notoriedade forjaram a *ficção* de uma unidade para melhor canalizar e orientar na direção de suas posições filosóficas a reação do pensamento político que começou após 1976 [...], nunca existiu, em lugar nenhum, um 'pensamento de 68', nem antes, durante ou após Maio".
20 Cf. Michel Foucault, *Dits et écrits, 1964-1988*, v. 4, Paris: Gallimard, 1994, p. 78: "No mês de maio de 1968, como durante o período da Guerra da Argélia, eu não estava na França: sempre meio fora de compasso, à margem".
21 Cf. Christine Delphy, "La Révolution sexuelle, c'était un piège pour les femmes", *Libération*, 21 maio 1998, p. 35. Delphy conta que o *laboratoire* de Bourdieu no centro de sociologia europeia do CNRS foi o único que continuou trabalhando em Maio; Bourdieu pediu que seus pesquisadores ficassem em suas escrivaninhas fotocopiando suas obras para serem distribuídas aos manifestantes.

comentou sobre a questão de Lacan, "Nenhuma pessoa em sã consciência em Paris nos anos 1960 que conhecesse algo de sua pessoa e seus escritos teria sonhado que Lacan pudesse ter qualquer coisa a ver com um movimento social e político"[22]. Portanto, se muitos "pensadores" foram ativos em 68 – Mascolo, Sartre, Lefebvre, Chesnaux, Blanchot, Duras e Faye, entre eles –, os pensadores "anti-humanistas" ficaram, mais que outra coisa, num tipo de desconcerto por causa dos eventos políticos. Lacan, por exemplo, chegou a comentar sobre os manifestantes que eles eram almas perdidas à procura de um pai ou "aspirando a um mestre"[23].

Tampouco é estabelecido qualquer elo entre os escritos ou o pensamento desses intelectuais e os eventos de Maio, tirando a mais vaga "simultaneidade" cronológica (isto é, esses escritores escreviam durante a década de 1960). Com base nessa relação cronológica, afirmam Ferry e Renaut, os escritos, como o evento, devem ser considerados "sintomas" de um mesmo fenômeno: a ascensão do individualismo contemporâneo. Mais uma vez, a ausência de análise da cultura, linguagem ou história de 68 é completa. O único militante citado em *La Pensée 68* – Daniel Cohn-Bendit, claro – é mencionado numa nota de rodapé que, na verdade, contradiz o argumento do livro: "As pessoas queriam culpar Marcuse por ser nosso mentor: é uma piada. Nenhum de nós tinha lido Marcuse. Alguns de nós leram Marx, talvez Bakunin, e entre os escritores contemporâneos Althusser, Mao, Guevara e [Henri] Lefebvre. Quase todos os militantes políticos do grupo 22 de Março haviam lido Sartre"[24]. A confusão do leitor só podia aumentar diante da recusa relutante de Renaut e Ferry de negar a Maio um aspecto "humanista", embora o que eles queiram dizer por "humanista", nesse contexto, pareça limitar-se à noção de "o indivíduo contra 'o sistema'"[25]. Teriam sido os *slogans* manifesta-

---

22 Cornelius Castoriadis, "Les Mouvements des années soixante", *Pouvoirs*, n. 39, 1986, p. 110.
23 Cf. Jacques Lacan, *Séminaire XVII*, Paris: Seuil, 1991, p. 239: "Enquanto revolucionários, aquilo a que vocês estão aspirando é um mestre".
24 Daniel Cohn-Bendit, *La Révolte étudiante*, p. 70, *apud* Luc Ferry e Alain Renaut, *French Philosophy of the Sixties*, Amherst: University of Massachusetts Press, 1990, p. xviii.
25 Luc Ferry e Alain Renaut, *La Pensée 68, op. cit.*, p. xxi.

mente humanistas de Maio inspirados pelo seu exato oposto filosófico? Entre os comentadores levados à exasperação pelo livro, poucos foram tão veementes quanto Cornelius Castoriadis, para quem 68 foi um evento que justamente questionou as estruturas reificadoras subjacentes às ideias rotuladas, vinte anos depois, de "pensamento 68":

> É estranho ver a obra de um grupo de autores que entrou na moda após o *fracasso* de 68 e dos outros movimentos do período e que não desempenhou papel algum, nem na mais vaga preparação "sociológica" do movimento, ser chamada hoje de "pensamento 68". Isso porque suas ideias eram totalmente desconhecidas dos participantes e porque eles eram diametralmente opostos a suas aspirações implícitas e explícitas [...]. Renaut e Ferry são totalmente absurdos: para eles, o pensamento 68 é o antipensamento 68, o pensamento que construiu seu sucesso de massa sobre as ruínas do movimento de 68 e em função de seu fracasso[26].

Dado o fracasso do livro em demonstrar qualquer relação entre Maio e os pensadores escolhidos, a maioria dos resenhistas do livro simplesmente não fez referência alguma a 1968 em suas resenhas[27]. Assim, uma resenha favorável de François Furet começa admitindo que "a referência a Maio de 68 não é indispensável para a sua [do livro] compreensão"[28]. Os resenhistas que, continuando a tomar o título ao pé da letra, esperavam aprender algo sobre Maio de 68, reclamaram amargamente da maneira como os eventos foram diluídos nas fulminações dos autores contra o anti-humanismo e atribuíram um alvo puramente ideológico, e não teórico,

---

26 Cornelius Castoriadis, "Les Mouvements des années soixante", *Pouvoirs*, n. 39, 1986, pp. 110, 113-14. Em outro lugar, Castoriadis comentou: "L. Ferry e A. Renaut inverteram os números: seu *pensamento 68* é, na verdade, um pensamento 86". "L'Auto-constituante", *Espaces Temps* 38/39, 1988, p. 55.

27 Cf., por exemplo, Raymond Boudon, "Sciences sociales: Des gourous aux journalistes", *Commentaire*, n. 35, outono 1986, ou Olivier Mongin, "Le Statut de l'intellectuel: Fou ou conseiller du prince?", *Cosmopolitiques*, n. 2, fev. 1987.

28 Cf. François Furet, "La Grande lessive: L'homme retrouvé", *Le Nouvel Observateur*, 13-19 jun. 1986, pp. 114-5.

ao panfleto[29]. Isso quer dizer que eles o leram, acima de tudo, como uma polêmica política. Ao sugerir um amálgama, no fim das contas, falacioso entre o que Althusser chamaria de duas ordens de realidade "semiautônomas", os autores tentaram matar dois coelhos com uma cajadada só, isto é, enterrar Maio e denunciar o anti-humanismo. Após uma série de contorções intelectuais exaustivas, eles voltam à velha posição aronista: ambos os "fenômenos", o evento e o pensamento anti-humanista, devem ser liquidados para abrir espaço para a filosofia liberal dos direitos humanos que, na visão dos autores do livro, a França na década de 1960 cometera o erro, até o crime, de ter ignorado.

A questão de saber se Maio de 68 afirmou ou lançou numa crise o pensamento estruturalista dos anos 1960 foi talvez melhor recolocada em perspectiva por uma expressão escrita no quadro-negro de uma sala de aula da Sorbonne em Maio de 68, uma expressão que Lucien Goldmann gostava de citar: "As estruturas não vão para as ruas"[30]. As pessoas – e não as estruturas – fazem a história e, além disso, ser a favor ou contra o estruturalismo não é o que leva centenas de milhares de pessoas a ir para as ruas. Sartre já havia desmantelado um tipo de "analfabetismo político", como ele o chamava, semelhante ao exemplificado por Renaut e Ferry em *La Pensée 68*, quando respondeu à análise de um jornalista de que o "pensamento" de Daniel Cohn-Bendit era uma mistura de Thomas Carlyle e Friedrich Nietzsche. Para Sartre, o "pensamento" de Cohn-Bendit, tomado como sinédoque do movimento em geral, deve ser um pensamento que é produto de uma ação. Os problemas que o pensamento enfrenta são as questões práticas, pragmáticas e teóricas levantadas na imediatez de uma situação específica – por exemplo, o problema do que pode ou deve ser o papel de uma minoria ativista. Apesar das teorias propostas por Lênin, Blanqui ou Rosa Luxemburgo, não há solução meta-histórica para o papel de uma minoria ativista num movimento insurrecional, e o movimento deve pensar o problema em sua situa-

---

29 Cf., por exemplo, Gérard Guegan, "Touche pas à Mai 68", *Le Matin*, 20 dez. 1985, p. 27; ou a resenha de Marcel Bolle de Balle na *Revue de l'Institut de Sociologie* 3/4, 1985.
30 Lucien Goldmann *apud* Elisabeth Roudinesco, *Jacques Lacan*, Paris: Fayard, 1993, p. 444.

ção vivida. Que papel, pergunta Sartre, podiam Carlyle ou Nietzsche desempenhar nisso tudo[31]?

A noção de que um movimento de massa como Maio podia ser subsumido em alguma organização, "líder" ou, especialmente, algum pensador ou escola de pensadores continua a produzir interpretações e alegações distorcidas na literatura sobre o evento. A mão invisível de Marcuse, cujas obras só foram lidas na França após esse período, quando começaram a ser vendidas em ritmo veloz, continua a ser evocada como se gerisse ou dirigisse de longe os eventos em Paris[32]. Ocasionalmente, esse "analfabetismo político" é promovido pelo próprio pensador. Antes de sua morte, o situacionista Guy Debord era dado a fazer pronunciamentos cada vez mais megalomaníacos sobre seu próprio papel como "causa" da insurreição, falando, por exemplo, da "grave responsabilidade que me foi atribuída muitas vezes pelas origens, ou até o comando, da revolta de Maio de 1968", e finalmente "admitindo ser quem escolheu a hora e direção do ataque"[33]. *La Société du spectacle* (1967), de Debord, e a revista com a qual ele colaborava, *Internationale Situationniste* (publicada entre 1958 e 1969), ajudaram, sem dúvida, a realizar a tarefa intelectual de demolir e dessacralizar a sociedade de consumo burguesa para o leitorado de elite que tinha acesso a esses textos no início da década de 1960. Mas foram os distúrbios de 1968 que tornaram *La Société du spectacle* conhecido e lido. Enquanto um panfleto situacionista como "De la misère en milieu étudiant" (escrito não por Debord, mas por Mustapha Khayati), amplamente distribuído em Estrasburgo e outros lugares em 1966, atingiu um leitorado vasto, outros textos situacionistas só foram lidos por grandes números de pessoas após 68, num esforço de lidar com o que tinha ocorrido ou de entender a situação. Talvez a avaliação mais precisa dos objetivos dos autores de *La Pensée 68*

---

31 Cf. Jean-Paul Sartre, "Les Bastilles de Raymond Aron", em: *Situations VIII, op. cit.*, pp. 175-92.
32 A edição francesa de *One Dimensional Man*, de Marcuse, foi publicada durante Maio de 1968 e vendeu 350 mil cópias em dois meses; no fim de junho, a farmácia Saint-Germain vendia 500 cópias por dia. Cf. Patrick Combes, *La Littérature et le mouvement de Mai 68: écriture, mythes, critique, écrivains, 1968-1981*, Paris: Seghers, 1984.
33 Guy Debord *apud* Anselm Jappe, *Guy Debord*, Berkeley: University of California Press, 1999, p. 46 e 100.

seja anunciada no texto promocional da quarta capa da edição atual: "Este livro, que esteve no centro de uma grande polêmica, é um testemunho da mudança nas gerações intelectuais". A "embalagem" da polêmica, como Pierre Macherey observou recentemente, coaduna-se com o "pensamento" do livro; isto é, ambos recorrem inteiramente à transposição do conceito de *marketing* de "geração" e outras técnicas jornalísticas para o campo da filosofia, de modo que a nova geração emerge plenamente formada para tornar a anterior obsoleta. Saiam para que nós possamos tomar seu lugar.

Quem é a nova geração? Eles "são" nada mais do que aqueles que não são mais... o quê? Aqui, os ex-*gauchistes* inseririam a palavra "cegos", enquanto os filósofos morais poderiam escolher, como Ferry e Renaut e amigos fizeram num panfleto subsequente, o rótulo "nietzschianos"[34], ou poderiam bolar uma expressão mais elaborada, como "Nós somos aqueles que não estão mais sob a influência de 'mestres pensadores venenosos' [...]". Por essa autodefinição negativa ou reacionária, e só por ela, somos autorizados a dizer "nós": uma nova aliança, um pacto público – "nossa geração filosófica" – é selado por aqueles que se reconhecem como membros de uma geração. Mas não ser nada mais que "a nova geração", aponta Macherey, não é expressar nada mais que a exigência absoluta de não ser algo – um ressentimento disfarçado de posição. As motivações desse pronunciamento são, claramente, mais ideológicas que teóricas, pois implicações teóricas supostamente fundamentais são medidas segundo critérios momentâneos, passageiros. Essas motivações incluem um acesso ao poder filosófico por meio de alianças – "nós", a união dos filósofos "morais" ou "éticos" – que podem ser quebradas assim que chega o momento de realmente compartilhar o poder. Além do mais, a "nova geração" busca uma relegitimação da filosofia como disciplina contra os procedimentos teóricos abusivos de "suspeita" ou "desconstrução" – em outras palavras, uma contribuição à manutenção da ordem filosófica que é, como observou Bernard Lacroix, uma contribuição específica

---

34 Cf. A. Boyer, A. Comte-Sponville, V. Descombes, L. Ferry, R. Legros, P. Raynaud, A. Renaut e P. A. Taguieff, *Pourquoi nous ne sommes pas nietzschéens*, Paris: Grasset, 1991.

à manutenção da própria ordem[35]. Sua intenção, claramente enunciada em torno dos conceitos de "conflito geracional" ou "ruptura", é restaurar ou relegitimar, em nome da nova geração dos anos 1980, ideais universalistas indispensáveis para o funcionamento de uma república democrática, ideais caracterizados como tendo sido abandonados pela geração mais velha, agora definitivamente tornada, no vocabulário jornalístico ou mercadológico favorecido por Renaut e Ferry, *passéiste* (passadista) ou *en désuétude* (obsoleta). E é aqui, nota Macherey, que a contradição em seu empreendimento se torna mais clara. Pois os pressupostos implicitamente historicistas inerentes à noção de "a cada geração suas ideias" não podem ser chamados de universalistas. Se fosse assim, o pensamento se tornaria algo que acontece sem nunca ser transmitido ou comunicado, já que a ruptura necessária entre gerações ergueria uma barreira intransponível. "A história do pensamento não equivale, como nossos professores jornalistas querem que acreditemos, à sucessão de gerações filosóficas."[36]

No romance de 1993 de Jean-François Vilar, *Nous cheminons entourés de fantômes aux fronts troués*, o narrador, um fotógrafo de imprensa, encontra uma fotografia de Maio de 1968 que ele mesmo tirara vinte anos antes. Foi sua primeira foto publicada:

> Uma foto de Maio de 68. O pátio da Sorbonne, recém-liberado – ou devolvido, segundo alguns –, 13 de maio. Estou voltando de Denfert. A noite cai. Um piano já foi instalado. Depois do protesto, amigos vagueiam em torno da cidadela, exaustos, com uma expressão incrédula de vitória em seus rostos. Alguns deles se reuniram e estão sentados nos degraus da capela. Capacetes e garrafas. Pivetes falsos e delegados políticos autên-

---

35 Cf. Bernard Lacroix, "À contre-courant: le parti pris du réalisme", *Pouvoirs*, n. 39, 1986, pp. 117-27.
36 Cf. Pierre Macherey, *Histoires de dinosaure, op. cit.*, especialmente pp. 183-206. Uma versão mais longa da crítica de Macherey, que inclui uma leitura astuta e detalhada do conteúdo filosófico de sua argumentação, intitulada "Réflexions d'un dinosaure sur l'anti-anti-humanisme", pode ser encontrada num suplemento de *Futur antérieur*, *Le gai renoncement*, Paris: L'Harmattan, 1991, pp. 157-72.

ticos. Nós todos nos conhecíamos, formados, moldados juntos na Unef. Gostávamos uns dos outros, detestávamos uns aos outros com aquele ódio inexpiável que une os que não estão construindo o mesmo embrião idêntico do futuro e necessário partido revolucionário. Os "italianos", os trotskistas, os maoístas, os anarquistas, os espontaneístas, os bordighistas, os arqueo-situacionistas, os posadistas, os que são contra todas as tendências e mais alguns outros. É o crepúsculo, o momento da graça, a pausa entre um protesto histórico e a próxima assembleia geral soviética [...].

Marc está na foto, no meio de quase todos os figurões da época. Ali está ele, quase magro, óculos Lissac, terno Bodygraph. Atrás dele, não longe, mas para o lado, está Jeanne.

Ela está difícil de distinguir, a gente tinha que estar ali no momento em que a foto foi tirada para identificá-la com alguma certeza. Franja preta, olhar velado, com a mão cobrindo a boca (cigarro entre os dedos) e escondendo a parte de baixo do rosto (ela não gostava do formato de sua boca). Marc e ela estavam casados havia alguns meses quando Maio explodiu. O nome dela não é mencionado na legenda da foto. Dois anos depois, por causa das crises, das tentativas de suicídio, da fuga de casa, das gesticulações incapacitantes, das depressões fastidiosas, ela, que era *habituée* de todos os divãs psiquiátricos e todas as curas, foi internada [...]. Para Ville-Évrard [...].

Depois de Maio, [Marc] se tornou, na terminologia leninista então prevalecente, o que era chamado de "revolucionário profissional". Com apenas 25 anos de idade, ele era maoísta. Mais precisamente: maoísta-stalinista. A facção de guerra popular, os novos partidários, a CGT-Kollabo (o K era importante, dava aquele efeito *boche*) etc. Com frequência, Marc tinha que se esconder. Quando isso acontecia, ele era abrigado por companheiros de viagem, intelectuais conhecidos, que eram intocáveis [...].

Jeanne estava indo mal, como todo mundo. Ela costumava dizer, rindo, "Eu sofro de atraso de comunismo". Como eu a via com pouca frequência, podia medir a rapidez com que seus traços se desfaziam. Eu nunca pensei, como outros pensaram, outros camaradas, que Marc se comportava mal com ela. Ninguém se comportava bem nos dias depois de Maio[37].

Os itinerários de duas vidas, apenas esboçados, do momento dos eventos de Maio para frente, através da difícil ressaca quando, ao que parece, ninguém agia bem, cada pessoa devolvida brutalmente, com a dissolução do movimento e de suas formas de coletividade, a sua vida privada, cada qual tentando sobreviver ao isolamento e à marginalização por um lado, à ilegalidade por outro. Marc, personagem recorrente nos romances policiais de Vilar, agora é o editor altamente bem-sucedido de *Le Soir*, um jornal originalmente batizado *Le Grand Soir* quando começou a ser publicado pouco depois de Maio. Naquela época, Marc fora um líder *gauchiste*, que, durante seu breve encarceramento em agosto de 1968, escreveu um livro com um título que o narrador recorda como "algo do tipo *Hoje: a hora incendiária*"[38]. Naqueles dias, sempre que o narrador e Marc trocavam correspondência de qualquer tipo – cartões-postais de férias ou tratados polêmicos –, eles terminavam assinando com "saudações comunistas fraternas". A trajetória política de Marc dos dias da fraternidade comunista ao presente do romance, em 1989, é bem resumida em outra passagem quando Marc (ele já "não era mais o repórter malandro que sabia ser. Ele se tornara um poder, ávido por respeitabilidade"[39]) telefona para o narrador do escritório editorial no alto do prédio do conglomerado Springer em Berlim. Foi exatamente essa instituição que tinha sido o alvo do primeiro protesto violento do qual Marc e o narrador participaram juntos em fevereiro de 1968. (Os protestos contra a Springer mencionados no romance realmente ocorreram. O conglomerado Springer, que Karl Dietrich Wolfe, chefe da SDS[40] alemã, certa vez designou com a expressão famosa de

---

37 Jean-François Vilar, *Nous cheminons entourés de fantômes aux fronts troués*, Paris: Seuil, 1993, pp. 100-2.
38 *Ibidem*, p. 177.
39 *Ibidem*, p. 65.
40 Sozialistische Deutsche Studentenbund, a Liga Universitária Socialista Alemã, ativa na Alemanha Ocidental e em Berlim Ocidental entre 1946 e 1970, consistiu na ala estudantil do Partido Socialista alemão até 1961 e depois atuou de forma independente. [N.T.]

"instrumento de ódio fazedor de dinheiro", controlava 85% da imprensa da Alemanha Ocidental em 1968.)

O personagem de Marc é, obviamente, reconhecível instantaneamente para a maioria dos leitores como um pastiche sequer disfarçado de Serge July, um nome, uma personalidade cujo sucesso profissional na época como editor de *Libération* facilitou a produção de muitas imagens ou expressões contemporâneas – "um idealismo generoso, mas ingênuo", "da revolução à reforma", "individualismo", "comunicação" e, acima de tudo, "geração" – por meio das quais 68 foi subsequentemente recodificado:

> Ele renunciou uma por uma às loucuras [de Maio] e várias outras. Sem complexo. Sem cinismo. Elas tinham que ser calculadas como lucros e perdas de – Marc gostava muito dessa noção – uma "geração". Daquela grande besteira coletiva, uma inteligência da época podia ser destilada e entregue. *Le Soir* era a expressão dessa inteligência, ou pelo menos seu tribunal[41].

A personagem de Jeanne, contudo, não tem uma "personalidade" conhecida por trás dela como modelo, e aparece em todo o trecho como alguém lutando para alcançar representabilidade e fracassando – tornando-se representável, isto é, "uma figura de Maio", apenas por acaso e através de sua desfiguração progressiva. Já nas sombras e para o lado na foto, com seus traços meio escondidos, ela é parte de um círculo de intimidade e camaradagem que existia na época – casamento, amigos, uma formação política comum, toda uma forma alternativa de sociabilidade política cujos vestígios agora são quase impossíveis de encontrar. Ninguém fora desse círculo a conhecia ou seria capaz de identificá-la na foto, cuja legenda não registra seu nome. Mas o círculo, as organizações coletivas ou a vida vivida coletivamente foi desfeita, e enquanto Marc se torna uma "figura" na sociedade do pós-Maio, Jeanne não continua meramente a viver anonimamente, ela realmente perde terreno, seus tra-

---

41 Jean-François Vilar, *Nous cheminons...*, *op. cit.*, p. 178.

ços, com o tempo, se desintegram através da loucura, do descaso e do esquecimento, seu itinerário se perde conforme o grupo debanda. Impelido pela foto, o narrador telefona para Marc para perguntar de Jeanne e fica sabendo que, um ano antes, ela enfim conseguira tirar a própria vida. Sua doença, em suas próprias palavras meio irônicas, era política: "Eu sofro de atraso de comunismo". Ela sofre por estar fora de sintonia com seu tempo, à margem, como tantos outros nos anos Giscard de "mudança sem risco"; sua morte é a morte de ninguém em particular.

Como a operária no centro das imagens captadas em *La Reprise du travail aux usines Wonder*, Jeanne pode ser tomada, ao mesmo tempo, como a figura do desaparecimento da coletividade e da corrosão que acompanha o esquecimento dessa coletividade. Ela representa os militantes anônimos de Maio e aqueles perdidos nas sequelas de Maio: os suicídios, depressões e desesperos daqueles que ficaram desnorteados, horrorizados ou atônitos com as reviravoltas e recuperações que transcorreram depois desse período – os que não aderiram à marcha para frente da modernidade, os que ficaram presos inexoravelmente entre tentar fazer continuar algo que perdeu seu ímpeto e tentar reintegrar-se numa sociedade que eles haviam rejeitado com tanta força e tentado derrubar[42]. E embora o narrador, ao contrário de alguns de seus camaradas, se recuse a atribuir a Marc uma culpa moral pessoal pela doença de Jeanne, o autor, Vilar, por outro lado, conjuga as duas trajetórias opostas num casamento, o que parece sugerir que o problema da "representabilidade" nas narrativas de Maio deve ser entendido dialeticamente. Ou seja, no nível da representação, Marc se torna uma

---

42 Cf., por exemplo, a resposta de René à pergunta de como ele viveu o fim do movimento: "Desespero é uma palavra forte. Eu não tinha mais esperança de que haveria uma revolução, outro Maio de 68, ou que o movimento continuasse. Todo aquele sopro de liberdade que eu sentira com tanta força havia passado. Eu tinha ideias que não podia aplicar, nem podia aplicar ideias que não eram minhas. Era impossível para mim integrar-me e ir trabalhar numa sociedade que eu criticara tanto, que eu queria ter destruído [...]. Continuei a frequentar uns meios anarquistas, no fim, eles se esgotaram. Como o CA, as coisas funcionaram bem no começo, depois pouco a pouco se desintegraram, nós éramos cada vez menos, nossas atividades se tornaram mais esparsas, as reuniões eram cada vez mais só para os amigos se encontrarem". *Apud* Nicolas Daum, *Des révolutionnaires dans un village parisien, op. cit.*, p. 213.

figura histórica à custa de Jeanne; um jornal como *Libération*, que ajudou a "adequar" o movimento e restringi-lo a um pequeno grupo de pseudolíderes, engajou-se num exercício de controle e neutralização. Marc, no centro da foto, teve sucesso, obteve privilégios, desenvolveu sua posição enunciativa, "tornou-se um grande profissional"[43] porque ele *já era* essas coisas, já tinha relações íntimas e proximidade geográfica com o poder, já podia abrir caminho até o alto-falante em qualquer *assemblée générale*, e conservava esses poderes agora, exercendo controle sobre a função de representabilidade. Do mesmo modo, a aniquilação de Jeanne ocorreu não só em razão de sua fragilidade psicológica; ela foi prolongada e estendida por uma quantidade enorme de trabalho narrativo por parte daqueles que passaram a dominar a representação do movimento, um trabalho que continuou a torná-la insignificante ou invisível, a reduzi-la a nada. O caso de Jeanne é severo porque ela literalmente não sobrevive à sublevação de Maio e suas sequelas. Mas como muitos outros, que permaneceram vivos e negociaram de diversas formas as restrições do real, o esmagamento da esperança política e seu lento deslocamento, com o tempo, para outras iniciativas – como muitos deles viram sua própria história ser expropriada? Serão as celebridades como Marc a verdade do movimento ou a árvore que esconde a floresta? Será que basta o reconhecimento da mídia no presente para dar a alguém o direito de falar sobre um passado coletivo?

O título muito apropriado de *Génération*, de Patrick Rotman e Hervé Hamon, nomeia um dos livros mais responsáveis por fixar o movimento de Maio num "Quem é quem" patenteado. Quando o primeiro volume foi publicado em 1987, *Libération* lhe reservou uma resenha esplendorosa e quatro páginas inteiras com entrevistas e biografia dos autores, dois jornalistas progressistas. O resenhista, Laurent Joffrin, elogiou o retrato feito no livro de "uma geração de *baby-boomers*", "individualistas irreprimíveis" e "zelotes do anticomunismo" que, "loucos pela política, encontram-se, vinte anos

---

43 Jean-François Vilar, *Nous cheminons...*, *op. cit.*, p. 65.

depois, quase todos engajados na cultura ou comunicação"[44]. O título da resenha, "Geração: um olhar de dentro" (*un regard intérieur*) já criava uma expectativa um tanto *voyeurista* no leitor de ter acesso à vida secreta de estrelas ou celebridades, ou, pelo menos, de escutar as altas fofocas *gauchistes*.

Escrito num ousado estilo "faccional"[45] ou de "romance verídico", o livro deixava claro que os autores de *Génération* não pensaram muito sobre as complexidades de representar um movimento de massa. A relevância política de sua escolha de limitar seu elenco de personagens exclusivamente aos líderes estudantis parisienses não é simplesmente uma questão das enormes exclusões iniciais que essa escolha perpetra – exclusões de trabalhadores, agricultores e outros interioranos, pessoas nos seus quarenta anos ou mais, entre muitos outros. Reduzir um movimento social a uns poucos pretensos líderes ou representantes credenciados – o que Isabelle Sommier chama de "tendência de álbum de família"[46] – é uma velha tática de confisco: assim reduzida, qualquer política coletiva perde seu poder ao se tornar localizada e, portanto, controlável. Um editorial publicado em 1969 na revista anarquista *Noir et Rouge* mostrou que os mecanismos dessa tática já estavam em pleno curso apenas alguns meses depois que os eventos de maio e junho acabaram:

> [A burguesia] "personalizou" flagrantemente, por saber como é rentável esse método a longo prazo. Para alguns, Maio era unicamente uma revolta estudantil, os estudantes eram só estudantes de Nanterre, Nanterre era o grupo "22 de Março", e este último era apenas Daniel Cohn-Bendit. Para outros, a greve dos trabalhadores era somente sobre demandas salariais, os trabalhadores eram só da CGT, e a CGT era apenas Seguy [...]. Assim, nenhuma discussão possível: algumas pessoas estavam seguindo fanaticamente um aventureiro judeu-alemão, outras estavam obedecendo calmamente aos "chefes sindicais". Nenhuma mistura entre trabalhado-

---

44 Laurent Joffrin, "*Génération*: un regard intérieur", *Libération*, 23 mar. 1987.
45 No original, *factional*, que mistura fato e ficção. [N.T.]
46 Isabelle Sommier, "Mai 68: Sous les pavés d'une page officielle", *Sociétés Contemporaines*, op. cit., p. 64.

res e estudantes: vamos manter firmemente a divisão entre trabalho intelectual e manual.

Mas não foi tudo melhor do que isso?⁴⁷

Porém, no final da década de 1980, havia uma nova relevância política a ser ganha com a decisão de Rotman e Hamon de outorgar aos personagens que eles escolheram (e apenas eles) uma biografia plena, uma história de vida completa que se estende antes, durante, através do pós-Maio e até o presente na forma de um epílogo. Somente eles, em outras palavras, recebem a chance de conferir significado ou coerência a sua existência, de ter uma vida sequencial, de olhar para trás, frequentemente com condescendência, da perspectiva de seus quarenta anos, para suas convulsões e ingenuidades juvenis tão distantes. Desse modo, *Génération* ajudou a implementar o quadro de que tudo que sobrara de 68 era a trajetória de certos líderes estudantis, particularmente os que aprenderam a lição, os que estavam felizes comungando agora em estrita aderência à ordem das coisas e abandonaram toda ou parte da energia política de Maio, especialmente qualquer solidariedade com os trabalhadores ou o Terceiro Mundo. E, por um tipo de lógica circular, é o presente ("quase todos engajados na cultura ou comunicação") que parece ter determinado a escolha das pessoas que o livro elevou a posições de "liderança" em sua narrativa dos eventos de Maio. Somente esses indivíduos, em outras palavras, que saíram do Quartier Latin diretamente para papéis de destaque na indústria midiática ou cultura, eram "exemplares" de Maio. E Maio, por sua vez, se torna despolitizado: uma "Revolução Cultural", uma revolta na comunicação. Assim, a teleologia de uma versão específica do *soixante-huitard* dos anos 1980 determinou a versão dos autores do que transcorreu em 68, fazendo de Maio, em certa medida, "uma escola ou aprendizagem de manipulação"⁴⁸ – a expressão é de Patrick Démerin – na qual tantos se formaram com louvor. E, como observa

---

47 *Apud* "L'extraordinaire", *Noir et Rouge*, n. 44, abr.-maio 1969, p. 1.
48 Patrick Démerin, "Mai 68-Mai 88. Choses tues", *Le Débat*, n. 51, set.-nov. 1988, pp. 173-8.

Isabelle Sommier, essa escolha representacional ganha enorme eficácia política na medida em que as testemunhas designadas (ou autodesignadas, no caso das comemorações) representantes ou exemplares aparecem por causa de sua posição social no presente como encarnações da artimanha da história, manifestações vivas da vaidade de 68. A raiva de Martine Storti é típica da suspeita, ou até fúria, com que foi acolhida a escolha dos autores de apresentar Maio na forma de um "itinerário exemplar":

> Eu me lembro de como fiquei brava quando li o livro de Hervé Hamon e Patrick Rotman, *Génération*, que saiu no final dos anos 1980. No começo do segundo volume, contam-nos um episódio que aconteceu em 1969, em Paris, no *lycée* Louis-le-Grand. Na hora do almoço, um "comando de extrema-direita" atacou o estabelecimento, e um estudante teve a mão rasgada por uma granada. Levado ao hospital, teve a mão amputada. Nós nunca saberemos o nome do estudante, que, sem dúvida, não foi julgado digno de escapar ao anonimato. Mas, em contrapartida, encontramos absolutamente tudo sobre um de seus colegas de *lycée*, Antoine de Gaudemar, que no momento da publicação do livro, em 1988, era jornalista do *Libération*[49].

Da perspectiva de Storti, *Génération* e a série de documentários televisivos baseada no livro, produzida por Rotman e Hamon e exibida em 1988, junto com as outras comemorações televisivas de Maio, estavam empenhadas em fabricar uma "geração" a partir de uma panelinha minúscula de indivíduos, jogando na sarjeta a experiência de milhares de pessoas. Representatividade política e representatividade midiática se tornaram sinônimos. "Eram raros, entre as centenas de milhares, até milhões de franceses que viveram as esperanças e expectativas dos anos de 68, os que se reconheciam no destino dos *médiatiques*."[50]

---

49 Martine Storti, *Un Chagrin politique*, op. cit., pp. 15-6.
50 Patrick Démerin, "Mai 68-Mai 88...", *Le Débat*, op. cit., p. 175.

O que a geração de *Génération* realizou era uma revolução puramente cultural. Não surpreende que a resenha de Joffrin no *Libération* certificasse e reiterasse os tropos centrais de Rotman e Hamon de "geração" e "revolução cultural" com algumas metáforas biológicas bem escolhidas. Afinal, o próprio *Libération* era amplamente reconhecido – nas palavras de Paul Thibaud – como "o diário no qual 'a geração de 68' encontrou um lugar para se exprimir e uma maneira de se exprimir"[51]. Já em seu celebrado editorial por ocasião do décimo aniversário de Maio, o diretor do *Libé*, Serge July, começara com uma metáfora biológica bem colocada que "marcava a ferro" a geração: "Desse ponto em diante, como os touros em qualquer fazenda de criação de gado, nós levamos uma marca indelével: fazemos parte de uma geração"[52]. O próprio Joffrin, em 1993, tendo se tornado editor-chefe do *Libération*, confessaria numa entrevista, não sem um certo orgulho, que *Libération* atingira um objetivo que seu fundador, Jean-Paul Sartre, poderia não ter querido: "Nós éramos o instrumento da vitória do capitalismo sobre a esquerda"[53]. No interesse dessa vitória, nada podia ser mais essencial que tentar controlar e despolitizar a interpretação de 1968. A resenha de Joffrin de *Génération* nega qualquer dimensão política à revolta, comparando a linguagem política de Maio a um apêndice desnatural e desnecessário que obscurece os objetivos culturais e modernizantes do movimento: "os *slogans* de uma simbologia revolucionária que eles *enxertaram* no seu movimento muitas vezes o expressavam mal" (itálico meu). Aos objetivos culturais se confere um *status* autêntico, quase orgânico, aos quais a política se torna apenas um acréscimo arbitrário, laboratorial. À geração em si, Joffrin concede toda a força natural de um maremoto histórico mundial: "Nascidos na penúria, criados com a sociedade da abundância, eles estavam destinados a derrubar, como uma onda enorme, todos os diques – familiares, acadêmicos, culturais – que uma nação ainda rural erguia

---

51 Paul Thibaud, "De la politique au journalisme: *Libération* et la génération de 68. Entretien avec Serge July", *Esprit*, maio 1978, p. 2.
52 Serge July, *Libération*, 18 maio 1978.
53 Laurent Joffrin, France 2, 2 jun. 1993. *Apud* Serge Halimi, *Les Nouveaux chiens de garde*, Paris: Éditions Liber-Raisons d'Agir, 1997, p. 50.

diante deles". O tropo geracional já abarca todo o movimento para frente da modernização capitalista – uma modernização que é natural e "destinada". Quando o segundo volume de *Génération* apareceu, um ano depois, seus autores tinham agregado os itinerários individuais do primeiro volume num único destino coletivo, e o papel da geração em encarnar o progresso incipiente foi tornado ainda mais claro. Longe de se revoltar contra o capitalismo, a geração agiu para empurrar uma França bloqueada e retrógrada para o futuro. Ao resenhar o segundo volume no *Libération*, Jean-Michel Helvig elogiou seu traçado de "uma rota geracional, ao mesmo tempo vívida e confusa, na qual se lê, talvez melhor que em qualquer outro lugar, o processo caótico de modernização da França contemporânea"[54].

Génération, o livro de heróis, rapidamente se tornou o relato popular mais vendido do ano de 68 na França. Junto com as comemorações televisivas da década de 1980, ele conseguiu reduzir o número de representações, ou melhor, reduzir o que era dizível sobre 68, a um minúsculo tropo ideológico: uma saga familiar ou geracional. Como nos lembra Sartre, a ideologia significa simplesmente o caminho sistemático no qual nossos reflexos foram condicionados pelas formas e modelos narrativos dominantes. A ideologia, escreve ele,

> não é um sistema filosófico [...], ela tem a ver com um aparato construído e interiorizado de tal modo que é impossível, ou pelo menos muito difícil, formar um pensamento que não seja uma especificação do modelo, e até mais difícil passar de uma ideia estruturada por esses esquemas a ideias que não pertencem ao sistema[55].

Guy Hocquenghem foi, como vimos, um dos primeiros a ler o uso do termo "geração" por parte de seus antigos camaradas no final da década de 1970 no nível de um sintoma, a ver a palavra como o pri-

---

54   Jean-Michel Helvig, "Le Roman du gauchisme", *Libération*, 8 jan. 1988.
55   Jean-Paul Sartre, *L'Idiot de la famille*, v. 3, Paris: Gallimard, 1972, p. 222.

meiro sinal de sua renúncia ao movimento. Logo cedo, ele anunciou sua ojeriza pelo termo e sua recusa em ser inserido entre os membros de uma elite paradoxal que ele conotava. Essa autoafirmação geracional era ainda mais difícil de suportar porque surgiu precisamente no momento em que aqueles que a proclamavam estavam visivelmente acedendo aos bastidores do poder institucional conservador. Martine Storti, em suas memórias do ano de 68, também toma o cuidado de distinguir sua própria estratégia representacional da doxa geracional: "Eu escrevi esta narrativa para contar um caminho singular, que não pretendo que seja exemplar. Eu não encarno minha geração, ou melhor, não a encarno nem mais nem menos do que outros"[56]. Em sua introdução à tradução francesa do ensaio clássico de Karl Mannheim, "O problema das gerações", Gérard Mauger pergunta se o uso do termo, com efeito, "tende a substituir a representação marxista 'tradicional' dividida pela classe por uma 'nova' visão do mundo social cindido pela idade"[57]. Se for assim, isso certamente ajudaria a explicar parte do apelo do termo na literatura sobre 68. Mannheim começa seu ensaio dividindo a literatura existente sobre o tema em dois campos: o positivista, principalmente francês, e o "romântico-histórico", principalmente alemão. Os positivistas, diz ele, são atraídos pelo conceito de geração porque ele fornece uma lei geral que exprime o ritmo do desenvolvimento histórico com base na lei biológica do tempo de vida. O conceito oferece uma forma compreensível e mensurável para entender diretamente o quadro do destino humano, assim como os padrões cambiantes das correntes intelectuais e sociais, em termos biológicos que operam dentro de uma concepção unilinear do progresso. A visão germânica, por outro lado, adota um tratamento qualitativo e não quantitativo do conceito, buscando o "objetivo interno" de uma geração, a temporalidade "interna" e não mecanicista das gerações coexistentes que compõem uma época. Esse "objetivo interno" ou "temporalidade interna" é algo fenomenológico, que não pode ser medido, mas somente vivenciado – algo que,

---

56 Martine Storti, *Un Chagrin politique*, op. cit., p. 14.
57 Gérard Mauger, "Préface à la traduction de Karl Mannheim", *Le Problème des générations*, Paris: Nathan, 1990.

em sua versão heideggeriana mais extrema, é indistinguível da "própria matéria e substância do Destino":

> O Destino não é a soma de destinos individuais, assim como o fato de estar junto pode ser entendido como uma mera aparição conjunta de diversos sujeitos. Estar junto no mesmo mundo, e, consequentemente, estar preparado para um conjunto distinto de possibilidades, determina por antecipação a direção dos destinos individuais. Então, o poder do Destino é liberado no curso pacífico e no conflito da vida social. O destino inescapável de viver em nossa geração e com ela completa o drama da existência humana individual[58].

É curioso, talvez, que o tropo da "geração" que se solidificou nos anos 1980 como o modelo dominante de 68 – estendendo-se até, como vimos em nossa discussão da intervenção de Ferry e Renaut, o domínio da filosofia – seja tributário tanto da tendência positivista como da romântico-histórica descritas por Mannheim. A visão positivista, biologista, subjaz a todas as várias reduções psicológicas esquemáticas do movimento social a uma "saga familiar": a velha explicação funcionalista familiar do "conflito de geração", filhos *versus* pais, como o motor da história – uma explicação de 68 que surgiu quase instantaneamente conforme transcorriam os eventos. A psicologia desenvolvimental, do tipo popularizado por Erik Erikson nos Estados Unidos, via a sublevação social como parte necessária – uma válvula de segurança funcional – para garantir um processo de continuidade no que Mannheim chama de concepção unilinear do progresso. As crianças, ao "passar ao ato", acabam confirmando ainda mais fortemente a dotação de seus pais; assim, a contestação é útil e funcional, um rito de passagem para a condição de adulto. A história é reduzida ao desdobramento mecânico, rítmico, evolucionário do destino sociobiológico.

---

58 Martin Heidegger, *Sein und Zeit*, apud Karl Mannheim, "The Problem of Generations", em: *Essays on the Sociology of Knowledge*, Londres: Routledge and Kegan Paul, 1952, p. 282.

Do lado romântico, heideggeriano, o peso do destino coletivo ou "Destino" podia ser atribuído, mais tarde, a qualquer um dos "resultados" ou "efeitos" dos quais Maio agora teria sido a causa: da ascensão do individualismo lipovetskiano à modernização da França, ou ao fim do comunismo – todos resultados, vale mencionar, que pareceriam impedir que algo "como Maio" aconteça novamente. Rotman e Hamon oferecem um epílogo útil no seu segundo volume, que ensaia um inventário de muitas das "lições de Maio": "Nossa geração era generosa, portadora de valores morais muito fortes que foram pervertidos pela política"[59]; ou "Nossa geração derrubou os fundamentos culturais da sociedade francesa"[60]; ou "Eu pertenço a uma geração que viveu uma mutação formidável em meio a loucuras que se revelaram fecundas"[61].

Geração (o livro e o tropo) oferecia algo para todo mundo: uma história de vida altamente romantizada, até heroica, e um quadro sociológico determinista que afirmava alegremente a velha noção tribal ou antropológica da liminaridade da adolescência que cede à inevitável reagregação no mundo adulto da divisão do trabalho. Alegre porque a juventude, por mais que seja turbulenta, passa; ela é circunscrita e transitória por definição. E se a revolta atribuída à juventude não passa, é porque os revoltados não saíram da adolescência. A transitoriedade da juventude é o que está escondido à vista de todos no tempo verbal pretérito usado no título do livro de Daniel Cohn-Bendit de 1986 (e da série de televisão baseada no livro), *Nous l'avons tant aimée, la révolution* (Nós amamos tanto a revolução). Todos os jovens se revoltam, faz parte de ser jovem. Obras como a de Cohn-Bendit assumiram a tarefa de estender o tropo da geração ao nível planetário: "Em 1968, o planeta se abraçou. Como se um *slogan* universal tivesse sido seguido. Em Paris ou Berlim, em Roma ou Turim, o paralelepípedo tornou-se o símbolo de uma gera-

---

59 Jean-Paul Ribes *apud* Hervé Hamon e Patrick Rotman, *Génération*, v. 2: *Les Années de poudre*, Paris: Seuil, 1988, p. 636. Cf. também v. 1: *Les Années de rêve*, Paris: Seuil, 1987.
60 Tiennot Grumbach *apud* Hervé Hamon e Patrick Rotman, *Génération*, v. 2, *op. cit.*, p. 639.
61 Serge July *apud* Hervé Hamon e Patrick Rotman, *Génération*, v. 2, *op. cit.*, p. 636.

ção em revolta"⁶². No trigésimo aniversário de Maio, a imagem de 68 como um conflito geracional planetário podia ser encontrada novamente neste editorial de maio de 1998 de *Le Monde*:

> Por volta do ano de 1968, em todo o mundo ocidental, aparece na cena pública um novo personagem coletivo: a faixa etária dos adolescentes [...] que se afirma em oposição ao mundo adulto. É o primeiro exemplo na história de um movimento internacional cuja base é o pertencimento à mesma geração⁶³.

Edgar Morin, a quem muitos creditam a origem da interpretação de 68 como uma "revolta juvenil" e, por isso, o postulado do determinismo e dinamismo de uma "faixa etária", tentou fazê-lo dando um novo viés à ideia da faixa etária como determinante, afirmando a formação de uma nova faixa etária que não corresponde às antigas manifestações tradicionais⁶⁴. Mas nisso ele não está muito longe das observações despolitizantes de seu colega sociólogo Raymond Aron, que viu 68 como a pura expressão da frustração sócio-hormonal, uma convulsão biológica: "jovens em geral [...] estamos na presença de um fenômeno que é tanto biológico como social"⁶⁵. A nova "classe" da adolescência que apareceu na França na década de 1960, segundo Morin, ocupa um vácuo moderno entre a infância e a idade adulta. Morin mobilizou uma série de fatos sociológicos para sustentar a ideia do novo vácuo moderno, incluindo a extensão do período de escolarização antes da entrada no mundo adulto, acompanhada por um aumento demográfico do número de jovens que tiravam proveito das oportunidades recém-democratizadas no ensino superior. Mas será que esse "vácuo moderno" no Ocidente

---

62 Daniel Cohn-Bendit, *Nous l'avons tant aimée, la révolution*, Paris: Barrault, 1986, p. 10. Apesar da expansividade da imagem, Cohn-Bendit apresenta uma visão marcadamente urbanocêntrica do 68 global. Como observa Claude Rives, o paralelepípedo é um fenômeno urbano; no campo, a charrete de esterco na frente da chefatura era mais comum, mesmo que os confrontos com a polícia fossem igualmente violentos. Cf., dele, "Le Viticulteur du pays d'oc", *Le Monde*, 27 maio 1998, p. 13.

63 Dominique Dhombres, "La Révolte de la jeunesse occidentale", *Le Monde*, 12 maio 1998.

64 Cf. Edgar Morin, "Mai 68: complexité et ambiguïté", *Pouvoirs*, n. 39, 1986, pp. 71-80.

65 Raymond Aron, *The Elusive Revolution*, p. 40.

desapareceu depois disso ou foi suplantado por outro tipo de adolescência? Se não, então por que a politização extrema dos jovens na França nos anos 1960 não ocorreu de novo, em lugar algum, no mesmo grau? Por que os "jovens" não continuaram a atuar como sujeitos políticos? Nada na categoria sociológica hipostática da "juventude" – nem uma nova "juventude" moderna – pode explicar por que os jovens franceses (e muitos outros, não franceses e não jovens) tentaram tomar a política em suas próprias mãos em 1968. E se a categoria sociológica não pode explicar isso, para que ela serve? Nesse sentido, a noção de Morin de um "movimento jovem" é somente uma versão melhorada da categoria igualmente ideológica de "movimento estudantil", uma entidade-noção que sugere pelo menos três coisas: que todo o nível social dos estudantes constituiu-se como ator político, que sua intervenção na sociedade constituiu um dado irreversível e que ele expressa interesses reconhecíveis como "interesses estudantis". Quanto a estes últimos, vale lembrar a veemência com que os militantes se recusavam, na época, a se verem sob essa ótica, resistindo às tentativas de serem identificados com uma função determinada – seja "estudante" ou "consumidor", ou menos ainda, talvez, o *cher téléspectateur* da televisão gaullista. "Não há mais um problema estudantil", diz um folheto de meados de Maio, "O *estudante* não é uma noção válida [...]. Não nos deixemos prender dentro de uma pseudoclasse de estudantes [...]"[66]. Das centenas de cartazes produzidos no estúdio popular da Beaux-Arts, quase nenhum, como notou Pierre Vidal-Naquet na época dos eventos, faz alusão à existência de um movimento estudantil; quase todos se inscrevem na luta política contra o regime gaullista e na retórica da solidariedade com as lutas dos trabalhadores e a greve geral[67].

O conceito de "geração", pensava Mannheim, fornecia uma alternativa útil à classe para localizar as pessoas socialmente. Talvez seja por isso que categorias como "juventude" ou "geração" se tornaram

---

66 "Thèses de la commission 'Nous sommes en marche'", Censier, salle 453 (13-20 maio 1968).
67 Cf. Alain Schnapp e Pierre Vidal-Naquet, *Journal de la Commune étudiante, op. cit.*, p. 549.

tão úteis como categorias de *marketing*, "nichos" localizáveis (a geração Pepsi, o mercado jovem) para serem alvo de *matraquages* da propaganda e da mídia. Os situacionistas reconheceram esse fato logo cedo, quando denunciaram a "juventude" como uma categoria socioeconômica sobrevalorizada, uma noção puramente de *merchandising*. Pierre Macherey, como vimos, reiterou essa ideia quando caracterizou a invenção da "nova geração de pensamento filosófico" por parte de Renaut, Ferry e outros como puro dispositivo de *marketing*. "Estudantes", "juventude" e "geração" dissolvem a política na sociologia ao postular localizações sociais distintas e circunscritas, uma residência definitiva para o movimento. Mas a motivação principal de 68 era a *fuga* da localização social. Maio aproximou grupos e indivíduos socialmente heterogêneos, cuja convergência erodiu particularidades, incluindo as de classe e idade. Realizou alianças imprevisíveis entre setores sociais. A extensão transversal incontrolável do movimento, seu desenvolvimento altamente proteiforme e imprevisto, o modo como se espalhou pela maior parte do espaço social na França – é o medo dessa qualidade de "massa" de Maio, creio eu, que está por trás da vontade de reduzi-lo, subsequentemente, a um "efeito de idade" restrito, à agência de uma categoria sociológica *ersatz* como "juventude" (ou seus substitutos, "geração" ou "estudantes") por parte dos sociólogos, de um lado, ou à agência de "pseudolíderes" por parte dos jornalistas e da mídia, de outro. De fato, a personalização dos líderes estudantis é somente o reverso da generalização de conceitos como "juventude" ou "geração". A ansiedade gerada pela reconquista da rua por pessoas anônimas alimenta a personalização e a abstração sociológica. Como percebeu Jean-Franklin Narot, o potencial subversivo do movimento estava na maneira como ele criou um tipo de "reação em cadeia da recusa" por todo o campo social, na maneira como ele era, enfim, irredutível a qualquer quadro ou localização organizacional. Seu potencial estava na fuga "não somente das instituições, mas do domínio dos próprios protagonistas"[68]. Um movimento que come-

---

68 Jean-Franklin Narot, "Mai 68 raconté aux enfants", *Le Débat, op. cit.*, p. 182.

çou desarticulando a "sociologia" e sua versão funcionalista do social foi sucedido pela reafirmação triunfante da sociologia. A redução de 68 a um agente sociobiológico, a "juventude", reafirma, mais uma vez, uma definição naturalista da política e do conflito totalmente contrária ao movimento de Maio, um determinismo que produz uma política que abole a política.

Uma represália, ao contrário de uma comemoração, nunca tem hora marcada. Quando, no inverno de 1995, pessoas anônimas foram às ruas mais uma vez na França em números assombrosos, não havia possibilidade de confundir o movimento que irrompera com algo parecido com uma "juventude" insurreta. No centro das tenazes e combativas greves do inverno que levaram centenas de milhares de manifestantes favoráveis às ruas outra vez, estava a figura do trabalhador das ferrovias estatais, o *cheminot* – e um trabalhador à beira da aposentadoria, que lutava contra o governo pelos termos de seus proventos. Mas o que começou como um conjunto de demandas parciais ou locais, por parte de trabalhadores do setor público, logo se multiplicou num levante popular de massa, com enormes ramificações políticas. "Pela primeira vez num país rico", escreveu um editorialista de *Le Monde*, "estamos testemunhando hoje, na realidade, uma greve contra a globalização, uma reação maciça e coletiva contra a globalização financeira e suas consequências"[69].

O levante foi provocado pelo anúncio de um plano do governo, concebido pelo primeiro-ministro Alain Juppé, para introduzir uma espécie de imposto adicional no intuito de liquidar a dívida da seguridade social; o plano também previa aumentar o número de anos para os trabalhadores estatais terem acesso a suas pensões e para transferir o controle sobre os gastos sociais, particularmente no setor de saúde, das organizações empregador/empregado para o governo – reformas concebidas para alinhar a França ao *establishment* financeiro internacional. A mídia conservadora como um todo, assim como a gama habitual de intelectuais da corte e da tela cujos

---

69 Erik Izraelewicz, "La Première révolte contre la mondialisation", *Le Monde*, 9 dez. 1995.

nomes e rostos tinham, a essa altura, atingido uma espécie de ubiquidade – André Glucksmann, Alain Finkielkraut, Pascal Bruckner, Bernard-Henri Lévy, Françoise Giroud, *Libération*, Jacques Julliard, *Esprit*, o pessoal da Fondation Saint-Simon –, apressaram-se em parabenizar, num texto publicado em *Le Monde*, "uma reforma fundamental para ir na direção da justiça social"[70]. *Libération* chegou até a saudar o anúncio do plano com uma manchete admirativa na primeira página: "Juppé l'Audace!" (Juppé, o Ousado)[71]. Mas os ferroviários, respaldados por um número significativo de trabalhadores dos correios, serviços públicos, educação, saúde e administração financeira, pensavam diferente, e 2 milhões de funcionários públicos entraram em greve. Para eles, o plano representava um passo crucial no caminho escorregadio rumo a um sistema americanizado de benefícios sociais: serviços de saúde mínimos e pensões precárias. O plano Juppé, na sua visão, era um ataque frontal ao sistema de saúde nacional e aos "serviços públicos" – setores inteiramente privatizados no sistema estadunidense, mas na França não totalmente subservientes às forças do mercado. A greve tornou a posição de Juppé análoga à de Margaret Thatcher ou Ronald Reagan em seus primeiros anos de mandato: assim como Thatcher na Inglaterra iniciara seu programa de "reformas" esmagando a greve dos mineiros e Reagan inaugurara sua revolução conservadora quebrando a greve dos controladores aéreos e despedindo 16 mil trabalhadores, Juppé e Chirac tiveram que adotar uma posição de não negociação e esmagar a greve na França. Os funcionários públicos não eram os únicos que viam a conjuntura dessa maneira. Em novembro e dezembro, centenas de milhares de pessoas, impassíveis aos inconvenientes que a greve dos transportes trazia para a vida cotidiana, foram às ruas em apoio aos trabalhadores em greve e contra o plano. Protestos assim não tinham sido vistos na França desde Maio de 1968. Em alguns aspectos, eles eram até maiores e mais maciços.

---

70 "Pour une réforme de la Sécurité Sociale", *Le Monde*, 3-4 dez. 1995. A petição pró-Juppé foi lançada em parte pela revista *Esprit*. Entre os primeiros cem a assinar estavam Rony Brauman, Pierre Rosanvallon da Fondation Saint-Simon, Alain Touraine e Jacques Julliard.

71 *Libération*, 16 nov. 1995.

Maio de 68 – as comparações eram inevitáveis. Mavis Gallant relata, em sua crônica de maio e junho de 1968, que em Paris, as prateleiras das livrarias estavam sem livros sobre a Comuna de Paris naqueles dois meses – subitamente todos os amigos dela, ao que parece, estavam ocupados lendo Lissigaray e outros relatos históricos da Comuna e sua derrocada[72]. No inverno de 1995, a figura de Maio de 1968 assombrava a prosa dos jornalistas e os *slogans* dos manifestantes. "Os professores, solidários e indignados, lembram-se de um certo mês de maio", dizia uma manchete de dezembro de *Le Monde*[73]. Outro artigo notou: "Como em Maio de 68, a bandeira vermelha foi hasteada sobre o campanário da Estação dos Beneditinos acima de Limoges. Como em várias outras cidades, referências à 'primavera estudantil' eram obrigatórias, especialmente entre os manifestantes mais experimentados"[74]. Mas era o governo, acima de tudo, que parecia ver o espectro de Maio pairando sobre o movimento. Procurando uma maneira de se opor ao volume crescente de manifestantes, o governo neogaullista de Jacques Chirac (ele, como principal negociador dos Acordos de Grenelle, que os rumores diziam ter levado um revólver enfiado no cinto a uma das reuniões de negociação) lembrou que De Gaulle havia convocado com sucesso os apoiadores do governo e os "Comitês de Defesa da República" a um comício em torno dele, em 30 de maio de 1968[75]. Mas a tentativa de repetir a história fracassou miseravelmente. A organização de Chirac montou comitês análogos de "Consumidores Irados" contra a greve, compostos de pessoas cansadas da falta de transporte público. Mas esses comitês nunca deslancharam. Quando somente 2 mil pessoas apareceram no primeiro comício pró-governo, o plano foi imediatamente descartado.

---

72 Uma versão reeditada do trabalho clássico de Prosper-Olivier Lissigaray, *Histoire de la Commune de 1871*, foi publicada na Petite Collection Maspero em 1967.

73 Michel Braudeau, "Les Enseignants, solidaires et indignés, se souviennent d'un certain mois de mai", *Le Monde*, 9 dez. 1995.

74 "Le Mouvement est plus suivi dans l'ouest du pays", *Le Monde*, 7 dez. 1995, p. 7.

75 Cf. Jean-Louis Soux, "Sous les mots, les fantasmes de mai 1968", *Le Monde*, 3-4 dez. 1995, p. 9. Sobre Chirac como negociador armado dos Acordos de Grenelle, cf. Jean-Marie Colombani, *Le Résident de la république*, Paris: Stock, 1998, p. 48; Philippe Alexandre, *L'Elysée en péril*, Paris: Fayard, 1969, pp. 156-67.

Pouca coisa nas greves de 95 realmente lembrava Maio diretamente. Em 1968, o país ficou completamente paralisado. Em 1995, uma espécie de paralisia foi criada pela falta de transporte, mas os trabalhadores da indústria privada, embora apoiassem os funcionários públicos, não aderiram à greve como fizeram em 1968. Os estudantes estavam muito menos envolvidos diretamente no movimento de inverno. Como em 1968, os partidos políticos estabelecidos foram reduzidos pelos eventos à condição de observadores preocupados; todavia, ao contrário de Maio, os sindicatos, em sua maioria, acompanharam a onda. A geografia da revolta também diferia. Embora em 68 batalhas de rua e paralisações de trabalho tenham ocorrido de forma significativa nas províncias – mais significativa, muitos diriam, que o teatro que aconteceu em Paris –, as greves de 95 se caracterizaram por revoltas provinciais de uma amplitude não vista em Maio, uma dinâmica política nascida independentemente do centro, da região de Paris, onde as greves e protestos eram em alcance e quantidade muito menos impressionantes. O movimento de 95 foi maior em cidades como Toulouse, Nantes, Montpellier e Bordeaux – um movimento de amplitude nacional e interesse geral desenvolvido de modo descentralizado, oriundo, principalmente, do sul e do oeste. Como aponta Pascal Nicolas-Le-Strat, a dimensão provincial de 95 não podia ser reduzida a uma dialética dos regionalistas *versus* Paris; não era a eterna luta contra o centralismo alimentada pelo ressentimento da periferia. Ao contrário, as revoltas locais – em Rouen, em Nice – valiam por si mesmas e eram, de fato, algo novo: uma dinâmica política nascida independentemente do centro, mas que conseguia atingir um caráter unificador e nacional[76]. O movimento de 95 também introduziu táticas e práticas para conduzir

---

76 Cf. Pascal Nicolas-Le-Strat, "Sujets et territoires du mouvement social (Marseille, Nantes, Toulouse et les autres)", *Futur-Antérieur*, n. 33-4, 1996, pp. 113-26; cf. também o artigo de Alain Bertho no mesmo número. Os melhores relatos do movimento de 95 são de Daniel Singer, *Whose Millennium? Theirs or Ours?*, Nova York: Monthly Review Press, 1999, e Christophe Aguiton e Daniel Bensaïd, *Le Retour de la question sociale: le renouveau des mouvements sociaux en France*, Lausanne: Éditions Page Deux, 1997. Recorri principalmente a esses relatos para fazer o meu.

a greve distintas das práticas de Maio. Em 1968, os trabalhadores em greve tendiam a ficar presos ao local de trabalho, segregados dos outros trabalhadores e dos estudantes, dentro de suas fábricas ocupadas. Uma das novidades do movimento de 95 foi o novo nível de comunicação e coordenação intersetorial. Em diversas cidades provinciais, diferentes setores combativos se reuniam toda manhã – no depósito de locomotivas em Rouen, por exemplo – para discutir os próximos passos do movimento.

Mas, provavelmente, era apropriado que fosse Daniel Cohn-Bendit que tentasse implantar os termos "oficiais" da comparação entre Maio de 68 e as revoltas de 95, manipulando ambos os eventos de modo que uma versão distorcida de Maio pudesse ser usada para desacreditar o que agora havia se tornado o maior levante político na França no último quarto de século. Escrevendo no jornal em que Raymond Aron publicara suas denúncias de Maio, *Le Figaro*, Cohn-Bendit contrastou "o movimento de modernização em 1968" com "o movimento conservador de 1995", este último resumido, em sua visão, pelo *slogan* "Não mexam nos nossos ganhos"[77]. (Recentemente, Cohn-Bendit foi citado apelando: "Sejamos todos mais humanos e menos políticos"[78].) Em sua comparação dos dois eventos, todos os atavios sociobiológicos do movimento de 68 como "geração" – sua velocidade, juventude e pensamento progressista audacioso – foram mobilizados para criar no movimento de 95 seu oposto: a tentativa anacrônica do pensionista idoso de se agarrar ao passado, sua trepidação quanto ao futuro. A comparação de Cohn-Bendit cumpre uma função dupla: ao tentar reforçar a imagem de consenso de Maio como um movimento modernizador, caminhando no ritmo do mercado mundial, as greves de 95 podem então ser vistas como anomalias anacrônicas, arcaicas em seus desejos e preocupações, mentalmente fora de sintonia, fora de compasso com as realidades globais em seu recuo para um quadro nacional – em síntese, retrógradas e conservadoras.

---

77 Daniel Cohn-Bendit, *Le Figaro*, 11 dez. 1995.
78 *Idem*, *Libération*, 6 abr. 1999.

O problema era que Maio, na versão de consenso fabricada nos anos 1980, deveria ter tornado definitivamente obsoleta qualquer revitalização do movimento dos trabalhadores ou de um surto de participação democrática em massa. Maio, afinal, pelo menos na visão de Aron, deveria ter sido a última das insurreições equivocadas do século XIX, uma reprise e pose gasta e fajuta de estudantes com necessidade de drama histórico, mas condenados ao psicodrama. Mas agora, algo estava acontecendo de novo – algo que os órgãos da modernidade anglo-saxã contemplavam com desprezo e horror: "Grevistas aos milhões, batalhas nas ruas: os eventos das últimas duas semanas na França fazem o país parecer uma república das bananas na qual um governo sitiado tenta impor uma política de austeridade a uma população hostil"[79]. Algo que deveria, em todas as hipóteses, ser rapidamente controlado – se não podia ser encerrado, podia, pelo menos, ser interpretado como o último dos últimos suspiros, a derradeira greve arcaica de um século que agora terminava. A declaração de Cohn-Bendit resumia o ponto de vista da *intelligentsia* de plantão à qual ele agora pertence. Muitos dos signatários originais do texto de apoio ao plano Juppé (incluindo, além dos nomes já mencionados, vários outros como Alain Touraine e Claude Lefort, conhecidos pelos seus escritos sobre 68), consternados e perturbados pela série interminável de protestos em todo o país, procuraram validar sua posição anterior seguindo a linha de Cohn-Bendit, rotulando as greves de "corporativistas" e, acima de tudo, arcaicas ou passadistas. Corajosamente, ao que parece, esses intelectuais seriam os realistas, clarividentes, não sentimentais e conhecedores da necessidade econômica. Eles se ergueriam contra trabalhadores idosos que, afinal, não estavam exibindo nada mais que sua retirada patética do mundo moderno, seu medo de avançar para uma sociedade liberal em expansão no mundo inteiro, como qualquer um com olhos podia ver. Eles combateriam bravamente as fantasias e irracionalidades igualitárias retrógradas dos trabalhadores e daqueles que os apoiavam. Fariam das greves de 1995 uma irrupção de nostalgia na narrativa em curso do

---

79 *The Economist*, 9 dez. 1995, *apud* Serge Halimi, *Les Nouveaux chiens de garde, op. cit.*, p. 71.

desaparecimento das classes e do conflito numa moderna democracia de consenso como a França. Noite após noite no telejornal, os espectadores eram submetidos a jornalistas, especialistas e intelectuais que ecoavam a posição do governo e uns dos outros. Serge Halimi, em seu livro sobre a mídia francesa contemporânea, evoca os típicos cenários televisivos daqueles meses: "debates" encenados entre quatro intelectuais midiáticos, todos eles apoiadores do plano Juppé; ou apresentadores de televisão, cada qual ganhando mais de 120 mil francos por mês, interrogando ferroviários nos seus 50 anos, cujo salário mensal girava em torno de 8.500 francos e acusando-os de serem "privilegiados".

Mas o governo, os especialistas e os intelectuais da corte foram pegos de surpresa pela extensão, entusiasmo e persistência do apoio popular ao movimento – prova de que demandas particulares ou locais dos grevistas estavam sendo interpretadas como pertencentes ao interesse geral, prova de que os empregados do setor privado sentiam que os funcionários públicos estavam lutando por eles também. "Nós não estamos mais lutando por nós mesmos", disse um ferroviário após a primeira semana da greve, "estamos em greve por todos os assalariados. No começo, eu estava em greve como maquinista, daí como ferroviário, depois como funcionário público, e agora é como assalariado que estou em greve."[80] Um grupo alternativo de intelectuais – Bensaïd, Vidal-Naquet e Bourdieu, entre os 560 que finalmente assinaram – escreveram um contramanifesto em resposta àquele emitido pelas forças pró-governo nesse intuito, afirmando que os grevistas, "ao lutar pelos seus próprios direitos sociais [...] estão lutando por direitos iguais para todos: mulheres e homens, velhos e jovens, desempregados e assalariados, trabalhadores com estatuto especial, funcionários do Estado ou do setor privado"[81]. A greve forçou o governo a negociar

---

80 Ativista da CFDT citado em P. Barets, "Journal de grève. Notes de terrain", *Actes de la Recherche en Sciences Sociales*, n. 115, 1996, p. 12.
81 *Le Monde*, 6 dez. 1995, p. 30. Outros signatários da declaração de apoio à greve incluíam historiadores e acadêmicos notados pelo seu trabalho sobre 1968, como Danièle Linhart, Jacques Kergoat e René Mouriaux.

e a recuar em diversos de seus programas, sobretudo na extensão dos anos de serviço antes das pensões e na reorganização das ferrovias. O governo não cedeu, contudo, na questão central do gasto social.

As greves do inverno de 1995 não foram a realização de um potencial não realizado desencadeado em Maio de 68. Nada em Maio-Junho de 1968 anunciava um programa político que pudesse ser completado em data ulterior, nem um caminho progressivo no qual as greves de 1995 ou outros eventos subsequentes ocorreriam como episódios previsíveis de uma cadeia necessária. Maio de 68 tampouco forneceu um "modelo" que pudesse ser repetido, com ou sem sucesso. Mas cada evento, em sua condição de interrupção da ordem estabelecida, era um evento político que reivindicava uma nova maneira de formular a igualdade – fora do Estado, fora dos partidos – e cada qual encarnava a política como polêmica em torno da igualdade social. A divisão que separava a elite política/midiática/intelectual dos "trabalhadores" ou do "povo" no inverno de 1995 tornou a divisão polêmica no coração de 68 visível novamente. As greves de 1995 procuraram superar o abismo que separava "os que sabem" – os especialistas, os tecnocratas, dos quais Juppé era um exemplo quase caricato – dos que são considerados incapazes de saber ou de entender a linguagem fastidiosa do franco forte, da moeda única, dos balanços corporativos, de entender, em outras palavras, todo o ar de necessidade econômica dado à política liberal, bem como sua própria incapacidade predestinada de alcançar esse entendimento. E, ao fazê-lo, as greves reabriram a ferida de Maio e rasgaram o consenso que se solidificara na superfície dos eventos de 68.

E houve outros sinais de que uma nova conjuntura tinha se consolidado na França, uma nova impaciência com a ordem liberal, um questionamento da ideologia dominante – ou do que veio a ser chamado, nos anos 1980, quando a palavra "ideologia" se tornara ideológica demais para ser mencionada, *la pensée unique* [o pensamento único]. Num nível popular, uma manifestação tangível de inquietação era a prontidão com que as pessoas na França compravam e liam livros que criticavam as leis naturalizadas da economia; uma quantidade dessas obras se tornaram campeãs de vendas no final da década de 1990. No campo, as atividades radicais do sindicato agrícola, a Confédération Paysanne, e de seu líder, José Bové, eram e continuam a ser saudadas com forte apoio popular, na França e no exterior. Entre os intelectuais mais velhos, havia sinais de uma consciência crescente de que a história dos últimos trinta anos – sua própria história política e intelectual, começando com 1968 – tinha que ser recobrada e, de alguma forma, arrancada do confisco que sofrera. Assim, diversas histórias alternativas polêmicas foram publicadas no final dos anos 1990 por intelectuais de esquerda – entre eles, Gilles Châtelet, Pierre Macherey, Emmanuel Terray, Dominique Lecourt e Françoise Proust – que se mantiveram em silêncio, escreviam dentro de suas especializações acadêmicas ou ficaram reservados de outras maneiras até aquele ponto. Ao mesmo tempo, numerosos acadêmicos, como Isabelle Sommier e Michelle Zancarini-Fournel, começaram a voltar sua atenção a um estudo histórico sério da década de 1960.

Cada um desses acontecimentos seguiu e seguirá sua própria temporalidade, mas, por enquanto, eles criaram um espaço de simultaneidade, uma corrosão ainda frágil, mas cada vez mais substancial do fechamento liberal da história e do pensamento anunciado com tanto alarde em 1989. E cada um representa, a seu próprio modo, uma demanda de um acerto de contas com o passado, e especificamente com 68. Jovens historiadores agora estão seguindo talvez as demandas cronológicas de seu *métier*, a trajetória profissional que nos deu, depois de Vichy, uma mina de novas investigações sobre os anos da Argélia e o início de uma reconsideração da década de 1960 na França. Seu projeto é definido, talvez, em parte pela noção do historiador de que os eventos dos anos 1960 finalmente "entraram para a história", que uma distância temporal suficiente agora separa nosso tempo daquele, de sorte que um tipo de objetividade profissional pode prevalecer. O projeto do historiador se sobrepõe, mas claramente difere do de intelectuais mais velhos que viveram esses eventos e agora estão reivindicando uma análise, uma recuperação de seu próprio passado e do de outros – cinquenta anos depois, após o sofrimento que eles veem como o sequestro e a distorção, nos anos 1970 e 1980, de sua própria experiência. E, no caso de Bové e da Confédération Paysanne, algo mais próximo de um elo ininterrupto de continuidade, de "negócios não acabados" une o ativismo desse grupo ao do ano de 68. Pois sua forma de política agrícola origina-se não tanto do *gauchisme* urbano de 68, mas das organizações radicais de *travailleurs/paysans* de Bernard Lambert na Bretanha no começo dos anos 1960.

As greves de 1995 – e depois delas Seattle e as outras manifestações recentes de atividade política, cujas afinidades nebulosas agora estão sendo retraçadas na recusa emergente, num nível de massa, da nova ordem mundial liberal estruturada pelo mercado –, esses eventos criaram e continuam a criar uma nova ótica de 1968. Junto com os acontecimentos intelectuais e políticos em outros registros, eles ampliam o quadro através do qual Maio pode agora ser visto, ao mesmo tempo que aguçam o foco de tal modo que as figuras perdidas de Maio – o sujeito colonial e o trabalhador – ganham novamente uma definição mais clara. E, com o retorno dessas figuras, o anticapitalismo frontal do movimento, a luta de classes dos anos em torno de Maio de 68, do fim da Guerra da Argélia às greves na Lipp em meados dos anos 1970, torna-se visível. Na França em 1995, quando trabalhadores e outros recusaram em massa que o futuro fosse naturalizado diante deles por "aqueles que sabem", essa recusa de um certo futuro teve repercussões sobre o passado também. Ela transformou o evento de 68 de um fato numa força, uma força agora livre para ser deslocada e retornar em eventos bastante dessemelhantes, mas relacionados. Ela desmascarou a história de Maio como uma grande reforma cultural, como um encontro com a modernidade, como o nascimento de um novo individualismo. Ou seja, ela pôs fim ao fim de Maio, dando-lhe uma nova vida, cujos contornos e ritmos ainda estão diante de nós.

AGRADECIMENTOS

A ideia de um livro como este veio primeiramente de Adrian Rifkin, que me incentivou a escrevê-lo, mas que não precisa ter medo de ser responsabilizado pelo que fiz. Sou grata a ele, a Donald Reid, Alice Kaplan, Fredric Jameson e aos membros do grupo de escrita Molly Nesbit, Anne Higonnet, Margaret Cohen e Gloria Kury, pelo seu apoio nos estágios iniciais do projeto. Jean Chesnaux, Jean-Louis Comolli, Paol Keineg, Annette Michelson, Andrew Ross, Michel Trebitsch, Steven Ungar e Jay Inverno me ofereceram dicas valiosas de pesquisa em momentos cruciais. Meus agradecimentos a Denis Echard, Adrian de novo e Jonathan Strong pelas suas leituras cuidadosas e críticas de todo o manuscrito.

Minha pesquisa para este projeto recebeu o apoio generoso da fundação John Simon Guggenheim, do National Endowment for the Humanities e da Universidade de Nova York. Também tenho uma dívida de gratidão para com o Instituto de Estudos Avançados em Princeton por um ano de bolsa que me permitiu escrever grande parte do livro num ambiente amigável e estimulante, ao mesmo tempo dando-me acesso aos recursos e auxílio de uma equipe dedicada na biblioteca. Na França, tive a ajuda graciosa da equipe do BDIC em Nanterre, do Centre de Recherche de l'Histoire des Mouvements Sociaux et du Syndicalisme, da ISKRA e do Institut d'Histoire du Temps Présent. Foi um prazer trabalhar com minha editora, Susan Bielstein, e seus colegas na University of Chicago Press, responsáveis pela produção do livro.

Pela sua energia intelectual, generosidade e engajamento entusiasmado no projeto, minha profunda gratidão a Harry Harootunian, Alice Kaplan e Joan Scott, cada um dos quais leu não somente o manuscrito inteiro, mas diversas versões intermediárias. Suas conversas e sua crítica – bem como seu exemplo – me fizeram considerar coisas que eu estava evitando e reconsiderar algumas das certezas que eu julgava evidentes. A Harry, companheiro de viagem, um agradecimento especial pela companhia e pelos bons momentos enquanto eu pesquisava e escrevia o livro. A B. e W., sua ausência ajudou tanto quanto sua presença!

Finalmente, quero dedicar este livro a uma leitora séria, Anita Brown Ross, e a Walter Ross, um piadista sério.

SIGLAS

CA	Comité d'Action. Organização militante popular criada durante os eventos. Baseada em bairros, *campi*, fábricas ou setores específicos.
CAL	Comité d'Action Lycéen. Surgido no fim de 1967 das organizações CVB e CVN, contrárias à Guerra do Vietnã. Os primeiros membros incluíam, sobretudo, militantes de movimentos juvenis de extrema-esquerda que romperam com os jovens comunistas por causa da atitude branda do PCF com relação à Guerra do Vietnã. Entre suas revistas, estavam *Barricades* e *La Commune*. Os CALs frequentemente renomeavam suas escolas: por exemplo, o *lycée* Thiers tornou-se o ex-*lycée* Thiers e depois o *lycée* de la Commune de Paris.
CDR	Comité pour la Défense de la République. Grupos de cidadãos apoiadores dos gaullistas, criados por Charles Pasqua.
CFDT	Confédération Française Démocratique du Travail. A segunda maior confederação sindical francesa. Mais *gauchiste* que a CGT.
CGT	Confédération Générale du Travail. A maior confederação sindical francesa, aliada próxima do PCF.
CRS	Compagnies Républicaines de Sécurité. Polícia de choque.
CVB	Comité Vietnam de Base. Organização de apoio aos vietnamitas, instigada pelos grupos maoístas, pelo PCMLF e pela UJC (m-l) em maio de 1967. Desaparece após Maio de 68.
CVN	Comité Vietnam National. Fundado em novembro de 1966 para reunir os movimentos e organizações contrários à Guerra do Vietnã, exceto os maoístas. Organiza importantes protestos anti-EUA em 1967-8; desaparece após Maio de 68.
FER	Fédération des Étudiants Révolutionnaires. Grupo trotskista.
FHAR	Front Homosexuel d'Action Révolutionnaire. Movimento informal criado em 1971 sob os auspícios do MLF; desaparece em torno de 1976.
FLN	Front de Libération Nationale Algérien
FNL	Front National de Libération Vietnamien
FO	Force Ouvrière
FUA	Front Universitaire Antifasciste
GP	Gauche Prolétarienne. Organização maoísta oriunda da UJC (m-l). Edita *J'Accuse* e depois *La Cause du Peuple*. Surge no outono de 1968 e se autodissolve em 1973.
IDHEC	Institut des Hautes Études Cinématographiques
IS	Internationale Situationniste. Grupo fundado em 1958, publica a revista de mesmo nome. Produz crítica da sociedade contemporânea focada na

	forma mercantil e cultura da imagem (teorizada como "a sociedade do espetáculo"). Publica um panfleto muito lido imediatamente antes de Maio de 68, *De la misère en milieu étudiant*.
JCR	Jeunesse Communiste Révolutionnaire, nascida em abril de 1966 de uma cisão na UEC. Publicava uma revista mensal, *L'Avant-Garde Jeunesse*. Trotskista, favorável a Castro, ativa no CVN. Bem representada nas províncias: Caen, Rouen, Rennes, Marseille. Dissolvida pelo governo em junho de 1968. Reagrupa-se em setembro em torno de uma nova revista, *Rouge*.
LC	Ligue Communiste. Fundada em 1969 por militantes da antiga JCR. Dissolvida por Raymond Marcellin em 21 de junho de 1973.
LCR	Ligue Communiste Révolutionnaire. Fundada em 1974, prossegue de onde a LC parou. Continua a publicação de *Rouge*.
MLF	Mouvement de Libération des Femmes. Criado em agosto de 1970, reúne três grandes tendências (Féministes révolutionnaires, Psychanalyse et politique, Femmes en lutte) e numerosas pequenas revistas e grupos. Desaparece em 1981.
PCMLF	Parti Communiste Marxiste-Léniniste de France. Organização maoísta que opera em linhas centralistas democráticas, defendendo posições pró-chinesas, criada em 1967.
OAS	Organisation de l'Armée Secrète. Paramilitares colonialistas na Argélia.
ORTF	Office de Radiodiffusion Télévision Française
PCF	Parti Communiste Français
SNESUP	Syndicat National de l'Enseignement Supérieur
UEC	Union des Étudiants Communistes. Sindicato estudantil aliado ao PCF. O mais velho dos "grupelhos" da Unef. Sua revista era *Le Nouveau Clarté*.
UJC (m-l)	Union des Jeunesses Communistes (Marxiste-Léniniste). Também nascida de uma cisão da UEC em novembro de 1966 na École Normale Supérieure da rua d'Ulm. Pró-chinesa, ativa em criar contatos com os meios operários. Autodissolve-se no outono de 1968, dando origem à GP e ao VLR.
UNEF	Union Nationale des Étudiants de France. Sindicato estudantil que se deslocou para a esquerda no contexto das mobilizações contra a Guerra da Argélia e das reformas universitárias.
VLR	Vive la Révolution. Grupo maoísta nascido da dissolução da UJC (m-l) em oposição ao puritanismo moral da GP. Edita a revista *Tout*. Autodissolve-se em 1973.

BIBLIOGRAFIA

Fontes impressas
"Colloque sur Mai 68: Paris, 17, 18 mai 1978". *Le Peuple*, n. 1041, 1-15 jul. 1978.
"Concevoir la révolution. 89, 68, confrontations". *Espaces Temps*, n. 38/39, 1988.
"Le devenir de Mai". *Lignes*, n. 34, maio 1998.
"Les Gauchistes". *La NEF*, n. 48, jun.-set. 1972.
"Haine de la nostalgie". *Lignes*, n. 35, out. 1998.
"Mémoires et histoires de 1968". *Mouvement Social*, n. 143, abr.-jun. 1988.
"Nouveau fascisme, nouvelle démocratie". *Les Temps Modernes*, n. 310 bis, 1972.
"Où en sommes-nous avec Mai 68?". *Nouvelle Revue Socialiste*, n. 76, ago.-set. 1985.
"Une société sans mémoire?". *Vendredi*, 23 nov.-6 dez. 1979.
ACTION, n. 1-47, 1968-9.
AGUITON, Christophe e BENSAÏD, Daniel. *Le Retour de la question sociale: le renouveau des mouvements sociaux en France*. Lausanne: Éditions Page Deux, 1997.
AISENBERG, Andrew. *Contagion: Disease, Government, and the "Social Question" in Nineteenth-Century France*. Stanford: Stanford University Press, 1999.
ALEXANDRE, Philippe. *L'Elysée en péril*. Paris: Fayard, 1969.
ALLAND, Alexander. *Le Larzac et après: l'étude d'un mouvement social innovateur*. Paris: L'Harmattan, 1995.
ALLEG, Henri. *La Question*. Paris: Minuit, 1958. Reimpressão com novo posfácio de Jean-Paul Sartre. Paris: Minuit, 1961.
_____. *The Question*. Trad. John Calder. Nova York: Braziller, 1958.
ANALYSES et documents, n. 154, 18 maio 1968, "De la lutte étudiante à la lutte ouvrière"; n. 155, 7 jun. 1968, "De l'occupation des usines à la campagne électorale"; n. 156, 27 jun. 1968, "Le Mouvement de mai: De l'étranglement à la répression".
ANDRO, P.; DAUVERGNE, A. e LAGOUTTE, L.-M. *Le Mai de la révolution*. Paris: Julliard, 1968.
ARGUMENTS, n. 1-27/28, 1956-62.
ARON, Raymond. *Mémoires: 50 ans de réflexion politique*. Paris: Julliard, 1983.
_____. *La Révolution introuvable*. Paris: Fayard, 1968.
_____. *The Elusive Revolution: Anatomy of a Student Revolt*. Trad. Gordon Clough. Nova York: Praeger, 1969.
ARTOUS, Antoine. *Retours sur Mai*. Paris: La Brèche-PEC, 1988.
AUBRAL, François e DELCOURT, Xavier. *Contre la nouvelle philosophie*. Paris: Gallimard, 1977.
AUTOGESTION, n. 1-42, 1967-78.
"Avec Dionys Mascolo. Du Manifeste des 121 à Mai 68". *Lignes*, n. 33, mar. 1998.

BACKMANN, René e ANGELI, Claude. *Les Polices de la nouvelle société*. Paris: Maspero, 1971.
BADIOU, Alain. Entrevista. "Penser le surgissement de l'événement". *Cahiers du Cinéma*, número especial, "Cinéma 68", maio 1998, pp. 10-9.
BARDÈCHE, Maurice. *Défense de l'Occident*. Paris: Éditions Nouvelles Latines, 1968.
BAYNAC, Jacques. *Mai retrouvé*. Paris: Robert Laffont, 1978.
BEAUVOIR, Simone de. *La Cérémonie des adieux. Entretiens avec Jean-Paul Sartre, août-septembre, 1974*. Paris: Gallimard, 1981.
_____. *Adieux: A Farewell to Sartre*. Trad. Patrick O'Brian. Nova York: Random House, 1984.
BEDARIDA, François e POLLAK, Michael (ed.). "Mai 68 et les sciences sociales". *Cahiers de l'IHTP*, n. 11, abr. 1989.
BÉNÉTON, Philippe e TOUCHARD, Jean. "Les Interprétations de la crise de Mai-Juin 1968". *Revue Française de Science Politique 20*, n. 3, jun. 1970, pp. 503-44.
BENSAÏD, Daniel. *Moi, la révolution: Remembrances d'une bicentenaire indigne*. Paris: Gallimard, 1989.
_____. *Le Sourire du spectre: nouvel esprit du communisme*. Paris: Éditions Michalon, 2000.
BENSAÏD, Daniel e KRIVINE, Alain. *Mai si!*. Paris: PEC-La Brèche, 1988.
BENSAÏD, Daniel e WEBER, Henri. *Mai 1968: une répétition générale*. Paris: Maspero, 1968.
BERTHO, Alain. "La Grève dans tous ses états". *Futur-Antérieur*, n. 33-4, jan. 1996, pp. 63-78.
BIARD, Roland. *Dictionnaire de l'extrême gauche de 1945 à nos jours*. Paris: Belfond, 1978.
BLANCHOT, Maurice. *L'Entretien infini*. Paris: Gallimard, 1969.
_____. *Les Intellectuels en question: ébauche d'une réflexion*. Paris: Fourbis, 1996.
_____. "La Rue". Folheto anônimo, 17 jun. 1968. Reimpresso com atribuição, *Lignes*, n. 33, mar. 1998, p. 144.
_____. "Sur le mouvement". *Les Lettres nouvelles*, jun.-jul. 1969. Reimpresso em *Lignes*, n. 33, mar. 1998, pp. 163-83.
BOUDON, Raymond. "Sciences sociales: Des gourous aux journalistes". *Commentaire*, n. 35, outono 1986.
BOYER, A.; COMTE-SPONVILLE, A.; DESCOMBES, V.; FERRY, L.; LEGROS, R.; RAYNAUD, P.; RENAUT, A. e TAGUIEFF, P. A. *Pourquoi nous ne sommes pas nietzschéens*. Paris: Grasset, 1991.
BRAUDEAU, Michel. "Les Enseignants, solidaires et indignés, se souviennent d'un certain mois de mai". *Le Monde*, 9 dez. 1995.
BRITTON, Celia. "The Representation of Vietnam in French Films Before and After 1968". Em: HANLEY, D. L. e KERR, A. P. (ed.). *May '68: Coming of Age*. Londres: Macmillan, 1989, pp. 163-81.
BROYELLE, Claudie. *La Moitié du ciel: le mouvement de libération des femmes aujourd'hui en Chine*. Paris: Denoël, 1973.
BROYELLE, Claudie e BROYELLE, Jacques. *Le Bonheur des pierres, carnets rétrospectifs*. Paris: Seuil, 1978.
BROYELLE, Claudie; BROYELLE, Jacques e TSCHIRART, Evelyne. *Deuxième retour en Chine*. Paris: Seuil, 1977.

BRUCKNER, Pascal. *Le Sanglot de l'homme blanc*. Paris: Seuil, 1983.
_____. *The Tears of the White Man: Compassion as Contempt*. Trad. William R. Beer. Nova York: Free Press, 1986.
BULLETIN de Liason Inter-Comités d'Action (BLICA), 22 jul. 1968.
CAHIERS de la Gauche Prolétarienne, 1970-1.
CAHIERS du Cinéma, número especial, "Cinéma 68", maio 1998.
CAHIERS du Forum-Histoire, n. 1-10, 1976-8.
CAHIERS de Mai, n. 1-40, 1968-73.
CAHIERS Marxistes-Léninistes, fev. 1966, abr. 1966, jan.-fev. 1967.
CASSOU, Jean. *Art et contestation*. Bruxelas: La Connaissance, 1968.
CASTORIADIS, Cornelius. "L'Auto-constituante". *Espaces Temps*, n. 38/39, 1988.
_____. *Mai 1968: La Brèche: Premières réflexions sur les événements*. Paris: Fayard, 1968.
_____. "Les Mouvements des années soixante". *Pouvoirs*, n. 39, 1986.
CASTORIADIS, Cornelius e CHABROL, Claude. "La Jeunesse étudiante". *Socialisme ou Barbarie*, n. 34, mar. 1963, pp. 46-58.
LA CAUSE du Peuple, n. 1, 1968; n. 32, 1970; n. 34, 36, 38, 1971.
CERTEAU, Michel de. *La Prise de parole et autres écrits politiques*. Paris: Seuil, 1994.
_____. *The Capture of Speech and Other Political Writings*. Trad. Tom Conley. Minneapolis: University of Minnesota Press, 1997.
CHÂTELET, Gilles. *Vivre et penser comme des porcs: de l'incitation à l'envie et à l'ennui dans les démocraties-marchés*. Paris: Exils Éditeur, 1998.
CHESNAUX, Jean. "Gadgets éphémères, slogans oubliés, 'militants' effrontés". Mimeografado.
_____. "Réflexions sur un itinéraire 'engagé'". *Politiques*, n. 2, primavera 1992, pp. 1-10.
_____. "Vivre en mai [...]". *Les Lettres nouvelles*, 1969.
COHEN-SOLAL, Annie. *Sartre, 1905-1980*. Paris: Gallimard, 1985.
_____. *Sartre: A Life*. Trad. Anna Canagni. Nova York: Pantheon, 1987.
COHN-BENDIT, Daniel. *Nous l'avons tant aimée, la révolution*. Paris: Barrault, 1986.
COHN-BENDIT, Daniel e COHN-BENDIT, Gabriel. *Le Gauchisme – remède à la maladie sénile du communisme*. Hamburgo: Rowohlt Taschenbuch, 1968.
COLLECTIF Vietnam de Jussieu. "Loin du Vietnam!". *Les Temps Modernes*, n. 344, mar. 1975, pp. 1196-16.
COLOMBANI, Jean-Marie. *Le Résident de la république*. Paris: Stock, 1998.
COMBES, Patrick. *La Littérature et le mouvement de Mai 68: écriture, mythes, critique, écrivains, 1968-1981*. Paris: Seghers, 1984.
COMITÉ d'Action bidonvilles. Folheto datado de 4 jun. 1968.
COMITÉ d'Action Écrivains/Étudiants/Travailleurs, folheto, 26 maio 1968.
COMITÉ d'Action Étudiants-Écrivains au Service du Mouvement. Comité 1, out. 1968. Trechos em Dionys Mascolo, *À la recherche d'un communisme de pensée*. Paris: Fourbis, 1993, pp. 299-322.

_____. "Un an après, le Comité d'Action écrivains-étudiants". *Les Lettres nouvelles*, jun.-jul. 1968, pp. 143-88. Reimpresso em Dionys Mascolo, *À la recherche d'un communisme de pensée*. Paris: Fourbis, 1993, pp. 323-63.

COMITÉ d'Action Travailleurs-Étudiants. "Les Élections: que faire?". Folheto datado de 15 jun. 1968.

COMITÉ d'Action Travailleurs-Étudiants/Censier. Folheto sem data, mas após 26 maio 1968.

COMITÉ de vigilance sur les pratiques policières. *POLICE: Recueil de coupures de presse*. Paris: Charles Corlet, 1972.

CFTC. "Face à la répression". Panfleto mimeografado, 30 out. 1961.

CRITIQUE communiste, número especial, "Mai 68-Mai 78", 1978.

DAENINCKX, Didier. *Le Bourreau et son double*. Paris: Gallimard, 1986.

_____. *Meurtres pour mémoire*. Paris: Gallimard, 1984.

DANIEL, Jean e BURGIÈRE, André (ed.). *Le Tiers-monde et la gauche*. Paris: Seuil, 1979.

DAUM, Nicolas. *Des Révolutionnaires dans un village parisien*. Paris: Londreys, 1988.

LE DÉBAT, n. 39, mar.-maio 1986, "Y a-t'il une pensée 68?"; n. 50 e 51, maio-ago. 1988 e set.-out. 1988, "Le Mystère 68".

DEBRAY, Régis. *Modeste contribution aux discours et cérémonies officiels du dixième anniversaire*. Paris: Maspero, 1978.

_____. "A Modest Contribution to the Rites and Ceremonies of the Tenth Anniversary". Trad. John Howe. *New Left Review*, 1ª série, n. 115, maio-jun. 1979, pp. 45-65 (trechos da publicação de Maspero).

DELEUZE, Gilles. "À propos des nouveaux philosophes et d'un problème plus général". *Minuit*, n. 24 (suplemento ao volume principal), maio 1977.

DELPHY, Christine. "La Révolution sexuelle, c'était un piège pour les femmes". *Libération*, 21 maio 1998.

DÉMERIN, Patrick. "Mai 68-Mai 88. Choses tues". *Le Débat*, n. 51, set.-out. 1988, pp. 173-8.

DES SOVIETS à Saclay. Paris: Maspero, 1968.

DESCAMP, Christian. "Jean Chesnaux, historien du présent et de l'avenir". *Le Monde dimanche*, 4 set. 1983.

DEWS, Peter. "The 'New Philosophers' and the end of Leftism". Em: EDGLEY, Roy e OSBORNE, Richard (ed.). *Radical Philosophy Reader*. Londres: Verso, 1985, pp. 361-84.

_____. "The *Nouvelle Philosophie* and Foucault". *Economy and Society*, v. 8, n. 2, maio 1979, pp. 127-71.

DOCUMENT L'Idiot International. *Minutes du procès Geismar*. Paris: Hallier, 1970.

DOLLÉ, Jean-Paul. *L'Insoumis: vies et légendes de Pierre Goldman*. Paris: Grasset, 1997.

DREYFUS-ARMAND, Geneviève. "L'Arrivée des immigrés sur la scène politique". Lettre d'information, n. 30. *Les années 68: événements, cultures politiques et modes de vie*. CNRS, Institut d'histoire du temps présent (jun. 1998).

DREYFUS-ARMAND, Geneviève e GERVEREAU, Laurent (ed.). *Mai 68: les mouvements étudiants en France et dans le monde*. Paris: BDIC, 1988.

DROZ, Bernard e LEVER, Evelyne. *Histoire de la guerre d'Algérie, 1954-1962*. Paris: Seuil, 1984.

DUGRAND, Alain (ed.). *Black Exit to 68: 22 nouvelles sur mai*. Paris: La Brèche-PEC, 1988.

DUPRAT, François. *Les Journées de mai 68: les dessous d'une révolution*. Introdução e posfácio de Maurice Bardèche. Paris: Nouvelles Éditions Latines, 1968.

DURANDEAUX, Jacques. *Les Journées de mai 68*. Paris: Desclée de Brouwer, 1968.

DURAS, Marguerite. "20 mai 1968: texte politique sur la naissance du Comité d'Action Étudiants-Écrivains". Em: *Les Yeux verts*. Paris: Cahiers du Cinéma, 1996, pp. 59-70.

_____. "20 May 1968: Description of the Birth of the Student-Writer Action Committee". Em: *Green Eyes*. Trad. Carol Barko. Nova York: Columbia University Press, 1990, pp. 53-62.

EINAUDIE, Jean-Luc. *La Bataille de Paris: 17 octobre 1961*. Paris: Seuil, 1991.

L'ENRAGÉ, n. 1-12, 1968.

EPISTEMON. *Les Idées qui ont ébranlé la France. Nanterre: Novembre 1967-juin 1968*. Paris: Fayard, 1968.

ERHEL, Catherine; AUCHER, Mathieu e LA BAUME, Renaud de (ed.). *Le Procès de Maurice Papon*. 2 v. Paris: Albin Michel, 1998.

ERIBON, Didier. *Michel Foucault*. Paris: Flammarion, 1989.

ESPRIT, jul.-ago. 1976, set. 1976, maio 1998.

FAYE, Jean-Pierre e Groupe d'Information sur la Répression. *Luttes de classes à Dunkerque: les morts, les mots, les appareils d'État*. Paris: Éditions Galilée, 1973.

FERRY, Luc e RENAUT, Alain. *La Pensée 68: essai sur l'anti-humanisme contemporain*. Paris: Gallimard, 1985.

_____. *French Philosophy of the Sixties: An Essay on Antihumanism*. Trad. Mary H. Cattani. Amherst: University of Massachusetts Press, 1990.

FIELDS, A. Belden. "French Maoism". Em: SAYERS, Sohnya *et al. The 60s without Apology*. Minneapolis: University of Minnesota Press, 1984, pp. 148-77.

_____. *Trotskyism and Maoism: Theory and Practice in France and the United States*. Brooklyn: Autonomedia, 1988.

FINKELSTEIN, Norman. *The Holocaust Industry*. Londres: Verso, 2000.

FINKIELKRAUT, Alain. *La Défaite de la pensée*. Paris: Gallimard, 1985.

FOCCART, Jacques. "Le Général en Mai". *Journal de l'Elysée*. V. 2, 1968-69. Paris: Fayard, 1998.

FOUCAULT, Michel. *Dits et écrits, 1964-1988*. V. 4. Paris: Gallimard, 1994.

FORESTIER, Patrick. "Les Impostures du tiers-mondisme". Paris-Match, 22 fev. 1985, pp. 3-21.

FRASER, Ronald. *1968: A Student Generation in Revolt*. Londres: Chatto and Windus, 1988.

FROMANGER, Gérard. "L'Art, c'est ce qui rend la vie plus intéressante que l'art". *Libération*, 14 maio 1988, p. 43.

FURET, François. "La Grande lessive: L'homme retrouvé". *Le Nouvel Observateur*, 13-19 jun. 1986, pp. 114-5.

_____ (ed.). *Terrorisme et démocratie*. Paris: Fayard, 1985.

GALLANT, Mavis. "The Events in May: A Paris Notebook – I". *New Yorker*, 14 set. 1968, pp. 58-124.

_____. "The Events in May: A Paris Notebook – II". *New Yorker*, 21 set. 1968, pp. 54-134.

GARDE rouge, n. 1-8, 1966-7.

GARNIER, Jean-Pierre e LEW, Roland. "From the Wretched of the Earth to the Defence of the West: An Essay on Left Disenchantment in France". Trad. David Macey. *The Socialist Register*, 1984, pp. 299-323.

GASTAUT, Yvan. *L'Immigration et l'opinion en France sous la Ve république*. Paris: Seuil, 2000.

GAVI, Philippe; SARTRE, Jean-Paul e VICTOR, Pierre. *On a raison de se révolter*. Paris: Gallimard, 1974.

GEISMAR, Alain; JULY, Serge e MORANE, Erlyn. *Vers la guerre civile*. Paris: Éditions et Publications Premières, 1969.

GIORGINI, Bruno. *Que sont mes amis devenus? (Mai 68-été 78, dix ans après)*. Prefácio de Félix Guattari. Paris: Savelli, 1978.

GLUCKSMANN, André. *La Bêtise*. Paris: Grasset, 1985.

_____. *La Cuisinière et le mangeur d'hommes: essai sur les rapports entre l'État, le marxisme et les camps de concentration*. Paris: Seuil, 1975.

_____. *1968: Stratégie et révolution en France*. Paris: Christian Bourgois, 1968.

GOLDMAN, Pierre. *Souvenirs obscurs d'un juif polonais né en France*. Paris: Seuil, 1975.

GOMBIN, Richard. *Les Origines du gauchisme*. Paris: Seuil, 1971.

GOSLIN, Richard. "Bombes à retardement: Papon and 17 October". *Journal of European Studies*, n. 28, 1998, pp. 153-72.

GOULINET, Isabelle. *Le Gauchisme enterre ses morts*. Dissertação de mestrado em história. Université Paris I, Panthéon-Sorbonne, 1993.

GRETTON, John. *Students and Workers: An Analytical Account of Dissent in France, May-June 1968*. Londres: MacDonald, 1969.

GUEGAN, Gérard. "Touche pas à mai 68". *Le Matin*, 20 dez. 1985, 27.

GUIN, Yannick. *La Commune de Nantes*. Paris: Maspero, 1969.

HALIMI, Serge. *Les Nouveaux chiens de garde*. Paris: Éditions Raisons d'Agir, 1997.

HALLIER, Jean-Edern. *La Cause des peuples: une autobiographie politique*. Paris: Seuil, 1972.

HAMON, Hervé e ROTMAN, Patrick. *Génération. V. 1: Les Années de rêve*. Paris: Seuil, 1987.

_____. *Génération. V. 2: Les Années de poudre*. Paris: Seuil, 1988.

_____. *Les Porteurs de valises: la résistance française à la guerre d'Algérie*. Paris: Albin Michel, 1979.

HANLEY, D. L. e KERR, A. P. (ed.). *May '68: Coming of Age*. Londres: Macmillan, 1989.

HARVEY, Sylvia (ed.). *May '68 and Film Culture*. Londres: BFI Publications, 1978.

HELVIG, Jean-Michel. "Le Roman du gauchisme". *Libération*, 8 jan. 1988.

HEMPEL, Pierre. *Mai 68 et la question de la révolution: Pamphlet*. Paris: Librairie "La Boulangerie", 1988.

HOCQUENGHEM, Guy. *L'Après-Mai des faunes*. Prefácio de Gilles Deleuze. Paris: Grasset, 1974.
_____. *Lettre ouverte à ceux qui sont passés du col Mao au Rotary*. Paris: Albin Michel, 1986.
HOLLIER, Denis. "1968, May. Actions, No! Words, Yes!". Em: HOLLIER, Denis (ed.). *A New History of French Literature*. Cambridge: Harvard University Press, 1989, pp. 1034-40.
INTERNATIONALE Situationniste, n. 1-12, jun. 1958-set. 1969.
INTERNATIONALE Situationniste. De la misère en milieu étudiant considérée sous ses aspects économique, politique, psychologique, sexuel et notamment intellectuel et de quelques moyens pour y remédier. 1966. Paris: Champ Libre, 1976.
IZRAELEWICZ, Erik. "La Première révolte contre la mondialisation". *Le Monde*, 9 dez. 1995.
JAMESON, Fredric. *Brecht and Method*. Londres: Verso, 1998.
_____. "On Cultural Studies". Em: RAJCHMAN, John (ed.). *The Identity in Question*. Nova York: Routledge, 1995.
_____. "Periodizing the 60s". Em: SAYRES, Sohnya *et al.* (ed.). *The 60s without Apology*. Minneapolis: University of Minnesota Press, 1984, pp. 178-209.
JAPPE, Anselme. *Guy Debord*. Berkeley: University of California Press, 1994.
JARREL, Marc. *Éléments pour une histoire de l'ex-Gauche Prolétarienne. Cinq ans d'intervention en milieu ouvrier*. Paris: NBE, 1974.
JOFFRIN, Laurent. "Génération: Un regard intérieur". *Libération*, 23 mar. 1987.
JULLIARD, Jacques. "Le Tiers-monde et la gauche". *Le Nouvel Observateur*, 5 jun. 1978.
KAPLAN, Leslie. *Depuis maintenant: Miss Nobody Knows*. Paris: P.O.L., 1996.
KESSEL, Patrick. *Le Mouvement "maoïste" en France: Textes et documents 1968-1969*. 2 v. Paris: Union Générale d'Édition, 1972-8.
KHILNANI, Sunil. *Arguing Revolution: The Intellectual Left in Postwar France*. New Haven: Yale University Press, 1993.
KRIVINE, Alain e BENSAÏD, Daniel. *Mai Si! 1968-1988: Rebelles et repentis*. Paris: PEC-La Brèche, 1988.
LABRO, Philippe (ed.). *"Ce n'est qu'un début"*. Paris: Éditions et Publications Premières, 1968.
_____. *"This Is Only a Beginning"*. Trad. Charles Lam Markmann. Nova York: Funk and Wagnalls, 1969.
LACAN, Jacques. *Séminaire XVII*. Paris: Seuil, 1991.
LACOSTE, Yves. *Contre les anti-tiers-mondistes et contre certains tiers-mondistes*. Paris: La Découverte, 1985.
LACROIX, Bernard. "À contre-courant: Le parti pris du réalisme". *Pouvoirs*, n. 39, 1986, pp. 117-27.
LAMBERT, Bernard. *Les Paysans et la lutte de classe*. Paris: Seuil, 1970.
LANGLOIS, Denis. *Les Dossiers noirs de la police française*. Paris: Seuil, 1971.
LECOURT, Dominique. *Dissidence ou révolution?*. Paris: Maspero, 1978.
_____. *Les Piètres penseurs*. Paris: Flammarion, 1999.

LE DANTEC, Jean-Pierre. *Les Dangers du soleil*. Paris: Les Presses d'Aujourd'hui, 1978.
LEFEBVRE, Henri. *L'Irruption de Nanterre au sommet*. Paris: Anthropos, 1968.
_____. *The Explosion: Marxism and the French Revolution*. Trad. Alfred Ehrenfeld. Nova York: Monthly Review Press, 1969.
_____. *Le Temps des méprises*. Paris: Stock, 1975.
LE ROUX, Hervé. *Reprise: Récit*. Paris: Calmann-Lévy, 1998.
_____. Entrevista com Serge Toubiana. *Cahiers du Cinéma*, mar. 1997, pp. 50-5.
LEVINE, Michel. *Les Ratonnades d'octobre*. Paris: Ramsay, 1985.
LEYS, Simon. *Les Habits neufs du président Mao: chronique de la révolution culturelle*. Paris: Champ Libre, 1971.
LIAUZU, Claude. *L'Enjeu tiers-mondiste: débats et combats*. Paris: L'Harmattan, 1987.
_____. "Mémoire, histoire et politique: À propos du 17 octobre 1961". *Tumultes*, n. 14, abr. 2000, pp. 63-76.
_____. "Le Tiers-mondisme des intellectuels en accusation". *Vingtième Siècle*, n. 12, out.-dez. 1986, pp. 73-80.
LIBÉRATION, maio 1978; maio 1988; maio 1998.
LIDSKY, Paul. *Les Écrivains contre la Commune*. Paris: Maspero, 1970.
LINHART, Robert. *L'Établi*. Paris: Minuit, 1978.
_____. "Évolution du procès de travail et luttes de classe", *Critique communiste*, número especial, *Mai 68-Mai 78*, 1978.
_____. "Western 'Dissidence' Ideology and the Protection of Bourgeois Order". Em: *Power and Opposition in Post-revolutionary Societies*. Trad. Patrick Camiller. Londres: Ink Links, 1979, pp. 249-60.
LINHART, Virginie. *Volontaires pour l'usine. Vies d'établis, 1967-1977*. Paris: Seuil, 1994.
LIPOVETSKY, Gilles. "'Changer la vie' ou l'irruption de l'individualisme transpolitique". *Pouvoirs*, n. 39, 1986.
_____. *L'Ère du vide: Essais sur l'individualisme contemporain*. Paris: Gallimard, 1983.
"Loin du Vietnam". *Cinéma*, jan. 1968, pp. 37-55.
LUXEMBURGO, Rosa. *The Mass Strike, the Political Party and the Trade Unions*. Trad. Patrick Lavin. Nova York: Harper Torchbook, 1971.
MACHEREY, Pierre. *Histoires de dinosaure. Faire de la philosophie, 1965-1997*. Paris: PUF, 1999.
_____. "Réflexions d'un dinosaure sur l'anti-anti-humanisme". Suplemento a *Futur-Antérieur*, "Le Gai renoncement". Paris: L'Harmattan, 1991, pp. 157-72.
MAGRI, Lucio. "Réflexions sur les événements de Mai – I". *Les Temps Modernes*, n. 277/278, ago.-set. 1969, pp. 1-45.
_____. "Réflexions sur les événements de Mai – II". *Les Temps Modernes*, n. 279, out. 1969, pp. 455-92.
MANCEAUX, Michèle. *Les Maos en France*. Prefácio de Jean-Paul Sartre. Paris: Gallimard, 1972.

MANDARÈS, Hector (ed.). *Révo cul dans la Chine pop: Anthologie de la presse des Gardes rouges (mai 1966-janvier 1968)*. Paris: Union Générale d'Éditions, 1974.

MANNHEIM, Karl. *Essays on the Sociology of Knowledge*. Londres: Routledge and Kegan Paul, 1952.

MAO TSÉ-TUNG. *Selected Works of Mao Tse-tung*. V. 3. Pequim: Foreign Languages Press, 1965.

MARCELLIN, Raymond. *L'Importune vérité*. Paris: Plon, 1978.

_____. "Objectifs et méthodes des mouvements révolutionnaires d'après leurs tracts et leurs journaux", ago. 1968.

_____. *L'Ordre public et les groupes révolutionnaires*. Paris: Plon, 1969.

MARSHALL, Bill. *Guy Hocquenghem: Beyond Gay Identity*. Durham: Duke University Press, 1997.

MASPERO, François. "Comment je suis devenu éditeur". *Le Monde*, 26 mar. 1982.

_____. "In Reference to the Police in front of Our Bookstore". Folheto distribuído pela livraria das Éditions Maspero, set. 1968.

_____. Entrevista a Guy Dumur. "Maspero entre tous les feux". *Le Nouvel Observateur*, 17-23 set. 1973, pp. 58-60.

_____. Entrevista a Jean-Francis Held. *Le Nouvel Observateur*, 24-30 ago. 1966, pp. 26-30.

_____. Entrevista. "Le long combat de François Maspero". *Le Nouvel Observateur*, 27 set. 1976, pp. 56-60.

MAUGER, Gérard. "'Étudiants, ouvriers, tous unis!' (Éléments pour l'histoire des avatars d'un mot d'ordre)". *Les Temps Modernes*, n. 370, maio 1977, pp. 1879-97.

_____. Introdução. Karl Mannheim. Em: *Le Problème des générations*. Trad. Gérard Mauger e Nia Perivolaropoulou. Paris: Nathan, 1990, pp. 7-18.

MAUPEOU-ABBOUD, Nicole de. *Ouverture du ghetto étudiant: la gauche étudiante à la recherche d'un nouveau mode d'intervention politique*. Paris: Anthropos, 1974.

MAUSS-COPEAUX, Claire. *Appelés en Algérie: la parole confisquée*. Paris: Hachette, 1998.

MEDEC, François le. *L'Aubépine de mai: chronique d'une usine occupée*. Nantes: 1988.

MINC, Alain. *L'Avenir en face*. Paris: Seuil, 1984.

MONCHABLON, Alain. "Le Mouvement étudiant". *Lettre d'information*, n. 6. Institut d'histoire du temps présent, set. 1995.

LE MONDE, maio 1968; maio 1978; maio 1988; nov.-dez. 1995; maio 1998.

MONGIN, Olivier. "Le Statut de l'intellectuel: fou ou conseiller du prince?". *Cosmopolitiques*, n. 2, fev. 1987.

MOREAU, Jean. "Les 'Maos' de la gauche prolétarienne". *La Nef*, n. 48, jun.-set. 1972, p. 77-103.

MORIN, Edgar; LEFORT, Claude e COUDRAY, Jean-Marc [Cornelius Castoriadis]. *Mai 1968: La Brèche: Premières réflexions sur les événements*. Paris: Fayard, 1968.

MOURIAUX, René; PERCHERON, Annick; PROST, Antoine e TARTAKOWSKY, Danielle (ed.). *1968: Exploration du Mai français*. 2 v. Paris: L'Harmattan, 1992.

MOUVEMENT du 22 mars. *Ce n'est qu'un début, continuons le combat*. Paris: Maspero, 1968.

NAROT, Jean-Franklin. "Mai 68 raconté aux enfants. Contribution à la critique de l'inintelligence organisée". *Le Débat*, n. 51, set.-out. 1988, pp. 179-92.

NICOLAS-LE-STRAT, Pascal. "Sujets et territoires du mouvement social (Marseille, Nantes, Toulouse et les autres)". *Futur-Antérieur*, n. 33-34, 1996, pp. 113-26.

NIZAN, Paul. *Les Chiens de garde*. Paris: Maspero, 1974.

NOIR et Rouge: Cahier d'Études Anarchistes-Communistes, n. 1-46, 1956-70.

NORA, Pierre. "L'Ère de la commémoration". Em: *Les Lieux de mémoire*. V. 3. Paris: Gallimard, 1997, pp. 4687-719.

_____. "The Era of Commemoration". Em: *Realms of Memory*. V. 3. Trad. Arthur Goldhammer. Nova York: Columbia University Press, 1998, pp. 609-37.

_____ (ed.). *Essais d'égo-histoire*. Paris: Gallimard, 1987.

NOTRE arme c'est la grève. Travail réalisé par un collectif de militants du Comité d'Action qui ont participé à la grève de Renault-Cléon du 15 mai au 17 juin 1968. Paris: Maspero, 1968.

NOVICK, Peter. *The Holocaust in American Life*. Boston: Houghton Mifflin, 1999.

PAPON, Maurice. *Les Chevaux du pouvoir, 1958-1967*. Paris: Plon, 1988.

PASSERINI, Luisa. *Autobiography of a Generation: Italy, 1968*. Trad. Lisa Erdberg. Middletown: Wesleyan University Press, 1996.

PARTISANS, n. 1-68, 1961-72.

PAUGHAM, J. (ed.). *Génération perdue*. Paris: Robert Laffont, 1977.

PÉJU, Paulette (ed.). *Les Ratonnades à Paris*. Paris: Maspero, 1961.

PERRAULT, Gilles. *Un Homme à part*. Paris: Bernard Barrault, 1984.

_____. *Les Parachutistes*. Paris: Seuil, 1961.

PERRIER, Jean-Claude. *Le Roman vrai de Libération*. Paris: Julliard, 1994.

PERROT, Michelle. *Les Ouvriers en grève*. 2 v. Paris: Mouton, 1974.

PESQUET, Alain. *Des Soviets à Saclay?*. Paris: Maspero, 1968.

PEUCHMAURD, Pierre. *Plus vivants que jamais*. Paris: Robert Laffont, 1968.

LE PEUPLE Français, n. 1-10, 1971-80.

PIVOT, Bernard e BOUCENNE, Pierre. "15 ans après Mai 68: Qui tient le haut du pavé?". *Lire*, n. 93, maio 1983.

POMPIDOU, Georges. *Pour rétablir une vérité*. Paris: Flammarion, 1982.

POULANTZAS, Nicos. *State, Power, Socialism*. Trad. Patrick Camiller. Londres: Verso, 2000.

POUVOIRS, n. 39, 1986.

QUEYSANNE, Bruno. "Les Étudiants français et la crise de l'université bourgeoise". *Révolution*, n. 4, dez. 1963, pp. 6-12.

RAJSFUS, Maurice. *Mai 68: Sous les pavés, la répression (mai 1968-mars 1974)*. Paris: Le Cherche Midi, 1998.

_____. *Le Travail à perpétuité*. Paris: Manya, 1993.

RANCIÈRE, Danielle e RANCIÈRE, Jacques. "La Légende des philosophes (les intellectuels et la traversée du gauchisme)". *Les Révoltes Logiques*, número especial, *Les Lauriers de Mai ou les Chemins du Pouvoir, 1968-1978*, fev. 1978, pp. 7-25.

RANCIÈRE, Jacques. *Aux bords du politique*. Paris: La Fabrique, 1998.

_____. *On the Shores of Politics*. Trad. Liz Heron. Londres: Verso, 1995.

_____. "La Bergère au goulag". *Les Révoltes Logiques*, n. 1, inverno 1975, pp. 96-111.

_____. "The Cause of the Other". Trad. David Macey. *Parallax*, n. 7, abr.-jun. 1998, pp. 25-34.

_____. "Democracy Means Equality". Entrevista. Trad. David Macey. *Radical Philosophy*, n. 82, mar.-abr. 1997, pp. 29-36.

_____. "Les Hommes comme animaux littéraires". Entrevista. *Mouvements*, n. 3, mar.-abr. 1999, pp. 133-44.

_____. *The Ignorant Schoolmaster: Five Lessons in Intellectual Emancipation*. Trad. Kristin Ross. Stanford: Stanford University Press, 1991.

_____. *The Nights of Labor*. Trad. Donald Reid. Philadelphia: Temple University Press, 1989.

READER, Keith. "The Anniversary Industry". *Screen* 26, n. 3, verão 1988, pp. 122-6.

READER, Keith e WADJA, Khursheed. *The May 1968 Events in France: Reproductions and Interpretations*. Londres: St. Martin's Press, 1993.

REID, Donald. Introdução a *The Nights of Labor*, de Jacques Rancière. Philadelphia: Temple University Press, 1989.

_____. "The Night of the Proletarians: Deconstruction and Social History". *Radical History Review*, n. 28-30, 1984, pp. 445-63.

RÉVOLTES Logiques, n. 1-15, 1975-81.

RÉVOLUTION, 1963-4.

RICOEUR, Paul. *La Mémoire, l'histoire, l'oubli*. Paris: Seuil, 2000.

RIEFFEL, Rémy. *La Tribu des clercs: les intellectuels sous la Ve République, 1958-1990*. Paris: Calmann-Lévy, 1993.

RIFKIN, Adrian. Introdução a *Photogenic Painting/La Peinture photogénique*, ed. Sarah Wilson. Londres: Black Dog Press, 1999, pp. 21-59.

RIFKIN, Adrian e THOMAS, Roger (ed.). *Voices of the People: The Social Life of "La Sociale" at the End of the Second Empire*. Trad. John Moore. Londres: Routledge and Kegan Paul, 1988.

RIOUX, Jean-Pierre. "À propos des célébrations décennales du mai français". *Vingtième Siècle*, n. 23, jul.-set. 1989, pp. 49-58.

_____. *La Guerre d'Algérie et les Français*. Paris: Fayard, 1990.

RIOUX, Jean-Pierre e SIRINELLI, Jean-François (ed.). *La Guerre d'Algérie et les intellectuels français*. Paris: Éditions Complexe, 1991.

ROSS, Kristin. *The Emergence of Social Space: Rimbaud and the Paris Commune*. Minneapolis: University of Minnesota Press, 1987.

_____. *Fast Cars, Clean Bodies: Decolonization and the Reordering of French Culture*. Cambridge: MIT Press, 1995.

_____. "Lefebvre on the Situationists: An Interview". *October*, n. 79, inverno 1997, pp. 69-84.

_____. "Watching the Detectives". Em: BARKER, Francis *et al*. *Postmodernism and the Re-reading of Modernity*. Manchester: University of Manchester Press, 1992. Reimpresso em: LUCY, Niall (ed.). *Postmodern Literary Theory*. Londres: Blackwell Press, 1999.

ROUDINESCO, Elisabeth. *Jacques Lacan: esquisse d'une vie, histoire d'un système de pensée*. Paris: Fayard, 1993.

ROUSSO, Henry. *Le Syndrome de Vichy de 1944 à nos jours*. Paris: Seuil, 1987.

SALVARESI, Elisabeth. *Mai en héritage*. Paris: Syros, 1988.

SAMUELSON, François-Marie. *Il était une fois "Libération"*. Paris: Seuil, 1979.

SARAZIN, James. *La Police en miettes: le système Marcellin*. Paris: Calmann-Lévy, 1974.

SARTRE, Jean-Paul. *Les Communistes ont peur de la révolution*. Paris: Éditions John Didier, 1968.

_____. *L'Idiot de la famille*. 3 v. Paris: Gallimard, 1972.

_____. *Situations V*. Paris: Gallimard, 1964.

_____. *Situations VIII: autour de 68*. Paris: Gallimard, 1972.

_____. *Situations IX: mélanges*. Paris: Gallimard, 1972.

_____. *Situations X: politique et autobiographie*. Paris: Gallimard, 1976.

_____. *What Is Literature?* Trad. Bernard Frechtman. Nova York: Braziller, 1965.

SAUVAGEOT, Jacques; GEISMAR Alain; COHN-BENDIT, Daniel e DUTEUIL, Jean-Pierre. *La Révolte étudiante*. Paris: Seuil, 1968.

SCHNAPP, Alain e VIDAL-NAQUET, Pierre. *Journal de la Commune étudiante. Textes et documents. Novembre 1967-Juin 1968*. Paris: Seuil, 1969.

SEALE, Patrick e MCCONVILLE, Maureen. *Drapeaux rouges sur la France: les causes, les thèmes, l'avenir de la révolution*. Trad. Jean-René Major. Paris: Mercure de France, 1968.

SINGER, Daniel. *Prelude to Revolution*. Nova York: Hill e Wang, 1970.

_____. *Whose Millennium? Theirs or Ours?*. Nova York: Monthly Review Press, 1999.

SMITH, William Gardner. *The Stone Face*. Nova York: Farrar/Straus, 1963.

SOMMIER, Isabelle. "Mai 68: Sous les pavés d'une page officielle". *Sociétés Contemporaines*, n. 20, 1994, pp. 63-84.

_____. *La Violence politique et son deuil: l'après 68 en France et en Italie*. Rennes: Presses Universitaires de Rennes, 1998.

SOUX, Jean-Louis. "Sous les mots, les fantasmes de mai 1968". *Le Monde*, 3-4 dez. 1995, p. 9.

STORA, Benjamin. *Appelés en guerre d'Algérie*. Paris: Gallimard, 1997.

STORTI, Martine. *Un Chagrin politique: de mai 1968 aux années 80*. Paris: L'Harmattan, 1996.

STOVALL, Tyler. "The Fire Next Time: African-American Expatriates and the Algerian War". *Yale French Studies*, n. 98, 2000, pp. 182-200.

TALBO, Jean-Philippe (ed.). *La Grève à Flins*. Paris: Maspero, 1968.

TERRAY, Emmanuel. *Le Troisième jour du communisme*. Paris: Actes Sud, 1992.
THIBAUD, Paul. "De la politique au journalisme: Libération et la génération de 68. Entretien avec Serge July". *Esprit*, maio 1978, pp. 2-24.
TOUT, n. 1-16, pp. 1970-1.
TREBITSCH, Michel. "Voyages autour de la révolution: Les circulations de la pensée critique de 1956 à 1968". *Atas do colóquio "Les années 68"*. Institut d'histoire du temps présent, 18-20 nov. 1998.
TRICONTINENTAL, 1968-71.
U.N.E.F. e S.N.E. Sup. *Le Livre noir des journées de mai (du 3 mai au 13 mai)*. Paris: Seuil, 1968.
VIANSSON-PONTÉ, Pierre. *Histoire de la république gaullienne, Mai 1958-Avril 1969*. Paris: Fayard, 1971.
VIDAL, Daniel. "Les Conditions du politique dans le mouvement ouvrier en mai-juin 1968". Em: DU BOIS, Pierre (ed.). *Grèves revendicatrices ou grèves politiques?*. Paris: Anthropos, 1971, pp. 443-547.
VIDAL-NAQUET, Pierre. "Une Fidélité têtue. La résistance française à la guerre d'Algérie". *Vingtième Siècle*, n. 10, abr.-jun. 1986, pp. 3-18.
_____. *Mémoires. V. 2: Le trouble et la lumière, 1955-1998*. Paris: Seuil, 1998.
VIGIER, Jean-Pierre. "The Action Committees". Em: POSNER, Charles (ed.). *Reflections on the Revolution in France: 1968*. Middlesex: Penguin Books, 1970, pp. 199-211.
VIVE la Révolution, n. 1-7, 1969-70.
VILAR, Jean-François. *Bastille tango*. Paris: Presses de la Renaissance, 1986.
_____. *C'est toujours les autres qui meurent*. Paris: Actes Sud, 1997.
_____. "Les Murs ont la parole". *Rouge*, 9 maio 1978, pp. 8-9.
_____. *Nous cheminons entourés de fantômes aux fronts troués*. Paris: Seuil, 1993.
_____. "La Prise de parole". *Rouge*, 10 maio 1978, pp. 8-9.
_____. "Le Temps des fossoyeurs". *Rouge*, 11 maio 1978, p. 10.
WOLFREYS, Jim. "Class Struggles in France". *International Socialism*, n. 84, 1999, p. 31-68.
ZANCARINI-FOURNEL, Michelle. "'L'Autonomie comme absolu': une caricature de Mai et des années 68". *Mouvements*, n. 1, nov.-dez. 1998, pp. 138-41.
_____. "Histoire, mémoires, commémoration". *Lettre d'information*, 1. "Les années 68: événements, cultures politiques et modes de vie". Institut d'histoire du temps présent, dez. 1994.
ZANCARINI-FOURNEL, Michelle; DREYFUS-ARMAND, Geneviève; FRANK, Robert e LÉVY, Marie-Françoise (ed.). *Les Années 68. Le temps de la contestation*. Bruxelas: Éditions Complexe, 2000.
ZAMPONI, Francis. *In nomine patris*. Paris: Actes Sud, 2000.
_____. *Mon colonel*. Paris: Actes Sud, 1999.

Filmes

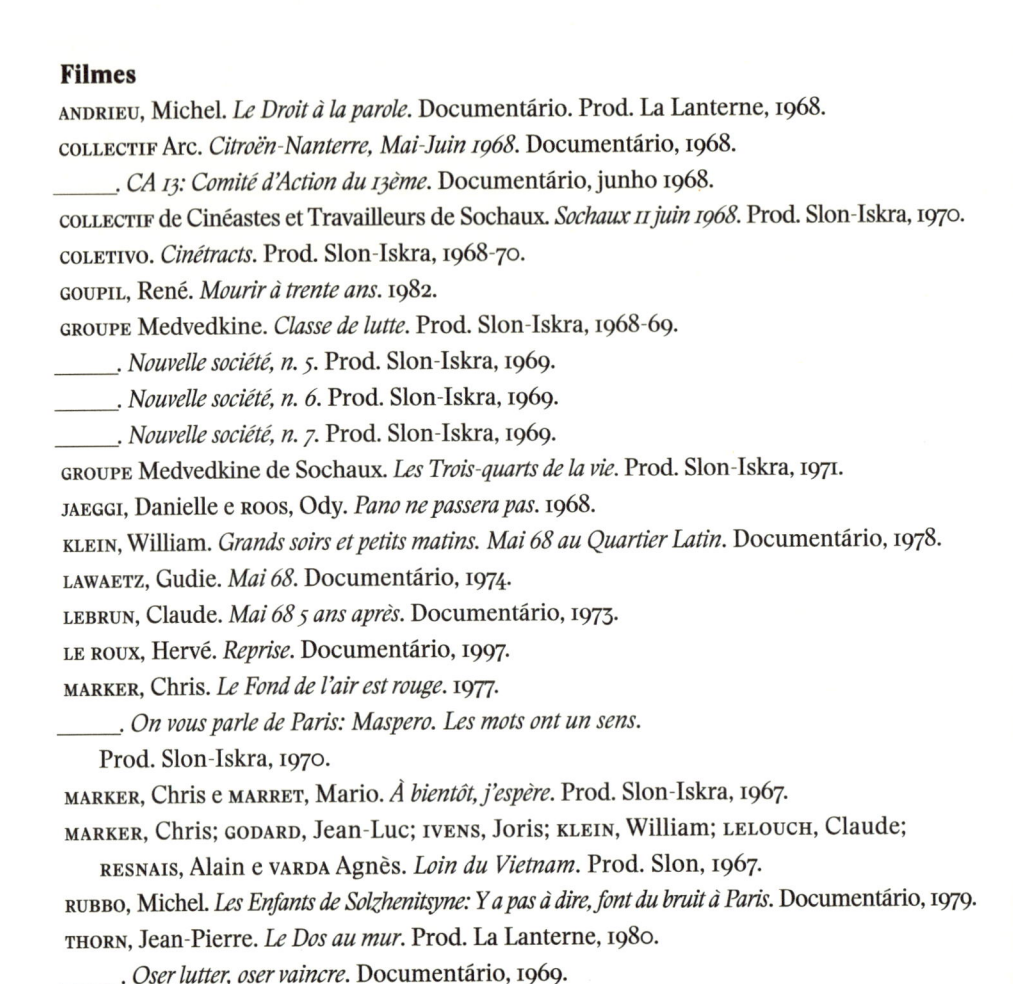

ANDRIEU, Michel. *Le Droit à la parole*. Documentário. Prod. La Lanterne, 1968.
COLLECTIF Arc. *Citroën-Nanterre, Mai-Juin 1968*. Documentário, 1968.
_____. *CA 13: Comité d'Action du 13ème*. Documentário, junho 1968.
COLLECTIF de Cinéastes et Travailleurs de Sochaux. *Sochaux 11 juin 1968*. Prod. Slon-Iskra, 1970.
COLETIVO. *Cinétracts*. Prod. Slon-Iskra, 1968-70.
GOUPIL, René. *Mourir à trente ans*. 1982.
GROUPE Medvedkine. *Classe de lutte*. Prod. Slon-Iskra, 1968-69.
_____. *Nouvelle société, n. 5*. Prod. Slon-Iskra, 1969.
_____. *Nouvelle société, n. 6*. Prod. Slon-Iskra, 1969.
_____. *Nouvelle société, n. 7*. Prod. Slon-Iskra, 1969.
GROUPE Medvedkine de Sochaux. *Les Trois-quarts de la vie*. Prod. Slon-Iskra, 1971.
JAEGGI, Danielle e ROOS, Ody. *Pano ne passera pas*. 1968.
KLEIN, William. *Grands soirs et petits matins. Mai 68 au Quartier Latin*. Documentário, 1978.
LAWAETZ, Gudie. *Mai 68*. Documentário, 1974.
LEBRUN, Claude. *Mai 68 5 ans après*. Documentário, 1973.
LE ROUX, Hervé. *Reprise*. Documentário, 1997.
MARKER, Chris. *Le Fond de l'air est rouge*. 1977.
_____. *On vous parle de Paris: Maspero. Les mots ont un sens*. Prod. Slon-Iskra, 1970.
MARKER, Chris e MARRET, Mario. *À bientôt, j'espère*. Prod. Slon-Iskra, 1967.
MARKER, Chris; GODARD, Jean-Luc; IVENS, Joris; KLEIN, William; LELOUCH, Claude; RESNAIS, Alain e VARDA Agnès. *Loin du Vietnam*. Prod. Slon, 1967.
RUBBO, Michel. *Les Enfants de Solzhenitsyne: Y a pas à dire, font du bruit à Paris*. Documentário, 1979.
THORN, Jean-Pierre. *Le Dos au mur*. Prod. La Lanterne, 1980.
_____. *Oser lutter, oser vaincre*. Documentário, 1969.
WILLEMONT, Jacques e BONNEAU, Pierre. *La Reprise du travail aux usines Wonder*. Jun. 1968.

Televisão e Rádio

"La Dernière année du Général". Prod. Patrick Berberis. Na série *Les Brûlures de l'histoire*, 1995.
"En terminale". Prod. Pierre Cardinale. Na série *Les chemins de la vie*, 1968.
"L'Examen ou la porte!". Dir. Jean-Pierre Beaurenaut, 1990.
"Field of Dreams". Ed. David Caute, prod. David Levy. Programa da BBC Radio 4, transmitido em 20 e 24 jan. 1988.
Génération. Prod. Hervé Hamon, Patrick Rotman e Daniel Edinger. A série contém Françoise Prébois, *Paroles de mai*; Gilles Nadeau, *La Révolution introuvable*; Jean Lassave, *Mai... Après*; Michel Fresnel, *La Commune étudiante*. 1988.
Histoire de Mai. Prod. Pierre-André Boutang e André Frossard. 7, 14, 21, 28 maio 1978, FR3.

"Les Lycéens ont la parole". Prod. Pierre Zaidline. Na série *Dim Dam Dom*. Mediado por Marguerite Duras, 1968.

"Mai: Connais Pas". Prod. André Campana. Na série *Vendredi*. Exibido em 13 maio 1983, FR3.

"Paris, 24 mai 1968", "Paris, 30 mai 1968", "Paris, 27 avril 1969". Prod. Phillipe Alfonsi e Maurice Dogowson. Na série *Histoire d'un jour*, 1985.

"Le Procès de Mai". Prod. Roland Portiche e Henri Weber, 22 maio 1988, TF1.

"Radioscopie". Jean-Paul Sartre. Transmitido em 7 fev. 1973.

"68 dans le monde". Na série *Les Dossiers de l'écran*. A2, 2 maio 1978.

"Les Temps Modernes". Dir. Herta Alvarez-Escudero. Na série *Qu'est-ce qu'elle dit, Zazie?*, 1997.

ÍNDICE REMISSIVO

17 de outubro de 1961, 44, 65, 66n. 67, 67-69, 71-73, 79n., 80, 83-84

Action (revista), 58, 159, 160n. 123
agricultores, 19, 21-22, 32, 42, 52, 104, 109, 115, 152, 157, 164, 168, 169-171, 179, 257, 272,
agricultura, 21, 171. *Ver também* agricultores; Confédération Paysanne; Larzac
Aisenberg, Andrew, 154
Albert, Michel, 209-10
Alleg, Henri, 117
Althusser, Louis, 39, 41, 122, 236, 260-1, 263,
Amin, Samir, 220
Anselme, Daniel, 155
Apostrophes (programa de TV), 235
Argélia, Guerra da, 20-1, 23, 33, 42, 44, 54-5, 57-8, 60-3, 72, 74, 83, 90, 160, 215, 251
  exército francês durante a, 58-9, 74-8, 82, 85-92
  FLN (Front de Libération Nationale Algérien), 65-6, 77, 83, 121, 138
  e Maio de 68, 41-7, 50-2, 53-85
  memória da, 47-8, 67-8
  oposição francesa à, 58-65, 83-5
  e violência em Paris, 53-8, 62-5 (*ver também* 17 de outubro de 1961); Charonne; *harkis*; OAS [Organisation de l'Armée Secrète]; *parachutistes*
Arguments (revista), 123
Aron, Raymond, 11, 39, 88, 97, 100, 105, 113, 203, 228, 254, 280, 287-8
Arquipélago Gulag (Soljenítsin), 234
Atelier Populaire des Beaux-Arts, 29-31, 213-14, 281

Badiou, Alain, 19, 43
Bakunin, Mikhail, 261
Balzac, Honoré de, 74
Bardèche, Maurice, 90n. 93
Bastille Tango (Vilar), 63-4
Batalha de Argel, A (Pontecorvo), 58
Baudelaire, Charles, 119
Baylot, Jean, 78
Baynac, Jacques, 100

Beauvoir, Simone de, 174, 240
Ben Barka, El Mehdi, 119
Bensaïd, Daniel, 19, 149, 289
Beylot, Pierre, 48
Blanchet, Henri, 48
Blanchot, Maurice, 19, 41, 43, 93, 151, 238, 261,
Blanqui, Auguste, 263
Bouguereau, Jean-Marcel, 159
Bourdieu, Pierre, 260, 289
Bové, José, 168, 291-2
Britton, Celia, 125
Broyelle, Claudie, 137n. 85, 231,
Broyelle, Jacques137n. 85, 231
Bruckner, Pascal, 219-20, 222-3, 227, 287
Burke, Kenneth, 243

Cabral, Amílcar, 119-20
Cabu (Jean Cabut), 29
Cahiers de Mai (revista), 155-9
Cahiers du Forum-Histoire, Les (revista), 163, 165, 167, 169-73, 180, 188,
capitalismo, 20, 218, 236, 250, 253
  anticapitalismo, 24, 115, 292
Carlyle, Thomas, 263-4
cartazes políticos, 31, 93, 150
Carter, Jimmy, 221
cartuns políticos, 29, 58. *Ver também* Siné (Maurice Sinet)
Castoriadis, Cornelius, 60, 260-1
Castro, Fidel, 128
Cause du Peuple, La (revista), 159, 164, 206, 220, 232, 240,
Censier, 118-9, 140, 150-2,
Certeau, Michel de, 20, 176, 258
CFDT (Confédération Française Démocratique du Travail), 100, 182, 295
CGT (Confédération Générale du Travail), 42, 88, 98, 100, 104, 153, 238, 268, 272, 295
Chaban-Delmas, Jacques, 88
Charonne, 44, 59, 63-5, 72-3
Châtelet, Gilles, 291
Chesnaux, Jean, 137n. 85, 165-6, 240, 261
Chirac, Jacques, 74n. 78, 174, 284-5,
Chomsky, Noam, 213

Cohn-Bendit, Daniel, 22, 88, 99n. 10, 204, 211n. 20, 216, 227n. 44, 259, 261, 263, 272, 279, 287-8,
colonialismo, 79, 217, 221. *Ver também* Guerra da Argélia; terceiro-mundismo
Combat (revista), 72
Combes, Patrick, 28
Comité Vietnam de base (CVB), 128, 131, 295
Comité Vietnam national (CVN), 128, 295
comités d'action (comitês de ação), 41, 101, 110-1, 131, 150, 155, 163, 198-9, 295
  bidonvilles, 134
  lycéens (CALs), 110, 257, 295
  no Marais, 110, 199-201
  política dos, 109-11
comités pour la défense de la république87, 285, 295
Comuna de Paris, 39, 151, 173, 285
Confédération française démocratique du travail. *Ver* CFDT
Confédération générale du travail. *Ver* CGT
Confédération Paysanne, 21, 291-2
Cottereau, Alain, 162
CRS. *Ver* polícia
Cuba, 35, 114, 215
Curiel, Henri, 77
Daeninckx, Didier, 68-9, 192
  Meurtres pour mémoire, 68-9
Daum, Nicolas, 197-202, 238
Débat, Le (revista), 28n. 7, 220n. 30
Debord, Guy, 264
Debray, Régis, 218, 226, 253, 255
Deleuze, Gilles, 162, 235
Delphy, Christine, 260
Démerin, Patrick, 273
Derrida, Jacques, 260
Dews, Peter, 27, 231, 242
direitos humanos, discurso de, 25, 215, 221, 234
Donzelot, Jacques, 41
Dresch, Jean, 188
Duras, Marguerite, 151, 200n. 11, 261
Durkheim, Émile, 107

Ellul, Jacques, 137-8
enquête
  pesquisa de mercado, 153
  policial, 193, 201
  militante, 153-8, 169-70, 183, 191, 193, 201-2
  sociológica, 153-4
Enragé, L' (revista), 58, 160n. 123
Erikson, Erik, 278
Esprit (revista), 123, 209, 284
Estado, 17, 26, 37, 41, 43, 45-7, 62, 68-9, 84, 86-7, 89, 92-3, 95, 97, 106-10, 169, 177, 206, 221, 240, 242, 254-6,
estudantes, 13, 15, 19-21, 23, 37, 39, 42-4, 46-50, 52-6, 74, 83, 85, 88-90, 96-7, 99, 127, 191, 203-4, 286
  Beaux-Arts, 29-30
  como categoria social, crítica dos, 18, 37-9, 41, 44, 280
  ex-líderes estudantis, 11, 17, 22-3, 273
  e Guerra da Argélia, 83-4
  isolados dos trabalhadores, 31, 42, 99, 105, 146-7
  e polícia, 46-50, 54-5, 57, 62, 73-4
  e recusa de discurso, 255-8
  união com trabalhadores, 15, 24-5, 42-3, 48-9, 100, 104, 117, 127, 157 (*ver também* intelectuais; militantes; trabalhadores)
établissement, 134, 139, 148, 152. *Ver também* maoísmo, maoístas (França)
Express, L' (revista), 58

Fanon, Frantz, 45, 119, 120, 215, 218, 222
fascismo, 56
  antifascismo, 55-6
Faure, Alain, 162
Fauré, Christine, 201
Faye, Jean-Pierre, 240n. 61, 261
Ferry, Luc, 28n. 7, 140, 220n. 30, 251, 255, 259, 260-3, 265-6, 278, 282
Fields, A. Belden, 138n. 86
Figaro, Le (jornal), 45, 287
filme, 45, 53, 68, 91, 112n. 36, 120, 124-5, 170, 192-4, 196-7, 199, 251, 259. *Ver também* diretores individuais
Finkelstein, Norman, 12
Finkielkraut, Alain, 227, 284
Flins, fábrica, 42, 51, 55, 146, 206
Fondation Saint-Simon, 284
Foucault, Michel, 41, 160, 176, 260

Fouchet, Christian, 72, 151
Fraisse, Geneviève, 180
France Observateur (jornal), 56
France-Soir (jornal), 45, 57, 83, 204
Fromanger, Gérard, 30
Frossard, André, 206,
Furet, François, 207-10, 220n. 30, 262

Gallant, Mavis, 14, 54, 285
Gauche prolétarienne, 130, 173, 182, 237, 239
Gauchet, Marcel, 28n. 7
gauchisme, gauchistes, 16, 58, 65, 89, 90, 102, 119-20, 155, 162, 164, 169, 175-6, 181-3, 185, 206-10, 216, 220, 237, 239, 243, 245-6, 268, 272, 292 (*ver também Gauche prolétarienne*; maoísmo, maoístas [França]; militantes; trotskismo, trotskistas; UJC [m-l])
ex-*gauchistes*, 25, 36-8, 181, 209, 217, 219, 223, 226-8, 231, 247, 249, 265 (ver também maoísmo, maoístas [França], ex-maoístas; estudantes, ex-líderes estudantis; terceiro-mundismo, anti-terceiro-mundismo)
Gaudemar, Antoine de, 274
Gaulle, Charles de, 20, 42, 45, 56-8, 73-4, 76, 85-90, 95-100, 105, 113, 150-1, 238, 257, 285
  e dias finais de Maio de 68, 85-91, 95-9
Gavi, Philippe, 174, 183-4
Génération (Rotman e Hamon), 271-6
Génération de '86, La (Joffrin), 211
geração, como categoria ou tropo, 18-9, 22-3, 140, 199, 203, 210, 212, 217, 219, 225-6, 232, 265, 269, 274-6, 278-9, 281-2, 287
Giap, Vô Nguyên, 119
Giraudoux, Jean, 119
Giroud, Françoise, 284
Giscard d'Estaing, Valéry, 33, 73, 164, 175, 270
Glucksmann, André, 216, 226-7, 231, 233-4, 237, 242-4, 284
Goldman, Pierre, 56, 58-60, 65, 96-7, 105
Goldmann, Lucien, 141, 263
grafite, 23, 72, 204, 254-5
Grappin, Pierre, 46
Grenelle, Acordos de, 88, 98, 191, 213n. 21, 285

greves operárias, 116
  Frente Popular, 15
  inverno de 1995, 32-3, 283, 285, 290
  Maio-Junho 1968, 20, 45, 50, 59, 85, 99, 213-4, 238
  mineiros (1947-1948), 150
  não autorizadas, 51, 129
  pós-Maio de 68, 209, 292
  Ver também Flins, fábrica; Grenelle, Acordos de; Rhodiaceta, fábrica; Sochaux, fábrica da Peugeot
Grimaud, Maurice, 72-3
Grumbach, Tiennot, 139
Guattari, Félix, 77
Guerra Fria, 25, 36, 217, 223
Guevara, Che, 119-20, 215, 258, 261
Guillebaud, Jean-Claude, 219
Gulag, 13, 26, 208-9, 217, 220, 231-3, 237, 243

habitus, 37, 40
Halimi, Serge, 289
Hamon, Hervé, 271, 273-5, 279
Hara-Kiri Hebdo (jornal), 28
harkis, 79, 82
Held, Jean-Francis, 118
Helvig, Jean-Michel, 276
Henry, Michel, 227
Hérodote (revista), 27, 188
Ho Chi Minh, 138, 215
Hocquenghem, Guy, 19, 25, 44, 201, 224-6, 231-2, 236, 246-7, 276
Holtrop, Bernard Willem. Ver Willem
Humanité, L' (jornal), 56, 83, 151

Idiot international, L' (jornal), 28, 240
igualdade, 21, 23-4, 95, 106-7, 113, 155, 158, 162, 232, 237, 290
imperialismo estadunidense, 20, 22, 126-7, 130
  anti-imperialismo, 24, 115, 121, 125, 214. *Ver também* Guerra do Vietnã
Indochina, 35, 78-9. *Ver também* Guerra do Vietnã
intelectuais, 43, 78, 88, 117, 120, 127, 130, 134, 136, 139, 146, 148, 166, 170, 227, 234-40, 245, 260-1, 291

durante Maio de 68, 238-9, 245
"midiáticos", 235, 245, 284-5, 289, 291
(*ver também* Novos Filósofos)
Ver também estudantes

Jameson, Fredric, 143, 163
Jeanson, Francis, 74n. 78, 77
Jeune Nation, 56, 59, 83
Joffrin, Laurent, 211, 271, 275
Joie de Lire, La (livraria), 117-20, 123
Julliard, Jacques, 219-21, 223, 227, 284
July, Serge, 22, 161, 183-6, 201, 220n. 30, 226, 269, 275,
Juppé, Alain, 283-4, 290

Kaplan, Leslie, 194-5
Khayati, Mustapha, 264
Khilnani, Sunil, 209
Klein, William, 123
Kouchner, Bernard, ,203-4, 207, 210-2, 215-20, 223-4, 227, 231, 247, 254
Kravetz, Marc, 60n. 55, 155
Kriegel, Annie, 204-5, 209-10, 218
Krivine, Alain, 47

Lacan, Jacques, 260-1
Lacoste, Yves, 126, 220, 223
Lacroix, Bernard, 107, 265
Lambert, Bernard, 22, 292
Larzac, 21, 157, 168-72, 179. *Ver também* agricultores
Lazarus, Sylvain, 13
Le Bon, Gustave, 228
Le Bris, Michel, 232, 240
Le Dantec, Jean-Pierre, 220, 223-4, 240
Le Roux, Hervé, 192-4, 196-9, 201-2
 Reprise, 192-7
Lecourt, Dominique, 57, 236, 260, 291
Lefebvre, Henri, 40, 47, 135, 201, 261,
Lefort, Claude, 20, 288
Lênin, Vladimir, 108, 119, 263
leninismo, leninistas, 108, 113, 239
Leroy-Ladurie, Emmanuel, 220, 233
Lévy, Benny (vulgo Pierre Victor), 174, 182
Lévy, Bernard-Henri, 228, 231-2, 234, 284
Lévy-Willard, Annette, 205, 212

Liauzu, Claude, 118, 220, 230
Libération (jornal), 28, 159-61, 174, 182-3, 185-7, 205, 216, 269, 271, 274-6, 284
Lin Piao, 130
Lindenberg, Daniel, 95, 174
Linhart, Robert, 139, 146, 236
Lipovetsky, Gilles, 140, 220n. 30, 249, 251, 253-5
Lissigaray, Prosper-Olivier, 285
literatura, 28. *Ver também* romance policial e autores individuais
Louis, Roger, 174
Lukács, György, 233
Luxemburgo, Rosa, 108-9, 112, 263
Lyotard, Jean-François, 162

Macherey, Pierre, 122, 158, 266, 282, 291
Malcolm X, 119
Malraux, André, 64, 88
Manchette, Jean-Patrick, 192
Manifesto dos 121, 58, 58n. 52, 160
Mannheim, Karl, 277-8, 281
Mao Tsé-Tung, 120, 130, 134, 137-8, 152, 215, 258
maoísmo (China), 115, 121, 136
 Revolução Cultural, 135-6, 138, 205, 209, 249
 maoísmo, maoístas (França), 23-4, 30, 38, 52, 65, 113, 115, 126-9, 132-40, 152-5, 159-61, 164, 168, 173, 175, 182-3, 191-3, 199, 204, 206, 224, 231, 236-7, 240, 267
 ex-maoístas, 157, 219, 246, 249
 práticas, 130-40 (*ver também* Comité Vietnam de Base [CVB]; *enquête*; établissement; militantes)
 e Vietnã, 127-34
Marcellin, Raymond, 89-93, 239, 257
Marcuse, Herbert, 261, 264
Marker, Chris, 53, 123-6
 À bientôt, j'espère, 53, 125
 Loin du Vietnam, 125
 On vous parle de Paris: Maspero. Les mots ont un sens, 123
Marx, Karl, 47, 119, 137, 155, 176, 261
marxismo, 21, 47, 123, 148, 153, 233, 235, 242-5,
 antimarxismo, 36, 231

Mascolo, Dionys, 151, 261
Maspero, François, 19, 117, 120-4, 152, 162, 167, 215, 218, 222, 229
    Joie de Lire, La (livraria), 117-123
    "Petite Collection Maspero", 122
Massu, Jacques, 57-8, 76, 85-7, 99
Mauger, Gérard, 277
Maupassant, Guy de, 226
McCarthy, Mary, 259
mídia conservadora, 38, 103, 202, 204.
    Ver também televisão
Memmi, Albert, 218
Meurtres pour mémoire (Daeninckx), 68-9
Michaud, Henri, 119
militantes, 13, 17, 21-2, 26, 45, 51, 53, 55, 68, 78, 90, 95, 108, 112, 116, 119, 122, 126, 128-30, 134, 145, 147, 156, 159-60, 198, 214, 239, 261, 281
    coloniais, figura dos, 22-5, 44-5, 114, 116, 119, 126, 136-7 (*ver também* colonialismo; Guerra da Argélia; terceiro-mundismo; trabalhadores, figura dos)
    práticas, 83-5, 100, 105-9, 112, 129-31, 134, 172-6
Minc, Alain, 220n. 30, 251
Mitterrand, François, 33, 169, 259
MLF (Mouvement de Libération des Femmes), 205, 213, 296
Moch, Jules, 78
Mon colonel (Zamponi), 75-6
Monde, Le (jornal), 56, 83, 231, 239, 240n. 61, 280, 283-5
Morin, Edgar, 20, 280
Mouvement du 22 mars (Movimento 22 de Março), 47, 47n. 18, 52, 96, 101, 128
mulheres. *Ver* MLF (Mouvement de Libération des Femmes)

Nanterre, 40, 46-7, 53, 75, 118, 128, 134, 162-3, 204-5, 272
Narot, Jean-Franklin, 26, 143-5, 251, 282
Nicolas-Le-Strat, Pascal, 286
Nietzsche, Friedrich, 263-4
Nizan, Paul, 122, 174, 222
Nora, Pierre, 28n. 7, 97n. 5, 254

Nouvel Observateur, Le (revista), 209, 219-20
Novick, Peter, 12
Novos Filósofos, 25, 28, 106, 175-6, 181-2, 209, 218, 220-1, 228, 231-7, 241-6, 249.
    Ver também intelectuais "midiáticos"

OAS (Organisation de l'Armée Secrète), 44, 57-8, 62, 64, 83, 90-1, 133, 222, 296
Occident, 59, 83, 88,
Ordre Nouveau, 59
Oser lutter, oser vaincre (Thorn), 146
Overney, Pierre, 65, 237

Papon, Maurice, 44, 62, 64, 66-7, 69, 72-4, 77-82, 86, 89
parachutistes, 57-9, 78, 85, 92, 157-8, 230, 231n. 48
Paris-Match (jornal), 57, 219
Partido Comunista (França), 36, 42, 61, 76, 78, 83, 99, 118, 120, 151-2, 230
Partido Socialista (França), 182, 205-6
Partisans (revista), 121-2
Passerini, Luisa, 107
Peninou, Jean-Louis, 155, 159
Perec, Georges, 153
Perrot, Michelle, 162
Peuchmaurd, Pierre, 100-1
Peuple Français, Le (revista), 163-7, 175, 180, 187
polícia
    como lógica, 39-43, 72-3
    CRS (tropa de choque paramilitar), 48-50, 55, 57, 66-7, 72, 77-8, 92, 101, 149-50, 206, 295
    sob De Gaulle, 42-93
    violência, 45-93, 119, 206
Pompidou, Georges, 86, 93, 99, 100, 110, 239, 257
Poulantzas, Nicos, 117n. 148
Poulot, Denis, 162
Proust, Antoine, 16
Proust, Françoise, 27, 291
províncias, 21, 65, 104, 286. *Ver também* Larzac

Rancière, Danielle, 147-8, 236, 242-4
Rancière, Jacques, 19, 84-5, 122,

e o pós-Maio de 68, 147-8
e *Révoltes Logiques*, 172-4,
sobre "a polícia", 39-41
sobre os Novos Filósofos, 228, 236, 242-4
e "subjetivação", 84-5, 174
Reagan, Ronald, 231, 284
Recanati, Michel, 59
Reid, Donald, 181,
Renaut, Alain, 28n. 7, 140, 251, 255, 259-63, 265-6, 278, 282
Reprise (Le Roux), 192-200
Reprise du travail aux usines Wonder, La (Willemont e Bonneau), 105, 191, 211n. 20, 270,
Resnais, Alain, 125
Révoltes Logiques, Les (revista), 27, 163, 167, 172, 174-88, 236-7
Les Lauriers de Mai (número especial), 181-3, 186, 236
Revolução Cultural. *Ver* maoísmo (China)
Révolution (revista), 115-6
Rhodiaceta, fábrica, 52-3, 98, 102, 125, 129
Ricoeur, Paul, 32
Rimbaud, Arthur, 173, 194
Rioux, Jean-Pierre, 16, 117, 252
Rochet, Waldeck, 61
romance policial, 28, 75, 193
Rotman, Patrick, 271, 273-5, 279
Rouch, Jean, 120
Rousset, David, 233

Salan, Raoul, 90
Salvaresi, Elisabeth, 21, 197, 201-2, 246
Sartre, Jean-Paul, 11, 19, 52, 61, 65, 95, 116, 119, 129, 159-61, 174-5, 183, 186, 217-8, 222-3, 226, 231, 233, 240-1, 256, 261, 263-4, 275-6
e *Libération*, 160, 174, 186
e terceiro-mundismo, 116, 119, 217-18, 222
Schnapp, Alain, 19, 257
Schwartch, Anne-Marie, 98, 105
Segunda Guerra Mundial, 11-2, 14, 21, 115, 223
Seguy, Georges, 88, 272

Serge, Victor, 233
Siné (Maurice Sinet), 29, 58, 77, 160n. 123
Sitbon, Guy, 220-2
situacionistas, 137n. 85, 264, 282
slogans
  gaullistas, 88-9
  militantes, 47-8, 59, 85, 92, 127, 151, 173, 183
Smith, William Gardner, *The Stone Face*, 68-71, 79n. 82
Sochaux, fábrica da Peugeot, 48, 206
Socialisme ou Barbarie (revista), 123
socialismo, 36
sociologia, sociólogos, 11, 14-9, 35-40, 89, 136, 154-7, 162, 173, 196, 280-3
Soljenítsin, Alexander, 138, 209, 218, 232, 234, 244
  Arquipélago Gulag, 234
Sommier, Isabelle, 252, 272, 274, 291
Sorbonne, 20, 23, 47, 56, 83, 96, 99, 102, 118-9, 140, 149-50, 258, 263, 266
Stone Face, The (Smith), 68-71, 79n. 82
Storti, Martine, 19, 118, 140-1, 143-5, 184-5, 274, 277
subjetividade política, 13, 24-5, 69, 71, 84, 114, 152, 217
Sullerot, Evelyne, 103, 142

Tautin, Gilles, 65
televisão, 23, 29, 121, 142, 174-5, 213, 229, 231, 255
  comemorações de Maio de 68, 14, 22-3, 31, 37, 38, 72, 98, 111, 202, 206-7, 216, 225, 251, 274, 276
  documentários, 45, 123, 274
  durante Maio-Junho de 68, 23
Temps Modernes, Les (revista), 28n. 7, 119, 123, 182, 234
Terray, Emmanuel, 50, 135-7, 291
Thatcher, Margaret, 284
Thibaud, Paul, 67, 275
Thibault, Marie-Noelle, 61
terceiro-mundismo, terceiro-mundistas, 20, 23, 114-6, 121-3, 126, 217-8, 222-3, 227,
  anti-terceiro-mundismo, 217-31, 245
Thorn, Jean-Pierre, 146

Touraine, Alain, 288
trabalhadores, 12, 14-5, 21, 39, 44, 48, 50,
  52-3, 59, 74, 78, 80, 82, 87-91, 96, 98-110,
  115, 124, 126, 127, 197, 257, 272-3
  alianças com agricultores, 22, 52, 104,
    109, 115, 152, 157, 164, 168-72
  alianças com estudantes e intelectuais,
    15, 21, 24, 42, 49-50, 100, 105, 115,
    117, 126, 158
  figura dos, 23-4, 115-6, 134, 163, 228
  imigrantes, 68, 76, 82, 128, 134
  e ocupação de fábricas, 52, 102-5
Tricontinental (revista), 91, 121
trotskismo, trotskistas, 21, 24, 64, 128, 155,
  199, 205, 267
Truffaut, François, 72

UEC (Union des Étudiants
  Communistes), 118, 202, 296
UJC (m-l) (Union des Jeunesses
  Communistes [Marxiste-Léniniste]),
  126-7, 139, 296
UNEF (Union Nationale des Étudiants
  de France), 83, 267, 296

Vercors (vulgo Jean Bruller), 121
Vergès, Jacques, 115, 218
Vernant, Jean-Pierre, 87
Vichy, 16, 56, 69, 72, 78, 291
Vidal-Naquet, Pierre, 19-20, 67, 257, 281, 289
Vietnã, Guerra do, 23, 42, 92, 128, 215
  militância anti-Guerra do Vietnã
    (França), 42, 92, 128, 165
Vilar, Jean-François, 36n. 2, 63-5, 192, 202,
  225, 266, 268, 270
  Bastille Tango, 63-4

Weber, Henri, 205, 210
Willem (Bernard Willem Holtrop), 29
Wolfe, Karl Dietrich, 268

Zamponi, Francis, 75-6, 192
  Mon colonel, 75
Zancarini-Fournel, Michelle, 291
Žižek, Slavoj, 139
Zola, Émile, 196

SOBRE A AUTORA

Kristin Ross é professora de literatura comparada na Universidade de Nova York. Ela é autora de *Fast Cars, Clean Bodies: Decolonization and the Reordering of French Culture* (1995) e *The Emergence of Social Space: Rimbaud and the Paris Commune* (1988).

Fontes	Druk e Stanley
Papel	Supremo Duo Design 300 g/m² (capa)
	e Pólen Soft 80 g/m² (miolo)
Impressão	Eskenazi Indústria Gráfica Ltda
Data	Outubro de 2018